U0572934

权威·前沿·原创

皮书系列为
"十二五""十三五""十四五"时期国家重点出版物出版专项规划项目

BLUE BOOK

智 库 成 果 出 版 与 传 播 平 台

国际人才蓝皮书

BLUE BOOK OF GLOBAL TALENT

中国留学发展报告（2022）*No.8*

ANNUAL REPORT ON THE DEVELOPMENT OF CHINESE STUDENTS STUDYING
ABROAD (2022) No.8

主　编／王辉耀　苗　绿

副主编／郑金连

全球化智库（CCG）

中国银行　　　　　　　／编

西南财经大学发展研究院

社会科学文献出版社

SOCIAL SCIENCES ACADEMIC PRESS（CHINA）

图书在版编目（CIP）数据

中国留学发展报告. No. 8, 2022 / 王辉耀，苗绿主编；郑金连副主编；全球化智库（CCG），中国银行，西南财经大学发展研究院编. --北京：社会科学文献出版社，2022.9
（国际人才蓝皮书）
ISBN 978-7-5228-0528-3

Ⅰ.①中… Ⅱ.①王… ②苗… ③郑… ④全… ⑤中… ⑥西… Ⅲ.①留学教育-研究报告-中国-2022 Ⅳ.①G648.9

中国版本图书馆 CIP 数据核字（2022）第 143138 号

国际人才蓝皮书
中国留学发展报告（2022）No. 8

主　　编／王辉耀　苗　绿
副 主 编／郑金连

出 版 人／王利民
责任编辑／陈　颖
文稿编辑／侯曦轩
责任印制／王京美

出　　版／社会科学文献出版社·皮书出版分社（010）59367127
　　　　　地址：北京市北三环中路甲 29 号院华龙大厦　邮编：100029
　　　　　网址：www.ssap.com.cn
发　　行／社会科学文献出版社（010）59367028
印　　装／三河市东方印刷有限公司

规　　格／开　本：787mm×1092mm　1/16
　　　　　印　张：24.25　字　数：362 千字
版　　次／2022 年 9 月第 1 版　2022 年 9 月第 1 次印刷
书　　号／ISBN 978-7-5228-0528-3
定　　价／158.00 元

读者服务电话：4008918866

《中国留学发展报告（2022）No.8》
编 委 会

张华荣　丁　丰　董瑞萍　甘元善　高　敏
郭世泽　黄勖夫　蒋忠远　冷　炎　李　晔
刘炳森　马恩多　闵　浩　祁　彦　全　斌
率　鹏　唐浩轩　唐琪娃　王伯庆　王　东
王梦妍　王兴华　韦春艳　魏　雪　谢其润
徐保平　严望佳　张　鹏　张　璇　张　玥
张黎刚　周小云　朱海鸾　邹亨瑞　邹其芳

主编简介

王辉耀 博士，教授，博士生导师，全球化智库（CCG）创始人兼理事长，原国务院参事，九三学社中央委员，九三中央经济委员会副主任，北京市政协委员，北京市政协学习委员会副主任，商务部中国国际经济合作学会副会长，中国人才研究会国际人才专业委员会会长，中国公共关系协会副会长，中国人民外交学会理事，中国太平洋经济合作全国委员会理事，中国侨联特聘专家委员会专家，西南财经大学发展研究院院长，清华大学全球胜任力发展指导中心顾问委员会成员等。还担任法国总统马克龙发起的巴黎和平论坛指导委员会成员，国际大都会（International Metropolis）国际执委会执委，杜克-昆山大学亚洲顾问委员会成员，加拿大毅伟（Ivey）商学院亚洲顾问委员会成员。

在全球化战略、全球治理、国际关系、企业国际化、国际人才、智库研究、华人华侨和海归创新创业等领域有广泛的研究，出版中英文著作近百部。连续多年主编由社会科学文献出版社出版的"国际人才蓝皮书""企业国际化蓝皮书""区域人才蓝皮书"，主编由国际知名出版社 Springer-Nature 出版的 *China and Globalization* 系列英文著作。作为专栏作家，定期在国内外知名媒体发表有关中英文专业和评论文章数百篇。

苗 绿 博士，全球化智库（CCG）联合创始人兼秘书长，国际青年领袖对话项目（GYLD）发起人兼秘书长，国际人才组织联合会（AGTO）副总干事，中国人才研究会国际人才专业委员会秘书长。中国宋庆龄基金会第八届理事，中国人民对外友好协会中国德国友好协会理事，B20 中国工商理事会专家咨询委员会委员，北京市新的社会阶层人士联谊会常务理事，北京市侨联委员、侨联智库委员会专家，北京外事接待资源评审专家，北京师范大学国际写作中心副总干事。

主要研究领域包括：智库建设、全球化理论、企业全球化、华人华侨、中国海归与留学发展及国际人才、当代中国文学与文化思潮等。主持和参与多个国家部委研究课题和社科基金研究课题，多项建言献策得到了党和国家领导人的批示。发表多篇（部）学术论文及学术著作，如《国际学生来华留学与发展》《海归中国》《我向世界说中国》《大国智库》《全球智库》《大潮澎湃》《大国背后的第四力量》《中国留学发展报告》《中国海归发展报告》《中国企业国际化报告》《海外华人华侨专业人士报告》等。

全球化智库（CCG）简介

全球化智库（Center for China and Globalization，CCG），是中国领先的国际化智库，具有广泛的国际影响力。秉承"国际化、影响力、建设性"的专业定位，坚持"以全球视野为中国建言，以中国智慧为全球献策"，致力于全球化、国际关系、全球治理、国际经贸与投资、国际移民、国际人才、企业全球化、中美关系与中美经贸、"一带一路"、智库发展等领域的研究。

CCG 是首个进入世界百强的中国社会智库、唯一获得联合国特别咨商地位的中国智库。在国内外多个权威智库排行榜单被评为中国社会智库第一。CCG 拥有专职智库研究人员近百人，是国内最大的社会智库之一。在美国宾夕法尼亚大学《全球智库报告2020》中，CCG 连续四年跻身全球顶级智库百强榜并列第 64 位。CCG 同时也是中联部"一带一路"智库联盟理事单位、中央人才工作协调小组全国人才理论研究基地、人社部中国人才研究会国际人才专业委员会所在地、财政部"美国研究智库联盟"创始理事单位，拥有国家授予的博士后科研工作站资质，是中国公共关系协会副会长单位。

CCG 在注重自身研究人员培养的同时，形成了由海内外杰出专家学者组成的国际研究网络，持续以国际化的研究视野，在中国与全球化发展相关研究领域开展领先研究。CCG 每年出版 10 余部中英文专著，并研究撰写和发布系列研究报告。CCG 公开向社会共享研究成果，研究成果年度网络访问量达数十万人次。

CCG 参与推动和影响了诸多国家发展和全球治理的政策，积极建言献策，定期针对性报送国家机关与各部委。CCG 多项建议获得中央领导批示，为有关部门做出重大决策提供了参考，持续支持和推动着政府决策与制度创新。

CCG 积极探索丰富多样的智库活动，每年举办多场极具国际视野、影响力和建设性的高端"品牌"论坛，举办百余场研讨会、圆桌会、午餐会、发布会和建言献策交流会等为政策制定者、专家学者、产业精英、国际组织人士等打造专业、高效、常态化的思想交流高地，持续为公共政策建言、为公共利益发声。

CCG 与众多国际组织、国际智库和相关机构建立了良好的长效合作机制，共同组织各类研讨会，进行学术交流或联合研究。CCG 还活跃于世界舞台，定期开展国际调研交流活动，出席国际上极具影响力的论坛并参与对话。作为中国最早"走出去"的智库，CCG 已在巴黎和平论坛、慕尼黑安全会议、达沃斯世界经济论坛等重要国际场合举办边会。同时，CCG 已成为各国使馆、国际政要、国际智库和国际组织交流与沟通的重要平台，通过接待来访、组织圆桌研讨会、举办名家演讲活动等形式，CCG 搭建了中外沟通的桥梁和常态机制，充分发挥了智库二轨外交的作用。

中国银行简介

中国银行是中国持续经营时间最久的银行，也是中国全球化和综合化程度最高的银行，在中国内地及境外 60 余个国家和地区设有机构，中银香港、澳门分行担任当地的发钞行。作为一家传统的跨境专业银行，中国银行致力于为客户提供"一点接入、全球响应、综合服务"的金融解决方案，其资本实力、盈利能力等核心指标均居全球银行业前列，拥有覆盖全球的服务网络和丰富的国际业务经验，其中个人跨境客户近 800 万人，留学客群市场份额超 50%，产品覆盖全面，外汇业务优势显著，渠道布局完善，在全球重要战略节点的机构布局中，领先中资同业、比肩国际先进同业。

中国银行立足"跨境领先银行"定位，倾力打造跨境战略级场景，积极构建留学场景生态，扎实推进数字化转型，以客户为中心，整合集团多元化产品和服务，全面响应国家高水平教育对外开放，全新推出"中银跨境 GO"App，为客户提供"金融+非金融"一站式、全流程的跨境综合服务，涵盖金融、留学、旅游等多个板块。

西南财经大学发展研究院简介

西南财经大学发展研究院（Institute of Development Studies）（以下简称发展研究院）成立于 2009 年 9 月 12 日，是西南财经大学四个学术特区之一。发展研究院是一家以服务国家、行业和地方的发展需要为己任的财经智库机构，着力研究经济社会发展中具有全局性、战略性、前瞻性的重大理论和实践问题，以不断增强西南财经大学服务社会的能力。

发展研究院由全球化智库（CCG）主任、原国务院参事王辉耀担任院长，第一任院长、著名经济学家李晓西教授现担任名誉院长，著名经济学家张卓元教授、刘诗白教授为学术委员会主席，著名经济学家厉以宁教授等知名专家为学术顾问，卢中原、刘伟等一批著名专家学者为学术委员。发展研究院与经济学院共同建设发展经济学博士点和硕士点，于 2014 年开始联合招收硕士生和博士生；设有研究机构"西南财经大学绿色经济与经济可持续发展研究基地"。

发展研究院成立以来，秉承"经世济民，孜孜以求"的西财精神，坚持"以项目为基础，以成果为导向，以科研为主体，以合作为关键"的协同创新发展模式，精心策划，协调组织，积极开拓，搭建了"中国人才五十人论坛""西部人才论坛""发展与展望论坛""金帝雅论坛""都江堰国际论坛""西南财经大学发展论坛"等系列高层次交流平台，编制了《中国绿色发展指数报告》《中国经济形势分析与预测（季度报告）》《中国绿色金融报告》《人类绿色发展报告》《四川人才发展报告》《中国区域国际人才竞争力报告》《中国留学发展报告》《中国国际移民报告》《中国企业全球化报告》等系列高水平研究成果，有效提升了西南财经大学在国内外相关领域的社会影响力。

序 言

过去几年，新冠肺炎疫情席卷全球，民粹主义兴起，俄乌冲突等地缘政治危机频发，世界经济持续低迷，全球化走到十字路口。

在百年未有之大变局背景下，全球留学依然保持增长势头，延续着全球化趋势。据联合国相关数据，从 1999 年至 2019 年，全球学生跨国流动人数增加了近两倍。国际留学已经成为人本全球化的重要方面，也将推动全球化继续发展。

当然，作为全球人才流动、人才培养的重要领域，世界留学也呈现新的特点。一是高层次留学生比例持续增加。根据经济合作与发展组织（OECD）2021 年报告，在经合组织国家国际学生中博士学位新生占比接近 30%，本科生占比则有所下降。二是主要留学目的国加大了对 STEM 领域留学生的吸引力度，生命科学、工程学和物理科学等 STEM 领域最受欢迎。三是虽然国际学生保持从亚洲国家流向英语国家的趋势，但在新的局势下，来源国和目的国都有比较明显的变化。中国仍是全球最大的留学生来源国，但印度、越南、尼泊尔、哈萨克斯坦等亚洲国家出国留学生增长显著，其中很多国家留学生增长速度快于中国。美国仍是全球最大的留学生目的国，但由于疫情发展、边境政策收紧以及中美、中澳关系紧张等因素影响，美国、加拿大、澳大利亚接收国际学生的全球占比有所下降，英国、法国、德国等迅速抓住机遇，接收国际学生的份额有所增加。

受新冠肺炎疫情、中美关系等多方面因素影响，中国出国留学人数增长变缓，但出国留学意愿仍然保持较高水平，留学目的地更多元。目前中国仍是美国、英国、德国、澳大利亚、新西兰、韩国、日本等国家的第一大留学生生源国。2021年，中国学生留美人数有所下降，占美国国际学生总数的比例却达到历史最高值。中国学生申请英国本科留学的数量超过欧盟国家申请英国本科留学的总和。为抓住中国巨大的生源潜力，法国与中国签订学位文凭互认"行政协议"，德国允许中国高中毕业生凭高考成绩直接申请德国大学的本科专业。亚洲国家以其临近的地理位置、相似的文化属性、相对可负担的留学价格以及相对稳定的政策，也越来越吸引中国留学生。未来，中国赴美留学生或将有所减少，赴欧洲及亚洲国家留学或面临新的发展机遇。

庞大的留学人员群体不仅持续为中国经济社会发展注入新动能，还将在公共治理领域发挥越来越重要的作用。新冠肺炎疫情席卷全球后，我国留学人员回国发展的趋势十分明显。根据《2020年中国海归就业创业调查报告》，2020年第二季度，回国求职留学生人数同比增幅高达195%。中国正在逐步形成"出国深造—回国就业"的国际人才环流趋势。留学回国人员为我国科技、经济、教育、社会各方面发展做出的贡献有目共睹，正因为如此，这一群体也正成为各地积极争取的国际化人才。近年来，随着中国越来越多地参与国际事务，参与社会治理和公共管理的留学回国人员也有所增加。根据课题组调研，各省区市领导干部（省委书记、省长；自治区区委书记、区政府主席；直辖市市委书记、市长）中具有留学背景的人员比例从2016年9月的6.8%提升至2021年12月的16.1%。未来，随着中国越来越开放，不论是讲好中国故事，还是构建国内国际双循环新发展格局，或是推动人类命运共同体建设，都需要更多留学人员积极促进中外民心相通、对接国际规则、构建全球共识、参与全球治理。

在2021年9月27~28日中央人才工作会议上，习近平总书记指出："中国发展需要世界人才的参与，中国发展也为世界人才提供机遇。必须实行更加积极、更加开放、更加有效的人才引进政策，用好全球创新资源，精准引进急需紧缺人才，形成具有吸引力和国际竞争力的人才制度体系，加快建设世界重要人才中心和创新高地。"继续推动海外留学与来华留学发展，正是我国培养、输出、引进世界人才的重要手段，也是建设世界重要人才中心的基石。

自 2008 年成立以来，全球化智库（CCG）一直致力于留学发展相关研究工作。今年，《中国留学发展报告》也走过了 10 个年头。过去的十多年，我们持续跟进留学领域的发展，保持与留学人员沟通联系，搭建留学人员之间、留学人员与国家及地方交流对话的平台，引导留学人员讲好中国故事、推动中外文化交流、发挥民间外交的作用。同时，我们持续呼吁留学人员回国创新创业，为更好地促进留学人员发挥作用建言献策，推动出国留学和来华留学工作的健康发展。未来，我们将继续开展相关工作，为推动人才强国战略和实现中华民族伟大复兴的中国梦贡献力量。

王辉耀　苗　绿

2022 年 8 月

摘　要

当前，全球化走到了一个新的十字路口。一方面，新冠肺炎疫情对国际人才流动产生了不容忽视的影响；另一方面，俄乌冲突等地缘政治问题使得世界形势充满了不确定性，也使国际留学的格局发生变化，留学目的国选择更趋于多元化。美国等传统留学目的国持单边主义政策，应对疫情较为消极，国际学生人数大幅度下降；而英国、法国、德国等留学目的国则以更积极的政策吸引留学生，使得许多留学人员开始重新考虑留学目的国。但是，全球留学依然保持增长势头，留学依然是人本全球化的重要方式。

本报告立足于大变局的时代背景，分析了全球留学保持增长并推动人本全球化的整体趋势，认为留学目的国和来源国格局将进一步多元化，高层次、实用领域的留学生数量增多。重点关注了中国留学发展趋势，认为出国留学人数将持续增长，新时代留学人员的心态变化将从"仰视"变为"平视"；而伴随着留学回国热潮发展，越来越多留学回国人员参与国家治理。此外，对来华留学相关情况，从资助形式、国家来源、未来挑战等方面进行了多层次分析研究。最后，针对大变局下遇到的新问题，提出了进一步促进中国留学发展的相关建议。

本报告认为，总体来说，中国学生出国意愿强，出国留学人数依然保持增长，中国赴美、赴澳留学增速受疫情和政策影响大幅度放缓，而赴欧洲与亚洲国家留学人数增加较快，留学目的地选择更为多元化。同时，中国留学生选择专业仍集中于实用性较强的工程类、商业类学科。这些趋势可以为留学人员选择相应的留学目的国提供参考。

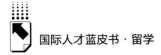

本报告基于 2015 届、2016 届和 2017 届国外读研毕业生毕业三年后发展情况调查的数据，认为我国留学人员回流率回升幅度较大，回国后定居地仍以直辖市、副省级城市为主，行业集中于信息传输/软件和信息技术服务业、金融业、教育业，就业满意度持续提升。对新一代海归群体进行分析研究发现，新一代海归聚焦新技术产业，积极发挥社会价值，需要进一步发挥其在交往、聚力、集智方面的作用。

本报告提出要围绕留学全生命周期，打造场景化、重社交、立体化的服务体验。同时，总结了中国国际化人才培养状况，提出建设国际化人才培养生态体系。本报告通过对中国的 10 所"双一流"高校以及全球 QS 排名前 100 的高校超过 250 万名毕业生的深造和就业发展路径进行深入分析，发现国内高校毕业生更倾向于出国深造，国外高校毕业生更倾向于就业，展示了各地区国际人才的吸引力差异及形成因素。根据来华留学七十年的发展与变迁，报告将来华留学七十年的发展历程分为三个阶段，建议从引才、聚才、用才方面进一步发展来华留学事业。同时建议中美两国政府与民间力量积极参与，加强对美国学生来华留学的支持。

关键词： 留学　海归　来华留学　国际人才培养

目　录 ⏎

Ⅰ　总报告

Ⅱ　出国留学篇

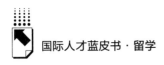

V 附 录

皮书数据库阅读**使用指南**👆

总 报 告

General Report

B.1

大变局之下全球及中国留学发展趋势[*]

王辉耀　苗绿　郑金连　杨雅涵[**]

摘　要： 全球留学呈现规模稳步扩大、多元化发展的大趋势和高层次、实
用主义的发展取向，并为各国带来了经济动力和创新潜力。在新

---

[*] 本书中把留学（Studying Abroad）的概念界定为：一个人到母国以外的国家接受各类教育。
从中国大陆到香港、澳门、台湾等地区学习也称为留学。留学的时间可以为短期或长期（几
个星期到几年）。一般把留学的这些人称为留学生，由留学生形成的群体称为留学群体。根
据留学发展的历史脉络，留学群体可从留学经费来源、留学学历和留学国别三个维度去分
析。从留学经费来源看，留学群体可分为公费留学生和自费留学生；从留学国别看，留学群
体可分为留学欧美各国、留学澳洲各国、留学亚洲各国的留学生等。本书所指留学回国人
员，也称海归，均指海外留学毕（结）业后回到国内定居、工作的留学人员。如无特别说
明，本书所涉及的中国留学人员、留学回国人员、来华留学人员数据均为中国大陆相关数据。

[**] 王辉耀，博士，教授，博士生导师，原国务院参事，全球化智库（CCG）理事长兼主任；苗
绿，博士，研究员，全球化智库（CCG）联合创始人、副主任兼秘书长，北京师范大学国际
写作中心副总干事，北京师范大学经济与资源管理研究院博士后，主要研究方向为人才国际
化、教育国际化、国际合作等；郑金连，博士，全球化智库（CCG）副主任，研究总监，高
级研究员，主要研究方向为国际人才、智库研究、科技创新；杨雅涵，全球化智库（CCG）
助理研究员，项目经理，主要研究方向为社会政策、人才流动、移民研究。全球化智库
（CCG）副研究员曲梅博士，助理研究员陈慧怡、何航宇等对本文部分资料的收集、整理和
写作也有贡献。

冠肺炎疫情与动荡的世界经济政治局势影响下，以中国、印度为代表的留学生输出国正大力发展留学事业，推动人本全球化进程，而以美国、英国为代表的留学生输入国为提振留学信心，纷纷出台大量利好举措便利和鼓励留学。当前，中国作为重要留学生输入与输出国，在新时期面临新的机遇与挑战，出国留学保持增长态势，部分留学专业可能受限，未来出国留学可能更多元化，而来华留学则可能需要尽快从新冠肺炎疫情中恢复。基于对全球及中国留学局势与未来发展方向的分析，从建立平安留学机制、发挥留学人才国际交往优势、建立来华留学全链条管理机制等方面提出促进中国留学事业发展的建议。

关键词： 国际学生　全球留学　出国留学　来华留学　国际化人才培养

一　全球留学保持增长，延续全球化趋势

国际局势风云变幻，在俄乌危机、新冠肺炎疫情不断演变的多重局势影响下，全球留学仍然保持较高的流动性。全球化仍然是世界大趋势，人们通过迁移和流动获得资源、交流、学习的需求将持续增长。

（一）大变局之下全球留学依然保持增长势头

过去二十年，全球学生跨国流动持续增长。尽管受到经济危机、地缘政治以及全球性新冠肺炎疫情的影响，国际留学生数量仍保持稳定的增长。根据 UNESCO 的统计与预测，全球学生跨国流动人数从 1999 年的 2033555 人增加到 2019 年的 6063665 人，增长了近 2 倍，2014~2019 年增速维持在 5%以上（见图 1）。①

---

① UNESCO. Global Flow of Tertiary-Level Students. ［EB/OL］. ［2022 - 05 - 25］. http：//data. uis. unesco. org/#.

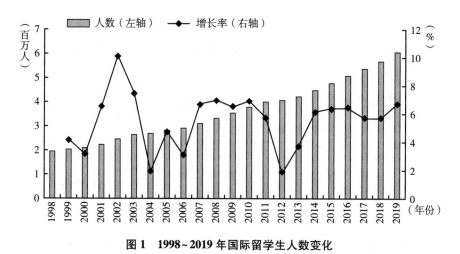

图 1　1998~2019 年国际留学生人数变化

资料来源：UNESCO. Global Flow of Tertiary-Level Students. ［DS/OL］. ［2022-05-25］. http：//data. uis. unesco. org/#。

　　长期来看，全球八大留学目的国接收高等教育国际学生人数排名基本保持稳定，美国始终是第一大留学目的国。相比 2000 年，2020 年美国高等教育国际学生的全球占比下降至 20%，下降了 8 个百分点。

　　短期来看，除欧洲国家接收国际学生有所增加外，美洲、大洋洲、亚洲受新冠肺炎疫情蔓延以及全球局势变化导致边境和签证政策变化影响，接收国际学生的数量有所下降，其中美国留学人数下降较快。根据国际教育协会（Institute of International Education，IIE）"Project Atlas"统计数据，2020~2021 学年美国高等教育机构国际学生总数为 914095 人，同比下降 15.01%，为 70 余年来最大幅度的负增长；新增的录取人数甚至出现了 45.6% 的断崖式下跌，仅 145528 人（见图 2）。而加拿大和澳大利亚留学人数于 2019~2020 学年迅速增长，但 2020~2021 学年也受边境政策影响有所回落。相反，英国、法国、俄罗斯和德国留学人数相比 2019~2020 年有所上升，受疫情影响较小（见表 1）。

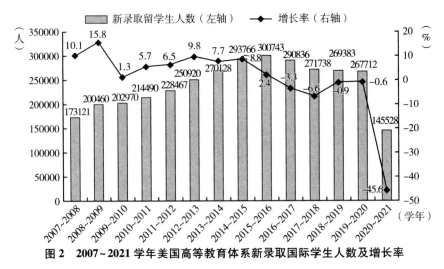

图2　2007~2021学年美国高等教育体系新录取国际学生人数及增长率

资料来源：IIE. Project Atlas, Global data. [DS/OL].[2022-05-25].https://www.iie.org/Research-and-Insights/Project-Atlas/Explore-Global-Data。

表1　2019~2021学年全球八大留学目的国高等教育接收国际学生情况

单位：人，%

排名	国家	2019~2020学年		2020~2021学年	
		人数	同比增长	人数	同比增长
1	美国	1075496	-1.81	914095	-15.01
2	英国	556625	6.18	605130	8.71
3	加拿大	503270	15.58	256455	-49.04
4	中国	—	—	—	—
5	澳大利亚	463643	10.26	429382	-7.39
6	法国	358000	4.25	370052	3.37
7	俄罗斯	353331	5.63	395263	11.87
8	德国	302157	7.15	319902	5.87

注：2019~2020学年、2020~2021学年中国的数据未公布；因统计口径不一样，英国、德国的数据与"出国留学篇"略有不同。

资料来源：IIE. Project Atlas, Global data. [DS/OL].[2022-05-25].https://www.iie.org/Research-and-Insights/Project-Atlas/Explore-Global-Data。

（二）留学产业依然是国际学生接收国的支柱产业之一，对创新创业、服务贸易贡献巨大

去往目的国接受高等教育的国际学生往往能对目的国产生积极的经济影

响。伦敦经济研究院的研究发现,2018~2019 年,英国接待国际学生所带来的净经济贡献①达 259 亿英镑,而支持国际学生的费用仅 29 亿英镑。同时,留学生为英国带来了 206600 个全职岗位和 108 亿英镑的出口收入。② 而 2018 年度,国际学生为美国经济贡献了 447 亿美元,提供了 46 万个工作岗位。③ 2019~2020 学年,虽然新冠肺炎疫情对留学出行与全球经济造成了重大影响,但仅在国际学生聚集的加利福尼亚州和纽约州,国际学生就产生 119 亿美元的经济贡献,并支持了 12.5 万个工作岗位。④ 根据《2020 年门户开放报告》,大约 60% 的国际学生从目的国以外获得大部分资金,包括个人和家庭以及来源国政府或大学的援助。国际学生除了向其留学目的国支付高昂的学费之外,也支出了住宿、零售、交通、健康保险等领域的大笔消费,生活消费带来的市场需求扩大为留学目的国创造大量工作机会,撬动了综合收入的增长,促进了经济繁荣。

国际学生也是一个国家或者地区创新创业发展的强大动力。美国市值 10 亿美元的创业公司中,1/4 的创始人曾是国际学生。⑤ 比如埃隆·马斯克 (Elon Musk) 就曾是来自南非比勒陀利亚的留学生,其在美国留学,在硅谷实习、创业,2021 年成为全球首富。在加拿大,每 4 家中小型企业中就有 1 家由移民或原国际学生拥有或经营。⑥

---

① 注:本文留学生产生的经济贡献主要是指学费、非学费支出、家人和朋友探望的支出等。
② Richard Adams Education Editor. International Students in UK Generate Huge Economic Gains-study. The Guardian. [EB/OL]. (2021 - 09 - 13) [2022 - 05 - 25]. https://www.theguardian.com/education/2021/sep/09/international - students - in - uk - generate - huge - economic-gains-study.
③ Reuters, Explainer: What 1.1 Million Foreign Students Contribute to the U.S. Economy. [EB/OL]. (2020 - 07 - 09) [2022 - 05 - 25]. https://www.reuters.com/article/us - usa - immigration-students-economy-expl-idUSKBN2492VS.
④ U.S. Department of Commerce, U.S. Department of Education. [EB/OL]. (2021 - 07 - 26) [2022 - 05 - 25]. https://educationusa.state.gov/us - higher - education - professionals/us - government-resources-and-guidance/us-department-commerce.
⑤ Anderson S. Immigrants and Billion-dollar Companies [R]. NFAP Policy Brief, 2018.
⑥ ApplyInsights. The Economic Impact of International Students on Top Destination Markets. [EB/OL]. (2021 - 10 - 13) [2022 - 05 - 25]. https://www.applyboard.com/blog/applyinsights - the-economic-impact-of-international-students-on-top-destination-markets.

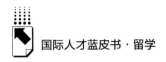

（三）留学目的国纷纷出台各种措施支持国际留学发展

新冠肺炎疫情对国际学生流动性产生了直接影响。各国高等教育体系受到影响的程度因该国国际学生比例以及国际学生的来源而异，在对 OECD/UNESCO-UIS/UNICEF/World Bank 关于新冠病毒的特别调查做出回应的 29 个国家中，略低于一半的国家表示调整了 2020~2021 学年国际学生入学政策，以更加开放和更加积极的政策鼓励留学。① UNESCO 关于"新冠肺炎疫情教育应对"的调查显示，从 2021 年第三季度开始，欧洲国家除俄罗斯以外普遍放开线下教学。2022 年第一季度，美洲、大洋洲和非洲国家学校普遍恢复了正常授课，多数亚洲国家受疫情反复影响，学术机构开放政策时有变化，多采用混合式教学或线上教学。② 为了提振留学信心，全球主要留学目的国陆续推出鼓励留学的利好政策（见表 2）。

表 2　2020~2021 年主要国家的留学利好政策

国家	留学利好政策
美国	放松留学签证,到 2021 年底,领事馆对部分 F、M 及学术类 J 签证申请人(学生、教授、研究学者、短期学者或专家)免面谈要求。2021 年 1 月对 H-1B 签证进行了重大改革,以高技能、高收入人才优先的签证选择方式,取代一直以来实行的随机抽签方式,H-1B 的签证批准率达到过去十年以来的峰值97.3%
加拿大	移民政策向高技术、高经济效能、高净值的人才倾斜,通过更开放的移民政策鼓励更多的留学生留加工作,提高留学人才的留存率。投入了 8500 万加元升级移民申请系统,并加大人力资源投入,提高移民申请处理效率
英国	从 2020 年 10 月 5 日开始,新的学生签证(Student Visa)系统取代原有"第四级签证"(Tier 4),学生签证申请可以早至开学前 6 个月提交,简化了签证申请流程。[1]2021 年前三季度,英国签发的留学签证数达到了 347832,赴英留学持续火热[2]

---

① OECD. Education At a Glance 2021［R/OL］2021：204.（2021-09-16）［2022-05-25］. https：//www.oecd-ilibrary.org/education/education-at-a-glance_ 19991487.

② UNESCO Institute for Statistics. COVID-19 Education Response［DS/OL］.［2022-05-25］. https：//covid19.uis.unesco.org/global-monitoring-school-closures-covid19/regional-dashboard/.

续表

国家	留学利好政策
法国	2021 年简化了学生长期签证流程,更新"免面签的特殊情况",同时法国政府对国际学生提供高额补贴和奖学金支持,保障其国际留学生人数在新冠肺炎疫情期间依然保持增长[3]
德国	减免留学生学费,提供贷款和经济援助,减轻留学生负担。[4]2021 年,德国放宽国际学生的签证申请要求,据 2021 年 11 月 18 日的德国入境限令,"入境德国必须证明有迫切的旅行事由或有特定的旅行和停留目的",留学被包括在内[5]
澳大利亚	完成疫苗全程接种的国际学生可以分阶段返澳学习
新西兰	2021 年初升级了签证系统,采用了新的无纸化处理技术,加速签证办理[6]
日本	分阶段允许留学生入境,一方面简化入学筛选流程,另一方面增加每日可入境人数。到 2022 年 3 月,已有约 3 万名外国学生抵达日本。[7]2022 年 4 月,日本再次提高每日入境人数至 1 万人,缓解留学生对难以赴日留学的担忧[8]
韩国	采取比较开放的签证与入境策略鼓励留学生赴韩国学习,2022 年在日本、泰国等地举办了留学博览会,进一步吸引海外学生赴韩学习[9]

资料来源:[1] Study UK. Student Visa. [EB/OL]. (2021-08-26)[2021-12-29]. https://study-uk. britishcouncil. org/zn-hans/moving-uk/student-visas.

[2] National Statistics. [EB/OL]. (2021-08-26)[2021-11-29]. https://www. gov. uk/government/statistics/immigration-statistics-year-ending-september-2021/why-do-people-come-to-the-uk-to-study.

[3] Campus France. Travel To France:Information for International Students and Researchers. [EB/OL]. (2021-09-26)[2021-12-05]. https://www. campusfrance. org/en/student-benefits-France.

[4] Deutsches Studentenwerk. Studieren in der Pandemie:FAQs für Studierend. https://www. studentenwerke. de/de/content/corona-faqs-der-studenten-und [EB/OL]. (2020-06-09)[2022-05-29].

[5] DAAD. Information on the Corona Virus - as of 8 April 2022. [EB/OL]. (2022-04-08)[2022-05-31]. https://www. daad. de/en/coronavirus/.

[6] Immigration New Zealand. Enhancements to Immigration Online. [EB/OL]. (2022-1)[2022-01-28]. https://www. immigration. govt. nz/about-us/our-online-systems/enhancements-to-immigration-online.

[7] ICEF Monitor. Japan to Permit 100000 International Students to Return by May 2022. [EB/OL]. (2022-03-23)[2022-05-25]. https://monitor. icef. com/2022/03/japan-to-permit-100000-international-students-to-return-by-may-2022/.

[8] Study International. Progress in Getting International Students Back to Japan "Going Well":Minister. [EB/OL]. (2022-04-13)[2022-05-25]. https://www. studyinternational. com/news/students-enter-japan-update/.

[9] StudyingKorea. Education Fair Status. [EB/OL]. (2022-05-23)[2022-05-25]. https://www. studyinkorea. go. kr/en/expo/main. do.

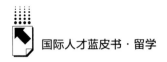

（四）中国依然是最大留学生源国，以印度为代表的亚洲国家出国留学生增长迅猛

从留学生源国来看，2019年中国在海外高等教育机构留学的学生共1061511人，以超过第二名印度（461792人）近60万人的数量稳居全球首位，越南以126059人位居第三（见表3）。印度出国留学人数增长迅速，在多个国家已接近甚至超过中国。印度在加拿大留学的国际学生人数增长迅速，印度留学生在2018年后成为加拿大最大的国际学生群体。2015～2020年，印度留学生在加拿大、澳大利亚、美国分别增长431%、244%、45%，大幅超过中国的13%、82%和23%。

表3　2018～2019年高等教育国际学生来源国的留学生人数及增长率

单位：人，%

排名	国家	2019年	2018年	增长率
1	中国	1061511	997702	6.4
2	印度	461792	377849	22.2
3	越南	126059	108301	16.4
4	德国	122445	122524	-0.1
5	法国	103161	99567	3.6
6	美国	102246	86029	18.9
7	韩国	101493	101694	-0.2
8	尼泊尔	93921	82047	14.5
9	哈萨克斯坦	89292	88118	1.3
10	巴西	81882	70055	16.9

资料来源：UNESCO. Global Flow of Tertiary-Level Students. ［DS/OL］.［2022-05-25］. http：//uis. unesco. org/en/uis-student-flow。

越南、尼泊尔、哈萨克斯坦成为新兴留学输出国。越南是全球第三大留学生输出国，在日本、韩国、美国、加拿大等国都有大量的留学生，其高等教育阶段出国留学生占其高等教育阶段学生总数的6.4%，远高于中国的2.3%。① 其在日本的留学生近十年增长超过10倍，人数仅次于中国，排名第二。② 尼泊尔近年来留学生输出量大幅度增长，2019年跃升至全球第八位。尼泊尔的学生出境流动率③从2015年的9.1%增加到2021年的22.8%，出国留学倾向不断走高。④ 其中42%的尼泊尔留学生前往澳大利亚留学，虽然尼泊尔本身人口不足3000万人，但其生源占澳大利亚国际学生总数的7%。澳大利亚也为尼泊尔学生提供了大量助学金和奖学金。⑤ 另外，哈萨克斯坦也有可能成为未来几年有影响力的留学生输出国，据西联（WU Business Solutions）预测，到2025年，其出国留学群体将增长到10万人以上。⑥

（五）高层次、实用领域留学生数量明显增加

从新入学的国际学生来看，攻读研究生课程的国际学生比例比攻读本科课程的国际学生比例更高。这或许说明，复杂的国际形势之下，低龄留学回归理性，研究生课程的国际学生出境流动性更大。在经合组织国家，攻读学士学位、硕士学位和博士学位的学生中国际学生新生占比

① UNESCO. Global Flow of Tertiary‐Level Students. ［DS/OL］. ［2022‐05‐25］. http：// uis. unesco. org/en/uis‐student‐flow.

② ICEF Monitor. Japan Books 12% Growth in International Enrolment in 2018. ［EB/OL］. （2019‐01‐22）［2022‐05‐25］. https：//monitor. icef. com/2019/01/japan‐books‐12‐growth‐in‐international‐enrolment‐in‐2018/.

③ 学生出境流动率是 UNESCO 描述留学生占比时采用的概念，指高等教育阶段出境就读的学生人数与其高等教育阶段录取人数的比值，反映一个地区高等教育阶段的海外留学占比情况。

④ The Pie News. 79% of International Student Growth "Should Come" from Asia by 2025. ［EB/OL］. （2022‐02‐22）［2022‐05‐25］. https：//thepienews. com/news/79‐international‐student‐growth‐come‐asian‐countries/.

⑤ Study International Indian and Nepalese Students Have Returned the Quickest Since Australia's Borders Reopened. ［EB/OL］. （2019‐02‐15）［2022‐05‐25］. https：// www. studyinternational. com/news/returning‐to‐australia‐india‐nepal/.

⑥ Western Union. Simple，Cost‐effective Payment Options for Students. ［EB/OL］. ［2022‐05‐25］. https：//business. westernunion. com/en‐gb/global‐payment‐solutions/education？t＝7016R000001OSfNQAW&utm_ source＝PIE&utm_ medium＝Referral&utm_ content＝WUBS% 20Homepage&utm_ campaign＝CY2022%20UK%20‐%20Webinars.

分别为9%、21%和29%。① 除希腊和斯洛伐克共和国，其他国家攻读硕士学位课程的国际学生新生占比高于攻读学士学位课程的国际学生新生。在卢森堡和澳大利亚，攻读硕士学位的国际学生新生比例比攻读学士学位的国际学生新生比例分别高46个和40个百分点。部分OECD国家，如在智利、挪威和瑞士，攻读博士学位的国际学生新生比例比攻读硕士学位的国际学生新生比例高出20多个百分点；而在澳大利亚、德国、希腊、英国等国家，攻读博士学位的国际学生新生比例低于硕士学位②（见表4）。

表4　2019年不同层次学位课程中新入学的国际学生比例

单位：%

国家/地区	攻读学士及同等学位课程的国际学生新生比例	攻读硕士及同等学位课程的国际学生新生比例	攻读博士及同等学位课程的国际学生新生比例
OECD平均	9	21	29
新西兰	31	44	55
卢森堡	26	72	90
澳大利亚	23	63	42
英国	17	44	42
荷兰	17	31	—
加拿大	14	25	38
瑞士	11	31	59
斯洛伐克	10	8	12
丹麦	8	22	41
德国	7	29	15
瑞典	6	22	40
挪威	4	10	31
希腊	2	1	0
韩国	2	13	20

---

① OECD. Education At A Glance 2021［R/OL］2021：197.（2021-09-16）［2022-05-25］. https：//www.oecd-ilibrary.org/education/education-at-a-glance_ 19991487.
② OECD. Education At A Glance 2021［R/OL］2021：210.（2021-09-16）［2022-05-25］. https：//www.oecd-ilibrary.org/education/education-at-a-glance_ 19991487.

续表

国家	攻读学士及同等学位课程的国际学生新生比例	攻读硕士及同等学位课程的国际学生新生比例	攻读博士及同等学位课程的国际学生新生比例
智利	1	4	27
日本	—	—	17
美国	—	19	24

资料来源：OECD. Education At A Glance 2021［R/OL］2021：203.（2021-09-16）［2022-05-25］. https：//www. oecd-ilibrary. org/education/education-at-a-glance_ 19991487。

  在 OECD 国家，女性出国获得高等教育学位的可能性与男性相同，但男性国际学生更偏好 STEM 领域。有数据统计的 29 个 OECD 国家中，有10 个国家的女性在高等教育第一阶段的国际毕业生中所占比例低于男性。在澳大利亚、爱沙尼亚、拉脱维亚、新西兰和瑞典，男性国际毕业生的比例至少比女性高 5 个百分点。相比之下，卢森堡是唯一一个女性国际毕业生占优势比较明显的国家（相差 9 个百分点）。在教育和卫生等领域，女性国际学生的比例普遍较高，女性国际学生中选择教育与卫生领域的多达25%，而总体国际学生中选择教育与卫生领域的占比仅为 15%。相对而言，男性国际学生选择 STEM 领域的占比较高，男性国际学生中选择STEM 领域的有 29%，总体国际学生中仅有 24%选择了 STEM 领域。[1] 在国际学生评估计划（PISA）测试得分较高的学生中，期望从事科学和工程领域工作的绝大多数是男生。工作和职业的性别刻板印象观念以及个人职业生活中的性别角色可能导致女生和男生对不同职业的期望，并影响其选择学习的专业。[2]

---

[1] OECD. Education At A Glance 2021［R/OL］2021：203.（2021-09-16）［2022-05-25］. https：//www. oecd-ilibrary. org/education/education-at-a-glance_ 19991487.

[2] OECD. Education At A Glance 2021［R/OL］2021：194.（2021-09-16）［2022-05-25］. https：//www. oecd-ilibrary. org/education/education-at-a-glance_ 19991487.

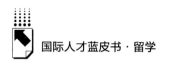

二 中国留学稳中有变，国际化教育蓄势待发

（一）中国出国留学人数依然增长，未来可能有更多留学生转向欧洲及亚洲国家

2019~2020 年度，中国仍然是最大的留学生来源国，有 100 余万学生在境外高等教育机构就读。① 中国出国留学生前五大留学目的国为美国、澳大利亚、英国、加拿大和日本（见表 5），约占中国留学生总数的 86%。随着近年来新冠肺炎疫情和国际局势变化，中国学生的出国留学呈现更为多元的发展趋向。

表 5 2019~2020 年度中国留学生在主要留学目的国人数及占该国留学生总数的比重

国家	中国作为生源国的排名	中国留学生人数（万人）	该国留学生总人数（万人）	中国留学生占该国留学生比例（%）	较 2018~2019 年度的变化（个百分点）
美国	1	37.25	107.55	34.64	0.90
澳大利亚	1	16.58	46.36	35.76	−0.82
英国	1	12.90	55.15	23.39	1.40
加拿大	2	9.86	50.33	19.59	−2.50
日本	1	9.40	22.84	41.16	−0.22
德国	1	3.99	30.22	13.20	0.11
俄罗斯	2	3.75	35.33	10.61	1.66
法国	3	2.84	35.80	7.93	−0.83
新西兰	1	2.00	5.30	37.74	5.04

注：2021 年中国成为法国第二大国际学生来源国。

资料来源：IIE. Project Atlas, Global Data. ［DS/OL］. ［2022−05−25］. https：//www.iie.org/Research-and-Insights/Project-Atlas/Explore-Global-Data。

---

① UNESCO. Global Flow of Tertiary-Level Students. ［EB/OL］. ［2022 − 05 − 25］. http：//data. uis. unesco. org/#.

国际局势变化可能对赴美、赴澳留学有一定的影响，中国赴美、赴澳留学生人数增速放缓。自 2008 年以来，中国已连续 14 年是美国第一大国际学生来源国。近几年，受中美关系和新冠肺炎疫情影响，中国学生赴美留学热情继续降温，而新冠肺炎疫情之前，中国赴美留学生人数增长已减缓。2020~2021 学年，中国在美留学生相比 2019~2020 年减少 14.6%，出现十年来首次负增长。类似的情况也发生在了澳大利亚，近几年中澳两国之间在经济贸易、地缘政治等问题上的摩擦争端不断，留学澳大利亚人数连续两年出现下降，2020~2021 年下降幅度分别为 9.9% 和 11.9%。不过，中国留学生在美国、澳大利亚的占比仍保持较高水平，2020~2021 学年甚至达到了历史最高，分别为 34.7%[1]和 29.9%[2]，说明在短时间内，赴美、澳留学的需求存量仍然存在并将保持较为稳定的水平。

未来，有留学计划的中国学生有可能将目光投向留学环境及签证政策更为友好的地区，留学需求有可能向欧洲和亚洲地区转移。《2021 年英国本科申请数据》显示，在 2021 年 10 月 15 日前递交申请的 77810 份英国本科申请中，中国大陆学生的申请量为 28490 人，占到非欧盟申请量的 27.9%，总数甚至超过了所有欧盟国家的申请数量总和 28400 人，中国是英国本土以外国家中申请人数最多的国家。根据《2021 年中国学生海外教育白皮书》（EIC Education），29.8% 的受访者首选到英国留学，而 24.5% 的人首选美国。[3]

法国、德国陆续出台针对中国留学生的利好政策，留学交流开发潜力巨大。在法国积极的政策支持下，2020~2021 年中国赴法国留学的人数回升至 29731 人，占比 8.03%，接近新冠肺炎疫情前水平。[4] 中法两国外交关系友

① IIE. Enrollment Trends. ［EB/OL］. （2021 - 11 - 04）［2022 - 05 - 25］. https：//opendoorsdata. org/data/international-students/enrollment-trends/.

② Department of Education, Skills and Employment. International Student Numbers. ［EB/OL］. （2021 - 12 - 21）［2022 - 01 - 04］. https：//www. dese. gov. au/international - data/data - visualisation-international-student-numbers.

③ 启德教育：《2021 年中国学生海外教育白皮书》［R/OL］.（2021-10-17）［2022-05-25］. https：//www. eic. org. cn/Report/whitepaper_ report_ b/.

④ IIE. Project Atlas, Global Data. ［DS/OL］.［2022 - 05 - 25］. https：//www. iie. org/Research-and-Insights/Project-Atlas-Explore-Global-Data.

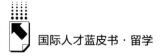

好，留学门槛低，文凭互认，客观上为中国学生赴法国留学提供便利。2020年1月13日，法国高等教育、科研与创新部部长 Frédérique Vidal 和时任中国教育部部长陈宝生签署了关于中法两国学位和文凭互认的"行政协议"。[①] 中国学生仅需出示高中毕业文凭即可申请获批接收国际学生的综合性大学、高等工程学院、高等商学院和其他专业院校。自 2011 年以来，中国一直是德国最大的国际学生生源国，且人数呈逐年增长趋势。根据国际教育协会（IIE）的数据，2011~2019 年，中国在德国际学生人数从 25521 人增长至 41353 人，年均增长率约为 6.22%，占比从 9.62%提升至 12.93%。[②] 德国也出台了一系列便利国际学生入学的政策。目前，中国高中毕业生凭高考成绩可直接申请德国大学的本科专业，高考基本上可等同于德国的高中毕业考试。[③] 同时，德国 16 个联邦州中，除了巴登-符腾堡州的大学，大部分公立学校免除学费。

亚洲国家也越来越成为中国学生留学目的国的重要选择。这主要得益于就近原则，OECD 国家留学情况研究显示，为了更高效地获取留学资源，留学选择会更倾向于发生在临近区域内、具有教育资源差异的国家和地区。随着中国逐步迈向小康社会，能支持孩子出国学习的家庭增多，中国周边的亚洲国家具有地理位置临近、文化属性相似、留学费用相对可负担等优势，有潜力吸引更多的中国留学生。例如马来西亚是除中国大陆和港澳台地区外，全世界唯一拥有完整华文教育体系的国家，覆盖小学、中学和大专院校，并且其首都吉隆坡在 QS 最佳留学城市排名中。[④] 而中国留学生始终占亚洲热门留学目的国日本和韩国国际学生的 40%以上，在其部分高校中，中国留学生占

① 法国驻华使馆：《中国与法国之间学位和文凭互认：赴法学习的新展望》［EB/OL］.（2020-01-14）［2022-05-25］https：//cn. ambafrance. org/%E4%B8%AD%E5%9B%BD%E4%B8%8E%E6%B3%95%E5%9B%BD%E4%B9%8B%E9%97%B4%E5%AD%A6%E4%BD%8D%E5%92%8C%E6%96%87%E5%87%AD%E4%BA%92%E8%AE%A4。

② IIE. Project Atlas, Global Data. ［DS/OL］. ［2022-05-25］. https：//www.iie. org/Research-and-Insights/Project-Atlas/Explore-Global-Data.

③ 方怡君：《明年开始中国学生可凭高考成绩申请德国本科》［N/OL］，新京报.（2019-09-24）［2022-05-25］https：//m. bjnews. com. cn/detail/156931871715695. html。

④ QS. QS World University Rankings ® 2020. ［EB/OL］.（2021-07-28）［2022-05-25］https：//www. topuniversities. com/university-rankings/world-university-rankings/2020.

国际学生总数的 70% 以上。① 新冠肺炎疫情发生前，赴日本、韩国留学的中国学生呈现迅速增长的态势。受到新冠肺炎疫情影响，2020 年很多中国学生无法返回学习，多选择申请休学以保留学籍而非放弃留学计划。② 2020 年，日本政府宣布为促进社会国际化而制定的"2020 年左右接收 30 万外国留学生"目标已完成，并将启动"后 30 万人"留学生政策，着力提升高校的国际化水平，针对优秀国际人才的工作和居留政策将有进一步改善。③ 预计全球疫情状况逐渐明朗后，亚洲区域内留学有较大的增长潜力，一些原本前往欧美国家留学的中国学生可能将转道日本、韩国、新加坡、马来西亚等国。

（二）留学专业依然偏好 STEM 领域及商科，部分敏感领域或将受限制

据 ETS（Educational Testing Service）相关数据，对报考研究生阶段的考生而言，生命科学、工程学和物理科学是最受欢迎的前三类专业，选择商科、法律等实用性社科专业的学生人数有所增加。在 2015~2020 年的 5 个考试年度间，全球范围内研究生阶段计划攻读商科和法学的 GRE 考生人数略有增加，计划攻读生命科学、工程、社会和行为科学、人文艺术和教育学专业的考生数量有所下降，计划攻读物理科学专业的考生人数总体保持稳定。参加 GRE 考试的学生主要群体是意向留学美国、加拿大等国家的研究生，而《2021 年门户开放报告》显示，工程学、数学与计算机科学、工商管理、社会科学、物理与生命科学是外国学生赴美留学最热门的 5 个专业。

从中国赴美国、加拿大、法国、德国、澳大利亚的留学生情况来看，最

① 教育部.2021 년 국내 고등교육기관 내 외국인 유학생 통계［EB/OL］.（2021-12-20）［2022-04-27］.https://www.moe.go.kr/boardCnts/view.do?boardID=350&boardSeq=90123&lev=0&searchType=null&statusYN=W&page=1&s=moe&m=0309&opType=N.
② ICEF Monitor. Japan to Permit 100,000 International Students to Return by May 2022［EB/OL］.（2022-03-23）［2022-05-25］.https://monitor.icef.com/2022/03/japan-to-permit-100000-international-students-to-return-by-may-2022/.
③ 《日本的外国留学生人数 8 年来首次转跌》，《日本经济新闻（中文版）》2021-03-31［2022-05-25］.https://cn.nikkei.com/career/abroadstudy/44266-2021-03-31-09-05-30.html。

近几个学年，中国赴这些国家留学的留学生以攻读 STEM 专业和商科、社会科学为主（见表6）。例如，2020~2021 学年，中国在美留学生中有半数以上为 STEM 专业；而在加拿大，这一比例超过40%；在德国，这一比例接近60%。值得注意的是，攻读商科的中国留学生比例依然比较大，社会科学、人文、艺术等领域的留学生也越来越多。

表6　中国留学生在美国等西方国家留学的主要专业

国家	学年	中国留学生赴该国留学的主要专业占比
美国	2020~2021	数学与计算机科学(22.2%)、工程学(17.5%)、工商管理(16.6%)、社会科学(9.6%)、物理和生命科学(9.1%)
加拿大	2019~2020	工商管理(27.3%)、数学、计算机与信息科学(16.9%)、社会与行为科学(14.0%)、工程与工程技术(12.5%)、科学与科技(10.7%)
法国	2018~2019	人文学与语言学(39.6%)、自然科学与运动研究(32.4%)、经济学与社会科学(24.7%)、法律与政治学(2.2%)、医学及相关专业(1.1%)
德国	2019~2020	工程学(41%)、商科(14%)、自然科学(9%)、数学(8%)、艺术(7%)
澳大利亚	2020~2021	管理和贸易(41.8%)、信息技术(11.4%)、社会与文化(11.0%)、工程技术(9.6%)、创意艺术(6.9%)、自然和物理科学(6.4%)

资料来源：根据本报告"出国留学篇"相关内容整理。

　　中国留学生选择专业方向固然与自身专业与兴趣相关，也较多受到目的国签证政策的影响，如美国的 H-1B 就业签证向 STEM 领域倾斜。值得注意的是，虽然以美国为首的"五眼联盟"国家一定程度上放宽了对 STEM 领域留学的限制，鼓励国际学生前来留学，但对一些敏感的 STEM 领域进行了限制（见表7）。2021 年，拜登签署《美国公民法案》（U. S. Citizen Act），提出在《移民与国籍法》（Immigration and Nationality Act）中，对于"在经认证的美国高等教育机构获得 STEM 领域的博士学位的非公民"的移民签证不设数量限制。① 但"五眼联盟"国家仍在一些关键技术领域对留学生持敏感态度。

---

① U. S. Congress, U. S. Citizen Act, https：//www.congress.gov/bill/117th-congress/house-bill/1177/text.

表7　2021年"五眼联盟"国家对关键技术领域留学的限制政策

国家	相关限制政策
美国	2021年,美国国土安全部(Department of Homeland Security)与移民和海关执法局(Immigration and Customs Enforcement)共同评估 STEM 领域专业实习计划的有效性,加强安全审查。[1] 2021年6月,美国参议院提交《美国创新和竞争法案》(Innovation and Competition Act),提出成立联邦研究安全委员会,负责制定管理联邦研发经费政策,发布与国际科学合作中的风险和脆弱性相关警告,加大了在人工智能、半导体、量子计算、先进通信、生物技术和先进能源等关键领域中与中国有关项目的审查力度[2]
加拿大	2021年7月发布新的《研究伙伴国家安全指南》(National Security Guidelines for Research Partnerships),将研究合作的风险防范上升到国家安全高度。[3]加拿大政府认定与军事、情报或监控能力相关的学科,如航空航天、人工智能、生物技术、医疗技术、量子科学、机器人技术、自主系统和空间技术等,为敏感学科。此外,加拿大政府认为与其他国家关系密切的、缺乏"自主与独立性"的研究伙伴机构也会被认为拥有高安全风险,其所从事的研究项目将受到更严厉的审查并有可能会被停止经费[4]
澳大利亚	2021年11月发布《关键技术蓝图》(Blueprint for Critical Technologies),加强对人工智能、先进材料与制造、计算和通信、基因技术和疫苗、生物技术、能源与环境、传感、运输、量子技术、计时与导航、机器人和太空等领域63项关键技术的保护。澳大利亚总理认为,这些关键技术与澳大利亚的国家安全与利益息息相关,因为它们使"快速的军事现代化、经济胁迫、外国干涉和网络威胁成为可能"。[5] 2021年修订《反对外国干预澳大利亚大学指南》(Guidelines to Counter Foreign Interference in the Australian University Sector),要为所有员工和学生提供与外国干涉有关的信息和培训[6]

资料来源：①U. S. Immigration and Customs Enforcement, Broadcast Message: New SEVP Unit to Oversee Employment Compliance in the OPT Programs and Report on Impact on U. S. Workers, https://www. ice. gov/doclib/sevis/pdf/bcm-2101-02. pdf.

②U. S. Congress, U. S. Innovation and Competition Act of 2021, https://www. congress. gov/bill/117th-congress/senate-bill/1260.

③ Government of Canada. National Security Guidelines for Research Partnerships, https://science. gc. ca/eic/site/063. nsf/eng/h_ 98257. html.

④Government of Canada, How Can I Assess Risks in Partnerships? https://www. ic. gc. ca/eic/site/063. nsf/eng/h_ 98256. html.

⑤The Department of the Prime Minister and Cabinet. Blueprint for Critical Technologies, https://www. pmc. gov. au/resource-centre/domestic-policy/blueprint-critical-technologies.

⑥The Department of Education, Skills and Employment. Guidelines to Counter Foreign Interference in the Australian University Sector, https://www. dese. gov. au/guidelines-counter-foreign-interference-australian-university-sector.

虽然各国目前的工作签证偏好 STEM 领域国际学生，但是表 7 提及的领域可能会受到更严格的安全审查，相关专业的留学可能更受限制。

（三）出国留学意愿依然强劲，新时代留学人员心态更自信

2021 年 12 月，QS 向来自 194 个国家超过 11.5 万名国际学生就疫情防控常态下的留学选择进行了最新调查，形成《新冠肺炎疫情如何重塑国际高等教育》的报告。该报告显示，学生的留学规划在疫情的不同阶段发生变化。在 2020 年 3~4 月疫情蔓延初期，出于对感染风险以及缺乏疫苗的顾虑，有较大比例的学生认为"在疫苗接种广泛普及"和"留学目的国感染病例极少或清零"的情况下才能安心地出国留学。但是，随着防疫措施、疫苗接种情况的改变和抗疫进入常态化，至 2021 年 10 月，在意这两项因素的学生逐渐减少，学生更加重视将"留学目的国开放边境"作为适合出国学习的时机。[①] 2021 年中国国际教育高峰论坛上发布的《2021 年度全国留学报告》表明，在有留学意愿的学生中，九成以上坚持出国留学计划，最常见的应对措施是延迟留学计划而非放弃留学计划[②]，这表明学生群体对于出国留学的意愿依然强烈。因此，在留学目的国开放边境并逐步放宽入境限制措施、高校开始恢复校园开放及面对面授课的趋势下，出国留学的积极性及人数将迎来反弹，目前在读学生的学习方式也将逐渐从线上学习切换到线下学习。

随着中国在经济、社会、教育等方面的发展，中国留学人员的心态也发生了变化。以中国公派留学发展为例，中国公派留学的领域和项目覆盖面越来越广，公派留学生层次越来越高，对应的留学人员更加自信（见图 3）。近年来，国际组织人才培养项目计划、国家建设高水平大学公派研究生项目、国外合作项目计划等高层次、以国际科研交流和国内学科建设为导向的公派留学项目发展迅猛，增速远超传统的公派本科或硕士留学生项目。这在

---

① QS. How the Coronavirus Pandemic Reshaped International Higher Education. ［R/OL］. （2021-12-08）［2022-05-11］. https：//www.qs.com/portfolio-items/how-the-coronavirus-pandemic-reshaped-international-higher-education/.

② 《2021 年度全国留学报告：仍有 91%坚持出国留学计划！》［EB/OL］. （2021-11-15）［2022-05-11］. https：//new.qq.com/omn/20211115/20211115A03UK900.html。

一定程度上体现了我国高等教育交流层次升级，这样的升级背后有国家综合实力提升作为支撑，也潜移默化地影响了留学人员。在我国发展建设初期，公派留学承担着重要的"出国看世界"窗口作用，老一代留学人员面对当时中国同世界对比的落差，普遍"仰视"国外，出国留学的动因以负笈游学、学有所成、学成报效祖国为主。而新时代的留学人员，参与国际留学与交流的公派项目的，往往是有所积淀的青年教师、科研人员、国际组织从业者，在国家发展建设成就的支撑下，民族自豪感和国家荣誉感增强，摆脱了心理落差。正如习近平总书记所说："中国已经可以平视这个世界了"。①

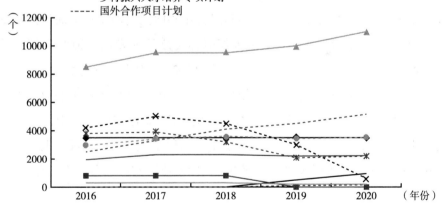

图3　2016~2020年中国公派项目数

资料来源：根据留学基金委发布的选派简章资料整理。《国家公派出国留学》［EB/OL］，国家留学网，（2021-04-23）［2021-05-08］. https：//www.csc.edu.cn/chuguo。

---

① 新华社记者：《不可逆转的历史进程》，《人民日报》（2021年11月9日），http：//paper. people. com. cn/rmrb/html/2021-11/09/nw. D110000renmrb_ 20211109_ 2-01. htm。

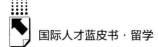
自信的心态让新时代留学人员的自我保护意识与权利意识增强。面对国外的歧视行为，新时代留学人员学会抗争并使用法律武器保护自己；面临中国在国际社会不被理解甚至被诬蔑的情形，留学人员也会积极贡献力量进行回应。新时代留学人员具有更宽广的国际视野，能够客观地看待中国与国外的差异，既意识到我国在网络、数字经济、高铁、高速公路等基础设施建设方面的优势，也认识到中国作为一个大国，建设人类命运共同体的国际义务、国际责任在增加。

（四）中国留学人员回国热持续升温，留学人员参与公共治理的热情高涨

2019 年中国留学归国人员达 58.03 万人，比 2018 年同比增长 12%，截至 2019 年底，423.17 万人学成回国发展①，成为我国劳动力市场中重要的智力和知识资本（见表 8）。在新冠肺炎疫情席卷全球后，我国高校毕业生赴海外深造后回国发展的趋势也十分显著。据《2020 年中国海归就业创业调查报告》相关调查，2020 年着手回国就业并向国内岗位投递简历的留学生人数较 2019 年增加 67.3%。随着新冠肺炎疫情的发展，2020 年第二季度，回国求职留学生人数同比增幅高达 195%。② 根据全球化智库（CCG）与领英（中国）合作发布的《高校校友观察：中外高校毕业生职业发展研究与展望（2021）》，中国顶尖高校毕业生无论出国留学与否，其首次就业地在中国的占比达到七成以上。③ 随着更多的留学生学成归国或短期工作后归国，中国正在逐步形成"出国深造—回国就业"的国际人才环流趋势。

---

① 中华人民共和国教育部：《2019 年度出国留学人员情况统计》［EB/OL］．（2020-12-14）［2022-05-08］．http：//www.moe.gov.cn/jyb_ xwfb/gzdt_ gzdt/s5987/202012/t20201214_ 505447.html。
② 智联招聘：《2020 中国海归就业创业调查报告》，中国教育发布（2021-01-23）［2022-05-15］。
③ 全球化智库 CCG、领英（LinkedIn）：《高校校友观察：中外高校毕业生职业发展研究与展望（2021）》，［R/OL］，全球化智库网站（2021-11-08）［2022-05-15］http：//www.ccg.org.cn/archives/66703。

表8　2000~2019年当年累计出国留学人数和留学回国人数

单位：万人

年份	累计留学回国人数	当年留学回国人数	累计出国留学人数	当年出国留学人数	累计留学回国人数与累计出国留学人数的差值
2000	13.00	0.91	34.00	3.90	-21.00
2001	13.50	1.22	46.00	8.40	-32.50
2002	15.30	1.79	58.50	12.50	-43.20
2003	17.80	2.02	70.00	11.73	-52.20
2004	19.80	2.51	81.40	11.47	-61.60
2005	23.30	3.50	93.30	11.85	-70.00
2006	27.50	4.20	106.70	13.40	-79.20
2007	32.00	4.40	121.20	14.40	-89.20
2008	39.00	6.93	139.00	17.98	-100.00
2009	49.70	10.83	162.00	22.93	-112.30
2010	63.22	13.48	190.50	28.47	-127.28
2011	81.84	18.62	224.50	33.97	-142.66
2012	109.13	27.29	264.46	39.96	-155.33
2013	144.48	35.35	305.86	41.39	-161.38
2014	180.96	36.48	351.84	45.98	-170.88
2015	221.86	40.91	404.21	52.37	-182.35
2016	265.11	43.25	458.66	54.45	-193.55
2017	313.20	48.09	519.50	60.84	-206.30
2018	365.14	51.94	585.71	66.21	-220.57
2019	423.17	58.03	656.06	70.35	-232.89

说明：累计值自1978年开始计算。

资料来源：中国统计年鉴2010年，2010~2019年数据为教育部公布的数据。

随着国家"双循环"战略的进一步落实，出国（境）留学与工作的中国学生人数将持续增加，具有海外背景的国际化人才将在国内国际双循环中发挥更加重要的作用。近几年，在诸如深圳等一线城市，海外留学回国人员数量逐年增加，根据《2020年深圳市人才竞争力报告》数据，深圳"海归"数量连续三年每年涨幅超过40%。截至2021年，深圳已成功引进留学回国人员超过16万人，累计认定的海外高层次人才高达7000余人，为进一步撬动地区经济发展、科技进步、产业发展起到了关键的促进作用。

同时，留学回国人员参与公共治理的热情提升，更多具有留学背景的优秀

人才参与我国公共治理。截至 2021 年 12 月，在职的具有留学背景的领导干部①
共 71 人②。其中，中央委员和候补中央委员中具有留学背景的占比从 2016
年 9 月的 21.7% 上升到 2021 年 12 月的 29.9%。各省区市领导干部中具有留
学背景的比例从 6.8% 提升至 16.1%，提升约 10 个百分点。有留学背景、
国际视野的海归人才越来越愿意参与到公共治理中，为服务人民贡献自己的
知识和经验，更好地在国际发声、讲好中国故事，推动我国公共治理的长足
发展和全球治理的充分参与。

（五）中外合作办学和中国高等教育国际化水平提升，逐步担起 "在地留学" 和国际化人才培养重任

近年来，中外合作办学的机构和项目数量不断上升，科技领域合作办学
项目占比总体增长（见图 4）。2019 年，教育部批准的科技领域中外合作办

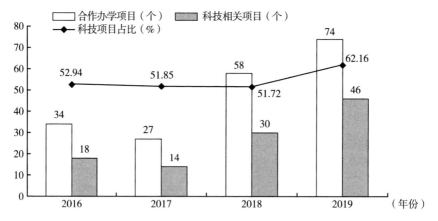

图 4　2016~2019 年中国高校合作办学科技项目及其占比

资料来源：根据教育部审批和复核的机构及项目名单历年资料整理，中华人民共和国
教育部《中外合作办学监管工作信息平台》［DB/OL］.（2020 - 04 - 23）［2021 - 05 -
08］. https：//www.crs.jsj.edu.cn/index/sort/1006。

---

① 具有留学背景的领导干部，是指在海外（含港澳台）取得学位、做访问学者及客座研究员
达一年（含一年）以上的中共中央委员会委员、中共中央委员会候补委员、国务院部委部
长（主任）、国务院部委副部长（副主任），以及 31 个省区市（港澳台除外，下同）省委
书记、省长（自治区委书记、区政府主席，直辖市委书记、市长）。
② 去除不同归口的重复人员。

学项目 46 个，占全国合作办学项目的 62.16%，涉及食品科学、机械工程、电气工程、土木工程、生物医药、动物科学、航空航天、计算机、环境科学、人工智能、数据科学等科技领域。

根据《全国普通高校本科教育教学质量报告（2020 年度）》，新冠肺炎疫情期间各高校推进发展了"在地留学教育"。截至 2020 年底，超过 30 万人就读于国内本科以上中外合作办学项目，涉及 28 个省份、440 所高校、35 个国家和地区。[①] 2021 年秋季，教育部发布消息，将继续支持部分中外合作办学机构和项目、大陆与港澳台地区合作办学机构和项目通过自主招生，以校际交流、委托培养等学分互认形式，缓解疫情影响下中国学生无法出国学习的困难。[②] 新冠肺炎疫情期间，"混合式教学"、线上教学的探索和技术普及为未来高等教育资源的跨时空流动带来了发展契机。未来，在地留学以及中外合作办学项目有望继续发展。以清华大学苏世民学院和北京大学燕京学院为代表的国内顶尖高校院系也积极探索中国高等教育国际化、国际化人才培养的独特经验，其将成为我国人才国际化培养的重要载体以及全球学术与科研交流的重要渠道。

（六）"留学中国"品牌积淀，中国成为亚洲学生重要留学目的国

1. 来华留学自费生占多数，"留学中国"品牌积淀深厚

2018 年，中国跃居世界第三大、亚洲第一大留学目的国，仅次于美国和英国，与第二名英国的差距不到 400 人。[③] 改革开放前，来华留学生主要是接受政府资助的公费留学生，但在政策推动下，自费来华留学生从 1979

① 中华人民共和国教育部：《全国普通高校本科教育教学质量报告（2020 年度）》．［EB/OL］．（2021－12－17）［2022－06－20］．http：//www.moe.gov.cn/jyb_ xwfb/gzdt_ gzdt/s5987/202112/t20211217_ 588017.html。

② 中华人民共和国教育部：《教育部继续支持以中外合作办学等方式缓解疫情影响下我学生出国学习困难》［EB/OL］．（2021－08－25）［2022－06－20］．http：//www.moe.gov.cn/jyb_ xwfb/gzdt_ gzdt/s5987/202108/t20210825_ 554243.html。

③ IIE，2019 Project Atlas Infographics，viewed July 2020，https：//www.iie.org/en/Research-and-Insights/Project-Atlas/Explore-Data/Infographics/2019-Project-Atlas-Infographics.

年的 300 余人①增长到 2018 年的近 43 万人。② 虽然我国设立了种类繁多的奖学金，包括中国政府奖学金、地方政府奖学金、孔子学院奖学金、学校奖学金、企业奖学金等，但总体而言获奖人数并不多。以获奖人数最多的中国政府奖学金为例，2010～2018 年，获奖者比例逐年增高，从 8.45% 上升到12.81%（见图 5）。

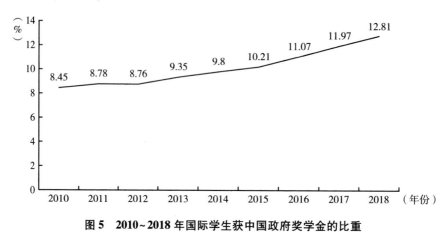

图 5 2010～2018 年国际学生获中国政府奖学金的比重

资料来源：依据中华人民共和国教育部国际合作与交流司《来华留学简明统计》历年整理。

其他类型奖学金获得者比例较中国政府奖学金更低。以比较富裕的浙江省为例，每年有 300 名来华留学生能够获得省政府来华留学奖学金（其中全额奖学金名额为 40 人），而 2018 年浙江省来华留学生人数为38190 人，获奖比例仅约 0.79%，远低于中国政府奖学金的平均获奖比例。此外，各类奖学金获得者还有"全奖""半奖"，甚至是"四分之一奖"之分，即使是全奖，大部分奖学金也用来支付学费、住宿费、生活费，相当于大部分奖学金还是在国内的资金流中循环。对 2018～2019 学

---

① 刘新芝：《中国新时代的来华留学生教育——以北京大学为例》，《外国语教育研究》2006年第 11 期，第 41～51 页。

② 教育部：《2018 年来华留学统计》，2019 年 4 月 12 日，http：//www.moe.gov.cn/jyb_ xwfb/ gzdt_ gzdt/s5987/201904/t20190412_ 377692. html。

年美国国际学生经费来源①进行统计后发现，接受美国学院和美国政府支持的国际学生人数达17%，而来自个人和家庭以及在职就业收入的占77.6%②，在自费留学比例上与中国情况相差不大。这表明，与"来华留学生普遍有奖学金"或"国际学生是因为有奖学金才来华留学"的刻板印象不同，"来华留学"的品牌价值受到大多数国际学生的认可，也因此蕴含着巨大的盈利潜力。

2. 来华留学工作积极落实联合国可持续发展目标，亚洲发展中国家学生为主要培养对象

联合国可持续发展目标（SDGs）的第四项"教育质量"中的第"4b"小项要求："到2020年时，全球要持续扩大为发展中国家——特别是不发达地区、小岛国、非洲国家——学生提供高等教育奖学金的机会，使他们能去发达国家或其他发展中国家学习职业教育、信息通信技术、科技和工程技术。"③ 因此，资助来自发展中国家的国际学生接受高等教育，是承担国际责任、参与全球治理、构建人类命运共同体的重要方式。我国来华留学工作一直在推动联合国可持续发展目标的实现。据教育部统计，2010~2018年，各大洲国际学生来华留学人数总体上呈上升趋势（见图6），其中，亚洲学生人数最多，2018年达29.5万人，远超来自其他地区的学生人数。从来华留学生主要来源国来看，2015~2018年，来华留学生十大来源国也主要是亚洲国家（见表9）。

3. 受新冠肺炎疫情和国际局势变化影响，来华留学面临较大的挑战

第一，大量来华留学生因新冠肺炎疫情无法返校。一方面，韩国、泰国、巴基斯坦、印度、美国、日本等来华留学生主要来源国均为疫情高发国

---

① IIE, Open Doors: 2019 Fast Fact Sheets, viewed May 2022, https://opendoorsdata.org/wp-content/uploads/2020/11/Open-Doors-Fast-Facts-2010-2019.pdf.

② 其中，接受美国学院支持的国际学生占比16.8%，接受美国政府支持的占比0.2%，中国政府奖学金通常通过学校发放，因此仍可进行比较。

③ UNESCO. Sustainable Development Goal 4 (SDG4) [EB/OL]. [2022-05-21] https://sdg4education2030.org/the-goal.

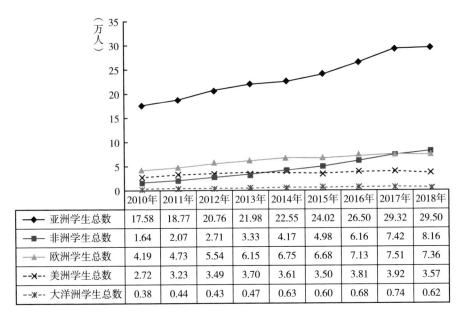

图6 2010~2018年各区域来华国际学生数量变化对比

资料来源：依据中国教育部网站公布数据整理。

表9 2015~2018年来华国际学生十大来源国及其人数

单位：人

排序	2018 年		2017 年		2016 年		2015 年	
	国家	人数	国家	人数	国家	人数	国家	人数
1	韩国	50600	韩国	63827	韩国	70540	韩国	66672
2	泰国	28608	泰国	27884	美国	23838	美国	21975
3	巴基斯坦	28023	巴基斯坦	24878	泰国	23044	泰国	19976
4	印度	23198	美国	23911	巴基斯坦	18626	印度	16694
5	美国	20996	印度	20911	印度	18717	俄罗斯	16197
6	俄罗斯	19239	俄罗斯	19751	俄罗斯	17971	巴基斯坦	15654
7	印度尼西亚	15050	日本	14717	印度尼西亚	14714	日本	14085
8	老挝	14645	印度尼西亚	14573	哈萨克斯坦	13996	哈萨克斯坦	13198
9	日本	14230	哈萨克斯坦	14224	日本	13595	印度尼西亚	12694
10	哈萨克斯坦	11784	老挝	14222	越南	10639	法国	10436

资料来源：依据中华人民共和国教育部国际合作与交流司《来华留学简明统计》（2015~2018）整理。

家；另一方面，北京、上海等来华留学生主要接收城市是疫情防控重点地区，因此，疫情期间允许国际学生来华存在较大的风险。①

第二，线上教学与管理亟待进一步完善。2021年2月4日，教育部发布2021年工作要点，提出要在疫情防控常态化背景下做好对来华留学生等群体的管理与服务。② 为了确保"停课不停教，停课不停学"，国内高等院校纷纷将教学和管理转至线上，据对北京市部分高校的抽样调查，针对进行短期汉语学习的来华留学生的网络授课覆盖率达到100%，针对学历学习的来华留学生的网络授课课程占学期总课程的70%左右，采用不同方式进行网络学习的外国留学生参与程度约85%。③ 但是，国际学生自身的特殊性使得针对这一群体的线上教育面临更大的挑战：学生来自世界各地，在时差、网络设备、图书馆等学习资源方面存在较大差异；在教学设计、课程评价、阶段测验、答疑解惑、教学反馈等方面经验不足；长期线上教学对于国际学生产生了一定的心理影响；此外，还要探索远程毕业答辩、毕业审核、毕业典礼和毕业证书发放的方式，以及将来学生返校后，如何将前期网络教学与后续课堂教学有效衔接。④

第三，来华留学人数大幅度下降，短时间内恐难以恢复。自费学历生、语言生以及以攻读学分为目的的校际交流生人数下降的幅度最大，自费学历生规模可能在50%以上，语言生及校际交流生规模可能将减少80%以上，来华留学生规模要想恢复到2019年的水平，可能需要3~5年的时间。⑤ 这一方面受到我国疫情政策影响，另一方面也与全球经济整体下滑，难以承担留学成本有关。

① 卢夏阳、韩维春：《浅谈危机管理理论在高校来华留学管理工作中的应用——以新冠疫情防控为例》，《国际学生教育管理研究》2021年第1期，第51页。
② 中华人民共和国教育部：《教育部2021年工作要点》，2021年2月4日，http://www.moe.gov.cn/jyb_xwfb/gzdt_gzdt/202102/t20210203_512419.html。
③ 殷昊、刘海天：《后疫情时代来华留学教育事业发展挑战及应对策略》，《中国地质教育》2021年第2期，第12~13页。
④ 卢夏阳、韩维春：《浅谈危机管理理论在高校来华留学管理工作中的应用——以新冠疫情防控为例》，《国际学生教育管理研究》2021年第1期，第51页。
⑤ 殷昊、刘海天：《后疫情时代来华留学教育事业发展挑战及应对策略》，《中国地质教育》2021年第2期，第12~13页。

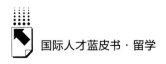

三　多措并举促进中国留学发展，提升国际人才培养竞争力

（一）切实解决出国留学相关困难，形成变局之下的"平安留学"机制

国际形势风云变幻，新冠肺炎疫情在世界范围内持续蔓延，但中国学生出国留学的热情并没有减弱。复杂的国际形势给我国留学人员增加了诸多困难。

留学安全问题依然严峻。留学安全主要涉及人身安全、财产安全、心理安全等方面，导致安全问题出现的主要原因包括留学生缺乏安全意识、应对突发事件的能力不足，与朋友或家人的沟通不够，缺少相关安全培训，以及政局动荡、疫情暴发等。针对留学安全问题，可引导相关留学服务机构以及学联、校友会、侨团组织等社会机构提供多方位的保障。如出国前提供行前指导、安全培训；出国后保持有效联络，提供法律、心理、突发事件、联谊、心理咨询等方面的帮助。

针对新冠肺炎疫情造成的安全问题，可以总结前期应对新冠肺炎疫情的实践中行之有效的方法，为疫情防控常态化做好准备，进一步完善"平安留学"机制。虽然在海外的留学生逐渐适应在与疫情共存的情况下学习生活，但是与疫情相关的各类困难与挑战尚存。例如，在大部分国家开始解除管控措施的情况下，感染新冠病毒依然是海外留学人员在个人健康方面的主要担忧。2020年，国内有关部门与驻外使领馆向留学人员集中地区调配了包括口罩、消毒液、预防药品等应急物品在内的"健康包"，有效地为面临当地防疫物资短缺的留学人员提供了便利和安全保障。目前大部分主要留学目的国物资供应已稳定，面临的主要挑战可能是传播性更强的变种毒株带来新一波感染高峰，以及可能带来的医疗系统紧张、获得救治困难的问题，需要有关部门统筹协调驻外使领馆、各高校和地区的学生群团组织以及服务机构等共同做好行前教育与培训工作，提醒当地留学生疫情传播风险，提前完成疫苗接种，指导其了解目的国的医疗制度，熟悉就医方式，及时购买医疗保险等。

另外，近年来国外部分政客为了转移国内矛盾，煽动民粹主义和民众的排外情绪，针对中国乃至亚裔留学生的暴力事件和仇恨犯罪时有发生，因此有关部门和驻外使领馆需要对所在国的社会安全整体局势以及留学人员遭受歧视和攻击的个案高度重视，及时有力地进行交涉。领事保护作为保护我国公民海外安全的重要方式需得到更多关注，驻外使领馆需要完善领事保护机制，加强预警和信息发布渠道建设。需要与海外华人社团与学生会等积极配合，调动民间和社会资源共同开展针对海外留学生的应急协调和援助工作，帮助和指导留学生群体提升自我保护能力。

（二）做好突发事件影响下留学人员回国预案，解除学生家长后顾之忧

新冠肺炎疫情全球蔓延，留学生群体面临"回国难"的问题。部分往返国内与主要留学目的国的航班已停运两年，现行的"最低水平"航班无法满足大量留学人员的回国需求。因此，需要结合当前国际人员流动趋势及疫情动态，及时恢复通航，灵活调整相关入境政策，为留学人员提供回国保障。

当前，百年疫情叠加俄乌冲突急剧变化，留学人员在外求学与生活容易受到局势影响。建议提前做好留学人员遭遇政策或意外事件的预案，为留学人员在外生活受到影响时迅速离境并回到祖国发展做准备。一方面，针对正在深造的留学人员，完善国内的国际化教育体系，加强国际接轨，如因签证、政治压迫等原因而留学人员无法继续求学，则为其回国继续就读做好准备；另一方面，针对即将结束深造的留学人员，积极搭建就业创业平台，拓宽就业创业信息渠道，帮助其回国后尽早就业。

另外，依托同学会、侨联、学联等群团组织建立留学人员国情研修班和考察团，加强政府与留学人员的紧密联系，帮助留学人员了解当下中国的发

展态势、加快再融入国内环境的进程。联合相关社会智库等组织合作开发相关国情教育和学习项目，加入更多与中国发展现状与时俱进的内容，提高服务能力和扩大适用人群范围。为留学人员提供新政策解读和新形势分析，帮助其克服就业创业中的"逆文化差"，更好地激发其参与国家治理和发展的热情。鼓励留学人员找到国际化优势和本土发展的契合点，将实现个人价值与为国家发展做贡献结合起来，不仅为个人获得更高层次的就业创业机会打下基础，也为其充分发挥自身优势、服务国家发展创造条件。

（三）鼓励新一线及准一线城市加大力度吸引留学人员创新创业

新一线城市具有独特的发展潜力，其有活力的城市文化正在吸引越来越多的国际背景青年人才。更好地承接"出国留学—回国就业"的良性人才环流，充分发挥人才能力，各城市需要为人才提供良好的发展环境和充分的信息平台。例如，推动猎头、企业、国际组织、智库等机构，举办留学人才相关国际化活动，增加留学人员引进抓手，拓展留学人员回国通道。鼓励企业建立离岸研究机构和合作项目，利用500强企业和高新科技企业发展优势，围绕优势产业，鼓励企业"出海"与海外知名高校合作建立联合实验室或专业学院，利用海外高校在人才、科研资源、科创环境方面的优势，吸引当地留学人员参与重大科研项目，推动相关技术突破。完善多元、开放、国际化的创新创业支撑平台，有针对性地建设留学人员创新创业基地等，为留学人才提供充足的双创空间。同时，着力解决留学回国人员回国就业创业面临的信息不对称和职业道路选择的问题。鼓励有条件的企业开展留学生专场线上、线下招聘，建立专业的职业培训、评估和发展机制；推动企业与海外高校校友网络加强合作，为企业和潜在的求职者、创业者构建即时、畅通的信息和交流渠道，以便留学人员回国后更好地融入本地市场。

（四）重视留学生国际交往优势，支持留学生讲好中国故事

目前全球化进程受到疫情和国际局势的影响，但全球化的历史大趋

势不会因此终结。从国际交流视角看，在多元文化环境下，留学是了解不同国家、民族的文化，熟悉国际规则并提升国际交往能力的重要途径，海外留学生群体因此发挥着沟通中国与世界的桥梁和纽带的重要作用。除了个体层面的交流、交往之外，留学人员依托侨联、学联、专业协会和智库等载体，在国外开展科技、经济、文化、教育、卫生等多领域的交流与合作活动，增进了各领域国际精英人才对中国的了解，传递并解读中国的政策，促进中外普通民众间的直接交流，有利于建立跨国互信。因此，鼓励打通以留学人员为主体的"二轨外交"渠道，为留学人员参与民间外交配备适宜的制度和政策，为其有效开展"二轨外交"提供指导与规范。

另外，近年来也有更多留学生在学习中对国际组织和全球治理产生兴趣，进入国际组织实习或任职，推动中国参与全球治理的进程。目前，中国在国际组织中的人才资源不足，这一定程度上影响了中国在国际规则的制定和维护方面的话语权与贡献率。应将留学人员纳为国际组织人才培养的潜在对象，尤其是针对在海外取得高学历、熟悉国际规则和交往方式，或有跨国管理经验的人才，建立与国际组织的合作机制，构建一套包含推荐人才、人才能力提升和项目资助等在内的全方位的国际组织人才孵化体系。

（五）发挥留学人员在公共管理和全球治理中的作用

留学人员通常具备国际视野和先进理念，因此在公共治理等方面能发挥重要作用。截至 2019 年，中国留学人员群体已达 656 万人，回国 423 万人，成为巨大的社会力量，发挥好留学人员这方面的优势作用和代表性，扩大其参与公共治理的渠道，已经成为当前留学人员工作的重要任务。因此，需要拓展渠道，让留学人员在公共管理和全球治理方面发挥更大作用。一是在专业领域岗位探索实行公务员聘任制，为留学人员加入公务员队伍提供便利；二是鼓励留学人员到中西部地区政府部门和国企任职，适当增加地方政府挂职中留学人员比例。

此外，很多留学人员具有相当经济基础和专业知识结构，有市场意识和国际战略眼光，有创新意识和领导能力，对国家的发展和未来有强烈的使命感与责任感。应支持全国各地高校研究机构和智库发挥其在联络、组织和团结公共管理、社会管理等领域的留学人员方面的独特优势，协助开展公共管理和全球治理方面的人才选拔与推荐工作。

（六）留学仍是国际人才培养的重要渠道，应积极构建国际人才培养生态体系

留学依然是人们接受国际化优质教育、培养全球化视野、理解国际规则的主要渠道。除了传统认知上强调的专业知识和语言能力之外，留学能拓展国际视野，形成对国外经济社会发展经验的洞察和批判性思考，提升跨文化交流能力以及构建国际化人际关系网络。近年来，部分省市为提升人才自给能力，积极发展中外合作办学和各类联合研究项目。这种打破国际教育原有地域限制的学术项目与交流项目，能够促进国家及当地的持续对外开放，符合目前中国高等教育的优势定位及对国际化人才培养的迫切需要。但目前合作办学项目仍以本科教育为主，硕博层次以及技术进修类合作办学项目占比较少，且合作办学项目多集中在高等教育资源较发达的省市高校，项目区域分布不均。建议借鉴清华大学苏世民学院等已有成功经验，进一步加强国际化教育探索。

同时，基于"政府—学校—企业"三大主体，逐步建立多层次、多领域、多地区的国际人才培养生态体系，形成高质量的国际化人才培养机制。当前，在国内国际双循环的背景下，各地可进一步探索国际教育教学模式，多途径引入人才和教育资源，加强与国际知名高校、科研院所和企业合作，打造高质量、高层次、含金量高的合作办学项目，推动教育国际化，加强国际化人才培养。同时，针对本土技术与职业人才的进修培训需求，积极助推海外交流、技术落地的项目开展，培育关键人才的国际视野、多元文化素养、跨文化沟通能力，为本土人才参与全球资源与知识的交流共享创造有利条件。

（七）建立来华留学全链条管理制度，提升我国国际人才涵养能力

2022 年 4 月 29 日，外交部发言人赵立坚在例行记者会上回答关于印度留学生来华问题时表示：印度留学生返华工作已经启动，外国留学生返华复课工作需结合国际疫情形势变化统筹推进。最近，中国多个驻外使馆宣布，自 2022 年 8 月 24 日起，持有有效学习居留许可的外国学生无须签证即可进入中国。入境人员需接受"7 天集中隔离医学观察+3 天居家健康监测"。

针对来华留学生毕业后就业和留存问题，尽快落实国家关于来华留学生就业、居留的政策，加强与社区、企业及社会机构合作，全面提升优秀来华留学生的留存率，加强国际人才涵养能力，促进来华留学生切实发挥作用。逐步建立起招生、培养、就业、生活的全链条来华留学生管理制度。建议有关部门组织专家借鉴他国经验，尽快完成来华留学生学术能力标准化测试的设计工作，明确测试内容、测试标准、测试时间、测试语言和测试方式。在培养方面，继续探索中外学生趋同化管理方式，一方面注重来华留学生的特殊性，另一方面要促进中外学生的交流与合作。此外，在中外人文交流中，既要重视政府对于国际学生的支持力度，也要激活国内外民间力量共同支持国际学生交流这一民心相通的关键渠道，构建留学生社区，发挥社群在加强持续交流、宣传来华留学、讲好中国故事、维系感情等方面的作用。

出国留学篇

Reports on Studying Abroad

B.2
北美洲热门留学国家的留学现状分析

郑金连　陈慧怡　杨雅涵*

摘　要： 北美洲丰富的高等教育资源一直以来吸引了大量全球留学生，随
着全球新冠肺炎疫情突袭而至，美国和加拿大的国际学生人数均
出现了较大幅度的下降。中国留学生也受到不小影响，尤其在单
边主义抬头的局势下，中国学生留美安全受到一定影响。同时，
留学加拿大的中国学生人数大幅下降，而印度留学生以极快的增
速成为加拿大最大的生源国。长期来看，留学产业作为其高等教
育重要资金来源，美国和加拿大开始出台便利国际学生的政策，
以提振赴美、加留学吸引力。

关键词： 留学美国　留学加拿大　中国留学生　留学安全

* 郑金连，博士，全球化智库（CCG）副主任，研究总监，高级研究员，主要研究方向为国际
人才、智库研究、科技创新；陈慧怡，全球化智库（CCG）助理研究员，主要研究方向为人
才全球化、全球治理；杨雅涵，全球化智库（CCG）助理研究员，项目经理，主要研究方向
为社会政策、人才流动、移民研究。全球化智库（CCG）实习生桂静怡对本文资料收集整理
也有贡献。

一 2021年中国学生赴美国留学现状①

（一）2021年在美国际学生总体状况

1. 在美国际学生数量大幅下降

长期以来，美国作为全球主要留学目的国之一，受到广泛的关注。根据国际教育协会（Institute of International Education，IIE）《国际学生流动和COVID-19实况》（*International Student Mobility Flows and COVID-19 Reality*），2020年，约20%的国际学生选择美国作为留学目的地。② OECD（Organization for Economic Cooperation and Development，经济合作与发展组织）统计指出，美国是OECD国家学生首选留学目的地——2021年OECD国家的410万国际学生中，有97.7万人（约占OECD国家国际学生人数的23.8%）在美国就读。③

根据国际教育协会《2021年门户开放报告》（*The Open Doors Report*）提供的数据，2015~2019年，在美国高等教育机构就读的国际学生数量连续5个学年突破百万。尽管美国仍然是最有吸引力的留学目的国之一，但是受新冠肺炎疫情及相关限制性政策影响，2020~2021学年赴美留学国际学生的规模大幅度下降，总数为914095人，同比下降15%，为1949年以来最大幅度的负增长。2020~2021学年美国高等教育机构新录取国际学生145528人，相比2019~2020学年骤减了45.6%，相比国际学生总数规模的持续增长，新录取国际学生人数则自2016~2017学年以来连续5年呈负增长（见表1）。这种态势与特朗普政府上台后宣布一系列加强学生签证审查、缩减工作签证名额等限制移民政策密切相关。

---

① 在本文中"中国"均指代中国大陆区域。

② Institute of International Education. International Student Mobility Flows and COVID-19 Reality. ［R/OL］. （2021-8-25）［2021-12-22］. https://www.iie.org/Research-and-Insights/Publications/IntlStudent-Mobility-Flows-and-C19-Realities. p. 7.

③ Organization for Economic Cooperation and Development. Education at a Glance 2021. ［R/OL］. （2021-9-16）［2021-12-15］. https://www.oecd.org/education/education-at-a-glance/.

表1　美国高等教育机构国际学生人数和增长率

单位：人，%

学年	国际学生总数	国际学生总数增长率	国际学生占高等教育总人数比例	新录取国际学生人数	新录取国际学生人数增长率
2011~2012	764495	5.7	3.7	228467	6.5
2012~2013	819644	7.2	3.9	250920	9.8
2013~2014	886052	8.1	4.2	270128	7.5
2014~2015	974926	10.0	4.8	293766	8.8
2015~2016	1043839	7.1	5.2	300743	2.4
2016~2017	1078822	3.4	5.3	290836	-3.3
2017~2018	1094792	1.5	5.5	271738	-6.6
2018~2019	1095299	0.1	5.5	269383	-0.9
2019~2020	1075496	-1.8	5.5	267712	-0.6
2020~2021	914095	-15.0	4.6	145528	-45.6

资料来源：Institute of International Education. Fast Facts 2021［R/OL］.（2021-11-14）［2021-11-25］. https：//opendoorsdata. org/fast_ facts/fast-facts-2021/. p. 1。

　　作为高等教育体系先进、学术产业最发达的国家之一，国际教育已成为美国经济创收的重要来源，列其服务贸易产业的第五位，而国际学生的跨国流动对高等教育、餐饮住宿、零售、交通、电信和保险等多个行业经济价值有持续影响。据美国国际教育工作者协会（National Association of Foreign Student Affairs，NAFSA）统计，在2020~2021学年，美国高校近100万国际学生为美国经济贡献了283.79亿美元，比前一学年下降了近27%，国际学生贡献的就业岗位减少109679个，同比下降26.4%（见表2）。① 国际学生减少、国际教育产业增长受阻对美国整体的经济社会发展有不利影响。

① National Association of Foreign Student Affairs，New NAFSA Date Show Largest Ever Drop in International Student Economic Contributions to the U. S.［EO/OL］（2021-11-15）［2021-12-24］. https：//www. nafsa. org/about/about-nafsa/new-nafsa-data-show-largest-ever-drop-international-student-economic.

表2 国际学生为美国带来的经济贡献及创造工作岗位情况

学年	经济贡献(亿美元)	创造工作岗位数量(个)	国际学生数量(人)
2008	176.57	263737	669391
2009	187.76	323650	688525
2010	202.32	294539	721654
2011	218.07	307003	762710
2012	239.96	313252	818043
2013	267.92	340003	884666
2014	304.71	373383	973604
2015	327.97	400844	1042534
2016	368.65	450337	1077526
2017	390.01	455608	1093448
2018	404.78	458269	1094032
2019	386.85	415990	1074215
2020	283.79	306311	912711

资料来源：NAFSA. NAFSA International Student Economic Value Tool ［EB/OL］［2022-05-20］https：//www. nafsa. org/policy-and-advocacy/policy-resources/nafsa-international-student-economic-value-tool-v2。

目前，学术界对未来赴美留学趋势仍有争论，有专家认为国际学生的大幅度减少是短期且可逆的，因此对疫情后高等教育国际化的恢复发展，以及以美国为代表的西方国家继续保持国际化优势地位持乐观态度。① 另有专家认为该变化可能指向以美国为代表的传统留学目的国将出让部分国际化份额，新的全球高等教育国际化格局正在形成。②

2. 各学段学生增长率下降，但对高等教育和OPT的需求仍然较强

从学段分布上看，美国高等教育部门的国际学生以接受本科及以上的学位教育为主。据《2021年门户开放报告》统计，2020~2021年攻读本科以上高等教育的国际学生超过总数的3/4（75.4%）。其中，39.4%的国际学生就读于本科阶段（包括学士和副学士学位），占总人数比例最高，36.0%

---

① 刘进、高媛、Philip G. Altbach, Hans De Vit：《阿特巴赫谈新冠疫情对全球高等教育国际化的影响》，《现代大学教育》2020年第6期，第31~38页。

② 刘进、林松月、高媛：《后疫情时期高等教育国际化新常态——基于对菲利普·阿特巴赫等21位学者的深度访谈》，《教育研究》2021年第10期，第112~121页。

的国际学生攻读研究生（包括硕士和博士学位），2.3%的国际学生接受非学位教育（如语言课程、短期证书课程等），22.3%的国际学生处于参加毕业后的选择性实习培训（Optional Practical Training，OPT）阶段。①

从各学段国际学生增长率来看，近年来，美国各学段国际学生人数增长率由正转负。与2019~2020学年相比，2020~2021学年赴美就读本科的国际学生人数减少了14.2%，就读研究生的人数减少了12.1%。2020~2021学年接受非学位教育的人数减少幅度最大，达到63.7%。非学位教育的国际学生占全部国际学生比例减少也较明显，而本科及研究生阶段国际学生占比则相对稳定（见表3、表4）。可以看出，国际学生赴美获得高层次学历教育的意向受新冠肺炎疫情影响相对较小。相比于非学位教育板块更侧重针对专项职业技能、资质和证书的培训（例如职业技能课程、语言培训等），学位教育需要学生投入更多时间和资金进行深入学习。国际学生赴美留学仍然长期集中于攻读学位，代表了个人以及世界范围内各行业领域对美国学位教育的认可。

表3 美国高等教育国际学生学段分布

单位：人，%

学年	本科		研究生		非学位教育		OPT	
	人数	增长率	人数	增长率	人数	增长率	人数	增长率
2016~2017	439019	2.7	391124	1.9	72984	-14.2	175695	19.1
2017~2018	442746	0.8	382953	-2.1	65631	-10.1	203462	15.8
2018~2019	431930	-2.4	377943	-1.3	62341	-5.0	223085	9.6
2019~2020	419321	-2.9	374435	-0.9	58201	-6.6	223539	0.2
2020~2021	359787	-14.2	329272	-12.1	21151	-63.7	203885	-8.8

资料来源：Institute of International Education. Academic Level. ［EB/OL］. （2021-11-14）［2021-11-24］. https：//opendoorsdata. org/data/international-students/academic-level/。

---

① OPT是美国移民及公民局（U. S. Citizenship and Immigration Services，USCIS）对持有F-1签证国际学生进行实习培训的时间段，先获取选择性专业实习再谋求高科技临时工作签证，是国际学生留美工作的重要渠道。

表4 美国高等教育各学段国际学生占总人数比例

单位：%

学年	学士和副学士国际学生占总人数比例	硕士和博士国际学生占总人数比例	非学位教育国际学生占总人数比例	OPT国际学生占总人数比例
2016~2017	40.7	36.3	6.8	16.3
2017~2018	40.4	35.0	6.0	18.6
2018~2019	39.4	34.5	5.7	20.4
2019~2020	39.0	34.8	5.4	20.8
2020~2021	39.4	36.0	2.3	22.3

资料来源：Institute of International Education. Academic Level［EB/OL］. (2021-11-14)［2021-11-24］.

2020~2021学年，OPT的国际学生人数减少8.8%，出现自2000年以来首次负增长，由于有资格申请OPT的为符合条件的美国高校毕业生，OPT人数增长率逐年明显降低与同时期本科和研究生人数总体呈现增长率下降的趋势相吻合。同时，2020~2021学年OPT相比其他学段受到的冲击相对较小，占全部学生人数的比例有所上升。一方面，由于OPT申请者为已经在美国高校就读的学生，本身受边境管控政策和国际旅行受阻影响而改变选择的可能性更小，另一方面也体现了国际学生对于留美获得工作经验的意愿仍然较强。值得注意的是，近年来美国的OPT政策有所收紧，针对OPT申请中的欺诈和滥用现象，2018年，移民与海关执法局（Bureau of Immigration and Customs Enforcement）提出，将制定规则加强对参与OPT项目的学校和学生的监督[1]。因此，国际学生在申请OPT时可能面临相比过去更严格的审核。

3. 亚洲仍是美国高等教育国际学生的最大生源地

根据国际教育协会发布的《2021年门户开放报告》，来自亚洲的国际学生占高等教育留美学生总数的70.6%。拉丁美洲和加勒比地区、欧洲随后，分别占比8.0%和7.4%（见表5）。美国高等教育国际学生的前三大生源地均为亚洲国家，分别为中国、印度和韩国，这3个国家向美国输送了超过半

---

[1] Office of Information and Regulation Affairs, View Rule：Practical Training Reform［EB/OL］. (2017 Fall)［2021-12-16］. https：//www.reginfo.gov/public/do/eAgendaViewRule? pubId = 201710&RIN = 1653-AA76.

数的国际学生，预计未来亚洲仍将是美国高等教育国际学生的主要来源地。2020~2021学年在美中国国际学生数量为317299人（占比34.7%），远超过排名第二的印度167582人（占比18.3%）和韩国39491人（占比4.3%），中国已连续14年成为美国国际学生最大来源国。受到疫情影响，2020~2021学年各大生源地国际学生数量均出现负增长，欧洲留美国际学生变化幅度最大，比上学年减少24.3%。其中，来自法国和德国的国际学生数量下滑最为明显，分别达到33.4%和42.0%。而与美国同属于北美洲的加拿大学生流动阻力较小，赴美留学的人数保持相对稳定，超过沙特阿拉伯成为第四大来源国（见表6）。

表5　美国高等教育国际学生主要来源区域

单位：人，%

排名	来源地区域	2019~2020学年	2020~2021学年	2020~2021学年国际学生人数占总人数比重	增长率
1	非洲和撒哈拉沙漠以南地区	41697	39061	4.3	-6.3
2	亚洲	758014	645622	70.6	-14.8
3	欧洲	89784	67979	7.4	-24.3
4	拉丁美洲和加勒比地区	80204	72850	8.0	-9.2
5	中东和北非地区	72325	57564	6.3	-20.4
6	北美洲	25992	25143	2.8	-3.3
7	大洋洲	7473	5864	0.6	-21.5

资料来源：Institute of International Education. All Places of Origin. ［EB/OL］. （2021-11-15）［2021-11-25］. https：//opendoorsdata. org/data/international-students/all-places-of-origin/。

表6　美国高等教育国际学生主要来源地

单位：人，%

排名	来源地	2019~2020学年	2020~2021学年	2020~2021学年国际学生人数占总人数的比例	增长率
1	中国	372532	317299	34.7	-14.8
2	印度	193124	167582	18.3	-13.2
3	韩国	49809	39491	4.3	-20.7
4	加拿大	25992	25143	2.8	-3.3

排名	来源地	2019~2020学年	2020~2021学年	2020~2021学年国际学生人数占总人数的比例	增长率
5	沙特阿拉伯	30957	21933	2.4	-29.2
6	越南	23777	21631	2.4	-9.0
7	中国台湾	23724	19673	2.2	-17.1
8	巴西	16671	14000	1.5	-16.0
9	墨西哥	14348	12986	1.4	-9.5
10	尼日利亚	13762	12860	1.4	-6.6
11	日本	17554	11785	1.3	-32.9
12	尼泊尔	12730	11172	1.2	-12.2
13	伊朗	11451	9614	1.1	-16.0
14	孟加拉国	8838	8598	0.9	-2.7
15	土耳其	9481	8109	0.9	-14.5
16	英国	10756	8028	0.9	-25.4
17	印度尼西亚	8300	7489	0.8	-9.8
18	巴基斯坦	7939	7475	0.8	-5.8
19	哥伦比亚	7787	7107	0.8	-8.7
20	科威特	8375	6846	0.7	-18.3
21	委内瑞拉	6855	6122	0.7	-10.7
22	中国香港	6778	5878	0.6	-13.3
23	西班牙	7954	5781	0.6	-27.3
24	法国	8471	5643	0.6	-33.4
25	德国	9242	5364	0.6	-42.0

说明：中国指中国大陆，不包括港澳台。

资料来源：Institute of International Education. All Places of Origin［EB/OL］.（2021-11-15）［2021-11-25］. https：//opendoorsdata. org/data/international-students/all-places-of-origin/。

4. 国际学生地域分布特点明显，更多集中在"蓝色州"

《2021 年门户开放报告》显示，在美国际学生人数排名前五的州分别为加利福尼亚州（加州）、纽约州、得克萨斯州（得州）、马萨诸塞州和伊利诺伊州，这 5 个州所接收的国际学生数量占四成多（见表 7）。国际学生人数排名前五的州中有 4 个是美国稳定的"蓝色州"①，即加利福尼亚州、纽约州、马萨诸塞州和伊利诺伊州②，这些州重视教育经费投入，支持更加开

① 注：蓝色州是该州居民主要投票支持民主党的州。

② World Population Review, Blue State 2021 ［EB/OL］. ［2021.12.17］. https：//worldpopulationreview. com/state-rankings/blue-states.

放的留学和移民政策。这种开放包容的态度和相关政策也是吸引国际学生的
重要因素。

表 7　美国高等教育国际学生人数最多的 10 个州及其增长率

单位：人，%

排名	州名称	2019~2020 学年留学生人数	2020~2021 学年留学生人数	增长率
1	加利福尼亚州	160592	132758	-17.3
2	纽约州	126911	106894	-15.8
3	得克萨斯州	77097	67428	-12.5
4	马萨诸塞州	73695	66273	-10.1
5	伊利诺伊州	51966	44004	-15.3
6	宾夕法尼亚州	50070	42477	-15.2
7	佛罗里达州	46221	39179	-15.2
8	俄亥俄州	35508	29979	-15.6
9	密歇根州	31408	27454	-12.6
10	印第安纳州	28136	23948	-14.9
其他		393892	333701	-15.3

资料来源：Institute of International Education. Fast Facts 2021［R/OL］. （2021：11-14）［2021-11-25］. https：//opendoorsdata. org/fast_ facts/fast-facts-2021/. p. 1。

同时，排名靠前的几个州具有教育资源丰富、产业优势突出和就业前景
乐观的特点，这构成了对国际学生的吸引力。加州除了气候和环境宜居以
外，以硅谷为代表的高科技产业处于世界领先地位，也是美国西海岸贸易、
运输、娱乐等产业的中心，为国际人才创造了大量高质量就业机会。位于美
国东北部的纽约州是全球商业和经贸的枢纽，也是美国银行业、运输业、旅
游业、房地产业、时尚和艺术产业的中心，发达的服务产业以及高比例的跨
国公司使其成为众多国际学生的选择。根据 QS 最新公布的世界高校排名，
加州和纽约州也是全美排名前 100 大学最多的州，分别有 16 所和 10 所①。
而得州拥有发达的畜牧业、农业和能源化工业，位于得州的奥斯汀、休斯

① 新东方：《2021 中国留学白皮书》［R/OL］. （2021：5-26）［2021-12-17］. https：//
liuxue. xdf. cn/special_ bj/copy/2021_ report/？ utm_ source＝guangwangtonglan. p. 59。

顿、圣安东尼奥、达拉斯等也是美国发展最快的城市，尖端产业发展迅速，得州的高等教育学费也相对较低，吸引了越来越多国际学生的关注。马萨诸塞州是美国高等教育资源最集中的地区之一，共有 125 所大学和学院，并且有包括哈佛大学、麻省理工学院、波士顿大学、东北大学和塔夫茨大学等一流大学以及包括威廉姆斯学院、阿默斯特学院、韦尔斯利学院在内的全美前三的文理学院。根据相关评估，马萨诸塞州的教育质量和社会环境安全两个维度在全美各州教育排名中列第一①。马萨诸塞州也是全美高科技产业最集中的地区之一，同时作为美国历史最悠久的地区之一，其文化和艺术产业也较为发达，社会环境较为包容和多元化。伊利诺伊州是美国中部经济较为发达的州，主导产业为制药、机械、钢铁、农业、保险等，有超过 30 家世界五百强企业总部位于此，其最大城市芝加哥也是美国第二大商业中心区，国际学生在此有更多的机会寻找职业发展的空间。

2020~2021 学年美国国际学生人数最多的前 10 所高等教育机构均为综合性大学，3 所学校位于加州（南加利福尼亚大学、加利福尼亚大学-圣地亚哥分校和加利福尼亚大学-洛杉矶分校），2 所学校位于纽约州（纽约大学和哥伦比亚大学），2 所学校位于马萨诸塞州（东北大学-波士顿分校和波士顿大学）。纽约大学连续八年国际学生人数排名第一，东北大学-波士顿分校和哥伦比亚大学分别位列第二和第三（见表 8）。

表 8 2020~2021 学年美国国际学生就读最多的前 10 所高等教育机构

单位：人

学校	所在城市	所属州	学生总数
纽约大学	纽约	纽约州	17050
东北大学-波士顿分校	波士顿	马萨诸塞州	15880
哥伦比亚大学	纽约	纽约州	15015
南加利福尼亚大学	洛杉矶	加利福尼亚州	14992
亚利桑那州立大学-坦佩分校	坦佩	亚利桑那州	13015

① World Population Review, Best States For Education 2022. [2022-05-23]. https://worldpopulationreview.com/state-rankings/best-states-for-education.

续表

学校	所在城市	所属州	学生总数
伊利诺伊大学-厄巴纳-香槟分校	香槟	伊利诺伊州	12838
加利福尼亚大学-圣地亚哥分校	拉荷亚	加利福尼亚州	10824
波士顿大学	波士顿	马萨诸塞州	10646
普渡大学-西拉斐特分校	西拉斐特	印第安纳州	10500
加利福尼亚大学-洛杉矶分校	洛杉矶	加利福尼亚州	10273

资料来源：Institute of International Education. Fast Facts 2021［R/OL］.（2021-11-14）［2021-11-25］. https：//opendoorsdata. org/fast_ facts/fast-facts-2021/. p. 1。

5. 国际学生主要被高层次院校录取

美国高校依据卡内基大学分类法可以分为博士学位授予大学、硕士学位授予院校、学士/副学士学位授予院校以及专门机构。其中，博士学位授予院校是最高层次院校，是授予研究、学术型博士学位（不包括专业博士学位）数量超过20个的大学。

《2021年门户开放报告》显示，博士学位授予大学是赴美国际学生的首选，2020~2021学年占国际学生总数的3/4多（75.2%）。一方面，综合实力较强的研究型大学以其较高的国际知名度、良好的教学资源和丰富的就业发展体系受到国际学生青睐。另一方面，美国政府将移民政策与人才战略结合，鼓励国际学生攻读高层次院校以填补美国本土人才缺口：如拜登提出为在美国高校取得STEM专业（如工程学、数学与计算机科学、物理与生命科学、卫生医疗和农业等）博士学位的毕业生提供更便捷的绿卡申请途径的计划。[1]

在国际学生人数下降的情况下，博士学位授予大学以及更偏向基础素质培养的学士学位授予院校受疫情的影响比硕士和副学士学位授予院校少。博士学位授予大学人数出现了12.6%的下降，在5类教育机构中降幅最小，而学士学

① U. S. Department of Homeland Security. DHS Expands Opportunities in U. S. for STEM Professionals［EB/OL］.（2022-01-26）［2022-1-21］https：//www. dhs. gov/news/2022/01/21/dhs-expands-opportunities-us-stem-professionals.

位授予院校也仅出现了 13.9% 的下滑。相比之下，硕士学位授予院校以及副学士学位授予院校降低幅度较大，分别达到 23.3% 和 24.0%（见表 9）。

表 9　美国国际学生教育机构类型分布

单位：人，%

高等机构类型	2019~2020 学年	2020~2021 学年	增长率
博士学位授予大学	786498	687031	-12.6
硕士学位授予院校	136127	104453	-23.3
学士学位授予院校	36133	31125	-13.9
副学士学位授予院校	79187	60170	-24.0
专门机构	37551	31316	-16.6

资料来源：Institute of International Education. Enrollment by Institutional Type. ［EB/OL］. （2021-11-14）［2021-12-1］. https：//opendoorsdata. org/data/international-students/enrollment-by-institutional-type/。

6. STEM（科学、技术、工程、数学）仍是国际学生的热门专业

《2021 年门户开放报告》显示，工程学、数学与计算机科学、工商管理、社会科学、物理与生命科学是外国学生赴美留学最热门的 5 个专业。其中，2020~2021 学年 53.9% 的国际学生都选择了 STEM 方向（即表 10 中工程学、数学与计算机科学、物理与生命科学、卫生医疗、农业 5 个专业）。美国在科学与技术领域的领先地位及对技术人才友好的移民政策持续吸引国际学生赴美深入学习。

美国国家科学基金会（National Science Foundation）发布的科学与工程指标（Science and Engineering Indicators）显示，2017 年全美 1/3（34%）的科学与工程学博士学位由持有短期签证者获得。而在工程学、数学与计算机科学领域，他们占据了一半以上的博士学位。2003~2017 年获得短期签证的博士生中，64%~71% 的人在获得学位 5 年后仍留在美国。[①] 这部分理工科精英人才很大程度填补了美国本土人才缺口，支撑起美国教育和科技行业的繁荣。此外，赴美进修英语的国际学生数量大幅度减少，2020~2021 学年减

① National Science Foundation. Science & Engineering Indicators. ［EB/OL］. （2020-01-15）［2021-12-17］. https：//ncses. nsf. gov/pubs/nsb20201/u-s-and-global-education/.

少了 60.8%，到美国本土强化语言技能的需求减少。选择英语教育的国际学生大幅减少并非美国特例，在英国、加拿大等英语国家均有体现，受到疫情影响，对于更多国际学生而言，留在原籍国通过远程教育完成语言学习是更具性价比的选择。①

表 10　2019~2021 学年美国国际学生专业分布

单位：人，%

专业	2019~2020 学年	2020~2021 学年	增长率
工程学	220542	190590	-13.6
数学与计算机科学	205207	182106	-11.3
工商管理	174470	145658	-16.5
社会科学	84440	76419	-9.5
物理与生命科学	81971	75029	-8.5
艺术与应用艺术	64501	51101	-20.8
卫生医疗	34934	32468	-7.1
传媒及新闻	23925	20613	-13.8
教育学	15700	15402	-1.9
人文学科	16992	14702	-13.5
农业	13134	12360	-5.9
法律研究与执法学	16269	11684	-28.2
强化英语培训	21301	8355	-60.8
其他专业	81837	64042	-21.7
未定专业	20273	13566	-33.1

资料来源：Institute of International Education. Fields of Study.［EB/OL］.（2021-11-14）［2021-11-25］. https：//opendoorsdata. org/data/international-students/fields-of-study/。

（二）2021年中国国际学生在美留学情况

1. 中国在美国际学生人数大幅度减少

《2021 年年门户开放报告》显示，2020~2021 学年，有 317299 名中国国际学生选择赴美留学，占美国国际学生的 34.7%，连续 12 年保持美国最

---

① Will Nott. US：50% Decline in Intensive English Program Enrolments.（2021-06-07）［2022-05-24］. https：//thepienews. com/news/us-50-decline-in-international-students-for-intensive-english-programs/.

大国际生源国地位。然而，与2019~2020学年相比，中国国际学生数量大幅度减少14.8%，出现10年来首次负向增长（见表11）。

表11 中国在美高等教育国际学生人数、增长率及其占总人数的比重

单位：人，%

学年	中国在美高等教育国际学生人数	增长率	中国在美高等教育国际学生人数占美国高等教育国际学生总人数比重
2011~2012	194029	23.1	25.4
2012~2013	235597	21.4	28.7
2013~2014	274439	16.5	31.0
2014~2015	304040	10.8	31.2
2015~2016	328547	8.1	31.5
2016~2017	350755	6.8	32.5
2017~2018	363341	3.6	33.2
2018~2019	369548	1.7	33.7
2019~2020	372532	0.8	34.6
2020~2021	317299	-14.8	34.7

资料来源：Institute of International Education. Enrollment Trends［EB/OL］.（2021-11-14）［2020-11-24］. https://opendoorsdata.org/data/international-students/enrollment-trends/。

从表11数据可知，在新冠肺炎疫情发生之前，中国学生赴美留学人数增长已呈放缓趋势。这可能源于中美关系出现波动，中国本土高等教育竞争力的持续提升，以及中国学生留学目的国更加多样化的发展趋势。新冠肺炎疫情的发生进一步放大了这一趋势。一方面，受到新冠肺炎疫情影响，中美双方限制非必要跨境流动，使中国学生赴美留学难度加大。"在地国际化"的趋势也一定程度上造成中国学生对外流动规模大幅度减少。另一方面，特朗普政府时期对于留学、工作及移民等一系列限制性政策，以及美国政府对疫情管控不力以及美国国内反华情绪的上升都降低了中国学生赴美留学的积极性。

从中国在美国际学生占总人数的比重来看，尽管中国在美留学生增速减缓，但降幅在主要来源国中位于中等程度，中国学生占比在2020~2021学年达到了34.7%，为历史最高。能够看出，在全球学生流动减少的大背景下，中国学生赴美留学基数较大，依然有较大需求。美国大学理事会（College Board）在 2020 年 11 月美国总统大选不久后进行的一项内部调查发现，与四年前相比，中国学生出国留学的可能性并未明显降低，美国依然是他们的首选目的地。这是因为中国留学生主要考虑的是东道国大学的"学术声誉与排名"，而非"就业机会"和"毕业后的前景"。①

从美国视角来看，中国在美留学生对其经济社会发展做出了重要的贡献。国际教育协会的调查显示，2020 年中国国际学生为美国带来了 143.57 亿美元的经济贡献。② 同时，中国国际学生一直是推动美国教育、科技进步的重要力量。在 2010~2020 年，中国短期签证持有人获得了 57027 个博士学位，列所有海外国家第一位。③ 中国国际学生的减少将对美国科学、技术、工程和数学领域产生直接的影响。④

2. 在美接受学位教育是中国国际学生首选，OPT 仍是热门

中国赴美国际学生在学段分布上与国际学生总体情况相似。在 2020~2021 学年，中国国际学生集中在本科及本科以上学段，占总人数的比重超过 3/4（77.1%），接受学历教育仍是大部分中国赴美留学生的首选，接受非学历教育的学生最少，仅占 2.4%（见表 12）。

从中国在美国际学生增长率来看，各学段以及 OPT 学生人数有不同程度的减少，在美攻读研究生学位的中国学生减少幅度较小。由于国内升学、就业压力逐渐加大，更多学生选择赴美深入学习，以提升学术水平，增加就业竞争力。而非学历教育人数大幅度下降 53.1%，说明在疫情影响下，中美双方的疫情管控政策使短期学习对中国留学生的吸引力降低。

---

① Institute of International Education. A Rising or Ebbing Tide: Do Chinese Students Still Want to Study in the U.S.？［R/OL］.（2021-04-01）［2021-11-25］. https：//www. iie. org/Research-and-Insights/Publications/A-Rising-or-Ebbing-Tide. p. 2.

② Institute of International Education. Fast Fact Sheet China［R/OL］.（2021-11-15）［2021-11-25］. https：//opendoorsdata. org/fast_ facts/fast-facts-2021/. p. 1.

③ Institute of International Education. Fast Fact Sheet China［R/OL］.（2021-11-15）［2021-11-25］. https：//opendoorsdata. org/fast_ facts/fast-facts-2021/. p. 1.

④ Institute of International Education. Enrollment Trends［EB/OL］.（2021-11-14）［2020-11-24］. https：//opendoorsdata. org/data/international-students/enrollment-trends/.

表 12　中国在美国际学生学段分布

单位：人，%

学段分布	2019~2020 学年	2020~2021 学年	2020~2021 学年中国在美不同学段国际学生人数占总人数的比重	增长率
本科	148160	125616	39.6	-15.2
研究生	137096	118859	37.5	-13.3
非学历教育	15896	7458	2.4	-53.1
OPT	71380	65366	20.6	-8.4

资料来源：Institute of International Education. 2021 Fact Sheet China. ［R/OL］. （2021-11-15）［2021-11-25］. https：//opendoorsdata. org/fast_ facts/fast-facts-2021/。

此外，参与 OPT 项目的中国国际学生数量减少幅度最小，OPT 依然是中国国际学生的热门选择。同时，2021 年拜登政府发布规定，持有自然科学、技术、工程学以及数学四类学位的外国学生 OPT 将由 12 个月延长至 29 个月。[1] 预计在未来，OPT 将继续吸引中国在美国际学生，尤其是 STEM 专业学生的参与。

3. 中国在美国际学生偏好选择 STEM 和工商管理专业

从就读专业来看，多年以来 STEM 和工商管理是中国留学生选择的主要热门专业（见表 13），这种专业偏好与美国高度发达的科技产业和以金融管理为代表的高端服务业人才需求相吻合。2014~2019 学年间，工商管理专业的热度有所下降，就读于数学与计算机专业的学生数量则明显上升，体现了中国留学生持续看好美国计算机产业的扩张和就业增长。在 2020~2021 学年，赴美攻读工程学、数学与计算机、物理与生命科学这 3 个 STEM 学科的中国国际学生占总人数的近 1/2（48.8%）。其中，攻读数学与计算机专业的人数最多，占总人数的 22.2%，其次是攻读工程学的学生，占总人数的 17.5%。与 2019~2020 学年相比，在美攻读工程学、数学与计算机、物理与生命科学、卫生医

---

① U. S. Citizenship and Immigration Services, USCIS Modifies H-1B Selection Process to Priorities Wages［EB/OL］. （2021-07-01）［2021-12-3］. https：//www. uscis. gov/news/news-releases/uscis-modifies-h-1b-selection-process-to-prioritize-wages.

疗这 4 个 STEM 学科的中国国际学生占总人数比例由 48.5% 上升至 50.4%，表明中国学生学习 STEM 专业积极性更强。这也得益于拜登政府对特朗普政府的国家安全战略①等不利于中国学生赴美学习政策的修正。

表 13 中国在美国际学生专业占比分布

单位：%

专业	2015~2016学年	2016~2017学年	2017~2018学年	2018~2019学年	2019~2020学年	2020~2021学年
工商管理	24.3	23.1	20.7	18.9	17.2	16.6
工程学	18.6	18.7	19.0	18.0	17.5	17.5
数学与计算机	14.1	15.5	17.2	19.9	21.2	22.2
物理与生命科学	8.7	8.2	8.4	8.4	8.4	9.1
社会科学	8.7	8.9	8.4	9.1	9.0	9.6
艺术与应用艺术	6.5	6.0	6.6	6.5	6.7	6.0
英语强化培训	2.2	2.4	2.1	1.7	1.8	0.6
教育学	1.7	1.8	1.8	1.7	1.7	1.9
卫生医疗	1.3	1.3	1.4	1.4	1.4	1.6
人文学科	1.0	1.1	1.1	1.0	1.1	1.2
其他	10.1	10.5	11.0	11.0	11.0	11.5
未知	2.8	2.4	2.4	2.3	2.9	2.2

资料来源：Institute of International Education. Fields of Study by Place of Origin. [EB/OL]. (2021-11-14) [2021-11-25]. https：//opendoorsdata. org/data/international - students/fields - of - study-by-place-of-origin/。

长期以来，美国将吸引、培养和保留尖端科技人才作为国家创新和发展战略的重要环节，其基于技能和经验的人才筛选系统因此更加青睐 STEM 专业的毕业生，例如 STEM 专业学生可以申请额外 24 个月在美工作时间，在美国签证和移民政策收紧的背景下更容易争取到毕业后留美的机会。中国作为第一大留学生源国，也是美国各经济和科学技术领域发展储备人才的主要输送国之一。美国国家科学基金会报告显示，中国是获得美国科学与工程博

---

① 2017 年 12 月，特朗普政府宣称美国将加强签证审查，以减少非传统情报收集者的经济盗窃行为，特别强调对 STEM 领域国际学生的限制。

士学位人数最多的国家之一。① 美国对中国 STEM 专业学生的限制，一定程度会限制其自身的科技发展。正如美国保尔森基金会（Paulson Institute）所属智库马可·波罗（Macro Polo）的研究报告指出"今天，美国比其他所有国家都享有巨大优势，因为它吸引并留住了世界各地最聪明的人工智能科学家。这些研究人员选择来美国学习和工作，其中绝大多数人长期留在美国。但是，如果美国开始对包括中国在内的其他国家的研究人员关闭大门，这种优势就会消失。"②

4. 中国国际学生赴美留学安全问题值得关注

新冠肺炎疫情发生以来，赴美留学的安全问题成为社会的重要议题之一。一方面，新冠肺炎疫情在美国并未得到很好的控制，威胁中国国际学生的健康安全。另一方面，随着中美关系日益紧张，美国境内反亚裔和反华情绪上升，中国人对美国是否真的欢迎中国学生表示担忧。根据 Gallup 调查，美国人民对华好感度从 2020 年的 34% 下降至 2021 年的 20%，达到自 1979 年以来的最低点；调查中，中国位于美国人最不喜欢国家的第三位。③ 此外，根据倡议组织"停止反亚太裔仇恨犯罪"（STOP AAPI HATE）的调查：2020 年 3 月 19 日至 12 月 30 日，其共收到来自 47 个州和哥伦比亚地区的 2808 份反亚裔仇恨犯罪④一手资料。⑤ 此外，一系列涉及华人的安全事件也加剧了这种担忧。

这种反华情绪很大程度上来自美国国内单边主义和保护主义的发展。特朗普执政时期，部分政要对中国国际学生发表了诸多负面指责，包括特朗普政府对中国国际学生抢走了美国人工作岗位的指责、美国司法部对于中国学

---

① National Science Foundation. Science & Engineering Indicators［EB/OL］.（2020-01-15）［2021-12-17］. https：//ncses. nsf. gov/pubs/nsb20201/u-s-and-global-education/.

② Paulson Institute. The Paulson Institute's Think Tank Macro Polo Releases Global AI Talent Tracker［EB/OL］.（2020-06-09）［2021-12-24］. https：//www. paulsoninstitute. org/press_ release/the-paulson-institutes-think-tank-macropolo-releases-global-ai-talent-tracker/.

③ Gallup. China，Russia Images in U. S. Hit Historic Lows［EB/OL］.（2021-03-01）［2021-2-11］. https：//news. gallup. com/poll/331082/china-russia-images-hit-historic-lows. aspx.

④ 包括肢体攻击、咳嗽、吐口水、语言羞辱和故意躲避等行为。

⑤ STOP AAPI HATE. New Data on Anti-Asian Hate Incidents Against Elderly and Total National Incidents in 2020［R/OL］.（2021-02-09）［2021-12-01］. https：//secureservercdn. net/104. 238. 69. 231/a1w. 90d. myftpupload. com/wp-content/uploads/2021/02/Press-Statement-re_-Bay-Area-Elderly-Incidents-2. 9. 2021-1. pdf. p. 2.

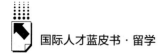

者和国际学生窃取知识产权的调查、特朗普签署停止以孔子学院为代表的中美教育交流项目以及美国对华禁止涉及"敏感"专业人员入境等。[①] 而拜登政府延续特朗普政府对中国的战略定位，称中国是美国"最严峻的竞争对手"。此外，2021年8月27日，美国国家情报总监办公室发布的"新冠病毒溯源调查报告"诬蔑中国阻扰调查，隐瞒信息。[②] 这些都导致了美国公民对在美中国国际学生的负向态度。

在此情况下，中国政府一方面应当坚定立场，坚决反对种族歧视和民粹主义，保护中国人的合法权益；另一方面应当与在美中国学生及时有效沟通，提升国际学生安全意识，维护中国学生权益。对于有意愿回国发展的国际学生，应当积极为其回国发展创造条件，吸引更多、更好的国际高端人才回国。

（三）赴美留学政策新动向

1. 留学政策释放积极信号

2020年，疫情影响下美国签证政策收紧，据美国国务院签证全球发放与拒签数据统计（见表14），2020年美国F1签证申请为161877人，签证发放为111387人，远低于2019年总申请488075人、签证发放364204人。F、M和J类签证（长期学生与亲属、短期学生与亲属、研究学者与亲属）的签发数量均出现超50%的下降（见表14）。其中F1签证作为最常规的国际学生签证，其发放量出现了近70%的下跌。在中美关系紧张影响下，签证获批的中国大陆学生数量也迅速下降，获批F1签证的中国大陆学生占全部国际学生比重从2019年的29.04%下降到2020年的12.96%（见图1）。

---

① Julia Hollingsworth，Yong Xiong and David Culver，CNN. A Trump-era Policy that Shut out Top Chinese Students Could Be Hurting America more than Beijing.［EB/OL］.（2022-02-18）［2021-8-10］. https://edition. cnn. com/2021/08/06/asia/china-united-states-students-visa-ban-intl-hnk-dst/index. html.

② 张薇薇：《美国对华"脱钩"：进程、影响与趋势》，《当代美国评论》2021年第2期。

表 14　2019~2020 年美国 F、M 和 J 类签证申请和发放量

单位：人，%

签证种类	2019 年		2020 年		发放量增长率
	申请量	发放量	申请量	发放量	
F1	488075	364204	161877	111387	-69.42
F2	35009	24635	14616	9818	-60.15
M1	11729	9227	5062	3928	-57.43
M2	387	291	149	119	-59.11
J1	384814	353279	120424	108510	-69.28
J2	40533	38282	16256	15232	-60.21

资料来源：U. S. Department of State-Bureau of Consular Affairs. FY2020&2019 NIV Workload by Visa Category［R/OL］.（2022－01－26）［2021－12－01］. https：//travel. state. gov/content/dam/visas/ Statistics/Non-Immigrant-Statistics/NIVWorkload/FY2020NIVWorkloadbyVisaCategory. pdf. p. 1。

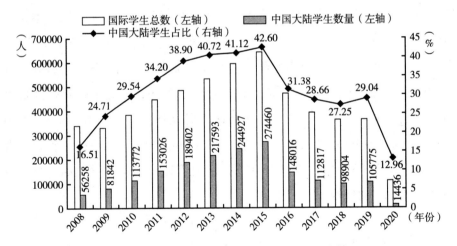

图 1　2008~2020 年美国国际学生签证 F1 颁发情况

资料来源：U. S. Department of Homeland Security. Nonimmigrant Admissions Statistics： 2020.［DB/OL］.（2022－01－26）［2022－1－06］. https：//www. dhs. gov/immigration－ statistics/nonimmigrant。

2021 年，一系列对国际学生更为开放的政策出台。美国国务卿授权管理资源副国务卿与国土安全部协商，授权领事官员到 2021 年底，对部分 F、

M 及学术类 J 签证申请人（学生、教授、研究学者、短期学者或专家）免面谈要求。拜登政府取消了特朗普政府对 7 个主要伊斯兰国家公民在美国旅行的禁令，包括伊朗、伊拉克、利比亚、索马里、苏丹、叙利亚和也门。拜登政府同时解除了特朗普政府时期《禁止部分中国留学生和研究人员入境》和"MCF①大学入境禁令"，以更开放的态度对待国际留学生的到来。在更开放包容的留学准入政策下，更多国际学生将进入美国就读，同时，国际学生居留时限也将得到延长。拜登政府在《联邦公报》声明中称，将撤回特朗普政府于 2020 年 9 月发布的规则制定建议通知（notice of proposed rule making）。该项通知撤回后，F1 签证将保持奥巴马政府时期的 5 年有效期。在签证到期后，学生可提供"令人信服的学术理由"，或出具"记录在案的医疗疾病档案"等其他证据来证明自己由于不可控力需要额外时间完成学业。经过移民官员审查后，就可通过续签申请。②

2022 年 1 月 21 日，拜登政府宣布延长 J1 签证中 STEM 领域的本科生和研究生的签证期限，以使其可接受 36 个月（三年）的额外学术培训。同时，拜登政府扩大了留学生赴美学习的签证类型，对 STEM 领域学生开放"非凡能力"（O-1A）签证，并简化相关程序，该签证每年发放额度无上限。同时，宣布了"早期职业 STEM 研究计划"（Early Career STEM Research Initiative），以促进"桥梁美国"（BridgeUSA）项目的交流访问者来美国从事 STEM 研究。这些举措标志着拜登政府对国际学生和研究者释放了更为积极的信号。③

---

① MCF 指 Military Civil Fusion。

② Office of the Federal Register, National Archives and Records Administration. "86 FR 35410-Establishing a Fixed Time Period of Admission and an Extension of Stay Procedure for Nonimmigrant Academic Students, Exchange Visitors, and Representatives of Foreign Information Media". Government. Office of the Federal Register, National Archives and Records Administration. [EB/OL] (2022-01-26) [2021-07-06]. https://www.govinfo.gov/app/details/FR-2021-07-06/2021-13929.

③ U. S. Department of Homeland Security. DHS Expands Opportunities in U. S. for STEM Professionals [EB/OL]. (2022-01-26) [2022-1-21]. https://www.dhs.gov/news/2022/01/21/dhs-expands-opportunities-us-stem-professionals.

2. 工作签证青睐 STEM 专业人才

美国国务院签证全球发放与拒签数据显示，2020 年美国 H-1B 签证申请为 128508 人，签证发放为 124983 人，相比 2019 年（签证申请 191987 人，签证发放 188123 人）有显著下降，签证的发放量下降了 33.56%。①②2021 年 1 月，美国国土安全局对 H-1B 签证进行了重大改革，以高技能、高收入的人才优先的签证选择方式，取代一直以来实行的随机抽签方式。与之相对应的是签证签发率的上升，2021 年 10 月美国公民及移民服务局（USCIS）公布数据显示，H-1B 的签证批准率达到过去十年以来的峰值 97.3%，远超特朗普政府时期的 H-1B 签证获批率。③

除了更友好的工作签证制度，拜登政府也为具备专业技能的国际学生提供了更长的找工作时间，以保证国际学生的智力与技能资本能进入美国市场。相比通常一年 OPT 期限的其他领域，2022 年 1 月，拜登政府公布 22 个新增的专业领域归入 STEM 领域，以吸引大量专业领域人才留美工作。新增领域包含数据科学、数据分析、财务分析、商业分析、数据可视化、工业与组织心理学、社会科学等非传统 STEM 学科，一定程度上显示了美国社会经济发展对社会科学高端人才的需求（见表 15）。新的 STEM 领域学生也将获得 3 年的 OPT 期限。④

---

① U. S. Department of State-Bureau of Consular Affairs. FY2020&2019 NIV Workload by Visa Category ［R/OL］. （2022－01－26）［2021－12－01］. https：//travel. state. gov/content/dam/visas/Statistics/Non-Immigrant-Statistics/NIVWorkload/FY2020NIVWorkloadbyVisaCategory. pdf. p. 1.

② Scott Meeks. Fiscal Year 2020 U. S. Nonimmigrant Admissions Annual Flow Report ［R/OL］. （2022－01－26）［2021－10－24］. https：//www. dhs. gov/sites/default/files/publications/immigration-statistics/yearbook/2020/21_ 1004_ plcy_ nonimmigrant_ fy2020. pdf.

③ Priyanka Sangani, ET Bureau. H-1B visa Ppprovals Surge to 97% in Fiscal 2021. ［EB/OL］. （2022-01-26）［2021-12-23］. https：//economictimes. indiatimes. com/nri/work/h-1b-visa-approvals - surge - to - 97 - in - fiscal - 2021/articleshow/88436088. cms? utm _ source = contentofinterest&utm_ medium=text&utm_ campaign=cppst.

④ U. S. Department of Homeland Security. DHS Expands Opportunities in U. S. for STEM Professionals ［EB/OL］. （2022－01－26）［2022-1-21］. https：//www. dhs. gov/news/2022/01/21/dhs-expands-opportunities-us-stem-professionals.

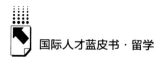

表 15　2022 年美国公民及移民服务局对 STEM 领域新增专业

新增专业(22 个)	参考中文译名
Bioenergy	生物能源
Forestry	林业
Forest Resources Production and Management	森林资源生产经营
Human-Centered Technology Design	以人为本的技术设计
Cloud Computing	云计算
Anthrozoology	人类与动物关系学
Climate Science	气候科学
Earth Systems Science	地球系统科学
Economics and Computer Science	经济学和计算机科学
Environmental Geosciences	环境地球科学
Geobiology	地球生物学
Geography and Environmental Studies	地理与环境研究
Mathematical Economics	数理经济学
Mathematics and Atmospheric/Oceanic Science	数学和大气/海洋科学
Data Science	数据科学
Data Analytics	数据分析
Business Analytics	商业分析
Data Visualization	数据可视化
Financial Analytics	财务分析
Data Analytics	数据分析(定量和定性数据分析)
Industrial and Organizational Psychology	工业与组织心理学
Social Sciences	社会科学

资料来源：U. S. Department of Homeland Security. DHS Expands Opportunities in U. S. for STEM Professionals. ［EB/OL］. (2022-01-26)［2022-1-21］. https://www. dhs. gov/news/2022/01/21/dhs-expands-opportunities-us-stem-professionals。

3. 移民政策便利永居与入籍申请

与工作签证类似，美国政府对 STEM 领域专业人才在移民政策上也呈现积极态度——美国国土安全部对美国公民及移民服务局政策手册指南做出修订以保证专业人才在申请永居方面的便利。该指南指出，国家利益豁免（National Interest Waiver，NIW）对相当一部分 STEM 领域专业人士和企业家适用，即其雇主或申请人无须证明其他美国人无法胜任申请人所做的工作。

《移民和国籍法》规定，雇主可以为具有特殊能力的人或具有高级学位的职业成员提交移民申请。美国公民及移民服务局可以免除工作机会要求，允许工作符合国家利益的移民在没有雇主的情况下为自己申请。获得国家利益豁免（NIW）意味着永居的申请和审批不仅可以更加便捷，甚至也可缩短等待期。

拜登政府持续出台各项声明、行政命令以改变特朗普政府时期保守的移民体系。在2021年2月出台的《2021年美国公民身份法》声明中，拜登重申了移民是美国发展的重要生命力，称将通过改革，解决过去政府的不法行为，恢复人们对移民秩序与司法公正的信心。[①] 同时，第14012号行政命令强调，美国政府将通过促进包容、融合的移民政策，欢迎更多合法移民的到来，扫清入籍过程中的障碍，降低花费并提高流程效率，鼓励更多移民迈出成为美国公民的重要一步。[②] 美国一系列政策和法令，旨在保持其吸引世界各地人才的重要磁石地位，通过留学、工作、永居、入籍的国际人才引进与留存策略，吸引各行各业的国际学生成为促进美国经济社会发展的重要力量。

二 2021年加拿大留学现状

（一）加拿大国际学生总体情况

1. 新冠肺炎疫情导致国际学生人数急剧下跌约一半

根据国际教育协会（Institute of International Education，IIE）的统计数据，

---

① The White House. Statement by President Joseph R. Biden, Jr. on Introduction of the U. S. Citizenship Act of 2021. ［DB/OL］. （2022 - 01 - 26）［2022 - 2 - 18］. https：//www. whitehouse. gov/briefing - room/statements - releases/2021/02/18/statement - by - president - joseph-r-biden-jr-on-introduction-of-the-u-s-citizenship-act-of-2021/.

② The White House. Fact Sheet：Biden-Harris Administration Actions to Attract STEM Talent and Strengthen our Economy and Competitiveness. ［DB/OL］. （2022 - 01 - 26）［2022 - 2 - 21］. https：//www. whitehouse. gov/briefing - room/statements - releases/2022/01/21/fact - sheet - biden-harris-administration-actions-to-attract-stem-talent-and-strengthen-our-economy-and-competitiveness/.

自 2014 年以来全球赴加拿大留学人数基本保持高位增长，其中 2018 年国际学生人数的年增长率接近两成（19.8%），创下历史新高。2020 年在加拿大高等教育机构留学的国际学生人数超过 50 万（503270 人）。加拿大国际教育局（Canadian Bureau for International Education）的最新数据显示，2010～2020年十年间国际学生人数增长了 135%①。然而，新冠肺炎疫情造成的全球人员流动停滞和边境封锁管控措施对加拿大的国际教育造成了重大冲击，2021 年国际学生人数仅为 256455 人，比 2020 年急剧下降了近一半（49.0%）（见图 2）。

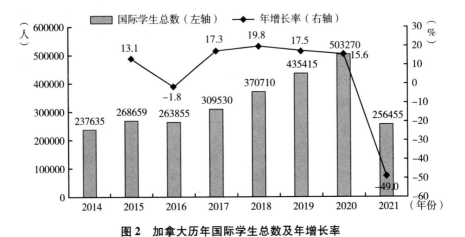

图 2　加拿大历年国际学生总数及年增长率

资料来源：Institute of International Education. Canada［EB/OL］．（2021-10-01）［2021-12-3］．https：//www.iie.org/Research-and-Insights/Project-Atlas/Explore-Data/Canada。

2. 研究生阶段国际学生占比较高

加拿大高等教育阶段注册的国际学生中有一半左右攻读学士学位，2019～2020 学年有 160842 人。其次为短期高等教育（Short-cycle Tertiary Education），2019～2020 学年有 110367 名国际学生就读，相比 2015～2016学年在 5 年间增加了 1.5 倍以上。短期高等教育（SCTE）是指通常由社区学院（Community College）以及类似教育机构提供的课程类型，以职业为导

---

① Canadian Bureau for International Education. Facts and Figures ［EB/OL］． ［2021 - 11 - 25］. https：//cbie.ca/infographic/.

向，时长至少持续两年。据统计，2016 年加拿大 25~64 岁人群中拥有短期高等教育学历的人群占比为 25.7%，在经合组织（OECD）成员国中最高①。因为具有以职业技能为导向、能更快捷在当地就业的优势，短期高等教育同样吸引了大量国际学生。2019~2020 年攻读硕士和博士学位的国际学生人数分别为 45438 人和 20871 人，同时在加拿大该学段全部学生中的占比也明显高于学士学位。其中，博士学位学生中高达 36.7% 为国际学生，体现了国际学生为加拿大输送了大量科研创新领域的人才（见表 16）。

表 16　国际学生在加拿大高等教育各学段注册人数及占该学段全部学生比例

单位：人，%

学段	2015~2016 学年		2016~2017 学年		2017~2018 学年		2018~2019 学年		2019~2020 学年	
	人数	比例	人数	比例	人数	比例	人数	比例	人数	比例
短期高等教育	41613	11.5	51249	13.9	67737	17.5	88683	22.1	110367	25.7
学士	109629	10.8	119523	11.6	131532	12.6	142410	13.5	160842	15.0
硕士	31611	16.3	33261	16.8	36597	18.0	40557	19.4	45438	21.0
博士	16749	32.0	17754	33.6	18687	34.6	19131	34.8	20871	36.7

　　注：1. 注册人数为加拿大统计局在 9 月 30 日至 12 月 1 日选择任一日期记录的注册的高等院校学生人数，此间未注册的学生不包括在内，该数量并非当年全年学生数量；2. 该表格为选取《国际教育分类标准》中高等教育（Tertiary Education）定义下的类别相关数据整理所得。①

　　资料来源：Statistics Canada. Distribution of International Student Enrollments，by Level of Tertiary Education［EB/OL］.（2021-11-24）［2021-12-03］. https：//www150. statcan. gc. ca/t1/tbl1/en/cv. action？pid=3710018401。

① 加拿大的短期高等教育相比其他国家更依赖社区学院而非中学、基于具体产业的职业教育和培训（VET）或应用科学大学，参考 Michael L. Skolnik. "Canada's High Rate of Short-cycle Tertiary Education Attainment：A Reflection of the Role of Its Community Colleges in Vocational Education and Training"［J］. *Journal of Vocational Education & Training*，2021，73（4）543-565。

② 加拿大统计局的教育层次分布依据联合国教科文组织的《国际教育分类标准》（International Standard Classification of Education）制定，原数据中的中等后（Postsecondary）教育包括：高级中等教育（Upper Second Education）、中等后非高等教育（Post-secondary non-tertiary education）、短线高等教育（Short-cycle tertiary education）、学士、硕士、博士，还有其他不适用于《国际教育标准分类法》的学生类别；高级中等教育和中等后非高等教育主要为完成中等教育后，为进入高等教育做准备的课程或为劳务市场而准备的职业性课程，在其他教育系统中也会被归入中学、大学预科或职业教育等类别。

3. 亚洲是加拿大最大的国际学生来源地区

加拿大国际学生的主要来源地是亚洲国家,其中中国和印度的学生占全部国际学生的一半左右。2018 年之前中国是加拿大最大的国际学生来源国,2019 年起中国在加拿大的国际学生人数增长接近停滞甚至下降,虽然中国学生人数仍然较为可观,但是 2015~2020 年 5 年内占全部国际学生的比重下降了 11.4 个百分点。印度向加拿大输送的国际学生人数则增长迅速,在 5 年内增加了 2.7 倍,占全部国际学生的比重增加了 20.1 个百分点,在 2018 年及以后成为加拿大最大的国际学生群体。同时期其他学生人数增长较快的国家还包括越南、伊朗、孟加拉国和菲律宾等。同时,值得注意的是,加拿大的国际学生主要来源国中还包括了法国(第 4)和美国(第 7)两个国际教育产业较为发达的国家(见表 17)。相比美国,加拿大学费更低;位于法语区的魁北克省与法国签署了双边协议使得法国公民在魁北克省仅需支付与本地学生同等的学费;① 同时加拿大院校的声誉和学术水平受到广泛认可,这些原因都使加拿大成为美国、法国学生高性价比的学习目的地。

表 17　加拿大学生签证持有者主要来源国家

单位:人,个百分点

国家	2015 年	2016 年	2017 年	2018 年	2019 年	2020 年	2015~2020 年占比变化
印度	48755	76080	123130	171570	218790	180275	+20.1
中国	117835	131055	139535	141790	140775	116935	-11.4
越南	4850	7435	13900	20150	21510	18910	+2.2
法国	20205	20700	21835	22510	23890	18295	-2.3
韩国	19785	21205	22935	24050	24110	18170	-2.2
伊朗	4505	5115	7305	10510	14635	14045	+1.4
美国	12125	12690	13725	14395	14895	12740	-1.0
巴西	7450	9310	11790	13755	14505	11050	0.0

---

①　Gouvernement du Québec. Exemptions from differential tuition fees under international agreements [EB/OL].(2021 - 12 - 02)[2022 - 02 - 08].https://www.quebec.ca/en/education/study - quebec/financial-assistance-international-students/exemptions-tuition-fees-under-international-agreements.

国家	2015 年	2016 年	2017 年	2018 年	2019 年	2020 年	2015~2020 年占比变化
尼日利亚	9920	10625	10775	11160	11915	10635	-0.8
孟加拉国	2685	3060	4230	6410	8400	7785	+0.7
菲律宾	1980	3325	3925	5025	7730	7255	+0.8
墨西哥	5165	5990	6900	7800	8680	6425	-0.3
日本	7155	7815	7955	8325	8460	5350	-1.0
总计	352335	410585	490830	567290	638960	530540	—

资料来源：Immigration，Refugees and Citizenship Canada. Temporary Residents：Study Permit Holders-Monthly IRCC Updates-Canada-Study Permit Holders on December 31st by Country of Citizenship. [EB/OL]．（2021-09-07）［2022-01-26］．https：//open. canada. ca/data/en/dataset/90115b00-f9b8-49e8-afa3-b4cff8facaee/resource/3897ef92-a491-4bab-b9c0-eb94c8b173ad。

4. 国际学生地域分布差异明显，半数集中在安大略省

受气候环境、教育资源、经济发展程度和就业机会、移民政策、社会文化多元程度等多方面因素影响，国际学生在加拿大各省和地区分布明显不均衡。在加拿大高等教育部门注册的国际学生集中在安大略省（Ontario）、不列颠哥伦比亚省（British Columbia）和魁北克省（Québec），其中 2019~2020 学年安大略省高等教育机构接收的国际学生为 170898 人，约占全加拿大的一半（50.63%），另有 57327 人（16.98%）在不列颠哥伦比亚省，51021 人（15.12%）在魁北克省。从近五年的变化趋势来看，在作为传统热门留学目的地的安大略省的国际学生在五年内增长了近 1 倍，占比增加了 7.3 个百分点，体现了国际学生更加集中流向安大略省。同时，爱德华王子岛省（Prince Edward Island）、新斯科舍省（Nova Scotia）和纽芬兰与拉布拉多省（Newfoundland and Labrador）3 个东部海洋省份的人数增长最为显著（见表 18），这些地区与发达省份相比，学费与生活费用更低。加拿大政府为了吸引更多的海外人才在大西洋省份定居，在 2017 年推出了大西洋四省①移

---

① "大西洋四省包括"纽芬兰与拉布拉多省、爱德华王子岛省、新斯科舍省和新布伦斯威克省（New Brunswick）。

民试点计划（Atlantic Immigration Pilot Program）①，在移民配额、审批速度和对申请人的学历、工作经验等要求上对有移民意向的学生人群更具有吸引力。

表18　2015~2016学年及2019~2020学年加拿大高等教育注册国际学生人数地区分布情况

地区	2015~2016学年		2019~2020学年		五年内变化	
	人数（人）	占比（%）	人数（人）	占比（%）	人数增长率（%）	占比增长情况（个百分点）
纽芬兰与拉布拉多省	2379	1.19	3717	1.10	56.2	-0.1
爱德华王子岛省	753	0.38	1821	0.54	141.8	0.2
新斯科舍省	7221	3.62	12336	3.65	70.8	0.0
新布伦斯威克省	2916	1.46	3894	1.15	33.5	-0.3
魁北克省	37869	18.97	51021	15.12	34.7	-3.9
安大略省	86439	43.31	170898	50.63	97.7	7.3
曼尼托巴省	6243	3.13	9219	2.73	47.7	-0.4
萨斯喀彻温省	4224	2.12	5787	1.71	37.0	-0.4
艾伯塔省	14361	7.19	21501	6.37	49.7	-0.8
不列颠哥伦比亚省	37200	18.64	57327	16.98	54.1	-1.7

注：1. 该表格为选取《国际教育分类标准》中高等教育（Tertiary Education）定义下的4个类别（短期高等教育、学士、硕士、博士）的相关数据整理所得；2. 统计方法为教育机构在当年9月30日至12月1日选择任一日期记录的注册的高等院校学生人数，此间未注册的学生不包括在内，且并非全年的学生数量；3. 分布在加拿大育空地区（Yukon）、努纳武特地区（Nunavut）和西北地区（Northwest）三个地区的数据不详，故不列入此表内。

资料来源：Statistics Canada. Table 37-10-0184-01 Postsecondary Enrolments, by Status of Student in Canada, Country of Citizenship and Classification of Instructional Programs, STEM and BHASE groupings ［EB/OL］.（2022-02-07）［2022-02-08］. https：//www150. statcan. gc. ca/t1/tbl1/en/tv. action? pid=3710008601。

5. 工商管理和STEM专业是国际学生首选

2019~2020学年加拿大高等教育中国际学生就读人数最多的专业分别为：工商管理（101826人），工程与工程技术（53907人），数学、计算机与信息科学（41700人），社会与行为科学（37584人），科学与科技

---

① Devo Goodsell. Growth Strategy for Atlantic Provinces Includes Immigration Boost［EB/OL］.（2016-07-04）［2022-02-08］. https：//www.cbc.ca/news/canada/prince-edward-island/pei-atlantic-premiers-federal-ministers-meet-1. 3663305.

（33459 人）和艺术与人文（30144 人），后 3 个专业五年间占比均出现了下降。就读工商管理专业的学生人数占比为三成，相比 2015~2016 学年有一定的增加。五年内增长最快的专业为数学、计算机与信息科学，国际学生人数增长超过 1 倍（见表 19）。由于加拿大的信息与科技产业目前处于蓬勃发展阶段，同时有关企业面临较大人才缺口①，因此预计该专业将在未来数年内继续保持快速增长并在就业市场中占有优势。

表 19　2015~2016 学年及 2019~2020 学年加拿大高等教育注册国际学生专业分布情况

单位：人，%

专业	2015~2016 学年		2019~2020 学年	
	人数	占比	人数	占比
科学与科技	21855	10.9	33459	9.9
工程与工程技术	35091	17.6	53907	16.0
数学、计算机与信息科学	18633	9.3	41700	12.4
工商管理	57132	28.6	101826	30.2
艺术与人文	20202	10.1	30144	8.9
社会与行为科学	23691	11.9	37584	11.1
法律专业和研究	1344	0.7	1920	0.6
健康护理	7566	3.8	12390	3.7
教育	2742	1.4	3429	1.0
贸易、服务、自然资源与保护	9690	4.9	20385	6.0
不详	1656	0.8	771	0.2
总计	199602		337515	

注：1. 该表格为选取《国际教育分类标准》中高等教育（Tertiary Education）定义下的 4 个类别（短期高等、学士、硕士、博士）的相关数据整理所得；2. 统计方法为教育机构在当年 9 月 30 日至 12 月 1 日选择任一日期记录的注册的高等院校学生人数，此间未注册的学生不包括在内，且并非全年的学生数量；3. 如果同一学生就读于多个专业项目会被重复计算。

资料来源：Statistics Canada. Table 37-10-0184-01　Postsecondary Enrolments，by Status of Student in Canada，Country of Citizenship and Classification of Instructional Programs，STEM and BHASE Groupings［EB/OL］. （2022-02-07）［2022-02-08］https：//www150. statcan. gc. ca/t1/tbl1/en/tv. action? pid=3710008601。

---

① Sheldon Levy. It's Time for A More Ambitious，Lasting Solution to Canada's Tech-talent Shortage ［EB/OL］. （2022-02-15）［2022-02-22］. https：//www. theglobeandmail. com/opinion/ article-its-time-for-a-more-ambitious-lasting-solution-to-canadas-tech-talent/.

工商管理和数学、计算机与信息科学的硕士和博士毕业生的薪资相较其他专业具有明显的优势，这些专业受国际学生欢迎，就读人数仍在增长。其中，2017 年具有硕士和博士学位的工商管理专业毕业生毕业两年后薪资中位数在所有专业中最高，分别达 78300 加元和 109700 加元，但是在 2010~2017 年分别降低了 6.7%和 7.7%，未来的受欢迎程度可能有所下降。数学、计算机与信息科学是薪酬涨幅最明显的专业，2017 年学士和博士毕业生的薪资中位数分别为 60000 加元在 90100 加元，2010~2017 年分别上涨了 7.5%和 23.8%，体现了相关行业对基础型人才及经过深造的专家型人才均有较大需求。国际学生中同样较为热门的工程与工程技术专业的本科毕业生在 2017 年毕业两年后的薪资中位数为 65400 加元，仅次于健康护理专业（68900 加元），但是其硕士和博士学位毕业生的优势不及其他两大热门专业（见表 20）。

表 20　2010 年及 2017 年加拿大各专业学生毕业两年后薪资中位数对比

单位：加元，%

专业	学士			硕士			博士		
	2010年	2017年	增幅	2010年	2017年	增幅	2010年	2017年	增幅
科学与科技	39900	40300	1.0	54700	55500	1.5	54700	60900	+11.3
工程与工程技术	67700	65400	-3.4	71100	64400	-9.4	80500	77000	-4.3
数学、计算机与信息科学	55800	60000	7.5	70000	72600	3.7	72800	90100	23.8
工商管理	48700	50500	3.7	83900	78300	-6.7	118800	109700	-7.7
艺术与人文	31800	34300	7.9	37600	38500	2.4	47100	53600	13.8
社会与行为科学	37800	40700	7.7	55800	58100	4.1	73100	73400	0.4
法律专业和研究	40000	45100	12.8	78300	60000	-23.4	112000	87200	-22.1
健康护理	71200	68900	-3.2	74700	70500	-5.6	94100	79100	-15.9
教育	46000	50300	9.3	83000	74700	-10.0	90400	89100	-1.4
贸易、服务、自然资源与保护	47000	48500	3.2	59700	60200	0.8	71800	72000	+0.3

资料来源：Statistics Canada. Table 37-10-0158-01 Characteristics and Median Employment Income of Postsecondary Graduates Two Years after Graduation, by Educational Qualification and Field of Study [STEM and BHASE (non-STEM) Groupings] [EB/OL]. (2022-02-20) (2022-02-21), https://www150. statcan. gc. ca/t1/tbl1/en/cv. action? pid=3710015801。

6. 国际学生学费快速增加，远超本地学生学费

加拿大的国际学生学费水平近年来上涨迅速，本科学费涨幅相比研究生更为明显（见表21）。相比2015~2016学年，2021~2022学年大部分专业的本科生学费在七年内上涨超过四成。研究生学费中上涨最快的是商科中的高层管理人员工商管理硕士（Executive MBA），2021~2022年学费高达63667加元，七年内涨幅为60.7%，其他上涨明显的专业集中在理工科，包括建筑学（51.2%）以及国际学生较多的数学、计算机与信息科学（49.1%）和工程学（47.1%）。同时，根据加拿大统计局的数据，2021~2022学年在加拿大国际学生的本科平均学费（33623加元）是本地学生（6693加元）的近5倍，在国际学生最多的安大略省国际学生的本科学费则高达42185加元。同年国际学生的研究生平均学费（20120加元）为本地学生（7472加元）的2.7倍①。受到疫情影响，2020~2021学年加拿大部分省和多所大学冻结了本地学生学费上涨，国际学生被视为大学维持运作的主要收入来源，未被列入各项扶持范围内且学费上涨了3%~15%不等，引发了大面积不满。②

表21　2015~2016学年及2021~2022学年加拿大本科及研究生各专业国际学生平均学费

单位：加元，%

专业	本科			研究生		
	2015~2016学年	2021~2022学年	七年内涨幅	2015~2016学年	2021~2022学年	七年内涨幅
教育学	16712	23591	41.2	13407	17583	31.1
视觉、表演艺术和传媒技术	19766	28496	44.2	13056	16148	23.7
人文学科	21021	31792	51.2	13154	14744	12.1

① Statistics Canada. Table 37-10-0045-01 Canadian and International Tuition Fees by Level of Study ［EB/OL］．（2021-09-08）［2022-02-23］．https：//www150. statcan. gc. ca/t1/tbl1/en/tv. action？pid＝3710004501.

② Carlo Handy Charles，Veronica Øverlid. Tuition Hikes Exacerbating Existing Challenges for International Students［EB/OL］．（2020-07-03）［2022-02-22］．

续表

专业	本科			研究生		
	2015~ 2016 学年	2021~ 2022 学年	七年内 涨幅	2015~ 2016 学年	2021~ 2022 学年	七年内 涨幅
社会、行为科学与法律研究	20644	31788	54.0	13053	16582	27.0
法学	25864	38110	47.3	16230	18852	16.2
工商管理与公共管理	22340	32460	45.3	19619	27296	39.1
高层管理人员工商管理硕士	—	—	—	39629	63667	60.7
普通工商管理硕士	—	—	—	33190	41244	24.3
物理、生命科学和技术	22954	36178	57.6	13393	16615	24.1
数学、计算机与信息科学	23643	37040	56.7	12799	19088	49.1
工程学	25112	37377	48.8	15281	22480	47.1
建筑学	21033	32285	53.5	17240	26061	51.2
农业、自然资源及保护	19327	30412	57.4	12135	15499	27.7
牙科医学	50646	58222	15.0	19858	26192	31.9
医学	31881	48206	51.2	—	—	—
护理学	18152	24283	33.8	11877	16774	41.2
药剂学	30997	41398	33.6	14178	14139	-0.3
眼视光学	—	—	—	8483	9705	14.4
兽医学	54326	66503	22.4	—	14868	—
其他保健、休闲和健康学科	19269	26120	35.6	15573	20640	32.5
个人、保护和运输服务	—	28195		—	12550	

资料来源：Government of Canada. International Undergraduate Tuition Fees by Field of Study ［EB/OL］.（2021－10－28）［2021－12－8］. https：//www150. statcan. gc. ca/t1/tbl1/en/tv. action？ pid＝3710000 501；Government of Canada. International graduate tuition fees by field of study ［EB/OL］.（2021－10－28）［2021－12－8］. https：//www150. statcan. gc. ca/t1/tbl1/en/cv. action？ pid＝3710 000601。

（二）在加中国学生总体概况

1. 中国不再是加拿大最大生源国，人数增长速度放缓

根据加拿大移民、难民及公民事务部（Immigration, Refugees and Citizenship Canada）的数据，作为加拿大国际教育的主要生源国之一，中国籍的学生签证持有者在 2018 年突破 14 万人，且在 2009~2014 年中国

学生人数保持 10% 以上的高速增长。2015 年中国在加留学生占加拿大全部国际学生比重最高，达 33.4%（见图 3）。此后，中国籍的学生签证持有者人数出现了明显下降，尤其是 2020 年受到新冠肺炎疫情影响迅速下滑了 16.9%，由于同时期印度向加拿大输送的国际学生人数增长迅速，并于 2018 年开始取代中国成为最大生源国，中国籍学生占国际学生的比重也从三成以上下降至两成。

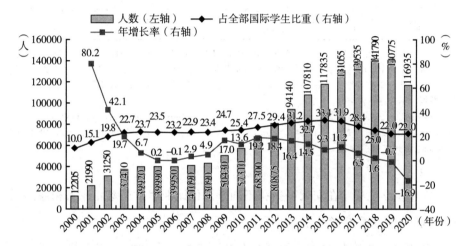

图 3　加拿大中国籍学生签证持有者人数、占国际学生比例及年增长率

资料来源：Immigration，Refugees and Citizenship Canada．Temporary Residents：Study Permit Holders-Monthly IRCC Updates-Canada-Study Permit Holders on December 31st by Country of Citizenship．［EB/OL］．（2021-09-07）［2022-01-26］．https：//open．canada．ca/data/en/dataset/90115b00 - f9b8 - 49e8 - afa3 - b4cff8facaee/resource/3897ef92 - a491 - 4bab - b9c0-eb94c8b173ad。

2015~2020 年加拿大高等教育中的中国学生在各学段的分布构成总体保持稳定，其中超过七成位于学士阶段，2019~2020 学年有 72804 人，占全部中国在加留学生的比重仍在上升。2019~2020 学年分别有 11397 人（11.6%）和 4251 人（4.3%）攻读硕士和博士学位，较前一学年有明显增长。短期高等教育阶段的中国学生人数则逐年下降，向本科阶段分流（见表 22）。

表 22　中国学生在加拿大高等教育各学段注册人数及各阶段占比

单位：人，%

学段	2015~2016 学年		2016~2017 学年		2017~2018 学年		2018~2019 学年		2019~2020 学年	
	人数	比例	人数	比例	人数	比例	人数	比例	人数	比例
短期高等教育	10884	13.6	10119	12.0	9813	11.1	9567	10.2	9918	10.1
学士	55989	70.0	60600	72.2	64920	73.4	69696	74.2	72804	74.0
硕士	9447	11.8	9492	11.3	9858	11.1	10668	11.4	11397	11.6
博士	3648	4.6	3780	4.5	3876	4.4	4002	4.3	4251	4.3
总计	79968		83991		88467		93933		98370	

注：1. 注册人数为加拿大统计局在 9 月 30 日至 12 月 1 日选择任一日期记录的注册的高等院校学生人数，此间未注册的学生不包括在内，该数量并非当年全年学生数量；2. 该表格为选取《国际教育分类标准》中高等教育（Tertiary Education）定义下的类别相关数据整理所得；3. 仅包括中国大陆数据，不含港澳台地区。

资料来源：Statistics Canada. Distribution of International Student Enrollments, by Level of Tertiary Education [EB/OL]. (2021-11-24) [2021-12-03]. https://www150.statcan.gc.ca/t1/tbl1/en/cv. action? pid=3710018401。

2. 中国学生集中在安大略省和不列颠哥伦比亚省，在魁北克省和海洋三省比例低于国际学生总体水平

从中国学生在加拿大的地域分布情况来看，在加拿大三大热门留学目的地中，就读于加拿大高等教育的中国学生更加集中在安大略省和不列颠哥伦比亚省，这两个省 2019~2020 学年接收的中国留学生占中国在加留学生总数的 57.43% 和 18.57%，在法语区魁北克省的学生占比为 7.69%，低于国际学生总体水平。2015~2020 年五年间中国学生人数增长最快的地区包括安大略省（增长了 39.2%）、魁北克省（增长了 34.1%）、新斯科舍省（增长了 23.0%）和爱德华王子岛省（增长了 8.0%），前往加拿大海洋三省的中国学生人数增长率低于国际学生水平，移民新政对中国学生留学目的地选择的影响较为有限。分布在安大略省的中国学生占比在五年内增长了 6.7 个百分点，其他大部分地区占比则出现了不同程度的下降，热门目的地之一的不列颠哥伦比亚省所占比重下降了 3.7 个百分点，体现了中国学生仍在进一步集中流向安大略省（见表 23）。安大略省由于教育

资源丰富，在经济上为加拿大贡献了近 40% 的 GDP，并且对高等教育毕业生吸引力强的第三产业较为发达，目前仍是中国学生前往加拿大留学的首选目的地。

表 23　2015～2016 学年及 2019～2020 学年加拿大
高等教育注册中国学生人数地区分布情况

地区	2015～2016 学年		2019～2020 学年		五年内变化	
	人数（人）	占比（%）	人数（人）	占比（%）	人数增长率（%）	占比增长情况（个百分点）
纽芬兰与拉布拉多省	645	0.81	495	0.50	−23.3	−0.3
爱德华王子岛省	339	0.42	366	0.37	8.0	−0.1
新斯科舍省	3138	3.92	3861	3.92	23.0	0.0
新布伦斯威克省	540	0.68	447	0.45	−17.2	−0.2
魁北克省	5640	7.05	7566	7.69	34.1	0.6
安大略省	40572	50.74	56490	57.43	39.2	6.7
曼尼托巴省	2517	3.15	2313	2.35	−8.1	−0.8
萨斯喀彻温省	1731	2.16	1341	1.36	−22.5	−0.8
艾伯塔省	7047	8.81	7224	7.34	2.5	−1.5
不列颠哥伦比亚省	17796	22.25	18270	18.57	2.7	−3.7

注：1. 该表格为选取《国际教育分类标准》中高等教育（Tertiary Education）定义下的 4 个类别（短期高等教育、学士、硕士、博士）的相关数据整理所得；2. 统计方法为教育机构在当年 9 月 30 日至 12 月 1 日选取任一日期记录的注册的高等院校学生人数，此间未注册的学生不包括在内，且并非全年的学生数量；3. 分布在加拿大育空地区（Yukon）、努纳武特地区（Nunavut）和西北地区（Northwest）3 个地区的数据不详，故不列入此表内；4. 仅包括中国大陆数据，不含港澳台地区。

资料来源：Statistics Canada. Table 37-10-0184-01 Postsecondary Enrolments，by Status of Student in Canada，Country of Citizenship and Classification of Instructional Programs，STEM and BHASE Groupings［EB/OL］.（2022-02-07）［2022-02-08］. https://www150. statcan. gc. ca/t1/tbl1/en/tv. action? pid=3710008601。

3. 工商管理专业是最受中国学生欢迎的专业，选择数学、计算机与信息科学及社会与行为科学专业的比重增长较为明显

2019～2020 学年中国学生就读人数较多的专业分别为：工商管理（26877 人）、数学、计算机与信息科学（16620 人）、社会与行为科学

（13812 人）、工程与工程技术（12261 人）、艺术与人文（10536 人）和科学与科技（10494 人）。就读于工商管理专业的中国学生人数占比接近三成，但是比重呈逐年下降趋势，留加中国学生正在向数学、计算机与信息科学及社会与行为科学专业分流（见表 24）。

表 24　加拿大高等教育中注册中国学生专业分布情况

单位：人，%

专业	2016~2017 学年		2017~2018 学年		2018~2019 学年		2019~2020 学年	
	人数	占比	人数	占比	人数	占比	人数	占比
科学与科技	8898	10.6	9621	10.9	10026	10.7	10494	10.7
工程与工程技术	12327	14.7	12423	14.0	12240	13.0	12261	12.5
数学、计算机与信息科学	11421	13.6	13287	15.0	15282	16.3	16620	16.9
工商管理	25722	30.6	25869	29.2	26664	28.4	26877	27.3
艺术与人文	8991	10.7	9594	10.8	10062	10.7	10536	10.7
社会与行为科学	10395	12.4	11058	12.5	12399	13.2	13812	14.0
法律专业和研究	240	0.3	270	0.3	276	0.3	297	0.3
健康护理	1446	1.7	1461	1.7	1452	1.5	1521	1.5
教育	975	1.2	1050	1.2	1230	1.3	1407	1.4
贸易、服务、自然资源与保护	3495	4.2	3741	4.2	4194	4.5	4503	4.6
不详	84	0.1	93	0.1	102	0.1	36	0.0
总计	83991		88467		93933		98370	

注：1. 该表格为选取《国际教育分类标准》中高等教育（Tertiary Education）定义下的 4 个类别（短期高等教育、学士、硕士、博士）的相关数据整理所得；2. 统计方法为教育机构在当年 9 月 30 日至 12 月 1 日选择任一日期记录的注册的高等院校学生人数，此间未注册的学生不包括在内，且并非全年的学生数量；3. 如果同一学生就读于多个专业项目会被重复计算；4. 仅包括中国大陆数据，不含港澳台地区。

资料来源：Statistics Canada. Table 37-10-0184-01 Postsecondary Enrollments, by Status of Student in Canada, Country of Citizenship and Classification of Instructional Programs, STEM and BHASE Groupings [EB/OL]. (2022-02-07) [2022-02-08]. https://www150.statcan.gc.ca/t1/tbl1/en/tv.action?pid=3710008601。

（三）赴加拿大留学政策新动向

1. 联邦政府进一步鼓励国际教育产业发展，目标由追求国际学生数量增加转向强调促进多元化发展

2019 年 8 月，加拿大经济贸易发展部、加拿大移民局和加拿大劳工部联合公布了《立足成功：国际教育战略（2019-2024）》（以下简称《国际教育战略（2019-2024）》）［Building on Success：International Education Strategy（2019-2024）］。① 该战略肯定了长久以来国际教育产业为加拿大经济社会繁荣做出的重要贡献。2016 年，国际学生为加拿大创造了 17 万个岗位；2018 年，加拿大的国际学生在加拿大的学费、住宿费和其他费用开支为 216 亿美元。同时，报告指出加拿大当前面临着严重的中长期劳动力短缺，例如根据加拿大商业发展银行（Business Development Bank of Canada）2018 年的统计，近 40% 的加拿大中小型企业家面临着人才短缺的困境。高技能专业领域人才缺口则更为明显。② 另外，预计在未来 10 年间，移民占加拿大劳动力净增长比重将从 2019 年的 75% 增加至 100%；③ 拥有加拿大本地教育的学位、掌握至少一种官方语言的国际学生则是永久居留权面向的理想群体，对于填补人力资源空缺至关重要。近年来，国际教育产业竞争日益激烈，加拿大的传统竞争对手（如澳大利亚、法国、德国、新西兰、英国、美国）和新兴竞争对手（如中国、马来西亚），都在通过加大教育产品营销投入、为国际学生提供更多奖学金等方式来吸引留学人才。④ 对此，《国际

---

① Government of Canada. Building on Success：International Education Strategy 2019 – 2024 ［R/OL］. （2019：8 – 22）［2021 – 12 – 9］. https：//www. international. gc. ca/education/assets/pdfs/ies-sei/Building-on-Success-International-Education-Strategy-2019-2024. pdf.

② Business Development Bank of Canada. Labour Shortage：Here to Stay ［R/OL］. （2018 – 09）［2022 – 02 – 25］. https：//www. bdc. ca/en/documents/analysis_ research/labour-shortage. pdf.

③ Government of Canada. Building on Success：International Education Strategy 2019 – 2024 ［R/OL］. （2019 – 8 – 22）［2021 – 12 – 9］. https：//www. international. gc. ca/education/assets/pdfs/ies-sei/Building-on-Success-International-Education-Strategy-2019-2024. pdf, p. 5.

④ 徐琼：《加拿大国际教育战略发展动因、内容与挑战——基于〈立足成功：加拿大国际教育战略（2019-2024）〉的分析》，《比较教育研究》2020 年第 12 期，第 21~29 页。

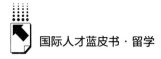

教育战略（2019－2024）》提出一系列吸引国际学生的计划倡议（见表25）。

表25　加拿大《国际教育战略（2019-2024）》主要措施内容

倡议方案	投入资金	目标结果	主导部门
实施更具针对性的数字营销战略,推广加拿大教育品牌	已投入540万加元,5年内追加投入2410万加元	吸引更多不同国家①的学生来加拿大学习,就读院校及专业项目更加多元化	加拿大全球事务部(Global Affairs Canada)
由贸易专员服务处(Trade Commissioner Service)为加拿大教育品牌推广提供支持,拓展推广合作对象和覆盖范围	已投入100万加元,5年内追加投入490万加元	为教育客户提供更多支持,提高加拿大教育服务和产品在海外的推广销售和授权许可的力度	
为国际学生提供更多额外奖学金;将现有针对不同国家和地区的奖学金项目整合为统一、全面的推广战略	5年内投入500万加元	吸引更多来自目标国家的学生、提升奖学金项目在目标市场的认知度,加强与目标国家的双边关系	
扩大学生直入计划②(Student Direct Stream)范围	已投入10万加元,5年内投入100万加元	从目标国家吸引更多国际学生	加拿大移民、难民及公民事务部
推动移民形式和流程现代化,开发电子申请系统,提高签证和移民申请的效率及便利性	已投入120万加元,5年内追加投入1800万加元	为访问加拿大的人员提供更好的客户服务	

资料来源：Government of Canada. Building on Success：International Education Strategy 2019－2024 [R/OL]. (2019-8-22) [2021-12-9]. https：//www. international. gc. ca/education/assets/pdfs/ies-sei/Building-on-Success-International-Education-Strategy-2019-2024. pdf。

---

① 优先国家包括：巴西、哥伦比亚、法国、印度尼西亚、墨西哥、摩洛哥、菲律宾、泰国、土耳其、乌克兰及越南。具体目标国家根据加拿大不同省（地区）、教育协会、教育机构的需求及国际学生数据进行调整。

② 学生直入计划（Student Direct Stream）是为来自特定国家、拟就读加拿大大学专业课程的学生提供的快速获得学习许可（Study Permit）的特殊申请通道，在审批速度和通过率上较传统通道更具优势。同时，申请人需满足1万加元的担保投资证书（GIC）、满足雅思考试成绩达到6分以上等条件。2018年6月8日宣布该计划时特定国家包括中国、印度、菲律宾和越南，在2019年和2021年两次扩展项目至14个国家，新增国家包括：巴基斯坦、塞内加尔、摩洛哥、巴西、哥伦比亚、秘鲁、安提瓜和巴布达、哥斯达黎加、特立尼达和多巴哥、圣文森特和格林纳丁斯。

值得注意的是，相比此前 2014~2019 版的战略中强调的增加国际学生总体人数的目标，《国际教育战略（2019-2024）》在继续维持中国和印度市场的优势之外，更着重鼓励提升加拿大国际教育在亚洲、北非和中南美洲等其他新兴市场的吸引力。除了学生来源国，新战略还强调了学习层次和领域的多样性，以确保加拿大高校、劳动力市场和目标地区及相关行业的可持续和多样化发展。对于中国学生来说，一方面，加拿大在全球层面加强推广本国在友好宽容和高福利的社会环境、高质量教育和前沿领域专业知识技能以及性价比等方面的形象，促使更多学生了解相关优势和机会，将加拿大列为留学目的国；另一方面，进一步拓展非传统留学市场成为下一阶段各项具体倡议计划实施的方向，此举也可能导致未来几年加拿大教育机构在招生上控制来自中国、印度两大主要来源国学生的比例以实现多元化目标，加上从其他热门留学目的地（如美国）转向申请加拿大学校的人数增多，中国申请者面临的竞争可能将更加激烈，获得奖学金的难度也将有所增加。

2. 加拿大进一步提高未来三年移民配额，同时省提名项目通道扩大将利好国际学生

加拿大永久居民身份主要授予由于经济就业、家庭团聚和难民与寻求保护者三个因素申请移民的人员，其中大部分为经济就业，其所占比例近年来总体稳定上升（见图4）。对于技术类劳动移民，加拿大使用积分制度（point system）作为评估和筛选合法移民的主要方式，对移民人数则没有设置明显的上限。在此基础上于 2015 年设立的"快速通道"（Express Entry）系统被应用到联邦技术移民（FSWP）、联邦技工移民（FSTP）、加拿大经验类移民（CEC）以及各省（地区）的部分省提名项目，既使申请人能依据透明的申请条件和评分标准对自身申请进行评估，也能对申请人进行预先筛选进入"池子"（pool）内，移民部门再根据综合排名系统（Comprehensive Ranking System）每两周对"池子"中符合条件的申请人发出邀请。因此在 OECD 国家中，加拿大的移民体系效率较高，并且在对"快速通道"的历次改革中，拥有相应教育、就业和语言资质及年轻的申请者在打分和排名系统

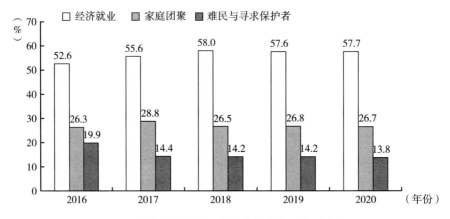

图 4 加拿大永久居民身份获得者主要类型占比

资料来源：Government of Canada. 2021 Annual Report to Parliament on Immigration［R/OL］.（2021-12-31）［2022-04-08］. https：//www. canada. ca/en/immigration-refugees-citizenship/corporate/publications-manuals/annual-report-parliament-immigration-2021. html#pr。

中具有的优势越来越突出①，这将利好于在加留学的国际学生。

　　由于 2020 年新冠肺炎疫情造成大量移民及签证申请积压，加拿大政府投入了 8500 万加元升级移民申请系统和提高人力资源投入来加快处理效率。② 2021 年加拿大授予永久居民身份的人数超过 401000 名，成为历史上接纳移民人数最多的一年③。2021 年 2 月 13 日，移民部门对"快速通道"系统中在 2020 年 9 月 12 日前提交加拿大联邦经验类移民（CEC）申请、分数在 75

①　OECD. Recruiting Immigrant Workers：Canada 2019［R/OL］.（2019-08-13）［2022-04-08］. https：//www. oecd - ilibrary. org/sites/4abab00d - en/1/2/1/index. html？ itemId =/content/publication/4abab00d - en&_ csp _ = 351d6ccee86b42b0bf932c3863f3bebd&itemIGO = oecd&itemContentType=book.

②　Government of Canada. Modernizing Canada's Immigration System to Support Economic Recovery and Improve Client Experience.［EB/OL］.（2022 - 01 - 31）［2022 - 04 - 11］. https：//www. canada. ca/en/immigration - refugees - citizenship/news/2022/01/modernizing - canadas - immigration-system-to-support-economic-recovery-and-improve-client-experience. html.

③　Government of Canada. Canada Welcomes the Most Immigrants in a Single Year in Its History［EB/OL］.（2021-12-23）［2022-04-08］. https：//www. canada. ca/en/immigration-refugees-citizenship/news/2021/12/canada-welcomes-the-most-immigrants-in-a-single-year-in-its-history. html.

分以上的 27322 人全部发放了邀请，成为历史上规模最大的移民"大赦"①。

在此基础上，2022 年 2 月加拿大移民部门公布了《2022-2024 年移民水平计划》（2022-2024 Immigration Levels Plan），提出未来移民政策将以填补劳动力市场、促进加拿大经济增长为导向，将经济移民所占比例进一步提高至近 60%，至 2024 年新增移民占加拿大人口数量的 1.14%②，并且再次提高了每年接收移民数量目标：2022 年为 431645 人，2023 年为 447055 人，2024 年为 451000 人（见表 26）。③ 值得注意的是，相比此前的《2021-2023 年移民水平计划》（2021-2023 Immigration Levels Plan）通过"快速通道"系统进行的联邦高技能（Federal High Skilled）移民项目的目标配额有所减少，由各省份根据经济发展情况及需求制定的省提名（Provincial Nominee Program，PNP）成为经济移民的主力项目。在省提名项目中从特定学校、学历（如研究生学位）或专业毕业的国际学生无须工作经验也可申请，从

表 26 2022~2024 年加拿大接收移民人数目标（经济移民类别）

单位：人

项目	2022 年		2023 年		2024 年
	最新目标	原定目标	最新目标	原定目标	最新目标
计划接收移民总数目标	431645	411000	447055	421000	451000
经济移民总数目标	241500	241850	249500	253000	267750
联邦高技能移民项目	55900	110500	75750	113750	111500

① Shelby Thevenot, Alexandra Miekus, Mohanad Moetaz and Kareem El-Assal. Express Entry: Canada Invites 27, 332 Immigration Candidates in Historic Saturday Draw [EB/OL]. (2020-02-13) [2022-04-14]. https://www.cicnews.com/2021/02/express-entry-lowest-crs-requirement-ever-in-new-cec-draw-0217045.html#gs.xquds5.

② Government of Canada. New Immigration Plan to Fill Labour Market Shortages and Grow Canada's economy [EB/OL]. (2022-02-14) [2022-04-11]. https://www.canada.ca/en/immigration-refugees-citizenship/news/2022/02/new-immigration-plan-to-fill-labour-market-shortages-and-grow-canadas-economy.html.

③ Government of Canada. Notice-Supplementary Information for the 2022-2024 Immigration Levels Plan [EB/OL]. (2022-02-14) [2022-04-08]. https://www.canada.ca/en/immigration-refugees-citizenship/news/notices/supplementary-immigration-levels-2022-2024.html.

续表

项目	2022 年		2023 年		2024 年
	最新目标	原定目标	最新目标	原定目标	最新目标
联邦商业计划①	1000	1000	1000	1000	1500
经济试点项目②	10250	10000	11250	10250	12750
大西洋移民计划③	6250	6250	6500	6500	6500
省提名项目	83500	81500	86000	83000	93000
魁北克省技术及商业移民项目	19500~24300	19500~24300	待定	—	待定

说明："原定目标"为《2021-2023 年移民水平计划》中设定的目标；魁北克省经济移民目标由魁北克省政府单独制定，且不具有省提名项目，由独立的 QSC（Québec Selection Certificate）项目甄选符合条件的申请者。

①联邦商业计划（Federal Business）：包括联邦自雇移民（Self Employed Person）、联邦创业移民工签（Start Up Visa）等。

②经济试点项目（Economic Pilots）：包括护理人员（Caregivers）、农业食品试点（Agri-Food Pilot）、农村和北部移民试点（Rural and Northern Immigration Pilot）、经济流动途径项目（Economic Mobility Pathways Project）等针对特定职业、地区的移民项目。

③大西洋移民计划（Atlantic Immigration Program）：在 2022 年 3 月由原先的试点项目转为永久性计划，以支持大西洋四省（新斯科舍省、新布伦斯威克省、爱德华王子岛省、纽芬兰与拉布拉多省）重振经济，解决当地劳动力短缺问题。

资料来源：Government of Canada. Notice-Supplementary Information for the 2022－2024 Immigration Levels Plan ［EB/OL］. （2022-02-14）［2022-04-08］. https：//www. canada. ca/en/immigration-refugees-citizenship/news/notices/supplementary-immigration-levels-2022-2024. html；Gouvernement du Québec. Plan d'immigration du Québec 2022 ［EB/OL］（2021）［2022 - 04 - 11］. https：//cdn - contenu. quebec. ca/cdn － contenu/adm/min/immigration/publications － adm/plan － immigration/PL _ immigration_ 2022_ MIFI. pdf。

而使获得永久居民身份所需的时间明显缩短，省提名项目目标人数的大幅提高也将吸引更多国际学生在毕业后留在加拿大发展。

3. 疫情期间出台多项特殊政策及支持措施，为国际学生提供便利

加拿大全球事务部国际教育处（The International Education Division of Global Affairs Canada）的分析显示，新冠肺炎疫情发生前国际学生为加拿大贡献了 197 亿加元的国内生产总值（2018 年）。① 疫情使入学及入境学生人

---

① Government of Canada. Economic Impact of International Education in Canada-2020 Update ［EB/OL］. （2020-12-21）［2022-04-14］. https：//www. international. gc. ca/education/report-rapport/impact-2018/index. aspx？lang＝eng.

数减少，由国际学生消费带来的劳动收入减少了 45 亿加元，并且直接和间接损失 6.43 万份全职工作。其中，接收国际学生人数最多的安大略省（国际学生贡献 GDP 41 亿加元）、不列颠哥伦比亚省（12 亿加元）和魁北克省（10 亿加元）承受了大部分损失。①

值得注意的是，受疫情影响前往加拿大学习人数减少较为明显的生源国主要是欧洲、中东地区国家，在疫情阻碍人员流动性的情况下，这些国家的学生在本国或就近地区获得优质教育资源的机会较多。但是，来自最主要生源国（印度、中国、越南）的学生人数跌幅相对更小，反映其对加拿大教育的需求依然较大（见图 5）。同时，部分减少的人实际为持有学习许可却在来源国接受线上课程，等待形势好转后返回加拿大。另外，根据国际教育

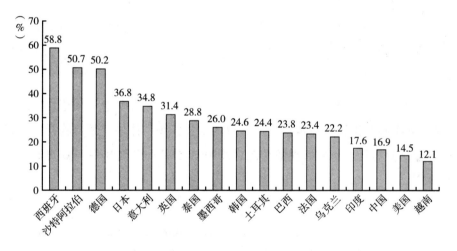

图 5　受新冠肺炎疫情影响生源国学习许可持有者数量下降比例

资料来源：Government of Canada. The Economic Impact of COVID – 19 on Canada's International Education Sector in 2020 ［R/OL］. （2021 - 10 - 29）［2022 - 04 - 14］. https：// www. international. gc. ca/education/report-rapport/covid19-impact/index. aspx？ lang＝eng。

---

① Government of Canada. The Economic Impact of COVID-19 on Canada's International Education Sector in 2020 ［EB/OL］. （2021 - 10 - 29）［2022 - 04 - 14］. https：//www. international. gc. ca/ education/report-rapport/covid19-impact/index. aspx？ lang＝eng.

招生平台机构 IDP Connect 发布的名为 Crossroads Ⅳ 的调查，有 27% 的学生将加拿大作为疫情防控常态下留学的首选目的地，领先于美国（20%）和英国（19%）。因此，疫情对加拿大国际教育产业的冲击应是暂时性的，预计疫情过后将迎来反弹并进入新的蓬勃发展期。

2020 年 4 月，加拿大设立了国际学生有资格申请的加拿大紧急救援补助金（Canada Emergency Response Benefit，CERB），居住在加拿大、因新冠肺炎疫情被迫停工、失业，有资格获得就业保险（Employment Insurance）或患病津贴（Sickness Benefits），在过去 14 天内收入少于 1000 加元的人员每 4 周可领取 2000 加元救助。① 例如，对于在学期内从事兼职工作、因疫情失去该部分收入的国际学生，救助津贴能在一定程度上缓解经济压力。同时，多伦多大学②、滑铁卢大学③、约克大学④、瑞尔森大学⑤、艾伯塔大学⑥等部分高校也设立了专项助学金，为由于疫情造成财务困难的国际学生提供帮助，可用于支付本地租金、隔离费用、额外医疗费用和生活必需品等情况。

在签证申请方面，加拿大政府也进行了灵活的政策调整。对于疫情原因（如签证中心关闭或限制运营等）导致的生物指纹、体检、原始旅行文件证明等申请材料无法完整提交的情况，2020 年 5 月加拿大移民局宣布不会拒

---

① Government of Canada. Canada Emergency Response Benefit（CERB）：Closed［EB/OL］（2021-04-03）［2022-04-12］. https：//www. canada. ca/en/services/benefits/ei/cerb-application. html.

② University of Toronto. Emergency Assistance Grants［EB/OL］.［2022-04-14］. https：//future. utoronto. ca/finances/financial-aid/emergency-assistance-grants/.

③ Waterloo Undergraduate Student Association. Your COVID updates［EB/OL］.［2022-04-14］https：//wusa. ca/your-covid-updates.

④ York University. York University Emergency Bursaries［EB/OL］.［2022-04-14］. https：//sfs. yorku. ca/emergency-bursaries#：~：text = The% 20York% 20University% 20Emergency% 20Bursary% 20aims% 20to% 20assist% 20registered% 20York，1% 20to% 20April% 2030% 2C% 202020.

⑤ Ryerson University. Financial Assistance［EB/OL］.［2022-04-14］. https：//www. ryerson. ca/international/student-support/financial-assistance/.

⑥ University of Alberta. International Quarantine Support Grant［EB/OL］.［2022-04-14］. https：//www. ualberta. ca/registrar/scholarships-awards-financial-support/international-quarantine-support-grant. html.

绝不完整材料学习签证及毕业后工作许可（Post-Graduation Work Permit，PGWP）申请，并且将保持申请的开放状态直至收到补充文件或申请人已采取相关措施的证明。[①] 对由于学校关闭无法获得结业证明或成绩单而不能提交完整毕业后工作许可申请的学生，在提交解释说明后也可在获得工签申请结果前开始工作。[②] 2021 年 1 月，加拿大政府再次推出临时政策，允许持有已经到期或即将到期毕业工签的国际学生在 7 月 27 日前再次申请长达 18 个月的签证。[③] 这些临时特殊调整在较大程度上为国际学生留加工作和居留提供了便利，有效提振了国际学生对于加拿大保持开放移民政策的信心。

① Shelby Thevenot. Canada Will Accept Incomplete Study Permit and PGWP Applications ［EB/OL］. （2020-05-22）［2022-04-15］. https：//cicnews. com/2020/05/canada-will-accept-incomplete-study-permit-and-pgwp-applications-0514438. html#gs. wwkh4b.

② Shelby Thevenot. Canada Will Accept Incomplete Study Permit and PGWP Applications ［EB/OL］. （2020-05-22）［2022-04-15］. https：//cicnews. com/2020/05/canada-will-accept-incomplete-study-permit-and-pgwp-applications-0514438. html#gs. wwkh4b.

③ Government of Canada. Government of Canada Announces New Policy To Help Former International Students Live in, Work in and Continue Contributing to Canada ［EB/OL］. （2021-01-08）［2022-04-15］. https：//www. canada. ca/en/immigration-refugees-citizenship/news/2021/01/government-of-canada-announces-new-policy-to-help-former-international-students-live-in-work-in-and-continue-contributing-to-canada. html.

B.3
欧洲热门留学国家的留学现状分析

何航宇　曲　梅　胡音格*

摘　要： 近年来，欧洲各国凭借其优秀的教育质量与相对较低的学费，获得他国学生青睐，留欧国际学生人数增长迅速。其中，英国、法国、德国是国际学生集中的热门留学目的国。新冠肺炎疫情对欧洲的留学事业有一定的影响，但在欧洲各国出台积极的留学支持政策与签证政策后，国际学生人数依然保持增长，显示其对国际学生仍有较大吸引力。

关键词： 留学英国　留学法国　留学德国　留学欧洲

在 2020~2021 年，欧洲最热门的留学目的国依然是英、法、德三国。英国在 2019~2020 学年，国际学生人数增长到 53 万人，创下新高。法国国际学生人数在 2020~2021 学年增长至 37 万人，总体呈稳步递增趋势。德国在 2020 年国际学生人数增至 32 万人，6 年来增长率达到 37.68%。欧洲国家能够在疫情防控常态化背景下仍保持较高留学吸引力，主要原因如下：其一，欧洲各国近年来出台政策支持留学，如英国教育部对学费进行控制，推行更宽松的工作签证；法国续签中法文凭互认协议，简化学生长期签证流程；德国简化德国驻华大使馆文化处留德人员审核部面试，并对留学生进行学费减免。其二，随着美国等传统留

---
* 何航宇，全球化智库（CCG）助理研究员，主要研究方向为国际人才、智库研究；曲梅，全球化智库（CCG）副研究员，主要研究方向为来华留学、国际学校、留学发展；胡音格，全球化智库（CCG）实习生，北京外国语大学 2019 级外交法语专业本科生。

学热门国在新冠肺炎疫情期间对留学生政策趋于冷淡，许多国际学生将目的地改为教育质量同样优秀而留学政策更积极的欧洲。不能忽视的是，俄乌危机的爆发以及录取标准趋向严格等新问题的出现，对想要赴欧的留学生也提出了新的挑战。

一 2021年度中国学生赴英国留学现状[①]

（一）英国国际学生总体情况

1. 英国国际学生人数不断上涨，疫情后反弹趋势明显

根据英国内政部（Home Office）的数据，自2015年以来，英国签发的国际学生签证数不断增长，[②] 自2015年的272974人增长到2019年的404410人，平均每年增长率为14%（见图1）。受新冠肺炎疫情影响，2020年学生签证数降至253694人。但新冠肺炎疫情对于英国留学的影响只是暂时的，2021年疫情影响减少后，赴英留学人数迅速反弹。在2021年前三季度，英国签发的留学签证数已达到347832人，对比2020年回复较为明显，甚至比疫情前还有一定幅度的增长，说明疫情的暴发并未影响各国学生到英国留学的热情，赴英留学持续火热。

从在英国接受高等教育的国际学生总人数可以看出，英国对国际学生的吸引力近年来不断攀升。根据英国高等教育统计署（Higher Education Statistics Agency，HESA）统计，2015~2016学年国际学生总人数为436570人，占高等教育学生总数的19.15%（见图2）。而到了2019~2020学年，国际学生总人数增长至538620人，占高等教育学生总数的21.93%。五年间国际学生总人数提高了23.38%，增长迅速，同时国际学生占高等教育学生总数的比重也从19.15%提升至21.93%，提升了2.78个百分点。

---

① 本文中"中国"均指代中国大陆区域。
② 包括当年签发的中小学与高等教育的所有学生签证总数。

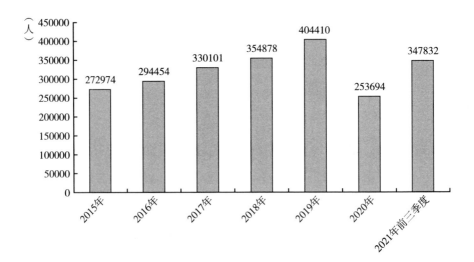

图 1　2015 年至 2021 年前三季度英国签发留学签证数

资料来源：Home Office. National Statistics ［EB/OL］. （2021 - 08 - 26）［2021 - 11 - 29］. https：//www. gov. uk/government/statistics/immigration-statistics-year-ending-september-2021/why-do-people-come-to-the-uk-to-study。

图 2　2015～2020 学年在英接受高等教育的国际学生总人数

资料来源：HESA. Higher Education Student Statistics ［EB/OL］. （2021 - 01 - 27）［2021 - 11 - 29］. https：//www. hesa. ac. uk/news/27-01-2021/sb258-higher-education-student-statistics。

　　在所有国际学生中，来自欧盟的国际学生数平稳增长，但受英国脱欧的影响，总体增速较慢，由 2015~2016 学年的 127340 人增长至 2019~2020 学年的 142990 人，增长 12.3%，占国际学生总人数比重由 5.59% 增至 5.82%（见表1）。从学历分布上看，来自欧盟的国际学生中，研究生（Postgraduate）数量有少许下滑，① 从 2015~2016 学年的 45265 人下降至 2019~2020 学年的 42195 人；而本科学生数则增长较快，从 2015~2016 学年的 82075 人增长至 2019~2020 学年的 100795 人。总的来说，来自欧盟的国际学生平稳增长，近年来更倾向于本科留学。

表1　在英国接受高等教育的国际学生人数（欧盟）

单位：人

学年	研究型研究生	授课型研究生	本科学生（First Degree）	其他本科学生	总数
2015~2016	15205	30060	77810	4265	127340
2016~2017	14985	31000	84460	4385	134830
2017~2018	14570	30495	89740	4340	139145
2018~2019	14065	30170	94760	4030	143025
2019~2020	13090	29105	97865	2930	142990

　　资料来源：HESA. Higher Education Student Statistics［EB/OL］. （2021-01-27）［2021-11-29］. https：//www. hesa. ac. uk/news/27-01-2021/sb258-higher-education-student-statistics。

　　来自非欧盟国家的国际学生增长较快，从 2015~2016 学年的 309230 人、占比 13.57% 增长至 2019~2020 学年的 395630 人、占比 16.11%，增长

---

① 英国的研究生教育分为授课型与研究型，授课型研究生主要是授课型硕士（Master of Arts, Master of Science），通常 1~2 年，主要任务为学习课程以及完成考试；研究型研究生包括研究型硕士（Master of Philosophy, Master of Research）以及博士（Doctor in Philosophy），研究型硕士通常 2~3 年，以参与相关课题为主，成果可作为博士研究的一部分。英国的本科教育以 First Degree 为主，学生在进行 3~4 年的学习后可以获得学士学位（Bachelor's Degree）。其他本科教育包括 HND/HNC（高级国家文凭/证书），是一种结合了职业准备和学历教育的两年全日制学历资格；预科学位（Foundation Degree）通常是一年制的课程，为学生衔接学士教育打下语言与专业基础；DipHE 为两年制，通常与学士教育前两年相同，毕业后获得高等教育文凭（Diploma of Higher Education）。

率为 27.94%。从学历分布来看，非欧盟学生里的研究型研究生人数有所下降，从 2015~2016 学年的 33645 人降至 2019~2020 学年的 32425 人；授课型研究生则有大幅度增长，从 2015~2016 学年的 119415 人增长至 2019~2020 学年的 175955 人（见表 2）。本科生数量也增长较快，从 2015~2016 学年的 156170 人增至 2019~2020 学年的 187250 人。总体来说，非欧盟国际学生赴英学习近年来增长幅度较大，国际学生来源更加广泛，本科留学、以实用为导向的授课型研究生具有较强的吸引力。

表 2   在英国接受高等教育的国际学生人数（非欧盟）

单位：人

学年	研究型研究生	授课型研究生	本科学生（First Degree）	其他本科学生	总数
2015~2016	33645	119415	143295	12875	309230
2016~2017	32410	117155	145850	12125	307540
2017~2018	31775	125930	149440	12130	319275
2018~2019	32400	140615	156765	12835	342615
2019~2020	32425	175955	173110	14140	395630

资料来源：HESA. Higher Education Student Statistics［EB/OL］.（2021-01-27）［2021-11-29］. https：//www. hesa. ac. uk/news/27-01-2021/sb258-higher-education-student-statistics。

2. 英国高等教育资源分布不均，在英国际学生多集中于英格兰

大部分在英国接受高等教育的国际学生都在英格兰进行学习深造。2019~2020 学年，在英格兰的国际学生有 445435 人，占国际学生总人数的 82.7%；在苏格兰的国际学生有 61590 人，占比 11.4%；威尔士与北爱尔兰的国际学生人数之和为 31585 人，占比 5.9%（见图 3）。这一分布趋势受到许多因素影响，英格兰有如伦敦、伯明翰等诸多大城市，教育资源集中，同时国际化程度高，接收国际学生人数多。以伦敦为例，作为英国的政治经济中心，伦敦的国际学生人数超过了伦敦学生总人数的 25%，也占了英国全体国际学生的接近 25%。① 如果将伦敦作为一个地区单独比较，那么仅伦敦

① 《英国大学城市分布图鉴来啦！伦敦大学数量最多！》［EB/OL］.（2021-02-01）［2021-11-30］. https：//www. 163. com/dy/article/G1PF3JMF05168V4U. html。

的国际学生占比就超过了苏格兰、威尔士、北爱尔兰之和。此外，2021年QS世界大学排名中，有18所英国学校进入前100名，其中英格兰地区占到15所，苏格兰有3所，北爱尔兰以及威尔士则无大学上榜①，这充分说明了英国各地区之间的高等教育资源不平衡。

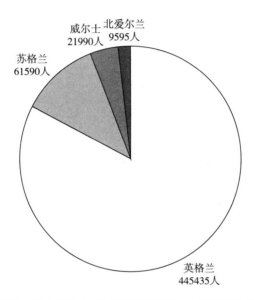

图3　2019~2020学年在英国接受高等教育的国际学生地区分布

资料来源：HESA. Higher Education Student Statistics［EB/OL］.（2021-01-27）［2021-11-29］. https：//www. hesa. ac. uk/news/27-01-2021/sb258-higher-education-student-statistics。

3. 在英国际学生中研究生学习的专业以商科、工科为主，本科生选择专业更多元

从学科分布来看，国际学生中研究生与本科生的热门专业选择大致相同，但本科生有更多人选择冷门专业。研究生中占比最大的为商务管理，超过30%的研究生在英国学习商务管理；其次是工程技术，约有10%的研究

---

① 进入2021QS世界大学排名前一百的英国高校包括：牛津大学、剑桥大学、帝国理工学院、伦敦大学学院、爱丁堡大学（苏格兰）、曼彻斯特大学、伦敦国王学院、伦敦政治经济学院、布里斯托大学、华威大学、格拉斯哥大学（苏格兰）、杜伦大学、伯明翰大学、南安普顿大学、利兹大学、谢菲尔德大学、圣安德鲁斯大学（苏格兰）、诺丁汉大学。

生学习工程技术（见表3）。此外，社会科学、计算机占比也相对较高，分别为8.85%与7.09%，之后为创意艺术与设计、医学相关、教育学，占比为4%~6%。在本科国际学生中，占比最高的学科也是商务管理与工程技术。约有25%的本科国际学生学习商务管理，超过11%的本科国际学生学习工程技术。在这两大领域外，社会科学和创意艺术与设计均达到了约9%的占比，此外计算机占比6.21%、医学相关占比6.05%，法学占比5.11%，体现出社科、医学、艺术等小众领域也较受本科国际学生欢迎，学科分布更为多元化。总体来讲，在英国际学生以商科、工科为主，研究生学科选择更为聚集在热门领域，学科选择上更偏实用性，这也吻合了占研究生大多数的授课型研究生注重实用性的特点；本科国际学生的学科选择更为多元，更多从个人兴趣出发，可能选择相对小众的专业。

表3　2019~2020学年在英接受高等教育的国际学生学科分布

单位：人，%

学科	研究生人数	占比	本科人数	占比
医学与牙科学	5330	2.13	6720	2.33
医学相关	10770	4.30	17425	6.05
生物与运动科学	5940	2.37	9935	3.45
心理学	4970	1.98	8950	3.11
兽医学	425	0.17	1515	0.53
农学及相关	1400	0.56	1165	0.4
物理学	6510	2.60	8195	2.84
基础科学与其他	85	0.03	525	0.18
数学	5400	2.15	7690	2.67
工程技术	26290	10.49	32035	11.12
计算机	17760	7.09	17885	6.21
地理与环境学（自然科学）	1775	0.71	1370	0.48
建筑学	7725	3.08	6785	2.36
地理与环境学（社会科学）	1340	0.53	730	0.25
人文学科	175	0.07	870	0.30
社会科学	22190	8.85	26210	9.10
法学	9475	3.78	14710	5.11

学科	研究生人数	占比	本科人数	占比
商务管理	79290	31.64	71870	24.95
传媒学	6840	2.73	6720	2.33
语言与区域研究	7085	2.83	12335	4.28
历史、宗教、哲学	5180	2.07	5580	1.94
创意艺术与设计	12880	5.14	25360	8.8
教育学	10625	4.24	1730	0.6
复合研究（Combined and General Studies）	1135	0.45	1740	0.6
合计	250595	100	288050	100

注：此表格中学科类别来源于 CAH Level 1，为英国高等教育统计署使用的学科分类系统。

资料来源：HESA. Higher Education Student Statistics［EB/OL］.（2021-02-09）［2021-11-30］. https://www.hesa.ac.uk/data-and-analysis/students/what-study。

4. 来自亚洲的赴英国际学生占比高、增长快

2019~2020 学年，英国高等教育国际学生欧盟来源国主要包括意大利、法国、西班牙等 10 国，总人数为 104280 人，其中意大利、法国、西班牙、罗马尼亚、波兰、葡萄牙等国近年来（2015~2020 年）增速较快，希腊国际学生人数变化不大，来自德国、爱尔兰、塞浦路斯的国际学生则出现了一定幅度的减少（见表4）。

表4 在英国接受高等教育的国际学生主要来源国家和地区（欧盟）

单位：人

学年	意大利	法国	德国	西班牙	罗马尼亚	希腊	波兰	爱尔兰	塞浦路斯	葡萄牙
2015~2016	12135	12525	13410	7825	7200	9780	5650	10240	9300	3090
2016~2017	13455	13560	13735	8820	8110	10045	6585	10070	9145	3695
2017~2018	13985	13660	13545	9630	8655	10135	7545	9600	9360	4700
2018~2019	13965	13675	13475	10330	9740	9920	8380	9625	8865	5940
2019~2020	13605	13430	12400	10850	10700	9625	9125	9005	8550	6990

资料来源：HESA. Higher Education Student Statistics［EB/OL］.（2021-02-09）［2021-11-29］. https://www.hesa.ac.uk/data-and-analysis/students/where-from。

非欧盟国家和地区主要包括中国大陆、印度、美国、中国香港、马来西亚等10个，总人数为283500人，以中国大陆人数最多，有139130人，高于欧盟主要10国国际学生人数总和，是英国国际学生最主要来源国家；其次为印度，有52545人。印度增幅最大，2015~2020学年印度学生人数增幅超过2倍。中国大陆学生增长人数最多，超过4万人。来自美国、加拿大、巴基斯坦的国际学生人数也有一定增长（见表5）。来自中国香港、沙特阿拉伯的国际学生变化幅度不大，马来西亚、尼日利亚、新加坡学生人数则一定程度减少。总的来说，英国国际学生来源以亚洲为主，同时来自亚洲的国际学生增长速度也较快。中国、印度是英国国际学生主要来源国家。

表5　在英接受高等教育的国际学生主要来源国家和地区（非欧盟）

单位：人

学年	中国大陆	印度	美国	中国香港	马来西亚	尼日利亚	沙特阿拉伯	巴基斯坦	新加坡	加拿大
2015~2016	90355	16720	17075	16735	17400	16085	8515	5500	7535	5970
2016~2017	95090	16550	17580	16680	16370	12665	8065	5245	7300	5915
2017~2018	106525	19750	18885	16350	14970	10535	7945	5605	7020	6180
2018~2019	120385	26685	20120	16135	13835	10645	8125	6150	6750	3355
2019~2020	139130	52545	19940	16975	13175	12810	8435	7165	6700	6625

资料来源：HESA. Higher Education Student Statistics［EB/OL］.（2021-02-09）［2021-11-29］. https：//www. hesa. ac. uk/data-and-analysis/students/where-from。

（二）在英中国学生总体情况

1. 英国对中国大陆学生吸引力不断上升，已成为中国大陆学生首要留学目的国

中国大陆赴英接受高等教育国际学生人数在近年来迅速发展，总人数增长迅速，增长率总体来看也处于上升的状态。从2015~2016学年到2019~2020学年，赴英接受高等教育的中国学生总人数每学年分别为90355、95090、106525、120385、139130人，增长率分别为5.24%、12.03%、13.01%、15.57%。整体来看，自 2015~2016 学年起，赴英接受高等教育的中国学生人数迅速上涨，到 2019~2020 学年上涨幅度达到约 54%，增长率也从 5.24% 增至 15.57%，上涨幅度大，增速快，说明近年来中国学生留英意愿不断上升（见图4）。

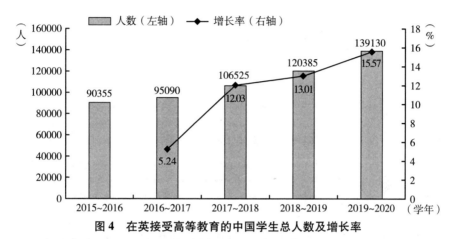

图4 在英接受高等教育的中国学生总人数及增长率

资料来源：HESA. Higher Education Student Statistics［EB/OL］.（2021-02-09）［2021-11-29］. https：//www. hesa. ac. uk/data-and-analysis/students/where-from。

　　新冠肺炎疫情期间，中国学生赴英的热情依然不减，2021 年中国赴英国际学生人数更是继续走高。据英国大学和学院招生服务中心（UCAS）统计，2020 年中国大陆赴英本科学生申请人数为 26710 人，高于 2019 年的 21505 人，而 2021 年申请人数则进一步上升，达到了 30845 人（见图5），保持了整体增长趋势。可以说，疫情期间中国学生赴英留学热情仍然高涨。

　　总的来讲，英国与中国国际学生"双向吸引"的现象明显。对于英国，中国长时间是最大的国际学生来源地，2021 年留学英国人数更是超越欧盟整体之和。2021 年 6 月 30 日，中国大陆申请 2021 年秋季英国本科项目学生已经超过 2.8 万，达到 28490 人。而欧盟国家申请 2021 年秋季英国本科项目学生则共有 28400 人。①

---

① Universities and Colleges Admissions Service. UCAS Undergraduate Applicant Releases for 2021 Cycle.［EB/OL］.（2021）［2021-11-29］. https：//www. ucas. com/data-and-analysis/undergraduate - statistics - and - reports/ucas - undergraduate - releases/ucas - undergraduate - applicant-releases-2021-cycle.

图 5　中国赴英本科学生申请人数

资料来源：UCAS. Undergraduate Sector - Level End of Cycle Data Resources 2021. ［EB/ OL］.（2022-01）［2022-01-07］. https：//www. ucas. com/data-and-analysis/undergraduate- statistics-and-reports/ucas-undergraduate-sector-level-end-cycle-data-resources-2021。

对于中国学生来说，留学英国的意愿也逐渐超越多年来位于榜首的美国，成为中国学生的首选留学目的地。根据兴业银行的留学报告，英国已超越美国成为中国学生首选目的国。[①] 从启德教育《2021 年中国学生海外教育白皮书》（EIC Education）的采访来看，29.8% 的受访预备国际学生首选英国作为留学目的地，而 24.5% 的人首选美国。[②] 这一变化应归因于中美关系的紧张局势以及美国新工作签证制度下国际学生工作机会的收紧，同时因为英国政府推行较为积极的留学政策，更多中国学生选择在英国接受高等教育。

2. 在英中国学生大多分布于英格兰

与总体国际学生分布情况相似，中国学生更多集中于英格兰的高校（见图 6）。在 2019~2020 学年，有 116640 名中国学生在英格兰学习，占比

---

① 兴业银行：《"金融+教育"兴业银行打造一站式出国金融服务平台》［EB/OL］.（2021- 11-10）［2021-11-30］. https：//www. cib. com. cn/cn/aboutCIB/about/news/2021/20211110_ 2. html。

② China Daily Global. UK Remains Preferred for Overseas Education. ［EB/OL］.（2021-03-23） ［2021 - 11 - 30］. http：//epaper. chinadaily. com. cn/a/202103/23/WS60591b1ba31099a 234354d51. html.

83.84%；在苏格兰的学生人数为 14275 人，占比 10.26%，在威尔士与北爱尔兰的学生人数之和为 8215 人，占比 5.90%。

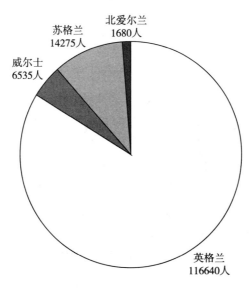

图 6　2019～2020 学年在英接受高等教育的中国学生地区分布

资料来源：HESA. Higher Education Student Statistics ［EB/OL］. （2021 - 02 - 09）［2021 - 11 - 29］. https：//www. hesa. ac. uk/data-and-analysis/students/where-from。

3. 授课型硕士项目对中国学生吸引力大

自 2014 学年至 2019 学年，中国在英国际学生人数迅速增长。从各学历分布的比例来看，本科生以及研究型硕士生占比都有所下降，而授课型硕士生的占比则上升迅速（见图 7）。2018～2019 学年，中国在英国际学生人数增长 18745 人，攻读授课型硕士生的增长人数为 12290 人，占总增长人数的 65.56%。从这些数据可以看出，授课型硕士生已成为中国在英国际学生的最热门选择，也是推动中国留英学生不断增长的重要动力。英国授课型硕士生有着学制短、总学费较低、专业选择广等特点，具有较高的实用性，这成为中国学生选择到英国留学的重要理由。

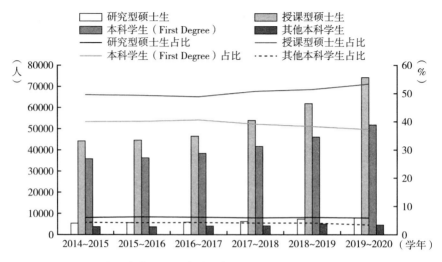

图 7 中国在英国接受高等教育的国际学生学历分布与占比

资料来源：HESA. Higher Education Student Statistics［EB/OL］.（2021-02-09）［2021-11-29］. https：//www. hesa. ac. uk/data-and-analysis/students/where-from。

（三）赴英留学政策新动向

1. 赴英学习、工作签证政策更为便利

特雷莎·梅（Theresa May）执政时期主张限制留学、工作及移民的政策，对英国就国际学生及专业技术人才的吸引力造成了一定冲击，2019 年 7 月鲍里斯·约翰逊（Boris Johnson）就任英国首相后宣布将实行改革，具体措施包括从 2020 年 10 月 5 日开始，新的学生签证（Student Visa）系统已取代原有"第四级签证"（Tier 4），可以早至开学前 6 个月提交签证申请，并简化了签证申请流程；① 同时，约翰逊还宣布于 2021 年夏季正式重启国际学生毕业后可以留在英国找工作的毕业后工作签证（Post-Study-Work，PSW）。从 2021 年 7 月 1 日起，成功完成本科或硕士学位的国际学生将能够通过新的申请通道在毕业后申请在英国的毕业生签证，以此在毕业后的两年

---

① British Council. 学生签证.［EB/OL］.［2021-11-30］. https：//study-uk. britishcouncil. org/zn-hans/moving-uk/student-visas。

内在英国自由合法地工作。完成博士学位的学生则能够申请三年的毕业生签证。① 英国政府还宣布设立"人才办公室"（Office for Talent）以招揽全球顶尖的科学家。② 在同时期以美国为代表的主要留学目的国收紧留学和移民政策的背景下，英国政府宣布的一系列便利政策预计将大大增强国际学生及国际人才赴英留学和工作的意愿。

2. 入境政策要求放宽

在 2021 年 5 月，英国政府为应对疫情推出了"红绿灯"出入境政策，即将全世界的国家按照疫情严重程度进行划分，并将旅客分为三个类别：根据英国政府规定，去绿色（Green）名单国家旅行的英国人返回时无须隔离；去琥珀色（Amber）名单国家的旅客需在入境英国前进行新冠测试，并在入境后进行 10 天的隔离；针对红色（Red）名单国家的旅客，非英国公民或永居身份从红色名单国家前往英国会被拒绝入境，而英国公民或永居身份从红色名单国家入境英国，必须在政府指定的酒店隔离 10 天，并按照要求进行新冠检测。中国被分类在琥珀色名单中。

从 2021 年 10 月 4 日开始，英国入境政策的"红绿灯"系统得到简化。现在使用单一的国家和地区红色名单，而绿色名单以及琥珀色名单被合并为非红色名单。新政策使得来自非红色名单的完全接种疫苗的旅客入境更加便捷，从 2021 年 10 月底开始，这些旅客会被免除入境前的核酸检测并且可以使用更便宜的侧流免疫层析测定（Lateral Flow Test，LFT）代替入境后第二天的测试。中国被分入非红色名单中。③

---

① Home Office. Graduate Route to Open to International Students on 1 July 2021. ［EB/OL］. （2021-03-04）［2021-11-30］. https：//www. gov. uk/government/news/graduate-route-to-open-to-international-students-on-1-july-2021.

② Department for Business，Energy & Industrial Strategy. Government fires up R&D across the Country to Cement the UK as Science Superpower. ［EB/OL］. （2020-07-01）［2021-11-30］. https：//www. gov. uk/government/news/government-fires-up-rd-across-the-country-to-cement-the-uk-as-science-superpower.

③ Department for Transport，Department of Health and Social Care. New System for International Travel. ［EB/OL］. （2021-09-17）［2021-11-30］. https：//www. gov. uk/government/news/new-system-for-international-travel.

3. 学费、奖学金资助力度大

2021 年，英国教育部（Department for Education）积极推进政策来解决学费过高的问题，将最高大学学费控制在每年 9250 英镑，有效减少了赴英留学的总成本。英国教育部还表示，在下一次综合支出审查（Comprehensive Spending Review）后可能会做出一个削减学费的长期决议，以进一步减轻学生负担。同时，英国教育部制定了改善 16 岁后职业教育的计划，包括为成人学习者提供学生贷款。英国教育部还发起了关于将申请大学的时间表更改为"资格后录取"（post-qualification admissions）系统的咨询，这意味着学生可以在 A-Level 考试[①]成绩公布后进行申请工作，以此使他们的申请结果更接近预期，也使得大学的录取标准更加清晰。教育部长认为这一系列改革使得更多学生有机会进入大学。[②]

出于鼓励更多中国学生赴英学习生活的目的，2021 年，英国文化协会开展了"非凡英国奖学金计划"（GREAT Scholarship），携手英国大学为来自中国的众多不同专业的学生提供硕士研究生奖学金名额。非凡英国奖学金由英国政府非凡英国项目、英国文化教育协会以及参加的英国院校共同资助。2021~2022 学年，20 余所高校为中国学生提供了 26 个非凡英国奖学金名额，设置了总额高达 100 英镑的奖学金，申请门槛低，涵盖学科广泛。同时还额外为法学专业提供了专项奖学金。[③]

4. 大学录取政策更趋严格

由于近年来英国留学的热度不断高涨，留学申请人数也越来越多，这使得各个高校的申请竞争越发激烈，申请过程中对于 GPA、语言考试等标化成绩以及个人综合背景的考核都越来越严格，这一定程度上对国内想申请到英国留学的学生构成了挑战，需要做更充足的准备。

---

① A-level 即英国高中教育课程，A-level 的考试是英国的大学入学考试。
② BBC. University Tuition Fees Frozen at £ 9250 for a Year. ［EB/OL］. （2021-01-21）［2021-11-30］. https：//www.bbc.com/news/education-55735178.
③ British Council. GREAT Scholarships. 非凡英国奖学金计划.［EB/OL］.［2021-11-30］. https：//study-uk.britishcouncil.org/zn-hans/scholarships/great-scholarships/china.

二 2021年中国留学生赴法国留学现状

（一）法国国际学生总体情况

1. 疫情背景下，法国国际学生人数仍有所增加

国际教育协会的报告（Project Atlas）数据显示，历年赴法接受高等教育的国际学生人数总体呈稳步递增趋势。2017~2018年，赴法接受高等教育的国际学生人数同比略增，但2018~2020年继续稳步上升，年均增长人数超过1万人。2019~2020学年接受法国高等教育的国际学生人数达到370052人，增长率为3.4%。该年赴法接受高等教育的国际学生占法国高等教育学生总数（2725300人）的13.6%。总体而言，法国国际学生人数在疫情暴发后依然保持增长，疫情对于赴法留学影响较小（见图8）。

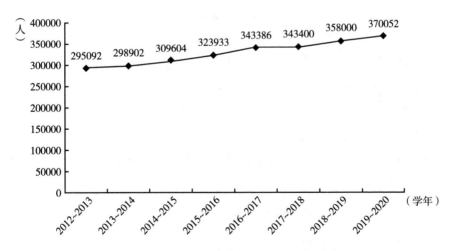

图8 历年赴法接受高等教育的国际学生人数

资料来源：1. IIE. Project Atlas：France.［EB/OL］.（2021-10-01）［2021-12-02］. https：//www. iie. org/en/Research-and-Insights/Project-Atlas/Explore-Data/France.

2. IIE. Project Atlas：2020 Infographics.［EB/OL］.［2021-12-02］. https：//www. iie. org/Research-and-Insights/Project-Atlas/Explore-Global-Data。

如表6所示，2019~2020学年，就读于法国综合性大学的国际学生中本科生占半数，其学段分布如下：本科生124666人，占比50%；硕士101949人，占比41%；博士22688人，占比9%。2014~2019年，赴法攻读本科学历的国际学生增加了27%，而攻读博士学位的国际学生减少了10%。法国国际学生的平均学历层次有所下降。

表6 2019~2020学年法国留学生学历层次分布与变化趋势

单位：人，%

学历分布	人数	占法国综合性大学国际学生总数的比例	占该学历学生总数比例	2018~2019学年人数变化幅度	2014~2019学年人数变化幅度
本科	124666	50	12	2	27
硕士	101949	41	17	1	7
博士	22688	9	41	-3	-10
总计	249303	100	15	1	14

资料来源：Campus France. CHIFFRES CLÉS 2021.［EB/OL］.（2021-03）［2021-12-02］. https：//www.campusfrance.org/fr/ressource/chiffres-cles-2021。

2.法国国际学生生源国主要位于非洲-中东地区和欧洲

法国高等教育署报告数据显示，2019~2020学年，赴法国留学的大学生主要来源国家位于北非-中东地区与欧洲，其中来自北非-中东地区的国际学生占比28%，来自欧洲的国际学生占比25%（见图9）。客观上，这些北非-中东地区国家大多为原法属殖民地，将法语作为官方语言；欧洲生源国家则大多为法国邻国，在《申根协定》的规定下能够自由穿越国界线，交通相对便利。主观上，来自这些国家的国际学生在文化价值层面对法国有更高认同感，更易于融入法国社会。

北非-中东地区各国学生赴法国高校留学的情况不尽相同。近三年，来自摩洛哥的国际学生无论在数量上还是占比上都逐年递增，从2019年的39855人（11.61%）上升至2021年的43464人（11.75%）。而来自阿尔及利亚的国际学生在数量上和占比上都有所下降。2019年，赴法国高校学习的阿尔及利亚国际学生共30521人（8.89%），这一数据在2021年下降至29527人（7.98%）（见

表7)。阿尔及利亚国际学生的减少在很大程度上受政治形势的影响。就阿尔及利亚而言,虽然其在文化和经济层面高度依存法国,但其政府一直试图在政治上摆脱对法国的依附。而法国政府对阿尔及利亚的态度也趋于冷淡。[①]

值得注意的是,中国是法国前十大生源国中唯一的亚洲国家。在2019年和2020年,中国均为法国高校第三大国际学生生源国,分别有30072人以及28436人在法国留学,占比分别为8.76%与7.94%。2021年,中国赴法国留学人数为29731人,占比8.03%,超越阿尔及利亚成为法国第二大国际学生来源国。中法两国的外交关系友好,留学政策互惠,这客观上为中国学生赴法国留学提供了便利。据《世界报》报道,2021年中法高等教育机构间建立了120个合作项目,其中高中之间的合作项目约有20个。[②]

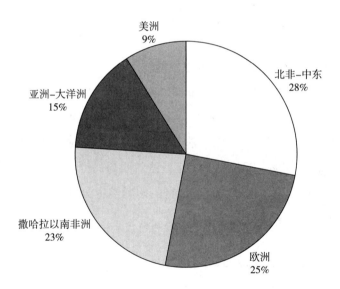

图9　2019~2020学年法国国际学生来源区域分布

资料来源:Campus France. CHIFFRES CLÉS 2021. [EB/OL]. (2021-03) [2021-12-02]. https://www.campusfrance.org/fr/ressource/chiffres-cles-2021。

---

① 中东流浪站:《阿尔及利亚驻法国大使返回巴黎继续履职》[EB/OL]. (2022-01-06) [2022-01-14]. https://www.163.com/dy/article/GT1OTGJB05528X6N.html。

② Le Monde. 47 500 ÉTudiants Chinois en France, un fer de lance pour Pékin [EB/OL]. (2021-10-05) [2022-01-14]. https://www.lemonde.fr/education/article/2021/10/05/47-500-etudiants-chinois-en-france-un-fer-de-lance-pour-pekin_ 6097227_ 1473685.html。

表7　法国主要国际学生来源国家及比例

单位：人，%

国家	2021 年		2020 年		2019 年	
	人数	比例	人数	比例	人数	比例
摩洛哥	43464	11.75	41729	11.66	39855	11.61
中国	29731	8.03	28436	7.94	30072	8.76
阿尔及利亚	29527	7.98	31196	8.71	30521	8.89
意大利	16014	4.33	14692	4.10	13341	3.88
突尼斯	13073	3.53	13025	3.64	12828	3.74
总人数	370052	100.00	358000	100.00	343400	100.00

资料来源：1. IIE. Project Atlas：France. ［EB/OL］. （2021-10-01）［2021-12-02］. https：// www.iie.org/en/Research-and-Insights/Project-Atlas/Explore-Data/France.

2. IIE. Project Atlas：2020 Infographics. ［EB/OL］. ［2021-12-02］. https：//www.iie.org/ Research-and-Insights/Project-Atlas/Explore-Global-Data。

3.法国国际学生主要就读于大巴黎地区

法国高等教育署（Campus France）的数据报告显示，一半以上的国际学生（56%）在以下三个地区就读：法兰西岛、奥弗涅-罗纳-阿尔卑斯和欧西坦尼亚。2019~2020 学年，法兰西岛即大巴黎地区的国际学生共有127476 名，占比34%。2014~2019 年，法兰西岛的国际学生数量持续增长，增长率为 21%；南部地区和大东部地区的国际学生分别增长了 35%和 28%，高于全国平均增长率（23%）（见表8）。

表8　2019~2020 学年法国国际学生留学地区分布占比

单位：人，%

区域	留学生数量	占比	增长率（2014~2019 年）
法兰西岛	127476	34	21
奥弗涅-罗纳-阿尔卑斯	48538	13	26
欧西坦尼亚	33956	9	21
大东部地区	31680	9	28
上法兰西	24732	7	21
新阿基坦	24555	7	24
南部地区	23145	6	35

区域	留学生数量	占比	增长率（2014~2019 年）
布列塔尼	13296	4	24
卢瓦尔河地区大区	12950	3	19
诺曼底	10991	3	14
勃艮第-弗朗什-孔泰	8051	2	14
中央-卢瓦尔河谷大区	6774	2	24
海外	3468	1	95
科西嘉	440	0	35
总计	370052	100	23

资料来源：Campus France. CHIFFRES CLÉS 2021. ［EB/OL］.（2021 - 03） ［2021 - 12 - 02］. https：//www. campusfrance. org/fr/ressource/chiffres-cles-2021。

4. 综合性大学仍是首选，选择高等商学院成为新趋势

2019~2020 学年，法国国际学生中共有 249303 人选择就读于综合性大学，占比 67%，位列榜首。选择高等商学院则逐渐成为近五年法国国际学生的大势所趋。这主要是因为法国商学院的综合实力较强，在国际居于领先地位。2014~2019 年，就读于高等商学院的国际学生增长 101%，长势迅猛。2019~2020 学年共有 42559 名国际学生就读于法国高等商学院，占国际学生总人数的 12%（见表9）。

表9　2019~2020 学年法国留学生学校偏好

单位：人，%

学校类型	留学生数	占比	在所有学生中的占比	2014~2019 年增长率
综合性大学	249303	67	15	14
高等商学院	42559	12	21	101
高等工学院	26548	7	16	22
高中（CPGE, STS）	18131	5	5	62
其他大学教育机构	13022	4	18	21
高等艺术和建筑学校	10646	3	13	31
其他机构	9843	3	4	20
总计	370052	100	14	—

资料来源：Campus France. CHIFFRES CLÉS 2021. ［EB/OL］.（2021 - 03） ［2021 - 12 - 02］. https：//www. campusfrance. org/fr/ressource/chiffres-cles-2021。

如表 10 所示，就读于法国综合性大学的国际学生中有 77685 人学习自然科学，76546 人学习艺术、文学、语言与人文社会科学相关专业，均占国际学生的 31%，文理均衡。就具体专业而言，选择基础科学及应用科学专业的国际学生共 58305 人，占比 23%，选择经济管理专业（不包括社会与经济管理）的国际学生共 40070 人，占比 16%。

表 10 2019~2020 学年法国综合性大学国际学生学科分布

单位：人，%

学科	总人数	占法国国际学生比重	占法国此专业总学生比重
自然科学	77685	31	18
基础科学及应用科学	58305	23	23
生命科学、地球环境和宇宙	14652	6	15
综合科学	2611	1	16
体育和体育活动的科学和技术（STAPS）	2117	1	4
艺术、文学、语言与人文社会科学	76546	31	15
人文社会科学	30400	12	10
语言学	22626	9	20
文学、语言科学、艺术	19653	8	21
综合：文学，语言，社会科学	3867	2	34
经济学，社会与经济管理	46460	19	19
经济管理（不包括社会与经济管理）	40070	16	20
社会与经济管理	5694	2	17
综合：法律，经济，社会与经济管理	696	0	21
法学与政治科学	28594	11	13
健康	20018	8	9
医学	13380	5	9
综合健康	4515	2	8
药学	1521	1	6
牙科	602	0	6
总计	249303	100	15

资料来源：Campus France. CHIFFRES CLÉS 2021. ［EB/OL］. （2021－03） ［2021－12－02］. https：//www.campusfrance.org/fr/ressource/chiffres-cles-2021。

5.法国政府为国际学生提供高额补贴和奖学金支持，但2018年后非欧盟国际学生大学注册费上涨

法国政府为国际学生提供高额学费补助，但 2018 年末法国政府提高了前往法国公立学校就读的非欧盟学生所需支付的注册费。本科注册费由原来的 170 欧元上涨为 2770 欧元，硕士研究生注册费由 243 欧元上涨为 3770 欧元。2018 年以后，博士研究生注册费由 380 欧元上涨为 3770 欧元。但法国高等教育署（Campus France）最新公布政策显示，2022～2023 学年，非欧盟国际学生的博士研究生注册费将重新下调为 380 欧元。[①] 注册费上涨政策在法国内部存在争议，包括克莱蒙奥弗涅大学、艾克斯-马赛大学、图卢兹二大、里昂二大、巴黎南泰尔大学、雷恩二大、昂热大学、勒芒大学、图尔大学、雷恩一大、卡昂大学、鲁昂-诺曼底大学、斯特拉斯堡大学、洛林大学、格勒诺布尔大学、巴黎第十一大学、社会科学高等学院在内的 24 所法国公立大学宣称不会上涨非欧盟国际学生的注册费。[②]

法国政府没有从资金上对私立学校提供补助，因此法国私立学校的学费明显高于公立学校学费，每年 3000～10000 欧元不等。法国共有 18%的国际学生就读于私立学校。[③]

法国奖学金种类繁多，包括减免（全部或部分）学费、学习奖学金、实习奖学金。这些奖学金大部分授予优秀学生。2018 年 11 月 19 日，法国总理爱德华·菲利普宣布国际学生奖学金的数量将增加两倍：①法国政府将提供15000 个奖学金名额（此前为 7000 个），将根据具体情况对学生进行资金补助或费用减免。②设立 6000 个院校奖学金，由学校根据其具体合作和吸引力战略来制定标准和自行颁发。中国学生均可申请以上奖学金。法国驻

① Campus France. Tuition Fees in France [EB/OL]. [2022 - 01 - 14]. https：//www. campusfrance. org/en/tuition-fees-France.

② Sauvons l'Université. Universités refusant d'appliquer la hausse des frais d'inscription pour les étrangers [EB/OL]. (2019-09-16) [2022-01-14]. http：//www. sauvonsluniversite. com/spip. php？article8480.

③ Campus France. Tuition Fees in France [EB/OL]. [2022 - 01 - 14]. https：//www. campusfrance. org/en/tuition-fees-France.

华大使馆同样也可以根据学生的优秀程度，免除中国学生的差异化学费，即奖学金的获得者仅需支付与法国本国学生同等的注册费。①

法国房屋租金较高，但国际学生和法国学生一样享受住房补贴。值得关注的是，法国在大学校园内及市区内均设有大学生公寓（Cité-U），公寓提供10~12平方米的房间，家具和设备齐全。这类住所的平均租金每月为120~350欧元。由于房间数量有限，大学生公寓的住房名额通常优先预留给奖学金获得者和参加交换项目的学生。这一情况在巴黎尤为显著。近年来，法国私营大学生公寓也发展迅速。此类住房的月租金在巴黎为600~800欧元，外省350~550欧元。而大部分商校与私立学校校园内则都有自己的公寓。②

（二）在法中国学生总体情况

1. 近年中国赴法留学生人数增加，疫情后有所回弹

赴法国留学的中国学生人数在2012~2016年持续减少，由2013年的30349人减少为2016年的28043人，中国学生在法国国际学生总数中的占比由10.49%降低为9.06%。由于法国持续减少对国际学生的资助，中国学生赴法国留学人数降低。2016年，仅有11750名国际学生拿到法国政府发放的奖学金，比2010年减少3650人。法国政府资助国际学生约6000万欧元的预算在14年内减少了一半，是德国同项预算金额的1/3。

但自从2017年马克龙总统上台以来，法国开始实施教育改革，提高资助国际学生的财政预算，吸引国际学生赴法国学习。法国高等教育署也采取其他途径，如继续支持私营企业资助的"奥赛码头"（Quai d'Orsay）奖学金计划。在政策支持和机遇下，2017~2018年，留学法国的中国学生人数有所回升，在2018年达到30071人，2019年与2018年保持相对平稳。但2020

① Campus France. 留法奖学金［EB/OL］.［2022-01-14］. https：//chine.campusfrance.org/zh-hans/france-study-scholarship。
② Campus France. 法国的住宿情况［EB/OL］.［2022-01-14］. https：//chine.campusfrance.org/zh-hans/france-study-accomodation。

年新冠肺炎疫情发生以来，赴法国留学的中国学生急速减少为 28436 人，仅占法国国际学生总数的 7.94%。2021 年中国赴法国留学的人数回升至 29731 人，占比 8.03%，但仍然不及 2013 年的最高值（见图 10）。

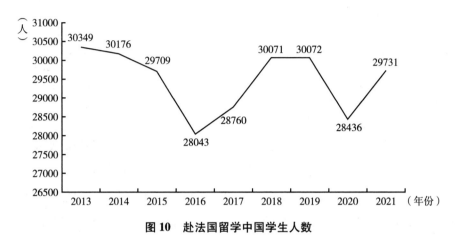

图 10　赴法国留学中国学生人数

资料来源：1. IIE. Project Atlas：France.［EB/OL］.（2021 - 10 - 01）［2021 - 12 - 02］. https：//www. iie. org/en/Research-and-Insights/Project-Atlas/Explore-Data/France.
　　2. IIE. Project Atlas：2020 Infographics.［EB/OL］.［2021 - 12 - 02］. https：//www. iie. org/Research-and-Insights/Project-Atlas/Explore-Global-Data。

2. 中国留学生偏好综合性大学，人文学与语言学是热门专业

与法国国际学生总体情况一致，中国学生首选综合性大学。2018~2019 学年，一半以上中国赴法留学生就读于综合性大学，共 14902 人，占中国赴法学生总数的 54.32%。就读于高等商学院的中国赴法留学生共 6738 人，占比 24.56%，位列第二（见表 11）。

表 11　2018~2019 学年留法中国学生学校分布

单位：人，%

学校类型	中国学生人数	占比
综合性大学	14902	54.32
高等商学院	6738	24.56
高等工程学院	2668	9.72

续表

学校类型	中国学生人数	占比
高等艺术与建筑学院	1435	5.23
高中(BTS 法国高级技师证书,CPGE 大学校预科班)	341	1.24
其他	1352	4.93
总和	27436	100.00

资料来源:Ministry of HigherEducation, Research and Innovation, Information Systems and Statistics Department. Data Sheet:China. [EB/OL]. (2020 - 01 - 01) [2021 - 12 - 02]. https://ressources. campusfrance. org/publications/mobilite_ pays/en/chine_ en. pdf。

2018~2019 学年,就读于法国综合性大学的中国留学生偏好的专业前三位分别是人文学与语言学、自然科学与运动研究、经济学与社会科学。其中,5895 人学习人文学与语言学,占比 39.56%;4833 人学习自然科学与运动研究,占比 32.43%;3683 人学习经济学与社会科学,占比 24.71%。

在法国攻读本科学位的中国留学生共有 7077 人,最偏好的专业是人文学与语言学,共有 3295 人学习该专业,占比 46.6%。在法国攻读硕士学位的 5846 名中国学生中,有 2053 人学习人文学与语言学,占比 35.1%,位列第一。而在法国攻读博士学位的 1979 人中,1299 人学习自然科学与运动研究专业,占比 65.6%。可见中国赴法留学生中本科生与研究生偏好人文学与语言学专业,博士生则偏好自然科学与运动研究专业(见表12)。

表12　2018~2019 学年中国留学生在法国综合性大学学科及学历分布

单位:人,%

学科	本科	硕士	博士	总和	占比
人文学与语言学	3295	2053	547	5895	39.56
自然科学与运动研究	1701	1833	1299	4833	32.43
经济学与社会科学	1899	1701	83	3683	24.71
法律与政治学	122	157	42	321	2.15
医学与相关专业	60	102	8	170	1.14

资料来源:Ministry of Higher Education, Research and Innovation, Information Systems and Statistics Department. Data Sheet:China. [EB/OL]. (2020 - 01 - 01) [2021 - 12 - 02]. https://ressources. campusfrance. org/publications/mobilite_ pays/en/chine_ en. pdf。

（三）赴法留学政策新动向

1. 2020年中法续签文凭互认协议，赴法留学中国学生回国就业形势向好

2020 年 1 月 13 日，法国高等教育、科研与创新部部长 Frédérique Vidal 和时任中国教育部部长陈宝生签署了关于中法两国学位和文凭互认的"行政协议"。相较于 2014 年签署的协议，该协议不再强制要求有意向前往法国接受高等教育的中国学生参加高考。中国学生仅需出示高中毕业文凭，即会考证书或同等学力证书。学生可以选择法语或英语授课项目。中国学生可以就读于获批接收国际学生的综合性大学、高等工程学院、高等商学院和其他院校（如艺术、厨艺、专业技术）。这些学校从本科一年级起即开设英语和法语课程。①② 总体而言，中国学生赴法国留学的学业门槛降低。同时，文凭互认也有助于中国学生归国就业。

2. 2021年法国简化学生长期签证流程，"免面签的特殊情况"更新

从 2021 年 4 月 7 日起，France-Visas 面向学生放开网上长期签证申请，即允许学生在申请签证时上传证明文件的电子副本。这一规定仅面向学生，仅包含以学习为目的的长期签证，且仅适用于签证已外包给外部服务提供商（ESP）并允许在线申请的国家。③ 简化签证流程为有意向赴法国留学的国际学生提供了便利。

2021 年，法国政府更新了"免面签的特殊情况"。首先，规定学生需满足：①211 统招院校背景攻读法国高教署（MESRI）以及法国国家商业管理文凭认证委员会（CEFDG）承认的所有硕士文凭；②雅思 6.5 或法语 B2。相较于 2020 年，这一变更有两项弊端。一方面，"免面签"对于语言的要

---

① 法国驻上海领事馆. Reconnaissance mutuelle des études et des diplômes entre la France et la Chine：nouvelles perspectives pour étudier en France ［EB/OL］. （2020-01-23）［2022-01-14］. https：//cn. ambafrance. org/Reconnaissance-mutuelle-des-etudes-et-des-diplomes-entre-la。

② 中国学位与研究生教育信息网：《中华人民共和国教育部与法国高等教育和科研部关于高等教育学位和文凭互认方式的行政协议》 ［EB/OL］. ［2022-01-14］. http：//www. cdgdc. edu. cn/xwyyjsjyxx/dwjl/xwhr/xwhrxy/264721. shtml。

③ France-Visas. The Offivial Visa Website for France ［EB/OL］. ［2022-01-14］. https：//france-visas. gouv. fr/en/web/france-visas/welcome-page.

求更为苛刻，雅思要求从 6.0 上升为 6.5。另一方面，院校要求也更为苛刻，学生需要有 211 统招院校背景。这一变动影响了大批有意向就读于法国高商精英学校 GE 项目的普通一本学生，这类学生不再拥有免面签计划，必须走预签证程序，将有拒签风险。这一变更也有一项好处，即院校范围扩大，由之前的"精英学校"项目扩展为法国高教署（MESRI）以及法国国家商业管理文凭认证委员会（CEFDG）承认的所有硕士文凭。①

3. 法国防疫政策新规定

2021 年 12 月 4 日，法国更新了疫情"三色地图"。政府根据各国疫情形势，将各国家和地区划分为四个级别：猩红色、红色、橙色、绿色。法国不允许猩红色国家学生赴法国学习。②

中国被划归为绿色国家。赴法中国学生需要提供：①72 小时内的新冠核酸检测阴性证明或 48 小时内的新冠抗原检测阴性证明。②个人声明，承诺没有出现新型冠状病毒肺炎（COVID-19）症状，在出发前 14 天内没有接触过新型冠状病毒肺炎的确诊患者，并且承诺到达法国后接受新冠核酸检测。这一声明同时证明旅行者承诺到达法国后遵守 7 天隔离的规定，并在隔离期满后再次进行新冠核酸检测。③填写《国际破例出行证明》并写明赴法理由。④可以证明赴法理由的一份或多份材料。

与此同时，法国高校也做好了充足的准备，在最大限度降低疫情风险的情况下迎接返校学生，具体措施包括：①免费发放新冠自检盒；②保持安全社交距离；③保障校区的消杀和通风；④佩戴口罩；⑤校内提供医疗服务。值得注意的是，部分教学仍然可能线上进行。③

---

① 启德留学：《法国留学签证新变化 | 启德解读法国高等教育署新发布的免面签规则》［EB/OL］.（2021-04-19）［2022-01-14］. https：//mp. weixin. qq. com/s/gCt6mcSujaeJjXrXTediOg。

② Campus France. Travel to France：Information for International Students and Researchers［EB/OL］.［2022-01-14］. https：//www. campusfrance. org/en/travel-to-france-information-for-international-students-and-researchers.

③ Campus France：《关于 2021、2022 年秋季中国学子赴法留学的最新动态》［EB/OL］.［2022-01-14］. https：//www. chine. campusfrance. org/zh-hans/latest-information-for-student-france-2021-2022。

三 2021年中国学生赴德国留学现状

（一）德国国际学生总体情况

1.德国国际学生总数不断上升，增长速度因疫情降低

近年来，到德国留学的国际学生总数不断上涨。根据国际教育协会（International Institute of Education，IIE）、德国高等教育与科学研究中心（Deutsche Zentrum für Hochschul-und Wissenschaftsforschung，DZHW）、德国学术交流中心（Deutscher Akademischer Austauschdienst，DAAD）的数据（见图11），德国2014年国际学生人数为235858人，而到了2020年增长至324729人，增长了37.68%。在国际学生增长率上，2015~2019年增长率较高，都超过了5%。2020年，受到新冠肺炎疫情的影响，增长率则下降到了1.51%，但国际学生总人数依然保持了增长。总体来说，德国国际学生总人数近年来逐渐增长，虽然受到新冠肺炎疫情的一定影响，但依然保持着较高的留学吸引力。

图11 德国历年国际学生总人数及增长率

资料来源：1. IIE. Project Atlas；Germany. ［EB/OL］. （2021-10-01）［2021-12-02］. https：//www.iie.org/en/Research-and-Insights/Project-Atlas/Explore-Data/Germany。

2. DZHW，DAAD. Wissenschaft Weltoffen 2021. ［EB/OL］. （2021）［2021-12-02］. https：//www.wissenschaft-weltoffen.de/de/。

2. 德国国际学生主要来自亚洲，难民国际学生增长迅速

根据国际教育协会的数据，德国国际学生主要来自中国、印度、叙利亚、奥地利、俄罗斯，此外来自土耳其、意大利、伊朗、喀麦隆、法国等国的学生也较多。总的来说，来自亚洲国家的学生最多。中国是德国国际学生最大来源国，在 2019~2020 学年有 41353 人，占比 12.93%（见表 13）。从分布趋势来看，2017~2018 学年至 2019~2020 学年，来自中国、奥地利、俄罗斯、意大利这些国际学生来源大国的学生占比略有下降，而新兴国际学生来源国的占比则迅速上升，印度国际学生从 17294 人增至 24868 人，增长率约为 43.80%，占比从 6.13% 增至 7.77%，体现出了新兴生源国对于赴德留学的高涨热情；而叙利亚从 8618 人增至 15948 人，增长率达到了 85.05%，占比由 3.06% 增长至 4.99%，超越奥地利成为德国第三大国际学生来源国，来自土耳其、伊朗等国的国际学生占比也有所上升。不过，叙利亚、土耳其、伊朗等国家国际学生的增长主要归因于这些国家赴德难民的增长。近年来，DAAD 开展了帮助难民国际学生的"融合计划"（Integra Programme），由德国联邦教育与研究部（Bundesministerium für Bildung und Forschung，BMBF）提供资金支持，帮助学术成绩合格的难民国际学生更好地学习德国语言文化、适应德国的课程，以使得难民国际学生融入德国大学，并能够长期进行学习。目前，受益于这个项目的难民国际学生共有 8585 人，主要来源于叙利亚，占比 64.1%（见表 14）。

表 13　德国国际学生主要来源国家与比例

单位：人，%

国家	2017~2018 学年		2018~2019 学年		2019~2020 学年	
	人数	占比	人数	占比	人数	占比
中国	36915	13.09	39871	13.20	41353	12.93
印度	17294	6.13	20562	6.81	24868	7.77
叙利亚	8618	3.06	13032	4.31	15948	4.99
奥地利	11130	3.95	11495	3.80	12020	3.76
俄罗斯	10795	3.83	10439	3.45	10507	3.28

国家	2017~2018 学年		2018~2019 学年		2019~2020 学年	
	人数	占比	人数	占比	人数	占比
土耳其	7633	2.71	8470	2.80	9473	2.96
意大利	8909	3.16	9246	3.06	9419	2.94
伊朗	7527	2.67	8534	2.82	9353	2.92
喀麦隆	7344	2.60	7211	2.39	7662	2.40
法国	7202	2.55	7047	2.33	6881	2.15
总体	282002	100.00	302157	100.00	319902	100.00

资料来源：IIE. Project Atlas：Germany. ［EB/OL］. （2021-10-01）［2021-12-02］. https：// www. iie. org/en/Research-and-Insights/Project-Atlas/Explore-Data/Germany。

表14　2019 年德国参与"融合计划"的难民国际学生情况

单位：人，%

出生国家	人数	占比
叙利亚	5506	64.1
土耳其	738	8.6
伊朗	675	7.9
阿富汗	463	5.4
伊拉克	395	4.6
也门	89	1.0
巴勒斯坦	65	0.8
埃塞俄比亚	55	0.6
厄立特里亚	45	0.5
乌克兰	40	0.5
其他国家	514	6.0
总数	8585	100.0

资料来源：DZHW，DAAD. Wissenschaft weltoffen 2021. ［EB/OL］. （2021）［2021-12-02］. https：//www. wissenschaft-weltoffen. de/de/。

3. 在德国际学生大多数就读于综合性大学，但就读应用科学大学的比例不断上升

德国大学主要分为综合性大学（Universitäten）与应用科学大学（Fachhochschulen）。综合性大学专业设置偏学术型，更注重基础研究，通过科研和教学推动人才成长；而应用科学大学的专业设置则更偏重实用性，将教学与市场对专业的需求相结合,并与企业深度合作开展实践学习,为学生培养综合能力,因此在就业市场上更有竞争力。

根据 DZHW 和 DAAD 的数据,德国国际学生主要在综合性大学就读,在 2019~2020 学年冬季学期,在德国全部 319902 名国际学生中,有 229763 人就读于综合性大学,占比为 71.82%;有 90139 人就读于应用科学大学,占比 28.18%(见表 15)。但从近年来的发展趋势来看,综合性大学所占比例不断下降,从 2009 年的 77.18% 降至 2019~2020 学年冬季学期的 71.82%,而应用科学大学不仅就读人数不断增加,占比也不断上升,从 2009 学年的 22.82% 上升至 2019~2020 学年冬季学期的 28.18%。从增长率来看,从 2015 学年起,应用科学大学国际学生人数每年增长率保持在 9% 左右,均高于综合性大学的增长率,也说明了应用科学大学在近年来的快速发展(见图 12)。应用科学大学是德国高等教育体系中的特色院校,其对国际学生的巨大吸引力也表明了德国高等教育模式在世界各国获得高度认可。

表 15 德国历年国际学生学校类型分布及比例

单位:人,%

学年	总数	综合性大学	占比	应用科学大学	占比
2009	180222	139095	77.18	41127	22.82
2010	181249	139787	77.12	41462	22.88
2011	184960	142550	77.07	42410	22.93
2012	192853	148165	76.83	44688	23.17
2013	204644	156901	76.67	47743	23.33
2014	218848	167134	76.37	51714	23.63
2015	235858	177949	75.45	57909	24.55
2016	251542	188101	74.78	63441	25.22
2017	265484	197516	74.40	67968	25.60
2018	282002	207528	73.59	74474	26.41
2019	302157	220249	72.89	81908	27.11
2019~2020 冬季学期	319902	229763	71.82	90139	28.18

资料来源:DZHW,DAAD. Wissenschaft Weltoffen 2021. [EB/OL]. (2021) [2021-12-02]. https://www.wissenschaft-weltoffen.de/de/。

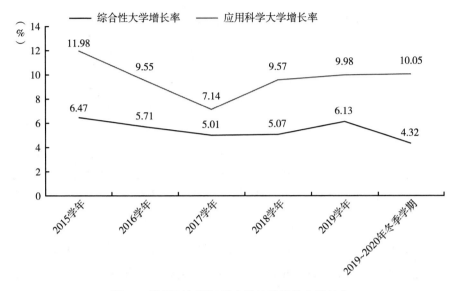

图 12 德国历年国际学生学校类型分布增长率

资料来源：DZHW，DAAD. Wissenschaft Weltoffen 2021. ［EB/OL］. （2021）［2021-12-02］. https：//www. wissenschaft-weltoffen. de/de/。

4. 在德国际学生攻读学位以学士、硕士为主，综合性大学硕士占比大，应用科学大学学士占比大

2019~2020 学年冬季学期，在德国的国际学生中，有 121325 人攻读学士学位，占比 37.9%，有 125091 人攻读硕士学位，占比 39.1%，两者之和占所有国际学生的 77%（见表 16）。在综合性大学中，攻读学士的比例较低，只有 28.5%，而攻读硕士的比例则达到了 42.3%，表明在德就读综合性大学的学生大多数有较强的学习深造意愿；而在德就读应用科学大学的国际学生中有 61.9% 的人攻读学士学位，只有 31% 的人攻读硕士学位，这也表明了应用科学大学的学习实用性、就业导向强，对深造的需求较低。有 27869 名国际学生攻读博士学位，占比 8.7%，绝大多数就读于综合性大学，仅有 52 人就读于应用科学大学，究其原因，这不仅是因为应用科学大学教师资源、科研预算相对较少，更因为很多应用科学大学缺乏博士学位授予权。此外，攻读其他类型学位和无学位要求的国际学生共 45617 人，占比 14.3%。

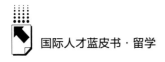

表16　2019~2020学年冬季学期德国国际学生就读学位分布及比例

单位：人，%

期望学位	所有国际学生		综合性大学		应用科学大学	
	人数	占比	人数	占比	人数	占比
学士	121325	37.9	65486	28.5	55839	61.9
硕士	125091	39.1	97112	42.3	27979	31.0
博士	27869	8.7	27817	12.1	52	0.1
其他类型学位	20658	6.5	19036	8.3	1622	1.8
无学位要求	24959	7.8	20312	8.8	4647	5.2
总数	319902	100.0	229763	100.0	90139	100.0

资料来源：DZHW，DAAD. Wissenschaft Weltoffen 2021.［EB/OL］.（2021）［2021-12-02］. https：//www. wissenschaft-weltoffen. de/de/。

5. 在德国际学生大多数青睐工程学与社会科学，综合性大学专业分布更均匀

从整体专业分布来看，2019学年冬季学期留德学生选择的专业主要为工程学，占比40.6%。工程学作为德国一直以来享有盛誉的学科，就业形势较好，长期以来一直受到各国国际学生的青睐。其次为法律、经济和社会科学，占比为24.5%，这些学科也是德国传统的优势学科，有着较高的就业实用性。工程学与法律、经济和社会科学这两大类学科占了国际学生总人数的约2/3。人文学科和数学与自然科学占比均在10%左右，医学、农学、艺术等相对小众学科的总和占比约为10%。

从变化趋势来看，从2017年到2019年各学科占比变化幅度不大，人文学科与法律、经济和社会科学的占比有所下降，整体占比下降了3.5个百分点，而工程学、数学与自然科学等理工科的占比有所上升，提升了4.1个百分点。这说明德国理工类学科近年来更受国际学生欢迎。

对于专业分布的学校类型差异，总的来说，综合性大学分布更为平均，热门的工程学与法律、经济和社会科学之和为56.2%，低于德国整体高等教育机构的平均比例，而人文学科、数学与自然科学、医学、艺术等小众学科比例则较高，说明了在综合性大学的国际学生专业选择更广泛、更多元化；而应用科学大学选择工程学与法律、经济和社会科学的国际学生占总人数的87.5%，人文学科、自然科学等小众专业占比很小，这也体现了应用科学大学的专业侧重更偏向实践、注重市场导向（见表17）。

表17　2019～2020冬季学期德国国际学生专业分布比例

单位：%

学科组	整体		综合性大学		应用科学大学	
	2017学年	2019～2020学年冬季学期	2017学年	2019～2020学年冬季学期	2017学年	2019～2020学年冬季学期
人文学科	12.8	10.8	16.7	14.6	1.2	1.2
法律、经济和社会科学	26.0	24.5	22.1	21.1	37.4	33.1
数学与自然科学	10.5	11.0	13.1	14.0	2.9	3.3
医学与健康科学	5.4	5.1	6.7	6.4	1.7	1.9
农业、森林和营养科学、兽医学	2.3	2.2	2.4	2.3	1.9	2.0
工程学	37.0	40.6	32.2	35.1	51.1	54.4
艺术与艺术史	5.4	5.1	6.1	5.7	3.4	3.6
其他科目	0.6	0.7	0.7	0.8	0.4	0.5

资料来源：DZHW，DAAD. Wissenschaft weltoffen 2021. ［EB/OL］.（2021）［2021-12-02］. https：//www. wissenschaft-weltoffen. de/de/。

（二）在德中国学生总体情况

1. 中国是德国最大的国际学生来源国

根据国际教育协会（IIE）的数据，中国近年来始终是德国最大的国际学生来源国，且增长迅速，从2011～2020学年的25521人增长至2019～2020学年的41353人，年均增长率为6.22%，占比从9.62%提升至12.93%（见图13）。2019～2020学年，中国在德学生总人数高于排名第二的印度（24868人）与第三的叙利亚（15948人）之和。

2. 在德中国学生更倾向于工程学及商科

在德中国学生学科选择上与整体国际学生情况相近，占主导地位的专业也是工程学以及社会科学中的商科。在2019～2020学年，中国学生选择最多的专业是工程学，有16950人，占比41%，其次为商科，有5869人就读，占比14%。数学与自然科学之和为7289人，占比17%；人文学与社会科学之和则为4986人，占比约12%；中国学生中选择艺术专业的相对较多，有3024人，占比7%，高于整体比例；此外，还有3235人选择健康、教育、农学及其他小众专业，总占比约9%（见图14）。

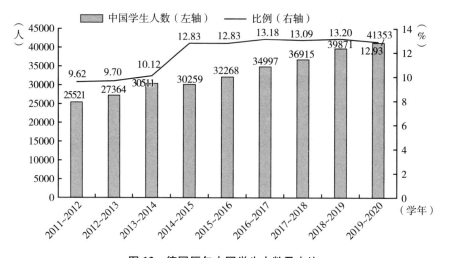

图13 德国历年中国学生人数及占比

资料来源：IIE. Project Atlas：Germany. ［EB/OL］.（2021－10－01）［2021－12－02］.https：//www.iie.org/en/Research-and-Insights/Project-Atlas/Explore-Data/Germany。

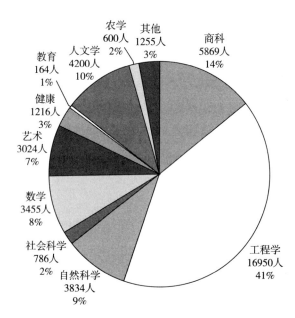

图14 2019~2020学年在德中国学生所学专业分布及占比

资料来源：IIE. Project Atlas：Germany. ［EB/OL］.（2021-10-01）［2021-12-02］.https：//www.iie.org/en/Research-and-Insights/Project-Atlas/Explore-Data/Germany。

（三）赴德留学政策新动向

1. 受新冠肺炎疫情的影响，签证政策与入境政策仍较为严格

2020 年，新冠肺炎疫情对全球各国都造成了较大的影响。为了防控疫情的扩散与传播，德国也制定了较为严格的签证申请与入境政策。2021 年，德国对于国际学生的签证申请要求有所放宽。根据 2021 年 11 月 18 日的德国入境限令，入境德国必须有"迫切的旅行事由或有特定的旅行和停留目的"①，而其中包括留学。只要符合以下四种情况，就可以申请以留学目的入境德国：①取得德国高校录取通知书要去德国上大学；②取得德国预科学校的录取通知书要去德国上预科；③取得德国高校录取通知书要去德国先读（大学预备）语言班，要求是该录取通知书在语言班课程结束后仍有效，并须证明语言课程要求本人亲自到校完成；④去德国参加入学考试，入学考试结束须能直接入学。② 需要注意的是，尚未拿到高校录取通知书的语言班学生与大学申请者无法申请签证。

在得到签证后，若要入境德国，需要遵守德国的入境政策。根据德国驻华大使馆在 2021 年 12 月 12 日的通知，6 周岁以上的人员在入境德国时须携带新冠检测证明、新冠康复证明或疫苗接种证明三种证明之一。在中国疫苗尚未得到认可之时，大多数中国国际学生需要在飞机起飞前 48 小时内进行新冠病毒检测。在入境后，检测结果也应保留至少 10 天，并且在必要时向有关当局出示。中国并不属于新冠高风险地区，来自中国的国际学生在入境德国后不需要隔离。③

---

① 德国驻华大使馆：《新冠疫情下针对非必要旅行的欧盟入境限令》［EB/OL］.（2021-11-18）［2021-12-02］. https：//china. diplo. de/blob/2368124/ee5e35186586e24f4013a01110bbb553/pdf-faq-covid-ch2018-data. pdf.

② 德国驻华大使馆：《新冠疫情下针对非必要旅行的欧盟入境限令》［EB/OL］.（2021-11-18）［2021-12-02］. https：//china. diplo. de/blob/2368124/ee5e35186586e24f4013a01110bbb553/pdf-faq-covid-ch2018-data. pdf.

③ 德国驻华大使馆：《COVID-19 新冠肺炎：入境德国应出具的检测证明和应履行的检测义务》［EB/OL］.（2021-12-12）［2021-12-14］. https：//china. diplo. de/cn-zh/service/visa-einreise/-/2452064.

受疫情影响，德国大学会根据自身情况，采取线上教学与线下教学相结合的方式，如果拿到德国大学录取通知书后短时间内无法拿到签证或者不方便赴德，可以先申请在中国国内参加线上课程，待时机合适后再前往德国。①

2. 简化入学流程，便利国际学生申请入学

新冠肺炎疫情对于国际学生相关的材料、考试的准备也造成了一定阻碍。针对这一点，德国采取了一系列便利国际学生的政策。传统上，有意向赴德留学的中国学生在申请德国高校之前需要参加德国驻华大使馆留德审核部（简称 APS）的面试，申请者在得到 APS 签发审核证书后可以凭此证书申请德国大学。绝大多数德国公立高校要求申请者在申请时提交 APS 审核证书。为了减少疫情对于德国留学的影响，APS 自 2020 年 5 月起临时取消了审核的面谈环节，而改为材料审核。这一政策适用于大学本科尚未毕业并且新政实行时尚未进行过面谈审核的申请人。德国文化部长联席会议在 2021 年 9 月 9 日通过决议，将 APS 取消审核面谈延长至 2022 年 3 月 31 日。②

此外，德国大学开始承认中国的高考成绩，对于中国学生赴德留学也是一项利好消息。目前，已参与高考的中国高中毕业生可凭成绩直接申请德国大学的本科专业，高考基本上可以等同于德国的高中毕业考试。新生课程也不再是必修课。虽然在申请上有所放宽，但德国大学对于德语和英语的语言要求仍保持不变。③ 总的来说，德国出台的一系列便利国际学生入学的申请政策，使得德国在疫情期间仍是中国国际学生较为青睐的留学目的地。

---

① 陈平丽：《申请季来了，这些留学新规应该知道》［EB/OL］.（2021-11-11）［2021-12-02］. https：//news. cctv. com/2021/11/11/ARTI9TmTr321cKzIXWcpJWJQ211111. shtml。

② 德国驻华大使馆留德审核部：《2022 夏季学期和 2022/23 冬季学期"一般国内申请人程序"的临时性调整》 ［EB/OL］.（2021-09）［2021-12-02］. https：//www. aps. org. cn/zh/bcb-sose2022_ wise2022_ 23。

③ 德国 BSK 国际教育机构：《中国高考获得德国大学认可》 ［EB/OL］.（2020-08-13）［2021-12-02］. https：//www. bsk-international. org/zh/最新消息/detail/news/gaokao-recognized-in-germany/。

3.学费减免，允许打工，减轻留学负担

在德国 16 个联邦州中，除了巴登–符腾堡州的大学，大部分公立学校免除学费。但一些国际课程或者 MBA（工商管理硕士）需要缴纳一定学费。另外，德国政府允许持有留学签证的学生每年在德打工 120 个全天或 240 个半天，同时，如果每月收入不超过 450 欧元，可免除政府缴纳相应税收。学生不仅可以在校内寻找工作，也可以在网上猎聘市场中寻找适合自己的工作，拥有广泛的选择空间，从而更了解德国企业氛围、就业环境等，为未来就业发展打下基础。[①] 相较于其他一些发达国家留学的高昂成本与对打工的限制，赴德留学在经济成本上更具优势。

---

① 陈平丽：《申请季来了，这些留学新规应该知道》［EB/OL］.（2021-11-11）［2021-12-02］. https://news.cctv.com/2021/11/11/ARTI9TmTr321cKzIXWcpJWJQ211111. shtml。

B.4
亚洲热门留学国家的留学现状分析

郑金连　陈慧怡*

摘　要： 以日本、韩国和新加坡为代表的亚洲热门留学国家凭借教育国际化水平逐渐提高、与中国相近的地理位置和文化环境、相对高性价比等优势，逐渐成为近年来颇受中国学生青睐的留学目的地。目前，中国是这些国家的主要生源地，学习专业集中在社会科学和商科领域。总体上，日本、韩国和新加坡的教育产业较为成熟，并且逐渐开放政策吸引国际学生前来留学和工作，以提振经济并获得促进社会经济发展的重要人力资源。本报告介绍了近年来中国学生赴日本、韩国和新加坡留学的发展情况与趋势，并结合当前的相关政策对留学该国的前景与挑战进行了分析。

关键词： 留学日本　留学韩国　留学新加坡　留学亚洲

一　中国学生赴日本留学现状

（一）日本国际学生总体情况

1. 赴日国际学生规模总体扩大，2020年受新冠肺炎疫情影响下降幅度较大

根据《2020年在日国际学生年度调查》，近年来日本国际学生人数呈逐年增长趋势，2015~2018年进入高速增长期，高等教育阶段国际学生年增长

---

* 郑金连，博士，全球化智库（CCG）副主任，研究总监，高级研究员，主要研究方向为国际人才、智库研究、科技创新；陈慧怡，全球化智库（CCG）助理研究员，主要研究方向为人才全球化、全球治理；全球化智库（CCG）实习生高洁瑾、张元世男对本文资料收集整理也有贡献。

率超过 10%。2019 年增长速度放缓，增长率为 4.4%，总数达到了 312214 人。2020 年受新冠肺炎疫情影响，国际学生人数较上年同期大幅度减少，减幅达 10.5%（见图 1）。预计疫情状况有所好转之后，日本国际学生人数将有较大幅度的增长空间。

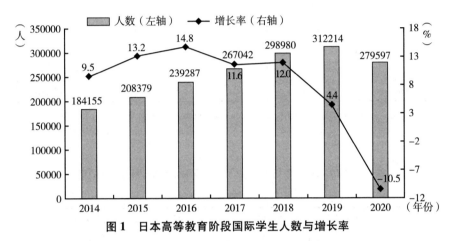

图 1　日本高等教育阶段国际学生人数与增长率

资料来源：Japan Student Service Organization. International Students in Japan［EB/OL］．（2020-03-01）［2022-01-17］．https：//www. studyinjapan. go. jp/en/statistics/zaiseki/data/2020. html。

2. 国际学生主要来自亚洲国家

截至 2020 年 5 月，在日本就读的国际学生中约 26.4 万人来自亚洲，占其国际学生总数的 94.6%（见表 1）。国际学生来源前六位的国家（地区）分别为中国大陆、越南、尼泊尔、韩国、中国台湾、印度尼西亚（见表 2），均为亚洲国家（地区）。

表 1　2019~2020 年日本国际学生主要来源地（按大洲）

单位：人，%

地区	2020 年		2019 年	
	人数	占比	人数	占比
亚洲	264420	94.6	292317	93.6
欧洲	7809	2.8	10345	3.3
北美洲	2085	0.7	3437	1.1

续表

地区	2020 年		2019 年	
	人数	占比	人数	占比
非洲	2070	0.7	2247	0.7
拉丁美洲	1550	0.6	1718	0.6
中东	1192	0.4	1367	0.4
大洋洲	462	0.2	771	0.2
其他	9	0.0	12	0.0
总数	279597	100.0	312214	100.0

资料来源：Japan Student Service Organization. International Students in Japan ［EB/OL］．（2020-03-01）［2022-01-17］. https：//www. studyinjapan. go. jp/en/statistics/zaiseki/data/2020. html。

表2 2019~2020 年日本国际学生主要来源地（按国家/地区）

单位：人，%

国家/地区	2020 年		2019 年	
	人数	占比	人数	占比
中国大陆	121845	43.6	124436	39.9
越南	62233	22.3	73389	23.5
尼泊尔	24002	8.6	26308	8.4
韩国	15785	5.6	18338	5.9
中国台湾	7088	2.5	9584	3.1
印度尼西亚	6199	2.2	6756	2.2

资料来源：Japan Student Service Organization. International Students in Japan ［EB/OL］．（2020-03-01）［2022-01-17］. https：//www. studyinjapan. go. jp/en/statistics/zaiseki/data/2020. html。

3. 过半数的国际学生就读于关东地区，主修人文社科专业

在日本的国际学生中，超过半数（52.1%）就读于关东地区，尤其是东京、埼玉、千叶等大城市；19.1%的国际学生就读于近畿地区，其中大阪、京都、奈良等城市吸引力较大；10.6%的国际学生就读于九州地区（见表3）。如表5所示，接收国际学生最多的前10所大学中有9所在这3个地区。

表3   2020 年日本各地区接纳国际学生人数

单位：人，%

地区	学生人数	占比
关东	145787	52.1
近畿	53410	19.1
九州	29593	10.6
中部	26748	9.6
中国	10878	3.9
东北	7175	2.6
北海道	4110	1.5
四国	1896	0.7

资料来源：Japan Student Service Organization. International Students in Japan［EB/OL］. (2020-03-01)［2022-01-17］. https：//www.studyinjapan.go.jp/en/statistics/zaiseki/data/2020.html。

与赴美高等教育留学的国际学生青睐 STEM① 领域不同，在日本留学的国际学生对人文和社会科学专业更感兴趣。2020 年就读于人文学科、社会科学领域的国际学生占日本国际学生总数的 65.4%，其后是工程学专业，占比 14.9%（见表4）。

表4   2019~2020 年留日国际学生学科分布

单位：人，%

专业	2020 年		2019 年	
	人数	占比	人数	占比
人文学科	100887	36.1	133061	42.6
社会科学	81975	29.3	84714	27.1
工程学	41780	14.9	40145	12.9
艺术学	13089	4.7	11901	3.8
医学	5869	2.1	5466	1.8
家政	5874	2.1	5460	1.7

① STEM 学科即科学（science）、技术（technology）、工程（engineering）和数学（mathematics）。

续表

专业	2020 年		2019 年	
	人数	占比	人数	占比
自然科学	4255	1.5	4305	1.4
农学	4075	1.5	4059	1.3
教育学	3157	1.1	3536	1.1
其他	18636	6.7	19567	6.3
总数	279597	100.0	312214	100.0

资料来源：Japan Student Service Organization. International Students in Japan ［EB/OL］. （2020-03-01）［2022-01-17］. https：//www. studyinjapan. go. jp/en/statistics/zaiseki/data/2020. html。

4. 国际学生主要集中在私立学校，但研究生更青睐国立学校

2019 年在日本留学的国际学生中，选择私立学校的学生占 82.9%。在日本，国际学生多为本科生，而本科国际学生选择私立学校的比例更高，达 84.7%。[1] 硕士和博士国际学生则更青睐国立大学，有 61.8% 选择到国立学校就读，尤其是"国立七大学"。[2] 在 2020~2021 年度的 QS 世界大学排名中，国立大学占据了日本大学前 10 名中的 9 位。

2020 年，接收国际学生超过 2000 人的日本高校有 11 所，受新冠肺炎疫情影响，比 2019 年同期减少 2 所。如表 5 所示，接收国际学生数量排名前五的大学中，私立高校占 2 所（早稻田大学、日本经济大学），国立高校占 3 所（东京大学、京都大学和大阪大学）。其中早稻田大学 2020 年接收的国际学生人数为 4742 人，是最受国际学生欢迎的日本学校。

---

[1] Japan Student Service Organization. International Students in Japan ［EB/OL］. （2020-03-01）［2022-01-17］. https：//www. studyinjapan. go. jp/en/statistics/zaiseki/data/2020. html.

[2] 日本国立七大学即：东京大学、京都大学、东北大学、九州大学、北海道大学、大阪大学和名古屋大学。JASSO. 令和元年度 私費外国人留学生生活実態調査 ［EB/OL］. （2020-03-06）［2022-07-09］. extension：//bfdogplmndidlpjfhoijckpakkdjkkil/pdf/viewer. html？file=https%3A%2F%2Fwww. studyinjapan. go. jp%2Fja%2F_ mt%2F2021%2F06%2Fseikatsu2019. pdf。

表5 2020年国际学生人数前十位日本学校及其国际学生人数

单位：人

大学名称	学校性质	学校所在地区	国际学生数量
早稻田大学	私立	关东地区	4742
东京大学	国立	关东地区	4076
日本经济大学	私立	九州地区	3355
京都大学	国立	近畿地区	2600
大阪大学	国立	近畿地区	2521
立命馆亚洲太平洋大学	私立	九州地区	2509
立命馆大学	私立	近畿地区	2462
九州大学	国立	九州地区	2328
筑波大学	国立	关东地区	2247
东北大学	国立	东北地区	2081

资料来源：Japan Student Service Organization. International Students in Japan［EB/OL］. （2020-03-01）［2022-01-17］. https：//www.studyinjapan.go.jp/en/statistics/zaiseki/data/2020.html。

5.学校住宿名额紧张，八成国际学生需自己租房

2020年，日本学校和公共企业集团为国际学生提供超过4.6万个宿位，较2019年减少了22752个。① 近28万国际学生中只有16.7%的学生获得宿位，大部分国际学生不得不在校外租房（见图2）。

6.八成留日毕业生月薪集中于25万日元以下，多从事翻译工作

国际学生毕业后如果在日本找到工作，学生签证可以转为工作签证。根据日本司法部移民局《2020年外国学生就业状况》的统计结果，2020年有29689名学生获批从学生签证转为工作签证，比2019年减少4.1%。持有工作签证的外国学生中，月薪在20万~25万日元的人最多，有14883人（50.1%）；其次是20万日元以下的人，有9528人（32.1%），25万~30万日元的人有3297人（11.1%）（见表6）。

————————

① 根据《2020年在日国际学生年度调查》统计。

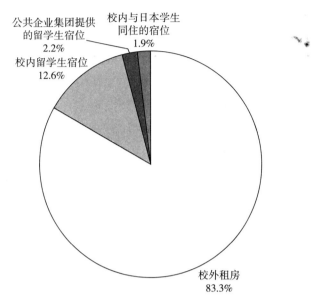

图 2　2020 年留日学生住宿方式分布情况

资料来源：Japan Student Service Organization. International Students in Japan ［EB/OL］. (2020-03-01)［2022-01-17］. https：//www. studyinjapan. go. jp/en/statistics/zaiseki/data/2020. html。

表 6　2020 年毕业后在日工作国际学生月薪收入

单位：人，%

月薪报酬	人数	占比
20 万日元以下	9528	32. 1
20 万日元~25 万日元	14883	50. 1
25 万日元~30 万日元	3297	11. 1
30 万日元~35 万日元	886	3. 0
35 万日元~40 万日元	374	1. 3
40 万日元~45 万日元	209	0. 7
45 万日元~50 万日元	116	0. 4
50 万日元以上	132	0. 4
不明	264	0. 9
合计	29689	100. 0

注：表中月薪区间含左不含右。

资料来源：Immigration Services Agency of Japan.《令和 2 年国际学生在日就业状况报告》［EB/OL］.（2021-11）［2022-01-17］. https：//www. moj. go. jp/isa/index. html。

国际学生在日本就业市场中的优势主要体现在语言方面，就业选择范围有一定的局限性。毕业后留日工作的国际学生中有20.6%从事翻译、口译工作，从事其他职业类别的毕业留学生比例均低于10%，排在第二位的是海外贸易业务，占毕业就业总人数的8.1%，其后是信息处理和通信技术，占比7.2%（见表7）。

表7　2020年国际学生毕业后在日工作许可的职业类别

单位：人，%

职务内容	许可人数	占比	职务内容	许可人数	占比
翻译、口译	10220	20.6	会计事务	1464	3.0
海外贸易业务	4038	8.1	教育	1346	2.7
信息处理和通信技术	3592	7.2	调查研究	1265	2.6
规划和管理（市场营销和研究）	3106	6.3	生产管理	1040	2.1
行政(不包括管理)	3035	6.1	CAD 操作	960	1.9
技术开发	2437	4.9	其他	12315	24.9
企业销售	2407	4.9	合计	49548	100.0
策划事务(宣传、推广)	2323	4.7			

资料来源：《令和2年国际学生在日就业状况报告》Immigration services agency of japan.［EB/OL］.（2021-11）［2022-01-17］.https：//www.moj.go.jp/isa/index.html。

（二）中国国际学生在日留学情况

1.中国仍是日本最大的国际学生来源国

近年来，中国赴日留学人数总体呈增长趋势。截至2020年5月1日，中国留日学生人数依然稳居首位，留日学生人数达到了121845人（见表2），受新冠肺炎疫情的影响，2020年在日中国学生人数下降了2.08%，占比却有所上升，占日本国际学生总数的43.6%，远高于排第二的越南（22.3%）。即使受疫情影响，中国学生对于赴日留学的需求仍较为稳定，预计未来疫情有所好转后，中国学生赴日留学仍将呈现增长态势。

2. 优质教育、低廉学费、文化和地理位置相近构成了对中国学生的吸引力

中国学生选择赴日留学，原因之一是日本高等教育优质的教学质量。日本对教育的重视程度高，名校众多，教育资源丰富。据统计，自 2000 年以来，日本本土教育的诺贝尔奖获得者有 17 人，21 世纪以来诺贝尔自然科学奖的获得数量仅次于美国。① 日本大学的国际知名度高，学历受认可度较高。2021 年 QS 世界大学排名中，日本位于 QS 前 100 名的高校有 5 所，其中排名最高的东京大学排名第 24 位，位于 QS 前 200 名的高校有 10 所，前 500 名的高校有 16 所。② 相比其他亚洲国家，日本高校学历在中国的认可度更高，毕业后在中国求职也较为便利。

相比于留学欧美国家，日本相对低廉的学费是中国学生赴日留学的重要原因。例如，在美国攻读本科学位，国际学生在公立大学平均每年支付学费 25000~35000 美元，在私立大学平均每年学费为 30000~45000 美元，部分私立学院学费达每年 50000~55000 美元。③ 而日本国立高校本科每年的学费仅为 4 万元人民币左右，私立高校学费只需 6 万元人民币左右，留学日本的性价比较高，更容易被中国的普通家庭接受。④

同时，中日两国悠久的文化渊源、较为相近的文化背景使得中国学生可以较快适应日本的学习生活环境。另外，日本流行文化在中国广泛传播并形成"文化磁场"，日本的社会氛围总体上友善，社会环境相对安全，疫情防控措施相对完善，以及从东京到上海或北京航程仅 2~3 小时等，都是日本吸引中国留学生的重要因素。

---

① 沪江日语留学：《为什么现在越来越多的中国学生选择去日本留学？》［EB/OL］.（2021-04-03）［2022-01-17］. https：//jp. hjenglish. com/ribenliuxue/p1238138/。
② QS 世界大学排名.［EB/OL］.［2022-01-17］. https：//www. qschina. cn/university-rankings/world-university-rankings/2022。
③ IEFA. org. How Much Does It Cost for an International Student to Study at University in the US?［EB/OL］.（2021-01-18）［2022-07-06］. https：//blog. iefa. org/2021/01/18/how-much-does-it-cost-for-an-international-student-to-study-at-university-in-the-us/#：~：text = Undergraduate% 20Courses% 3A&text = International% 20students% 20pay% 20% 2425% 2C000% 2D%24，go%20to%20a%20community%20college.
④ Studying in Japan. Academic Fees.［EB/OL］.［2022-07-06］. https：//www. studyinjapan. go. jp/en/planning/academic-fees/.

（三）赴日留学政策动向

1. 疫情增加了留学签证办理的不确定性，但赴日留学可能迎来回暖

受全球新冠肺炎疫情的影响，日本的出入境政策也不断变化，在一定程度上增加了赴日留学的不确定性。入境限制构成的壁垒导致日本大学接收的国际学生申请数量大幅下降。虽然 2022 年 3 月，日本宣布阶段性开放边境允许留学生入境，但是大量待处理签证申请的积压和每日入境人次限制导致的等待入境排队使赴日留学的恢复仍需要一定时间。部分国际学生因入境禁令而失去在日本学习的奖学金、因长时间在线学习而感到沮丧和精神压力等负面学习体验，冲击了日本此前多年来努力打造的教育国际化形象。① 有意向赴日留学的学生以及从日本的大学毕业的国际学生减少将给日本企业获取全球人才的战略蒙上阴影。② 但是，出于经济发展和对国际人才的需求，日本教育界的国际化战略不会改变。伴随着日本国境的重新开放，预计日本政府相关部门和高校将会出台新措施，着力留学市场的恢复，赴日留学可能迎来回暖。

2. 赴日留学对学生日语能力有所要求

日本的大多数大学都要求学生学习日语。目前，日本语言学校和移民局要求进入语言学校的学生提交日语考试的成绩单，而非仅仅提交日语课时证明。对于希望直接进入专业课程的学生来说，日语水平的要求取决于所选学校的级别，人文社科相关专业的日语水平要求较高。中国学生的第二外语多为英语，所学专业以人文社科为主，这对其日语能力提出了较高要求。

---

① Suvendrini Kakuchi. Foreign Students Set to Return but Damage "Already Done". ［EB/OL］（2022－02－24）［2022－07－06］. https：//www. universityworldnews. com/post. php? story = 20220224140714779.

② 《日本入境限制长期化把留学生挡在门外》，日本经济新闻中文版，［EB/OL］（2022－01－11）［2022－07－06］. https：//cn. nikkei. com/career/abroadstudy/47262－2022－01－11－05－00－00. html。

3. 留日工作仍然较为困难，政府出台多项政策吸引国际学生留日就业

受新冠肺炎疫情以及出生率持续下降的影响，日本劳动力大量短缺，日本政府持续推出利好政策来吸引外国劳动力。2020年留日学生在日求职成功人数为29689名，较2019年同期的30947人有所减少，但就总体而言，在日就业学生数量仍然呈现上升趋势。①

虽然留日工作的国际学生人数总体走高，但相比于279597名国际学生的总数而言，国际学生留日工作率仅为10.62%，远远低于希望在日本工作的人数。在日本就职的瓶颈之一是较为苛刻的就业签证许可条件，即要求就职的工作须和自己的专业领域相符，导致留日就业总体难度较大。目前约90%的工作签证都集中在"技术/人文知识/国际业务"的白领综合职业。从2019年4月1日起新增设的"特定技能1号"和"特定技能2号"两类签证，成为第二个选择。②

2018年庆应义塾大学法学部政治学科毕业的细田加苗行政书士③解读称，根据法务省现有资料，不论是已持有其他工作签证的外国劳动者，还是正在找工作甚至还没有毕业的学生，只要通过相关技能测试和N4日语等级考试（或国际交流基金日语基础测试），就可以申请变更为特定技能签证。毕业与否本身并不是转特定技能签证的必需前提。"特定技能1号"签证在留学期间期限为5年，持有签证的人可从事餐饮、酒店等14类体力劳动职业，这为留日工作提供了便利。

---

① 《令和2年国际学生在日就业状况报告》. Immigration services agency of japan. ［EB/OL］. (2021-11) ［2022-01-17］. https：//www. moj. go. jp/isa/index. html。
② JST客观日本编辑部：《日本签证新政：国际学生留日工作更加容易》［EB/OL］. (2019-04-17) ［2022-01-17］. https：//www. keguanjp. com/kgjp _ jiaoyu/kgjp _ jy _ lxzc/pt20190417060003. html。
③ 行政书士为日本特有的，是代理个人或企业法人同政府部门打交道，处理登记、报批、办理执照、项目审批等业务的职业。

二 中国学生赴韩国留学现状

（一）韩国国际学生总体情况

近年来，在韩国学习的国际学生人数总体呈上升趋势，2013~2021 年增长了 77.2%（见表 8）。其中，2015~2019 年是赴韩留学生人数的快速增长期，2019 年达到高峰，共有 160165 名国际学生赴韩留学，较上一年同期增加了 12.6%。2020 年受疫情影响，在韩国际学生人数增长势头受挫，较 2019 年减少了 3.9%，这种下降态势在 2021 年有所放缓，但人数减少了 1.1%，降至 152281 人。

表 8　2013~2021 年韩国高等教育机构中国际学生人数与增长率

单位：人，%

年份	人数	增长率
2013	85923	—
2014	84891	- 1. 2
2015	91332	7. 6
2016	104262	14. 2
2017	123858	18. 8
2018	142205	14. 8
2019	160165	12. 6
2020	153965	- 3. 9
2021	152281	- 1. 1

资料来源：교육부. 2021 년 국내 고등교육기관 내 외국인 유학생 통계. [EB/OL]. (2021-12-20)　[2022-04-27]. https：//www. moe. go. kr/boardCnts/view. do？boardID = 350&boardSeq = 90123&lev = 0&searchType = null&statusYN = W&page = 1&s = moe&m = 0309&opType = N。

根韩国教育开发院（Korean Educational Development Institute，KEDI）数据（见表 9），2021 年就读学位课程的国际学生为 120018 人，比前一年增加了 6.2%，占高等教育体系注册国际学生总数的 78.8%，其中近六成学生就

读于本科阶段（71540 人）。非学位课程项目中的国际学生数为 32263 人
（21.2%），比前一年减少了 20.7%。值得注意的是，虽然 2020 年受到新冠
肺炎疫情影响，赴韩留学人数有所减少，但是很多无法返韩学习的国际学生
申请休学以保留学籍。新入学的学生与申请休学的往年入学的学生累加计
算，形成了该年学位项目中国际学生人数不降反增的情况。相比学位课程项
目持续吸引更多国际学生，就读于非学位课程项目中的国际学生人数在遭遇
疫情影响后出现明显下降。

表9　历年在韩高等教育中注册国际学生学段分布

单位：人

年份		2010 年	2015 年	2019 年	2020 年	2021 年
高等教育部门总计		83842	91332	160165	153695	152281
学位课程项目	专科①	3267	1595	5140	6800	9057
	本科	40442	31377	60688	68051	71540
	硕士	12480	16441	23605	24996	25169
	博士	3811	6326	10782	13156	14252
	总计	60000	55739	100215	113003	120018
非学位课程项目	语言项目	17064	22178	44756	32315	23442
	其他	6778	13415	15194	8377	8821
	总计	23842	35593	59950	40692	32263

资料来源：Korean Educational Development Institute（KEDI）．2021 Brief Statistics on Korean Education．［R/OL］．（2021）［2022-04-26］．https：//www.kedi.re.kr/eng/kedi/bbs/B0000011/list.do? menuNo=200021。

韩国的国际学生主要来自周边亚洲国家和地区。2021 年，中国大陆
在韩留学生人数达到了 67348 人，占比为 44.2%，是韩国最大的国际学生
来源国；第二是越南，达到了 35843 人，占比为 23.5%，近七成的国际学
生来自这两大主要来源国（见表10）。排在之后的是乌兹别克斯坦（8242

---

① 韩国的专科大学（전문대학）以培养专业技术人才为主，可授予副学士学位，相当于专科
学历。

人）、蒙古国（6028人）和日本（3818人），来自其他国家的国际学生占
比均较低。

表10　2021年韩国高等教育机构中前15位国际学生来源国/地区

单位：人，%

排名	国家或地区	人数	占比
1	中国大陆	67348	44.2
2	越南	35843	23.5
3	乌兹别克斯坦	8242	5.4
4	蒙古国	6028	4.0
5	日本	3818	2.5
6	尼泊尔	2674	1.8
7	美国	2218	1.5
8	法国	1894	1.2
9	印度尼西亚	1779	1.2
10	中国台湾	1473	1.0
11	俄罗斯	1392	0.9
12	巴基斯坦	1257	0.8
13	孟加拉国	1250	0.8
14	印度	1116	0.7
15	德国	1015	0.7
其他		14934	9.8

资料来源：교육부.2021년 국내 고등교육기관 내 외국인 유학생 통계. ［EB/OL］. （2021-
12-20） ［2022-04-27］. https：//www. moe. go. kr/boardCnts/view. do? boardID=350&boardSeq=
90123&lev=0&searchType=null&statusYN=W&page=1&s=moe&m=0309&opType=N。

　　从国际学生的分布地区来看，首尔地区是赴韩留学生的首选。首尔是
韩国的教育集中区域，80%的韩国大学都集中在首尔地区。据韩国教育局
公布的数据，2021年韩国接收国际学生数量排名前10的学校均位于首
尔，其中庆熙大学是当年接收国际学生最多的学校，接收6002名国际学
生（见表11）。值得注意的是，2021年QS世界大学排名中，韩国入围前
100名的6所大学分别为：首尔大学、韩国科学技术院、高丽大学、浦项

科技大学、延世大学、成均馆大学，仅有高丽大学（第69位）、延世大学（第85位）和成均馆大学（第88位）接收国际学生较多，在一定程度上说明了受到学校国际化程度、教育和考试体系不同等原因影响，国际学生进入韩国综合实力最顶尖的大学仍有较大难度。

表11 2021年接收国际学生人数最多的前10位韩国高校

单位：人

学校	国际学生人数
庆熙大学	6002
汉阳大学	5612
成均馆大学	5098
延世大学	4883
中央大学	4495
高丽大学	4134
韩国外国语大学	2789
东国大学	2645
国民大学	2592
嘉泉大学	2556

资料来源：교육부.2021년 국내 고등교육기관 내 외국인 유학생 통계［EB/OL］.（2021-12-20）［2022-04-27］.https：//www.moe.go.kr/boardCnts/view.do? boardID=350&boardSeq=90123&lev=0&searchType=null&statusYN=W&page=1&s=moe&m=0309&opType=N。

（二）在韩中国学生总体概况

1.中国是韩国最主要的留学生来源地，赴韩中国留学生人数增长放缓

韩国高校近两年来积极扩招留学生，以实现赴韩国际学生人数在2023年达到20万人的目标，中国学生占其大多数。[1] 赴韩留学的中国学生年增长率波动较大，在2020年之前增长迅速，2017年增长率高达13.4%。受到新冠肺炎疫情的影响，2020年学生人数下降5.7%，2021年中国在韩高等教

---

① "Korea Aims for 200, 000 Foreign Students by 2023" ICEF Monitor, last modified october 13, 2015, https：//monitor.icef.com/2015/10/korea-aims-for-200000-foreign-students-by-2023/.

育留学生人数为 67348 人，相比 2020 年有 0.5% 的回升。虽然目前中国赴韩留学生较 2019 年最高水平有着一定差距，但中国仍是韩国最大的国际学生来源国。在韩中国留学生占比从 2016 年的 57.7% 降至 2021 年的 44.2%，主要原因在于其他国家赴韩留学人数快速增长（见图 3）。

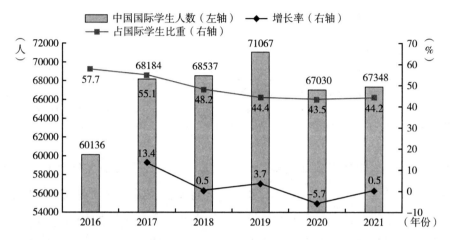

图 3　2016~2021 年在韩国高等教育机构就读的中国留学生人数及增长率

资料来源：根据韩国教育部历年数据整理。

2021 年中国学生就读人数最多的韩国高校是庆熙大学，共有 4031 名中国学生在该校就读，占该校接收国际学生总数的 74.7%。排在之后的高校包括汉阳大学、中央大学和成均馆大学，中国留学生人数都在 3000 人以上（见表 12）。另外，延世大学是 2021 年接收国际学生人数排名第四的高校，但是中国学生在其中的占比明显低于其他高校。

表 12　2021 年接收中国学生人数前 10 位的韩国高校

单位：人，%

学校	中国学生人数	占该校国际学生比重
庆熙大学	4031	74.7
汉阳大学	3484	77.7
中央大学	3311	80.9

学校	中国学生人数	占该校国际学生比重
成均馆大学	3275	64.3
高丽大学	2368	58.1
东国大学	2094	63.9
国民大学	2021	73.5
建国大学	1963	73.3
延世大学	1824	42.9
弘益大学	1805	84.9

资料来源：교육부.2021 년 국내 고등교육기관 내 외국인 유학생 통계［EB/OL］.（2021-12-20）［2022－04－27］.https：//www.moe.go.kr/boardCnts/view.do? boardID=350&boardSeq=90123&lev=0&searchType=null&statusYN=W&page=1&s=moe&m=0309&opType=N。

在专业的选择上，韩国将学科专业大体分为 5 个大类，分别是人文社会、自然科学、工程学、医学、艺术和体育专业。根据韩国各大学的数据，各学段中国学生选择最多的专业类别都是人文社会类（见表 13）。韩国的人文社会类学科包含经营学、经济学、国语国文、传媒学等。该类专业就业面较广，回国后认可度较高，在各个学段都是中国留学生的首选。其次是艺术和体育类，其中申请人数较多的有舞蹈、音乐、美术和体育专业。韩国的文体娱乐产业较为发达，对于艺术生和体育生来说，赴韩留学有利于其职业发展，因此赴韩就读艺术和体育专业的学生数量也不在少数。

表 13　2021 年中国学生在韩国高等教育中各学段专业分布情况

单位：人

学段	专业	人数
语言学习课程		5024
本科及专科	人文社会	25914
	艺术和体育	6429
	工程学	3258
	自然科学	1664
	医学	2
	总计	37267

学段		专业	人数
研究生	硕士	人文社会	10100
		艺术和体育	2245
		工程学	849
		自然科学	442
		医学	50
		总计	13686
	博士	人文社会	4030
		艺术和体育	3357
		工程学	825
		自然科学	475
		医学	134
		总计	8821
其他			2550
总计			67348

资料来源：교육부. 2021 년 국내 고등교육기관 내 외국인 유학생 통계［EB/OL］.（2021-12-20）［2022－04－27］. https：//www. moe. go. kr/boardCnts/view. do？boardID＝350&boardSeq＝90123&lev＝0&searchType＝null&statusYN＝W&page＝1&s＝moe&m＝0309&opType＝N。

2. 学费低廉和易于获得入学机会是中国留学生选择韩国的主要原因

韩国留学的费用相对较低，奖学金也十分优厚，对于有出国打算的工薪家庭子女而言较有吸引力。同时，韩国高校的申请难度相比欧美国家而言也相对较低。韩国的研究生院录取国际学生的要求相对较低，例如要求有本国学士学位、较为简单的入学考试和面试、达到规定的英语成绩而非韩语成绩即可。这使得部分成绩一般，在国内无法就读于重点大学的学生和家长看到了机会。花费较低的成本获得高校学历和海归背景，使得赴韩留学产业在近年来高速发展。

3. 部分高校盲目扩张招生，导致中国留学生整体满意度不高

为追求利润，很多韩国高校超出自身承载能力接收了过量国际学生。根据韩国教育部的统计数据，在韩国四年制本科就读的外国留学生，有 2000

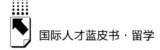

人于 2015 年中途退学回国，占当时韩国国际学生总数的 3.4%。^① 由于未形成完善的国际学生选拔录取体系，部分韩国高校放宽国际学生录取标准，导致国际学生韩语及学术水平参差不齐。据韩国教育部的规定，韩语水平考试达到 3 级是进入韩国大学学习的门槛。但现实情况是，即使国际学生的韩语水平达到了 3 级，也很难像韩国学生一样完全理解授课内容。因此，很多韩国大学教授强烈反对大规模扩招国际学生。^②

相对于欧美国家，赴韩留学对学生的背景要求较低。因此，赴韩留学获取文凭或提升学历，成为很多中国留学生选择韩国的原因。在这种情况下，甚至形成了一条赴韩留学以获取文凭的"产业链"，使得中国留学生的教育质量得不到保障。

4. "反中国化"氛围导致中韩学生之间冲突日益明显

由于大量招收中国学生，韩国本土学生对于过多的中国留学生多有抱怨。在韩媒看来，韩国大学已经开始"中国化"，但是"中国化"的过程中出现了不少韩国学生"反中国化"的现象。^③

受到差别对待、无法融入当地文化社会环境、难以获得多元体验，影响中国学生的留韩体验。根据韩国对外贸易协会国际研究院的调查，23.3% 的中国在韩留学生表示不会向其亲友推荐赴韩国学习。

（三）赴韩留学政策动向

1. 新冠肺炎疫情增加了赴韩留学的不确定性

韩国的出入境政策也随新冠肺炎疫情形势而不断变化，一定程度上增加了赴韩留学的不确定性。新冠肺炎疫情蔓延初期，韩国开始标签化、歧视中

---

① 王伟：《韩媒担心中国留学生讨厌韩国：两成称不推荐亲友来韩》，（2016-03-23）［2022-01-25］. https：//world. huanqiu. com/article/9CaKrnJUFr7。

② 李军：《韩国大学成中国"博士学历工厂"？韩媒：韩国大学要抢生源，保收入》，［EB/OL］. （2019-05-21） ［2022-01-25］. http：//korea. people. com. cn/n1/2019/0521/c407887-31095701. html。

③ 머니투데이. 시끄럽고 더러워"…중국인 유학생은 무조건 싫다？［EB/OL］. （2019-01-14）［2022-01-25］. https：//news. mt. co. kr/mtview. php？no＝2019011314545391817。

国人。韩国媒体对新冠肺炎疫情蔓延初期的误导性报道，导致了当地人对旅居韩国的中国居民和留学生产生负面情绪。

随着疫苗研发与接种工作逐步开展，韩国目前整体留学形势有所好转。但是从长期来看，赴韩国留学仍然面临新疫情毒株变种、中韩关系变化、对中国人群的歧视以及疫情防控常态化背景下留学政策和舆论环境等影响。

2. 韩国政府不断放宽留学生就业政策吸引优秀在韩留学毕业生

近年来，韩国政府不断放宽留学生就业政策，以吸引赴韩留学生在本国就业。韩国政府每年举办外国留学生招聘会，帮助留学生在韩国就业，留学生也可以在就业网站递交简历，查看招聘信息，应聘心仪企业。[1] 根据韩国政府规定，留学（D-2）或求职（D-10）资格者如果具备从 E-1（教授）到 E-7（特定活动）滞留资格所要求的条件，可以申请滞留资格变更许可。[2]

相对于留韩工作，更多赴韩留学生会选择回国就业。随着中韩贸易额和韩国在华投资持续增长，具有韩国留学经历、通晓韩国企业和社会文化的人才拥有了更多工作机会。在韩国驻华大企业中，很多具有留学韩国背景的海归逐渐成为其中的骨干力量。同时，韩国大学的影视表演等专业具有较高国际竞争力，在韩国的留学经历有助于其在相关产业发展。

三 中国学生赴新加坡留学现状

（一）新加坡国际学生总体情况

21 世纪以来，新加坡的国际学生人数呈倒"V"形。2002 年，新加坡大约有 5 万名国际学生。自 2002 年"全球校园"（Global Schoolhouse）计划

---

[1] Study in Korea：《为留学生就业与发展着想的国家》（2020-12-10）[2022-01-25]．https：//www.studyinkorea.go.kr/cn/overseas_info/allnew_findCareerpath.do。

[2] Study in Korea：《外国留学生就业支援》[2022-01-25]．https：//www.studyinkorea.go.kr/popup/employment_regulations_full_cn.jsp。

启动后，国际学生人数稳步上升，2008 年底达到 9.7 万人。但 2009 年开始，这一数字开始下滑，2009 年降至 9.5 万人，2010 年为 9.2 万人，2012 年为 8.4 万人，2014 年为 7.5 万人。根据新加坡统计局公布的《2020 年人口简报》推算，2020 年新加坡的国际学生数量为 6.56 万人。① 据联合国教科文组织数据，2020 年在新加坡接受高等教育的国际学生约为 5.3 万人，主要来自马来西亚、印度尼西亚、泰国、越南、中国、印度和韩国。②

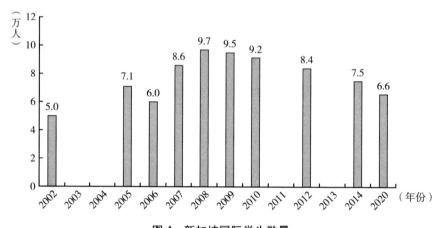

图 4　新加坡国际学生数量

注：2003 年、2004 年、2011 年和 2013 年数据缺失。

资料来源：Sandra Davie, Singapore May Rue Fall in Foreign Student Numbers ［Eb/OL］(2014－10－02)［2022－01－26］. https://www. straitstimes. com/opinion/singapore－may－rue－fall－in－foreign－student－numbers。

　　2009 年新加坡国际学生数量开始下滑主要有几方面原因：第一，当年全球金融危机爆发；第二，大量私立学校不断因质量问题爆出丑闻；第三，新加坡对国际学生人数设定上限，2011 年新加坡政府宣布，大学中的国际

---

① Department of Statistics Singapore. Census of Population 2020 Statistical Release 1：Demographic Characteristics, Education, Language and Religion, 2021：3-228［R/OL］(2021)［2022-01-26］. https：//www. singstat. gov. sg/-/media/files/publications/cop2020/sr1/cop2020sr1. pdf.

② International Trade Administration of the United States. Singapore-Country Commercial Guide. ［EB/OL］. (2021-01-15)［2022-01-26］. https：//www. trade. gov/country-commercial-guides/singapore－education；UNESCO, Global Flow of Tertiary－Level Students. (2022) http：//uis. unesco. org/en/uis-student-flow.

学生人数比例将在 2015 年前从 18% 下降到 15%；第四，国际学生在新加坡的生活成本上升，其中，房租和学费上涨较多；第五，马来西亚等邻国以更低的成本提供大量的国际学位课程，形成了激烈的竞争。[①]

近几年，新加坡知名大学的国际学生人数比重开始上升。2012 年，新加坡的国际学生中，本科阶段的国际学生比例为 18%；据新加坡教育部长称，2019 年和 2020 年，国际学生在新加坡理工大学和自治大学中的比重保持在 10% 以下。[②] 而根据新加坡国立大学、南洋理工大学、新加坡管理大学的最新数据，2021~2022 年这些学校的国际学生比例近 25%（见表 14）。

表 14　2021~2022 年新加坡 top 3 高校学生人数及国际学生比重

单位：人，%

学校	学生总人数	国际学生人数	国际学生比重
新加坡国立大学	30312	7551	24.9
南洋理工大学	24651	6091	24.7
新加坡管理大学	8407	2040	24.3

资料来源：Top Universities, Study in Singapore. [EB/OL]. [2022-01-26]. https://www.topuniversities.com/where-to-study/asia/singapore/singapore/guide。

2020 年后，受疫情和国际关系的影响，赴欧美国家留学的不确定因素变多，更多的中国学生把目光投向了新加坡。据中国驻新加坡大使馆参赞称，截至 2020 年 4 月 26 日，在新加坡的中国留学生有 4 万余人。[③] 对比 IIE

① Sandra Davie. Singapore May Rue Fall in Foreign Student Numbers. [EB/OL]. (2014-10-2) [2022-01-26]. https://www.straitstimes.com/opinion/singapore-may-rue-fall-in-foreign-student-numbers；Nick Clark. Developing International Education Hubs in Asia. [EB/OL]. (2015-7-8) [2022-01-26]. https://wenr.wes.org/2015/07/developing-international-education-hubs-asia.

② Ministry of Education. Number of overseas Singaporean students and International Students in Singapore. [EB/OL]. (2021-05-11) [2022-08-25]. https://www.moe.gov.sg/news/parliamentary-replies/20210511-number-of-overseas-singaporean-students-and-international-students-in-singapore.

③ 新加坡新闻：《在新加坡的中国客工、公民确诊情况如何？中国驻新加坡大使馆首次作出解答》. [EB/OL] (2020-04-26) [2022-08-25]. https://www.xinjiapo.news/news/26261。

Project Atlas 相关数据，在新加坡的中国留学生人数少于在美国（37.25 万人）、澳大利亚（16.58 万人）、英国（12.90 万人）、加拿大（9.86 万人）、日本（9.40 万人）的中国留学生人数。

（二）中国学生留学新加坡的前景及相关政策

1. 留学新加坡的前景仍比较乐观

新加坡与国际接轨的教育模式、领先全球的教育体系对国际学生有较强的吸引力。新加坡政府重视教育投入和发展，教育体系沿袭英联邦传统，体系完善，课程设置丰富，教学水平国际领先。同时，新加坡华人众多，华语是主要语言之一，中国学生不用担心英文水平不够带来的交流障碍，同时能在全英文教学环境中提升英文水平，很多中国留学生将新加坡作为前往欧美国家深造的跳板。在新加坡的中国国际学生，有近 1/3 因为接受了新加坡的教育，更受欧美名校青睐，获得进一步深造的机会。在新加坡留学毕业的学生，可以继续到全球各地以英语授课的高等学府进修。其中，大部分学生都进入美国、英国、加拿大、澳大利亚、新西兰和新加坡本地的高校深造。

同时，性价比较高，留学成本较低，留学生毕业后留新就业机会较多，都是中国学生赴新留学的重要原因。尤其是，在新加坡留学的国际学生不需要申请工作准证，并且允许中小学国际学生母亲陪读且有合法工作机会，这对于中国学生而言有较大吸引力。

2. 新加坡入境防疫政策调整

因为疫情关系，入境新加坡的学生不仅要向新加坡移民局申请原则上批准信（IPA Letter），还要向新加坡教育部申请临时入境审批（Provisional Entry Approval）。只有同时申请并获得这两个部门的批准，才能顺利登机入境。

2021 年 11 月 30 日，新加坡政府宣布自 12 月 3 日起调整入境防疫政策，主要包括如下：增加行前新冠病毒检测。所有入境或转机旅客（2 岁及以下婴幼儿除外）需提供行前 2 天内核酸检测或快速抗原检测阴性报告。检测报告须为英文版或有正式英文翻译件并显示检测结果、检测时间和旅客姓名、出生日期或护照号码等信息。行前检测机构应为新加坡卫生部指定的出发地检测机构。此外，所有入境人员均应在抵达时接受新冠病毒相关检测。通过"疫苗接种者旅游走廊计划"（VTL）的入境旅客，除入境检测外，还需在入境后第三天及第七天进行两次新冠病毒检测。①

① Immigration and Checkpoints Authority Singapore, Safe Travel. Categories of Travel Health Control Measures (for arrivals from 7 Jan. 2022, 2359h). ［EB/OL］ ［2022 - 01 - 20］. https：// safetravel. ica. gov. sg/shn - and - swab - summary # from; Immigration and Checkpoints Authority Singapore. Border and Health Control Measures in Response to COVID-19. ［EB/OL］ ［2022-01- 20］. https：//www.ica. gov. sg/.

B.5
大洋洲热门留学国家的留学现状分析

陈慧怡　何航宇*

摘　要： 澳大利亚和新西兰在高质量和高度国际化的教育体系、良好的生活
环境、开放的移民政策以及高安全系数社会治安等诸多方面对中国
学生构成强大吸引力。在澳大利亚和新西兰留学的中国学生主要学习
商业管理与理工类学科，在地区分布上也有明显的地域差异。由于两
国的疫情与边境管控政策较为严格，大量国际学生无法返校学习，对
学习成效及国际教育产业发展打击较大。为促进疫情防控常态化背景
下经济社会复苏，澳大利亚和新西兰政府对发展国际教育都较为重视，
通过较为灵活的签证政策和数字化转型等措施提升留学体验。

关键词： 留学澳大利亚　留学新西兰　留学大洋洲

一　中国学生赴澳大利亚留学现状

（一）澳大利亚国际学生总体情况

　　根据澳大利亚教育、技能与就业部（Department of Education, Skills and
Employment）的统计数据，自 2013 年后多年来全球赴澳留学人数①保持快

---

　　*　陈慧怡，全球化智库（CCG）助理研究员，主要研究方向为人才全球化、全球治理；何航
宇，全球化智库（CCG）助理研究员，主要研究方向为国际人才、智库研究。
　　①　澳大利亚教育系统中，新西兰公民与澳大利亚公民、永久居民一起被归入"本国学生"
（Domestic Student）类别，在澳大利亚学习无须学生签证并收取本国学生标准的学费，故不
纳入国际学生的统计范围内。

速上涨，2017 年国际学生增长率高达 19.9%，国际学生人数在 2019 年达到历年峰值，为 756636 人。然而，由于新冠肺炎疫情对全球人员流动造成的重大影响，该高速增长趋势在 2020 年出现拐点。2020 年澳大利亚共接收国际学生 686104 名[①]，年增长率由 2019 年的 9.3% 急剧下跌至 -9.3%。疫情的持续蔓延和边境管控措施导致下降趋势在 2021 年并未缓解，截至 2021 年 10 月，共有 563071 名国际学生在澳大利亚就读，相比 2020 年仍然大幅减少了 17.9%（见图 1）。

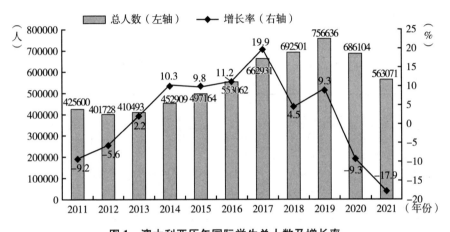

图 1　澳大利亚历年国际学生总人数及增长率

注：2021 年现有数据为 1~10 月，其他年份为 1~12 月。

资料来源：Department of Education, Skills and Employment. International Student Numbers [EB/OL]. (2021-12-21) [2022-01-04]. https://www.dese.gov.au/international-data/data-visualisation-international-student-numbers。

　　从在各教育部门和阶段就读的国际学生签证的签发情况来看，赴澳留学的学生主要集中在高等教育机构和职业教育与培训（Vocational Education & Training, VET）机构中，2020~2021 财年分别有 134030 名和 79614 名国际学生就读。同时，有 5778 人学习海外英语精研课程（English Language

---

① 统计数据中的国际学生人数是指在一个报告期内持学生签证学习的所有学生的人数。因此，如果同一名学生的学习时间超过两年，该学生可以在多个年份被计入人数统计中。

Intensive Courses for Overseas Students，ELICOS），2655 人在澳就读于基础教育①（schools），440 人参加非学历教育（non-award）。自 2020 年 3 月起澳大利亚政府因新冠肺炎疫情实施国际旅行限制，导致教育部门接收国际学生情况均出现明显负增长。高等教育（-23.3%）和职业教育与培训（-18.9%）受到的冲击相对其他类别较小，反映出国际学生对这两种教育的刚性需求。来澳参加海外学生英语精研课程和非学历教育学习的国际学生数量跌幅分别高达 82.8% 和 96.6%，处于基础教育阶段的国际学生数量也大幅减少了63%（见表1）。

表1　澳大利亚各教育类别历年学生签证数量

单位：人，%

教育类别	2017~2018 财年	2018~2019 财年	2019~2020 财年	2020~2021 财年	2020~2021 财年增长率
高等教育	199116	216724	174814	134030	-23.3
海外学生英语精研课程	38556	40516	33568	5778	-82.8
基础教育	11845	10824	7172	2655	-63.0
职业教育与培训	90689	100905	98165	79614	-18.9
非学历教育	20867	20399	12792	440	-96.6

注：澳大利亚财年指前一年 7 月 1 日至次年 6 月 30 日。

资料来源：Department of Home Affairs. Student visa and Temporary Graduate visa Program Report at June 30, 2021 ［R/OL］, 2021：24-35 ［2022-01-04］. https：//www. homeaffairs. gov. au/research-and-stats/files/student-temporary-grad-program-report-june-2021. pdf.

受到高校分布、气候条件、宜居环境、生活成本、就业前景和移民政策等综合因素的影响，国际学生在澳大利亚各地区间的分布差异显著。2021年，八成以上的国际学生在位于澳大利亚东海岸的新南威尔士州、维多利亚州和昆士兰州就读。其中新南威尔士州和维多利亚州分别吸引了216840 名和179186 名国际学生②，明显高于澳大利亚其他地区（见表2）。2022 年 QS

---

① 基础教育阶段包括小学和初、高中学。
② 由于同一学生在澳期间可能在不同州或地区、不同机构入学，故各州、地区国际学生相加的总和与澳大利亚全国国际学生数量不相等。

最佳留学城市排名中，澳大利亚有墨尔本（维多利亚州）和悉尼（新南威尔士州）两座城市跻身世界前十，① 凭借密集的国际知名高校、多文化体验和丰富的就业机会等优势成为国际学生留学澳大利亚的首选地。

另外，在新冠肺炎疫情发生前，除了澳大利亚首都地区外，历年各地国际学生人数均有所增长。2019 年，塔斯马尼亚州和北领地接收国际学生人数的增长最快，分别为 34.3% 和 32.6%，其次为南澳大利亚州，增长率为 17.2%，明显高于新南威尔士州（8.5%）、维多利亚州（10.4%）和昆士兰州（8.4%）等传统留学目的地，显示出赴澳留学去向正在逐步分流（见表2）。

表 2　国际学生在澳大利亚各州（地区）历年分布情况

单位：人，%

州/地区	2016 年	2017 年	2018 年	2019 年	2020 年	2021 年	2019 年增长率
新南威尔士州	205227	236205	264453	286803	260559	216840	8.5
维多利亚州	175129	200197	226573	250166	225702	179186	10.4
昆士兰州	87922	97592	107279	116298	100108	79416	8.4
南澳大利亚州	28252	29657	31986	37479	37371	33352	17.2
西澳大利亚州	41217	41078	40603	42945	38719	31880	5.8
塔斯马尼亚州	5915	8188	10465	14059	13550	11715	34.3
北领地	2046	2232	2484	3293	4033	3758	32.6
澳大利亚首都地区	12700	14816	16799	16681	15665	14746	-0.7

资料来源：Department of Education, Skills and Employment. International Student Numbers [EB/OL]. (2021 - 12 - 21) [2022 - 01 - 04]. https://www.dese.gov.au/international - data/data - visualisation - international - student - numbers。

注：2021 年数据为 1~10 月，其他年份为 1~12 月。

从澳大利亚高校的地域分布来看，众多优质教育资源集中在东海岸，也是大部分国际学生的流向地。新南威尔士州拥有 10 所高校（包括 2 所"八大联盟"高校）、维多利亚州拥有 9 所高校（包括 2 所"八大联盟"高校）和昆士兰州拥有 8 所高校（包括 1 所"八大联盟"高校）。塔斯马尼亚州和北领地各仅有 1 所高校，教育资源相对缺乏是其吸引国际学生的短板。

---

① QS Top Universities.《QS 最佳留学城市排名 2022》[EB/OL]. (2021 - 06 - 29) [2020 - 01 - 04]. https://www.qschina.cn/city-rankings/2022。

澳大利亚高等教育的国际化水平总体较高，2019 年全国国际学生占比为 23.4%，其中澳大利亚联邦大学（49.6%）和邦德大学（46.8%）有近半数的学生来自海外。同时，澳大利亚顶尖大学和优质教育资源对国际学生也较为欢迎。2022 年 QS 排名位列世界前 50 的悉尼大学（世界排名第 38）、澳大利亚国立大学（世界排名第 27）、昆士兰大学（世界排名第 47）和墨尔本大学（世界排名第 37）的国际学生比例分别为 42.2%、37.0%、36.0% 和 32.6%。除西澳大利亚大学外，其他"八大联盟"成员校的国际学生比例也均高于全国总体水平（见表3）。

表3　2019 年澳大利亚各州（地区）高校分布及国际学生占比

单位：人，%

所在州（地区）	大学	在岸国际学生人数①	学生总数	国际学生比例
新南威尔士州	查尔斯特大学	8460	43430	19.5
	麦考瑞大学	9690	45323	21.4
	南十字星大学	4563	20015	22.8
	新英格兰大学	1039	24919	4.2
	纽卡斯尔大学	4459	35426	12.6
	悉尼大学*	29592	70051	42.2
	新南威尔士大学*	17081	64054	26.7
	悉尼科技大学	13826	46250	29.9
	卧龙岗大学	7846	34989	22.4
	西悉尼大学	6458	49445	13.1
维多利亚州	迪肯大学	14863	62213	23.9
	澳大利亚联邦大学	9277	18717	49.6
	乐卓博大学	8832	38772	22.8
	莫纳什大学*	28446	86753	32.8
	皇家墨尔本理工大学	18695	72728	25.7
	斯威本科技大学	5715	41842	13.7
	墨尔本大学*	23056	70649	32.6
	神学院	126	1500	8.4
	维多利亚大学	6609	28511	23.2

① "在岸国际学生人数"（Onshore International）指在澳大利亚高等教育机构就读且同时居住在澳大利亚境内的学生。

所在州（地区）	大学	在岸国际学生人数①	学生总数	国际学生比例
昆士兰州	邦德大学	2858	6101	46.8
	中央昆士兰大学	8608	26933	32.0
	格里菲斯大学	6667	49553	13.5
	詹姆斯库克大学	3312	20741	16.0
	昆士兰科技大学	9432	52500	18.0
	昆士兰大学*	19924	55305	36.0
	南昆士兰大学	2274	25420	8.9
	阳光海岸大学	3416	17760	19.2
西澳大利亚州	科廷大学	5959	49273	12.1
	伊迪斯科文大学	5880	30637	19.2
	默多克大学	2988	25424	11.8
	澳大利亚圣母大学	196	11727	1.7
	西澳大利亚大学*	3875	24197	16.0
南澳大利亚州	弗林德斯大学	3227	25500	12.7
	阿德莱德大学*	8682	28303	30.7
	澳大利亚托伦斯大学	8829	17892	49.3
	南澳大利亚大学	6424	35251	18.2
塔斯马尼亚州	塔斯马尼亚大学	6644	36484	18.2
北领地	查尔斯达尔文大学	1760	12010	14.7
澳大利亚首都地区	澳大利亚国立大学*	9741	26317	37.0
	堪培拉大学	2827	16268	17.4
（跨州）	澳大利亚天主教大学	4361	33196	13.1
2019 年总计		346517	1482379	23.4
2018 年总计		315522	1441614	21.9

注：带"*"号的为澳大利亚"八大高校"（G8）联盟成员，即 8 所世界排名最高的顶尖大学。

资料来源：Department of Education, Skills and Employment. Research Snapshot-Onshore higher education international students as a proportion of all students by university, 2019［EB/OL］. (2020-10)［2022-01-04］. https://internationaleducation. gov. au/research/research – snapshots/Documents/RS_International%20students%20at%20universities. pdf。

国际教育协会的数据显示，2020 年澳大利亚在最受欢迎的留学国家中排名第四，仅次于美国、英国和加拿大①。赴澳留学的生源地主要是中国、

———————

① Institute of International Education. 2020 Project Atlas Infographics［EB/OL］. ［2022-01-04］. https://iie. widen. net/s/g2bqxwkwqv/project-atlas-infographics-2020.

印度和临近的东南亚国家，以及哥伦比亚和巴西两个拉丁美洲国家，体现出澳大利亚的教育水平和资源对广大发展中国家学生具有较强吸引力，但是对于欧美发达国家则较为有限。主要生源地中排名前三位的国家是中国、印度和尼泊尔，2021 年国际学生人数分别为 168179 人、98379 人和 44942 人，这三个国家的国际学生人数之和占 2021 年澳大利亚全部国际学生总数的 55.4%。从 2017~2021 年的总体趋势来看，即使在澳大利亚国际学生总数有所下降的年份，来自这三个国家的留学生占比仍在持续上升。新冠肺炎疫情发生前，来自印度和尼泊尔的学生人数增长迅速，2017~2019 年两年间分别增长了近七成和近九成，相比之下同期来自中国的学生人数变化则较为稳定。但是疫情发生之后，来自其他主要生源国的学生人数下降比例高于中国，显示出中国学生对于赴澳留学的需求比较稳定（见表4）。

表4　2017~2021 年澳大利亚国际学生主要来源地情况

单位：人，%

来源国	2021 年		2020 年		2019 年		2018 年		2017 年	
	人数	占比	人数	占比	人数	占比	人数	占比	人数	占比
中国①	168179	29.9	190926	27.8	211965	28.0	204945	29.6	184292	27.8
印度	98379	17.5	115137	16.8	115094	15.2	89162	12.9	68107	10.3
尼泊尔	44942	8.0	52427	7.6	53535	7.1	42852	6.2	28482	4.3
越南	20464	3.6	24218	3.5	26009	3.4	24098	3.5	23639	3.6
马来西亚	15330	2.7	20135	2.9	24318	3.2	26002	3.8	25922	3.9
印度尼西亚	15112	2.7	17230	2.5	18063	2.4	16537	2.4	15634	2.4
哥伦比亚	14612	2.6	18898	2.8	20713	2.7	16933	2.4	14106	2.1
巴西	14587	2.6	21531	3.1	27342	3.6	26002	3.8	24232	3.7
菲律宾	14363	2.6	17290	2.5	17327	2.3	10449	1.5	8491	1.3
韩国	13724	2.4	18246	2.7	21141	2.8	21767	3.1	22335	3.4
总计	563071	100.0	686104	100.0	756636	100.0	692501	100.0	662931	100.0

注：2021 年数据为 1~10 月，其他年份为 1~12 月。

①统计中仅指中国大陆，不包括港澳台地区。

资料来源：Department of Education, Skills and Employment. International Student Numbers [EB/OL]. (2021 - 12 - 21) [2022 - 01 - 04]. https：//www.dese.gov.au/international - data/data - visualisation - international - student - numbers。

　　大量国际学生选择赴澳学习，使得国际教育成为澳大利亚的出口支柱之一。2019 年底的数据显示，国际教育在澳大利亚出口产业结构中排名第四，为全国创造了超过 25 万个工作岗位。① 即使受到与疫情相关的出入境限制的影响，大量生源流失，2021 年初的报道显示国际教育作为第四大出口产业的地位依然稳固。② 向澳大利亚输入生源最多的中国、印度和尼泊尔也是澳大利亚教育出口收入最多的前三个国家。在 2016~2017 财年和 2017~2018 财年，来自中国的教育出口收入是位列第二的印度的近 3 倍。尽管来自中国的教育出口收入依然远高于其他国家，但是其增长率及占澳大利亚全部教育出口收入的比重均有所下降，2019~2020 财年大幅减少了 14.2%。同一时期，来自菲律宾的教育出口收入增长高达 51.7%，来自印度、哥伦比亚和尼泊尔的教育出口收入分别增加了 19.2%、18.2% 和 12.6%（见表 5）。

表 5　2016~2020 财年澳大利亚国际教育主要出口国家及出口收入

单位：百万澳元，%

财年	2016~2017 财年	2017~2018 财年	2018~2019 财年	2019~2020 财年	2019~2020 财年增长率
中国③	9019	11078	12234	10494	-14.2
印度	3162	3808	5534	6596	19.2
尼泊尔	1053	1636	2641	2973	12.6
越南	1219	1301	1377	1404	2.0
马来西亚	1274	1387	1389	1257	-9.5

① Australia Trade and Investment Commission. Snapshot Released on Education Export Income by State and Territory 2018-19 [EB/OL]. (2019-12-17) [2022-01-04]. https：//www. austrade. gov. au/ australian/education/news/government/partner-updates/snapshot-released-on-education-export-income-by-state-and-territory-2018-19.

② John Brumby. The Sidney Morning Herald. Foreign Students are our Fourth Largest Export, even with the Pandemic [EB/OL]. (2021-02-19) [2022-01-04]. https：//www. smh. com. au/ national/foreign-students-are-our-fourth-largest-export-even-with-the-pandemic-20210218-p573pz. html.

③ 统计中仅指中国大陆，不包括港澳台地区。

续表

财年	2016~2017 财年	2017~2018 财年	2018~2019 财年	2019~2020 财年	2019~2020 财年增长率
巴西	696	870	1017	991	-2.6
印度尼西亚	804	865	943	988	4.8
韩国	954	967	988	930	-5.9
菲律宾	403	405	575	872	51.7
哥伦比亚	431	558	724	856	18.2
其他国家及地区	9101	9717	10402	10188	-2.1
总计	28116	32592	37824	37549	-0.7

注：澳大利亚财年指前一年7月1日至次年6月30日。

资料来源：Department of Education，Skills and Employment. Research Snapshot-Education Export Income by Country 2019-20［EB/OL］［2022-01-04］. https：//internationaleducation. gov. au/research/research-snapshots/Documents/Export%20Income%202019-20%20Country%20Infographic. pdf。

国际学生学费是澳大利亚大学的重要收入来源，对其正常运作有着重要支撑作用。自2014年起国际学生学费收入增长率明显加快，且高于大学全部运营收入的增长率，直至2020年之前每年均在10%以上。2017年和2018年的增长率接近20%，分别为19.3%和18.5%。同时，自2016年起国际学生学费收入占大学全部运营收入的比重均高于20%，2019年国际学生学费收入占比为27.3%。虽然在2020年国际学生学费收入受新冠肺炎疫情影响下滑了7.6%，但是在大学全部运营收入中的占比依然较为可观，高达26.6%（见表6）。

表6　国际学生学费对澳大利亚大学历年收入贡献情况

单位：澳元，%

年份	全部运营收入	增长率	国际学生学费收入	增长率	国际学生学费收入占比
2010	22158466	—	3881656	—	17.5
2011	23658742	6.8	4124064	6.2	17.4
2012	25210033	6.6	4134768	0.3	16.4
2013	26332964	4.5	4290808	3.8	16.3
2014	27751858	5.4	4741973	10.5	17.1

年份	全部运营收入	增长率	国际学生学费收入	增长率	国际学生学费收入占比
2015	28609979	3.1	5349879	12.8	18.7
2016	30147079	5.4	6249049	16.8	20.7
2017	32028091	6.2	7457002	19.3	23.3
2018	33741910	5.4	8838891	18.5	26.2
2019	36519249	8.2	9978794	12.9	27.3
2020	34651093	-5.1	9222983	-7.6	26.6

资料来源：Department of Education, Skills and Employment. 2020 University Finance Summary Information［R/OL］, 2021：6［2022－01－04］. https：//www. dese. gov. au/higher－education－publications/resources/2020－university－finance－summary－information. Parliament of Australia. Overseas students in Australian higher education：a quick guide［EB/OL］.（2021－04－22）［2022－01－04］. https：//www. aph. gov. au/About_ Parliament/Parliamentary_ Departments/Parliamentary_ Library/pubs/rp/rp2021/Quick_ Guides/OverseasStudents。

（二）在澳中国学生总体概况

作为澳大利亚国际教育最大的生源国，近10年来中国赴澳留学人数总体上仍呈上升趋势（见图2），2015～2018年均保持了10%以上的高速年增长率，尤其是在2017年，增长率高达17.5%。2018年在澳中国学生突破20万人。但是，增长势头被全球新冠肺炎疫情所打断，2020年中国留学生在澳大利亚学习的人数为190926人，比2019年下降9.9%。2021年1～10月澳大利亚接收中国留学生的人数为168179人，下滑趋势进一步加大，比2020年减少了11.9%。同时，中国学生占澳大利亚全部国际学生的比重接近三成，10年来基本保持稳定，并在2021年达到历史最高位，主要原因在于中国学生对赴澳留学的需求和偏好存量依然可观，受疫情影响而减少的入学人数相比其他国家少。

从中国学生注册学习层次分布来看，在澳大利亚接受教育的中国学生集中在高等教育部门，2020年在高等教育机构学习的人数为160430人，占比接近七成。高等教育也是受到新冠肺炎疫情冲击最小的教育部门，2021年中国留学生人数为149702人，相比2020年减少仅6.7%，下降比例也明显

图2　澳大利亚历年中国留学生总人数及增长率

注：1. 2021年数据为1~10月，其他年份为1~12月；2. 仅包括中国大陆数据，不含港澳台地区。

资料来源：Department of Education, Skills and Employment. International Student Numbers ［EB/OL］. （2021-12-21）［2022-01-04］. https：//www. dese. gov. au/international-data/data-visualisation-international-student-numbers。

小于国际学生总体（-23.3%），体现了澳大利亚的高等教育对中国学生具有较强的吸引力和不可替代性。2020年中国学生赴澳留学的第二大选择是海外学生英语精研课程，人数为24664人，就读的比重也比国际学生总体高（见表7）。

澳大利亚教育、技能和就业部的数据显示，2019~2020年，进入高等教育的中国学生中有34%先在澳大利亚进行了海外学生英语精研课程的学习，同期国际学生的平均数据为21%[1]，反映作为英语非母语者，语言是中国学生赴澳留学所面临的重大挑战，而海外学生英语精研课程为中国学生提供了在短期内提高语言水平以适应大学教育的便利通道。但是该部门在2021年受到疫情的影响最大，中国学生人数锐减60.9%。2020年在澳大利亚进行职业教育与培训的中国学生有21724人，虽然在2021年中国学生人数降幅

---

① Department of Education, Skills and Employment. Education Pathways of International Students while on a Student Visa. ［EB/OL］ （2021-12-21）［2022-01-04］. https：//www. dese. gov. au/international-data/data-visualisation-education-pathways.

（-23.5%）低于海外学生英语精研课程，但仍明显高于国际学生总体
（-18.9%），反映了澳大利亚的职业教育与培训对中国学生的吸引力相对较
弱。接受非学历教育和基础教育的人数相对较少，2020 年分别为 13499 人
和 9131 人，疫情的持续也对这两个部门带来较大影响，在 2021 年分别仅剩
7720 人和 5996 人（见表 7）。

表 7　2020～2021 年澳大利亚中国留学生注册学习层次分布

单位：人，%

类别	2020 年	2021 年	2021 年增长率
高等教育	160430	149702	-6.7
职业教育与培训	21724	16613	-23.5
基础教育	9131	5996	-34.3
海外学生英语精研课程	24664	9644	-60.9
非学历教育	13499	7720	-42.8

注：1. 统计数据不包括港澳台地区；2. 2021 年数据为 1～10 月，其他年份为 1～12 月；3. 同一
学生在同年可能同时在不同的教育部门中注册，例如一名学生先注册了海外学生英语精研课程后又
入学了高等教育，所以存在重复计算，故不同类别学生人数加总不一定等于相应年度的总数。

资料来源：Department of Education, Skills and Employment. Where do international students come
from and what do they study？［EB/OL］［2022-01-04］. https：//internationaleducation. gov. au/research/
datavisualisations/Pages/nationalitySummary. aspx。

除了西澳大利亚州和北领地之外，中国学生都是当地最大的国际学生群
体。在澳大利亚的中国学生分布相比国际学生总体有更明显的地域差异，这
与各州（地区）高校分布以及其中顶尖高校的国际学生录取比重（见表 3）
密切相关。有接近九成的中国学生在新南威尔士、维多利亚州和昆士兰州学
习和生活，2021 年接收中国留学生人数分别为 71603 人、52645 人和 21668
人，明显高于其后的南澳大利亚州（9247 人）。

从近 5 年的分布变化情况来看，塔斯马尼亚州和北领地是中国学生流入
增长最快的地区。2021 年，北领地的中国学生人数是 2016 年的近 1.5 倍，
但是由于本身基数较小，2021 年仅为 402 人，占在澳全部中国学生的 0.2%。
昆士兰州和新南威尔士州仍是选择人数快速增长中的主流留学目的地，5 年内
增幅分别为 23.8%和 20%。相比之下，南澳大利亚州（-17.3%）和西澳大利

亚州（-18.1%）则出现了显著下降。塔斯马尼亚州的中国学生人数5年内的增幅也较为可观，为51.0%，与排名在其之前的西澳大利亚州之间的差距总体上正在缩小（见表8）。

表8　中国留学生在澳大利亚各州（地区）历年分布情况

单位：人，%

各州（地区）	2016年	2017年	2018年	2019年	2020年	2021年	2021年占比	5年内增幅
新南威尔士州	59687	69737	77961	82066	76860	71603	42.6	20.0
维多利亚州	55096	64713	71665	72543	62976	52645	31.3	-4.4
昆士兰州	17501	21214	24615	26389	23883	21668	12.9	23.8
南澳大利亚州	11176	12209	12260	12562	11180	9247	5.5	-17.3
西澳大利亚州	5861	6466	6864	7000	5905	4803	2.9	-18.1
塔斯马尼亚州	2044	3292	4008	4756	4232	3086	1.8	51.0
北领地	163	197	257	345	425	402	0.2	146.6
澳大利亚首都地区	6871	8671	9894	9133	7677	6701	4.0	-2.5

注：1. 统计数据不包括港澳台地区；2. 2021年数据为1~10月，其他年份为1~12月；3. 由于同一学生在澳期间可能在不同州或地区、不同机构入学，故各州、地区国际学生相加的总和与实际中国留学生人数不相等。

资料来源：Department of Education，Skills and Employment. International Student Numbers［EB/OL］.（2021-12-21）［2022-01-04］. https：//www. dese. gov. au/international-data/data-visualisation-international-student-numbers。

澳大利亚的高等教育学历框架（Australian Qualifications Framework）比其他许多国家更为多样化，根据学生的职业发展需求提供教育时长和内容偏重不同的学位。3/4以上的中国学生在澳大利亚攻读授课型硕士学位［Masters Degree（Coursework）］和学士学位（Bachelor Degree）两个类别，2021年分别有69905人和56716人，相比2020年略有下降。其次为荣誉学士学位（Bachelor Honours Degree）、文凭（Diploma）项目和博士学位（Doctoral Degree），2021年人数分别为7984人、6459人和5242人。

副学士学位（Associate Degree）、学士后文凭课程（Graduate Diploma）以及硕士中申请流程更为复杂的研究型硕士学位［Masters Degree（Research）］和仅有少数专业开设的硕士（延伸课程）学位［Masters Degree（Extended）］就读的中国学生人数较少，均不足 1000 人。值得注意的是，学士后文凭证书（Graduate Certificate）、硕士（延伸课程）学位和博士学位中的中国学生人数在 2021 年出现了明显的逆势增长，体现了当前中国学生对在原有基础上通过进一步强化技能与知识的学习从而增强自己的就业竞争力的需求（见表 9）。

表 9　2020~2021 年澳大利亚中国留学生高等教育层次分布

单位：人，%

类别	2020 年	2021 年	2021 年增长率
文凭（Diploma）①	9143	6459	-29.4
副学士学位（Associate Degree）②	534	411	-23.0
学士学位（Bachelor Degree）	58634	56716	-3.3
荣誉学士学位（Bachelor Honours Degree）③	9329	7984	-14.4
学士后文凭证书（Graduate Certificate）	1322	1521	15.1
学士后文凭课程（Graduate Diploma）④	1005	789	-21.5
硕士（授课型）学位（Masters Degree（Coursework））	74847	69905	-6.6
硕士（研究型）学位（Masters Degree（Research））	569	552	-3.0
硕士（延伸课程）学位 Masters Degree（Extended）⑤	112	123	9.8
博士学位（Doctoral Degree）	4935	5242	6.2

注：1. 统计数据不包括港澳台地区；2. 2021 年数据为 1~10 月，其他年份为 1~12 月。

资料来源：Department of Education, Skills and Employment. Where Do International Students Come from and What Do They Study? [EB/OL] [2022 - 01 - 04]. https://internationaleducation. gov. au/research/datavisualisations/Pages/nationalitySummary. aspx。

① 在澳大利亚完成进入大学前的就读预科课程可获得 Diploma，但在中国教育系统中不能被认证为学位。以技术和职业课程为主的技术与继续教育（Technical and Further Education）学院、社区学院或其他私立学院项目也可授予 Diploma，在中国的学历认证中可被认证为大专学位。

② 副学士学位（Associate Degree）比 Diploma 偏重学术研究，偏向辅助专业人员的技能培养（paraprofessional work），时长为 2 年，职业教育和培训学院也可授予此学位，已有副学士学位者进入大学进修可以免一到两年的学分。

③ 荣誉学士学位（Bachelor Honours Degree）为在普通的本科学习的基础上申请多加一年的学习，完成自身专业科目的深入研究，申请竞争较为激烈且取得荣誉学士学位的学生可直接申请攻读博士学位。

④ 学士后文凭证书（Graduate certificate）通常是为特定的职业目的而设计的，例如拓宽在本科课程中已经获得的技能和知识，或者在新的专业领域中发展职业技能和知识。

⑤ 硕士（延伸课程）学位 [Masters Degree（Extended）] 主要为法律、医学、工程、社会工作或其他专业领域的人才准备，毕业生一般赋予博士研究生头衔，如法学领域授予法学博士（Juris Doctor）、工程领域授予 Engineers Australia 和 EUR-ACE 双认证、医学领域授予医学博士或硕士（Doctor/Master of Medicine）等。

2021 年，中国学生在澳大利亚留学的专业选择中排名前五位的领域分别为管理和贸易（62535 人）、信息技术（17036 人）、社会与文化（16435 人）、工程技术（14350 人）和创意艺术（10277 人）。其中，商科占比逾四成，仍然是中国学生赴澳留学的首选，同时在 2020~2021 年占比和人数略有下降，对比五年前即 2016 年时 57% 的占比下滑更为明显，存在向其他社会科学和理工科专业分流的趋势。另外，还有少数学生分布在自然和物理科学（9645 人）、建筑（6435 人）、健康（4151 人）、教育（3895 人）等专业（见表 10）。

表 10　2020~2021 年澳大利亚中国留学生高等教育专业分布

单位：人，%

专业	2021 年		2020 年	
	人数	占比	人数	占比
管理和贸易（Management and Commerce）	62535	41.8	71046	44.3
信息技术（Information Technology）	17036	11.4	17791	11.1
社会与文化（Society and Culture）	16435	11.0	15218	9.5
工程技术（Engineering and Related Technologies）	14350	9.6	16703	10.4
创意艺术（Creative Arts）	10277	6.9	10223	6.4
自然和物理科学（Natural and Physical Sciences）	9645	6.4	9383	5.8
建筑（Architecture and Building）	6435	4.3	6869	4.3
健康（Health）	4151	2.8	4394	2.7
教育（Education）	3895	2.6	3845	2.4
双学位（Dual Qualification）	2843	1.9	2959	1.8
农业与环境（Agriculture，Environmental and Related Studies）	1140	0.8	1250	0.8
跨领域项目（Mixed Field Programmes）	769	0.5	536	0.3
餐饮、酒店管理及个人服务（Food，Hospitality and Personal Services）	191	0.1	213	0.1

注：1. 统计数据不包括港澳台地区；2.2021 年数据为 1~10 月，其他年份为 1~12 月。

资料来源：Department of Education，Skills and Employment. Where Do International Students Come from and What Do They Study? [EB/OL] [2022-01-04]. https://internationaleducation.gov.au/research/datavisualisations/Pages/nationalitySummary. aspx。

在澳大利亚高校中，2019学年接收中国学生最多的5所学校分别为悉尼大学（21460人）、莫纳什大学（17096人）、墨尔本大学（16505人）、新南威尔士大学（16426人）和昆士兰大学（11349人），均为澳大利亚"八校联盟"（G8）成员校，且位于新南威尔士州、维多利亚州和昆士兰州三个国际学生集中地区（见表11）。据《澳大利亚金融评论》报道，目前在G8高校就读的中国学生占到了高等教育机构中中国学生总人数的65%，且2021年G8成员高校中来自中国的新生入学人数相比2020年增加了14.8%，而同期入学非G8高校的中国学生则大幅减少了31.2%[1]。对于中国学生在G8高校和非G8高校的入学率差距逐渐拉大的现象，澳大利亚国际教育协会（International Education Association of Australia）首席执行官菲尔·霍尼伍德（Phil Honeywood）说，相比来自印度和尼泊尔的学生看重留学作为获得永久居留的途径，中国学生更注重大学本身的声誉[2]。近年来，中国学生对顶尖高校的偏好更加凸显，来自排名位于世界前200名的大学的学位有利于增强自身在职业发展中的竞争力，同时也体现了中国学生的总体生源质量有所提高。

表11 2019学年中国学生在澳大利亚高校的分布人数

单位：人

所在州（地区）	大学	中国学生人数
新南威尔士州	查尔斯特大学	1364
	麦考瑞大学	4627
	南十字星大学	953
	新英格兰大学	225
	纽卡斯尔大学	2157
	悉尼大学*	21460
	新南威尔士大学*	16426
	悉尼科技大学	8669

---

① Julie Hare. Chinese Students Defy Predictions of Collapse［EB/OL］.（2021-09-21）［2022-02-08］. https：//www. afr. com/work - and - careers/education/chinese - students - defy - predictions-of-collapse-20210919-p58swl.

② Julie Hare. Chinese Students Defy Predictions of Collapse［EB/OL］.（2021-09-21）［2022-02-08］. https：//www. afr. com/work - and - careers/education/chinese - students - defy - predictions-of-collapse-20210919-p58swl.

续表

所在州（地区）	大学	中国学生人数
新南威尔士州	卧龙岗大学	2543
	西悉尼大学	1273
维多利亚州	迪肯大学	3771
	澳大利亚联邦大学	1015
	乐卓博大学	2181
	莫纳什大学*	17096
	皇家墨尔本理工大学	9070
	斯威本科技大学	852
	墨尔本大学*	16505
	神学院	—
	维多利亚大学	3852
昆士兰州	邦德大学	876
	中央昆士兰大学	237
	格里菲斯大学	2569
	詹姆斯库克大学	1143
	昆士兰科技大学	2789
	昆士兰大学*	11349
	南昆士兰大学	135
	阳光海岸大学	340
西澳大利亚州	科廷大学	2041
	伊迪斯科文大学	427
	默多克大学	405
	澳大利亚圣母大学	6
	西澳大利亚大学*	2696
南澳大利亚州	弗林德斯大学	2437
	阿德莱德大学*	4670
	澳大利亚托伦斯大学	—
	南澳大利亚大学	2198
塔斯马尼亚州	塔斯马尼亚大学	4129
北领地	查尔斯达尔文大学	275
澳大利亚首都地区	澳大利亚国立大学*	7550
	堪培拉大学	1033
（跨州）	澳大利亚天主教大学	362

注：带"＊"号的为澳大利亚"八大高校"（G8）联盟成员，即8所世界排名最高的顶尖大学。

资料来源：Omer Yezdani. Australia's Strategy to Revive International Education Is Right to Aim for More Diversity. ［EB/OL］（2021-11-26）［2022-01-25］. https：//theconversation. com/australias-strategy-to-revive-international-education-is-right-to-aim-for-more-diversity-172620。

　　澳大利亚为满足语言、学历、年龄、有效学生签证和健康等要求的国际学生提供毕业后工作签证，即485临时工作签证（subclass 485）。其中学士学位和授课型硕士学位毕业生、研究型硕士学位毕业生、博士学位毕业生可分别获得2、3、4年工作鉴证。作为积累海外工作经验的主要途径之一，485临时工作签证也是澳大利亚留学产业的重要吸引力和竞争力来源。根据澳大利亚内政部的数据，2014~2019年获得毕业后工作签证的中国学生人数呈现逐年上升趋势，但是增长率有一定的放缓。2019~2020财年中国学生获得毕业后工作签证的数量为10065人，相比2018~2019财年下降了20.8%，仅次于印度（19662人）。由于赴澳留学的中国学生人数减少及居留海外工作意愿受到新冠肺炎疫情的抑制，2020~2021财年获得毕业后工作签证的中国学生人数减半，排名滑落至第三，次于印度（17052人）和尼泊尔（9348人）（见图3）。

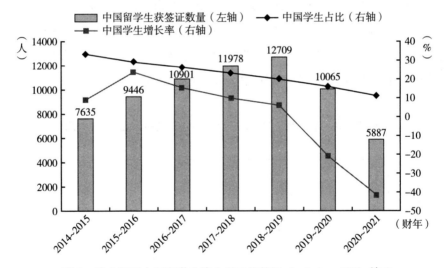

图3　澳大利亚中国留学生毕业后工作签证（subclass 485）情况

　　注：1. 统计数据不包括港澳台地区；2. 澳大利亚财年指前一年7月1日至次年6月30日。

　　资料来源：Department of Home Affairs. Student visa and Temporary Graduate Visa Program Report at June 30, 2021 ［R/OL］, 2021：76 ［2022-01-04］. https://www. homeaffairs. gov. au/research-and-stats/files/student-temporary-grad-program-report-june-2021. pdf。

（三）赴澳留学政策新动向

1. 澳大利亚教育界迫切期待国际学生回归，赴澳困难的情况将有所缓解

澳大利亚自 2020 年 3 月起封锁边境，国际旅客和留学生无法入境。截至 2021 年 12 月 20 日的数据显示，有将近四成的国际学生未能入境澳大利亚，大部分需要通过远程课堂学习，仅有极少数可通过与大学合作的第三方机构继续进行学业。2021 年 11 月 IDP 教育集团[①]在澳大利亚国际教育会议（Australian International Education Conference）上发布"新前景"（New Horizon）研究报告显示，对于疫情带来的教育模式改变，高达 79% 的学生仅考虑线下校园内学习，18% 的学生接受线上教学与线下学习选项同步保留，仅有 18% 的学生愿意考虑学习全部基于线上平台。[②] 另外，相比其他国家在疫情期间向国际学生发放补贴的支持措施，澳大利亚的纾困计划并未覆盖境内的国际学生也引发了不满。其中，由于中澳两国均采取了较为严格的出入境管控措施，多达 67.3% 的中国籍学生位于澳大利亚境外，远程学习对留学体验和效果造成较大影响（见表 12）。近两年来澳大利亚政府对于国际学生返校未有明朗清晰的政策，导致有意赴澳留学的学生对学习的成果和信心受到打击。

表 12 受到疫情和入境限制影响下的学生签证持有者在全球分布情况

单位：人，%

国家/地区	澳大利亚境外人数	总人数	位于澳大利亚境外人数占比
中国	83765	124412	67.3
印度	16954	66135	25.6
尼泊尔	3091	31555	9.8
越南	5130	17624	29.1

① IDP 教育集团在 1969 年由澳大利亚政府出资建立，是全球最大留学服务公司之一，前身为澳大利亚教育国际开发署。IDP 全球业务涉及留学服务、雅思（课程）考试和发展调研三大领域。

② IDP Connect. Press Release APAC：New Horizons. （EB/OL）（2021 - 10 - 06）[2022 - 01 - 25]. https://www.idp-connect.com/apac/articles/international-market-trends/on-campus-study-migration-routes-and-employment-will-drive-student-choice.

国家/地区	澳大利亚境外人数	总人数	位于澳大利亚境外人数占比
印度尼西亚	4118	11365	36.2
马来西亚	3028	11303	26.8
哥伦比亚	654	10487	6.2
巴基斯坦	2698	10417	25.9
韩国	2786	10354	26.9
菲律宾	2643	10338	25.6
其他国家或地区	31368	108353	28.9
总计	156235	412343	37.9

资料来源：Department of Education, Skills and Employment. Where Do International Students Come from and What Do They Study? [EB/OL]（2021-12-20）[2021-12-24] . https：//www. dese. gov. au/international-data/student-visa-holders-and-outside-australia。

新冠肺炎疫情导致澳大利亚的国际教育产业面临重大损失，根据澳大利亚高校联盟（Universities Australia）的数据，2020 年澳大利亚大学损失了 17300 个工作岗位，相比 2019 年损失约 18 亿澳元（约合 81.3 亿元人民币）的收入。① 2021 年 4 月，维多利亚大学米切尔教育与卫生政策研究所（The Mitchell Institute for Education and Health Policy at Victoria University）的模型预测，持续地关闭边境将导致澳大利亚的国际教育产业价值从 2019 年的逾 403 亿澳元腰斩至 2022 年底的 205 亿澳元，损失主要来自国际学生在澳大利亚购买的各类商品和服务。② 澳大利亚高等教育质量与标准局（Tertiary Education Quality and Standards Agency）基于 2021 年 10 月数据的一份关于新冠肺炎疫情对澳大利亚高等教育的后续影响评估认为，2021~2025 年，入境澳大利亚的国际学生注册人数（international onshore enrollments）可能将下降 25%，但相比来自其他国家的群体，预期中国学

① Universities Australia. 17, 000 Uni Jobs Lost to Covid-19. [EB/OL]（2021-02-03）[2022-01-25] . https：//www. universitiesaustralia. edu. au/media-item/17000-uni-jobs-lost-to-covid-19/.

② Victoria University. Stuck in Transit：International Student Update. [EB/OL] .（2021-04-28）[2022-01-25] . https：//www. vu. edu. au/mitchell-institute/tertiary-education/stuck-in-transit-international-student-update.

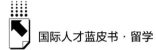

生的数量将保持稳定。① 同一时期，2021 年英国、加拿大和美国等主要留学目的国的学生签证申请数量已恢复增长。② 在此背景下，澳大利亚教育部门和经济部门对国际学生流失感到担忧，普遍期望政府充分认识到国际学生对澳大利亚经济及其疫后重振的重要作用，并且对国际学生重新开放边境。澳大利亚技术科学与工程院（Academy of Technological Sciences & Engineering，ATSE）首席执行官凯丽·沃克（Kylie Walker）表示，迫于旅行禁令的限制，国际学生无法继续参与研究项目也对澳大利亚的科研创新生态造成重大负面影响。

澳大利亚政府宣布自 2021 年 12 月 15 日起，完成疫苗全程接种的国际学生可以返回澳大利亚学习，在此基础上依据各州、地区规定执行检测和隔离。为吸引更多留学生返回，澳政府还宣布了一系列优惠措施，主要包括：①对于持有 2020 年 2 月 1 日之后的学生签证且由于疫情影响未能在原签证有效期内完成课程的学生可申请免除签证费，持有有效学生签证并在 2022 年 1 月 19 日至 3 月 19 日之间返澳者也可申请退还签证费用；③②由于疫情此前无法入境的毕业工签（subclass 485）持有人和前持有人可以申请延长及重新激活签证，同时获得授课型硕士学位者将获得 3 年的毕业工签，就读于职业教育培训机构的学生也将获得为期 2 年的毕业工签（subclass 485）；④③将暂时取消学生签证持有者每两周 40 个小时的工作时

① Tertiary Education Quality and Standards Agency. Forward Impact of Covid-19 on Australian Higher Education ［R/OL］，2021：14 ［2022 - 01 - 25］. https：//www. teqsa. gov. au/sites/default/files/forward-impact-of-covid-19-on-australian-higher-education-report. pdf？v=1635905249.

② Victoria University. Student，Interrupted：International Education and the Pandemic ［EB/OL］. （2021 - 12 - 14）［2022 - 01 - 25］. https：//www. vu. edu. au/mitchell - institute/tertiary - education/student-interrupted-international-education-and-the-pandemic.

③ Department of Home Affairs. COVID-19 and the Border：Student Visas. ［EB/OL］（2022-01-25）［2022-01-26］. https：//covid19. homeaffairs. gov. au/student-visas.

④ Department of Education，Skills and Employment. Further Support for International Education Sector and International Students ［EB/OL］. （2021 - 11 - 25）［2022 - 01 - 25］. https：//ministers. dese. gov. au/tudge/further-support-international-education-sector-and-international-students.

间上限。①

同时，国际学生返澳将分多个阶段执行，各州内部分批参与国际学生返澳计划的学校将为第一批选中的学生安排专机、资助在指定设施中的隔离费用等。值得注意的是，第一阶段允许返回的有限名额主要供给需迫切返回完成实践项目的学生（如健康和医学专业的学生）及研究生，第二阶段将扩大范围至其他类别的学生，自行返澳仍然取决于计划的执行情况及澳大利亚的疫情形势。

2. 拟出台新政策复苏国际教育，促进国际教育全方位多元化发展

在全球新冠肺炎疫情控制逐步转好、各主要留学目的国开始着手恢复国际教育产业的背景下，在澳大利亚教育界的推动下，澳政府在 2021 年 11 月发布了《澳大利亚国际教育战略 2021 ~ 2030》（Australian Strategy for International Education 2021-2030），在已有教育系统的基础上，针对提高澳大利亚国际教育产业的全球竞争力、改善国际学生学习居住体验和发挥国际人才在促进澳大利亚科研创新中的潜力等目标提出了长期计划。

（1）借助数字科技赋能，开发跨境教育（Transnational Education）新产品②

疫情期间在线和远程课程的大规模应用普及使国际教育和教学模式正在发生快速且深刻的迭代。2019 年澳大利亚的国际学生中有 80% 在澳大利亚境内和线下进行学习，但是面对疫情导致的封锁管控措施时，此前澳大利亚对于跨境远程教育相比其他主要留学目的国处于明显劣势。根据 IDP Connect "新前景" 研究报告，有 66% 原本只考虑赴海外留学的国际学生表示，如果有进入排名较高的大学的机会，他们将考虑在本国完成学业。③

① Department of Home Affairs. Temporary Relaxation of Working Hours for Student Visa Holders. ［EB/OL］（2022-01-19）［2022-01-25］. https：//immi. homeaffairs. gov. au/visas/getting-a-visa/visa-listing/student-500/temporary-relaxation-of-working-hours-for-student-visa-holders.

② Department of Education，Skills and Employment. Australian Strategy for International Education 2021- 2030. ［R/OL］，2021：8 - 10. ［2022 - 01 - 25］. https：//www. dese. gov. au/australian-strategy-international-education-2021-2030.

③ DP Connect. Press Release APAC：New Horizons. （EB/OL）（2021 - 10 - 06）［2022 - 01 - 25］. https：//www. idp - connect. com/apac/articles/international - market - trends/on - campus - study-migration-routes-and-employment-will-drive-student-choice.

同时，澳大利亚还关注到了新兴市场中有获得高质量的高等教育和职业教育需求，但可能无法负担在澳大利亚或其他发达国家全日制学习的潜在学生群体，差异化定价的在线授课、线上—线下混合学习等多种模式将更好地满足这些群体的需要。因此，澳大利亚鼓励教育机构积极推进数字化转型，同时寻求国际合作伙伴来实现澳大利亚课程在当地的运营及质量保证。未来国际合作办学与"在地留学"模式可能将迎来新的发展机遇，全球更多学生将通过此类便利的方式获得高质量教育。

（2）更加注重对澳经济社会发展所需技能的培养，弥补劳动力短缺

目前，澳大利亚大学中接近半数的国际学生都集中在商业和贸易（Business and Commerce）专业，但是工程、数学、科技和卫生相关专业等关键领域的国际学生数量明显低于其他经合组织（OECD）成员国的平均水平。国家技能委员会（The National Skills Commission）已确定澳大利亚在新兴领域未来发展中需求最大的技能列表，包括数字和数据专家、卫生健康相关执业人员、各类工程师（尤其是能源行业）以及其他澳大利亚优势领域相关技能。[①] 政府鼓励教育机构进一步明确重点技能和制定有关培养计划，以此吸引更多国际学生到此类澳大利亚急需技能专业中就读，并在毕业后更加顺畅地开始相关领域的职业发展。需要激励和引导更多就读研究型硕士和博士的国际学生进入前沿领域（尤其是人工智能、量子计算机和数字化），以此提高澳大利亚教育的研究水平。另外，澳大利亚还计划与全球相应产业合作伙伴增加密切对接，进一步改善将研究成果转化为实质的创新产品和商业收益的表现。

根据 IDP 教育集团的分析，其他较受国际学生欢迎且在澳大利亚就业市场中需求较大、移民更加便利的十大专业为：会计学、精算学、生物制药工程、核心技术工程（Core Engineering，包括电气电子、通信、化学、机械等传统工程）、地球科学（Earth Science）、计算机与信息技术、心理学及旅

---

① Department of Education, Skills and Employment. Australian Strategy for International Education 2021-2030. ［R/OL］，2021：11-13. ［2022-01-25］. https：//www. dese. gov. au/australian-strategy-international-education-2021-2030.

游和酒店管理等。[①] 中国学生在其中众多板块中的分布仍然较少，在澳大利亚政府有关支持政策的加持下，更多学生将可能从商科专业分流至其他领域，专业选择将更加多元化。

（3）使用移民政策杠杆，鼓励更多国际学生到人才短缺的地区学习生活

国际学生在澳大利亚的分布主要集中在新南威尔士州、维多利亚州、昆士兰州三个州及其中的悉尼、墨尔本和布里斯班三个大都会地区，为了促进当地经济发展和就业，自 2019 年起澳大利亚政府为前往墨尔本、悉尼、布里斯班以外的城市学习和工作的国际人才提供了多种利好政策[②]。主要包括 ① 延长毕业工签的有效期至 3 年；② 对符合要求的学生提供州政府和院校奖学金；③ 可申请偏远地区[③]技术移民签证 ［Skilled Work Regional （Provisional） visa， 即 subclass 491］、偏远地区雇主担保签证 ［Skilled Employer Sponsored Regional （Provisional） visa，即 subclass 494］、偏远地区永居技术移民签证 ［Permanent Residence （Skilled Regional） visa，即 subclass 191］ 等移民通道；④ 在澳大利亚技术移民 EOI 打分中可获得额外加分；⑤ 增加非大都会地区技术移民配额等。另外，西澳大利亚州、南澳大利亚州、昆士兰州、塔斯马尼亚州、澳大利亚首都地区、北领地这些地区的生活成本较低，同时疫情防控效果更好，在生活环境上的吸引力进一步凸显，未来国际学生可能向这些地区分流。

3. 中澳关系紧张对留学构成的冲击有限，但局势仍有不确定性

自 2018 年以来，中澳两国之间在经济贸易、地缘政治以及新冠溯源等问题上的摩擦争端不断，导致双边关系紧张，在经济、投资、科技和人文交流领域的合作减少。新冠肺炎疫情在澳大利亚蔓延后，针对华裔及其他亚裔群体的偏见、歧视甚至袭击事件激增。2020 年 6 月，教育部发布

---

① IDP. Top 10 Most Popular Courses for International Students in Australia ［EB/OL］．［2022 - 01 - 25］. https：//www. idp. com/australia/study-to-migrate/popular-courses-for-international-students/.

② Department of Home Affairs. Regional Migration. ［EB/OL］（2021 - 05 - 18）［2022 - 01 - 26］. https：//immi. homeaffairs. gov. au/visas/working-in-australia/regional-migration.

③ 除悉尼、墨尔本、布里斯班之外的地区均为受指定的偏远地区。

了 1 号留学预警，提醒广大留学人员做好风险评估、谨慎选择赴澳学习。此举也引发了澳大利亚教育界的担忧，八大联盟及国际教育协会均出面向中国驻澳大使馆致函，请求相关部门重新考虑该提议。事实上，目前的两国关系紧张主要源于当下复杂的国际环境下澳大利亚政府及政客寻求依附于美国而对中国展现出强硬的对抗姿态，中澳之间经济关系密切并且无实质性的冲突，澳大利亚学术界对中国学生总体也持开放态度并无排斥行为出现。问卷调查显示，中国学生对于留学澳大利亚的偏好并未受到明显冲击，构成澳大利亚留学吸引力和中国学生对其需求的因素中，"教育质量高"、"成绩在澳大利亚能申请排名更高的学校"和"申请比较便捷"的教育水平和个人发展因素以及"社会治安和新冠肺炎疫情管控相比其他许多留学目的国更好"的社会因素并未受到影响。① 另外，从强制性层面上看，教育部发出的预警为劝告性质，而非强制措施限制赴澳留学。因此，目前中澳关系紧张对个人赴澳留学决定影响较为有限。同时值得关注的是，当前局势下如果政治层面的冲突进一步恶化，未来可能会出现类似于已在美国发生的针对中国学生的签证审查更加严格、限制中国学生学习特定专业等挑战。

二 中国学生赴新西兰留学现状

（一）新西兰国际学生总体情况

1. 近年来国际学生人数呈下降趋势，受疫情影响大

根据新西兰教育部的数据，2013~2016 年，新西兰自费国际学生人数不断上升，从 2013 年的 89140 人上升至 2016 年的 125425 人，2013~2014 年、2014~2015 年增长率均超过 14%，增幅较大。2017~2019 年，自费国际学生人数略微有所下降，由 2017 年的 118300 人下降至 2019 年的 110090 人，总

---

① 指南针留学移民：《经历了种种摩擦和冲突，澳洲现仍是中国留学生首选》．[EB/OL]（2020-07-01）[2022-04-27]．https：//www.sohu.com/a/405063260_ 110665。

体来说变化幅度较为平稳。而到了新冠肺炎疫情暴发的 2020 年，国际学生总人数则降到了 68615 人，相比 2019 年大幅下降了 37.67%（见表 13）。在疫情期间，新西兰政府实施了较为严格的签证以及入境政策，对新西兰留学事业产生了较大的影响。

表 13　历年新西兰自费国际学生总数

单位：人，%

年份	人数	增长率
2013	89140	—
2014	101945	14.37
2015	117035	14.80
2016	125425	7.17
2017	118300	-5.68
2018	110790	-6.35
2019	110090	-0.63
2020	68615	-37.67

资料来源：New Zealand Ministry of Education. Export Education Levy：Full-year Statistics 2020. ［EB/OL］.（2021-09-01）［2021-12-08］.https：//www.educationcounts.govt.nz/statistics/international-students-in-new-zealand。

2. 国际学生来源地以亚洲为主，中国、印度是最大来源国

新西兰教育部的数据显示，在 2020 年新西兰所有国际学生中，来自亚洲的有 57450 人，占总人数的 83.7%，而来自欧洲、拉丁美洲与加勒比地区的国际学生次之，分别有 3935 人与 3230 人，占比为 5.7% 与 4.7%（见图 4）。可以看出新西兰国际学生绝大多数来自亚洲。从国别分布来看，根据国际教育协会的统计，来自中国与印度的国际学生人数最多，中国 21485 人，印度 13795 人，分别占比为 31.31% 与 20.10%，来自这两国的国际学生人数之和超过了新西兰国际学生总人数的一半。此外，来自日本、韩国、越南的国际学生人数也较多，分别为 5880 人、4250 人、1920 人，占比分别为 8.57%、6.19%、2.80%（见表 14）。

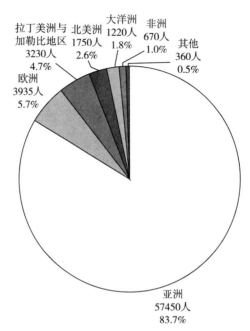

图4 2020年新西兰自费国际学生来源洲际分布

注：因四舍五入缘故，各洲数据加总不等于总数68615。

资料来源：New Zealand Ministry of Education. Export Education Levy：Full-year Statistics 2020. ［EB/OL］. （2021－09－01）［2021－12－08］. https：//www. educationcounts. govt. nz/statistics/international-students-in-new-zealand。

表14 2020年新西兰国际学生主要来源国家及学生人数

单位：人，%

国家	人数	占比
中国	21485	31.31
印度	13795	20.10
日本	5880	8.57
韩国	4250	6.19
越南	1920	2.80
美国	1470	2.14
菲律宾	1435	2.09
马来西亚	1195	1.74
其他	17185	25.05
总计	68615	100.00

资料来源：New Zealand Ministry of Education. Export Education Levy：Full-year statistics 2020. ［EB/OL］. （2021－09－01）［2021－12－08］. https：//www. educationcounts. govt. nz/statistics/international-students-in-new-zealand。

3. 国际学生主要分布于奥克兰地区，坎特伯雷、怀卡托、惠灵顿也有较多国际学生

从地区分布来看，在新西兰的国际学生中，有 35275 名就读于奥克兰的大学，占全部学生的 51.4%。奥克兰作为新西兰第一大城市，拥有新西兰名列前茅的奥克兰大学，教育资源丰富，教育国际化水平高，深受国际学生青睐。坎特伯雷地区位居第二，有 7185 名国际学生，占比 10.5%，坎特伯雷地区的基督城拥有工程强校坎特伯雷大学以及以农业闻名的林肯大学，对国际学生有较强吸引力。此外，怀卡托、惠灵顿地区的国际学生也较多，分别占比 7.0% 与 6.7%，这两地也拥有综合实力强劲的怀卡托大学以及惠灵顿维多利亚大学。此外值得注意的是，受新冠肺炎疫情影响，有不少国际学生并未实际到校上课，而是选择远程学习，这部分学生共有 5185 人，占比 7.6%（见表 15）。

表 15　2020 年新西兰自费国际学生区域分布

单位：人，%

地区	人数	占比
奥克兰	35275	51.4
坎特伯雷	7185	10.5
怀卡托	4805	7.0
惠灵顿	4590	6.7
奥塔哥	3315	4.8
富足湾	3115	4.5
马纳瓦图-旺加努伊	2415	3.5
塔拉纳基	1145	1.7
尼尔逊	995	1.5
南地	905	1.3
霍克湾	845	1.2
北地	440	0.6
塔斯曼	160	0.2
马尔堡	50	0.1
吉斯伯恩	30	0.0
西岸	20	0.0

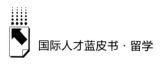
国际人才蓝皮书·留学

续表

地区	人数	占比
校外学生（Extramural）	5185	7.6
其他	535	0.8
总计	68615	100.0

注：对于公立高等教育机构，学生在他们入学的每个地区都被计入，因此新西兰各区国际学生人数之和与总计之间存在一定人数差异。

资料来源：New Zealand Ministry of Education. Export Education Levy：Full－year statistics 2020. ［EB/OL］.（2021－09－01）［2021－12－08］. https：//www.educationcounts.govt.nz/statistics/international－students－in－new－zealand。

4. 国际学生主要学习专业为商业管理与理工类学科，对于英语培训（ESOL）也有较高需求①

如图 5 所示，在就读于公立学校的国际学生中，有 14640 人学习商业与管理学，占比最高，为 31%。学习自然科学、信息技术、工程技术等理工学科人数也较多，加起来共有 12695 人，占比约 27%。此外，有约 7000 人就读于社会与文化相关专业（含非母语者英语教育专业，以下简称 ESOL），占比 15%。攻读这三类主要学科的学生比例为 73%。另外，健康、综合学科、教育、创意艺术等较为小众的专业也有一定的就读比例。在私立学校 12150 名国际学生中，共有 10345 人就读于 ESOL 项目，占比为 85.14%（见表 16），占私立学校国际学生的绝大多数。ESOL 作为为非英语母语国际学生设立的语言培训项目，在新西兰国际教育体系中具有很高的重要性，ESOL 项目可以帮助国际学生提高英语水平、更好适应英语学习，同时也是申请永居签证的重要条件，坎特伯雷大学、梅西大学、林肯大学等部分高校也可以使用 ESOL 课程来替代英语语言考试。②

---

① ESOL（English for Speakers of Other Languages，非母语者英语教育）项目旨在为非英语背景的国际学生以及移民学生提供英语教育，主要通过具有真实情景的课程和试题来训练与考察学生的英语运用能力。

② 刘娟：《新西兰这三所国立大学可免雅思，接受 International ESOL 成绩》［EB/OL］.（2020－10－12）［2021－12－09］. https：//liuxue. xdf. cn/blog/liujuan22/blog/2352903. shtml。

170

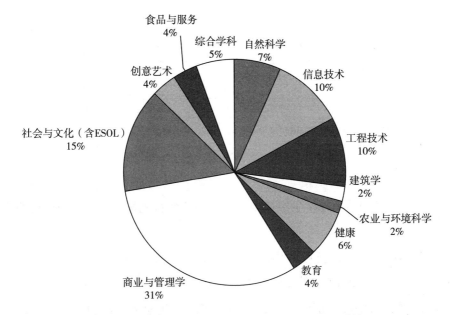

图 5　2020 年新西兰自费国际学生学科分布（公立学校）

资料来源：New Zealand Ministry of Education. Export Education Levy：Full-year statistics 2020. ［EB/OL］.（2021 - 09 - 01）［2021 - 12 - 08］. https：//www. educationcounts. govt. nz/statistics/international-students-in-new-zealand。

表 16　2020 年新西兰自费国际学生学科分布（私立学校）

单位：人，%

学科	人数	比例
自然科学	140	1.15
信息技术	75	0.62
工程技术	35	0.29
建筑学	0	0.00
农业与环境科学	0	0.00
健康	120	0.99
教育	5	0.04
商业与管理学	755	6.21
社会与文化(不含 ESOL)	20	0.16
非母语者英语教育（ESOL）	10345	85.14
创意艺术	35	0.29
食品与服务	385	3.17

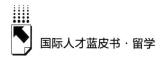

续表

学科	人数	比例
综合学科	0	0.00
未知	235	1.93
总计	12150	100.00

资料来源：New Zealand Ministry of Education. Export Education Levy：Full－year statistics 2020. ［EB/OL］.（2021－09－01）［2021－12－08］. https：//www. educationcounts. govt. nz/statistics/international－students－in－new－zealand。

5. 新西兰自费国际学生多集中于公立高等教育机构，私立学校受疫情冲击严重

2012~2019 年，新西兰中小学国际学生人数不断增长，从 2012 年的 15450 人增长至 2019 年的 22895 人，占比也从 16.87% 增长到 20.80%。而 2020 年受新冠肺炎疫情的影响，中小学国际学生总人数降至 14840 人，但占总国际学生人数的比重有所增长，增至 21.63%。

对于综合性大学以及技能与技术学院①等公立高等教育机构来说，近年来国际学生增势迅速，国际学生人数由 2012 年的 41550 人增长至 2019 年的 55695 人，占比由 45.36% 提升到 50.59%。2020 年公立高等教育机构国际学生人数减少，但占比进一步上升，达 61.25%，这说明在公立高等教育机构就读的国际学生已成为新西兰国际学生的重要组成部分，受疫情影响相对较小。

私立高等教育机构主要包括训练各项技能的私立培训机构（Private Training Establishments），国际学生就读人数自 2012~2016 年快速增长，从 30505 人增至 45765 人，而从 2017 年到 2019 年则处于下降趋势，人数降至 30135 人，占比也比 2012 年略有下降。2020 年，受到疫情冲击，在私立高等教育机构就读的国际学生人数降幅较大，下降到了 11165 人，占比也降至 16.27%，首次低于中小学国际学生的人数与占比，这主要是由于新西兰私

---

① 新西兰政府对技能与技术学院的官方名称为毛利语 Te Pūkenga，对应的英语为 New Zealand Institute of Skills and Technology。

立高等教育机构的办学与企业、信托机构等息息相关，政府保障较少，受到疫情的冲击较大（见表17）。

表17 历年新西兰自费国际学生学校类型分布

单位：人，%

年份	中小学	占比	公立高等教育机构	占比	私立培训机构	占比	语言学校	占比	学生总数
2012	15450	16.87	41550	45.36	30505	33.30	4090	4.47	91595
2013	15750	17.67	40955	45.94	28105	31.53	4330	4.86	89140
2014	16510	16.20	46320	45.44	34600	33.94	4510	4.42	101945
2015	16950	14.48	54160	46.28	41770	35.69	4150	3.55	117035
2016	19200	15.31	56355	44.93	45765	36.49	4105	3.27	125425
2017	20240	17.11	54970	46.47	39475	33.37	3620	3.06	118300
2018	21670	19.56	55010	49.65	32170	29.04	2095	1.89	110790
2019	23575	21.41	55700	50.59	30135	27.37	1380	1.25	110770
2020	14840	21.63	42025	61.25	11165	16.27	600	0.87	68615
2021	6385	16.97	27200	72.30	3880	10.31	160	0.43	37620

资料来源：New Zealand Ministry of Education. Export Education Levy：Full-year statistics 2020. [EB/OL]. (2021-09-01) [2022-09-08] . https：//www.educationcounts.govt.nz/statistics/international-students-in-new-zealand。

注：此表中的总计已四舍五入到最近的5，以保护个人隐私，因此个人计数总和可能不会等于总数。

（二）新西兰中国留学生概况

1. 中国学生人数总体占比较高，人数下降受新西兰留学大环境影响大

2013~2017年，在新西兰留学的中国学生人数不断增长，从2013年的24810人增长到2017年的38555人，占国际学生总人数的比重也从27.8%上升至32.6%（见图6），中国不仅是新西兰的第一大国际学生来源国，也成为新西兰留学事业发展的重要动力源。而2018、2019两年，来自中国的国际学生人数略有下降，分别为36020人与35460人。2020年，受疫情影响来自中国的国际学生人数进一步下降，降至21485人。值得注意的是，虽然来自中国的国际学生人数有所下降，占比却一直保持着较稳定的水平，

2020 年占比为 31.3%，与最高时期的 32.6% 变化不大。总的来说，中国留学生受到新西兰留学大环境以及新冠肺炎疫情的整体影响，近几年人数出现一定程度下降。

图 6 2013~2020 年新西兰中国自费学生人数与占国际学生比重

资料来源：New Zealand Ministry of Education. Export Education Levy：Full-year Statistics 2020. ［EB/OL］. （2021-09-01）［2021-12-08］. https：//www. educationcounts. govt. nz/ statistics/international-students-in-new-zealand。

2. 中国学生专业选择集中于商科，选择社会科学与艺术学科的比例高于整体比例

根据国际教育协会的数据，与整体国际学生专业选择情况相似，在新西兰的中国学生学习最多的专业与商业相关，有 10095 人，占比 29%（见图7）。选择数学、自然科学、工程学等理工科的学生之和为 9910 人，占比 28%。这两类专业占比与整体国际学生情况相近。选择学习社会科学的学生总人数为 8605 人，占比 25%，高于整体国际学生比例。选择攻读这三类主要学科的比例达到了全体学生总人数的 82%。值得注意的是，有 3165 名中国学生选择攻读艺术相关专业，占比为 9%，也高于整体国际学生比例。总的来说，中国学生在新西兰最集中的专业类型为商科与理工科，此外社会科学与艺术也受中国学生青睐。

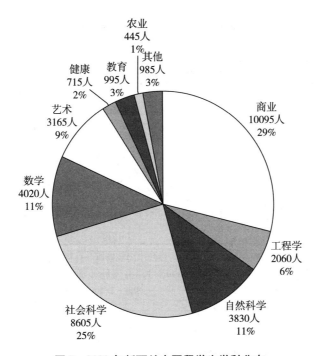

图7　2020年新西兰中国留学生学科分布

资料来源：IIE. Project Atlas：New Zealand. ［EB/OL］. （2021 - 10 - 01）［2021 - 12 - 02］. https：//www.iie.org/Research-and-Insights/Project-Atlas/Explore-Data/New-Zealand。

3. 中国学生大多数于公立高等教育机构就读，受疫情影响人数减少

2012～2019年，中国在新西兰自费国际学生大多数就读于公立高等教育机构，人数增长较快、增长幅度较大，从13460人增长至20610人，占比从55.23%上升到58.12%（见表18）。而就读私立高等教育机构的学生有所下降，从7330人降至5135人，占比也从30.08%降至14.48%。2020年，在疫情的影响下，来自中国的国际学生总体来说人数下降，就读于公立高等教育机构的中国学生占比有所上升，而就读于私立高等教育机构的中国学生占比则快速下降。总而言之，与新西兰整体国际学生情况类似，中国赴新西兰国际学生受疫情影响人数整体变少，选择偏好更倾向于公立高等教育机构而非私立高等教育机构。

表18　新西兰中国自费国际学生学校类型分布

单位：人，%

年份	公立高等教育机构	占比	私立高等教育机构	占比	总人数①
2012	13460	55.23	7330	30.08	24370
2013	14305	57.66	6505	26.22	24810
2014	16255	58.79	6675	24.14	27650
2015	18040	56.99	7635	24.12	31655
2016	19625	54.15	9410	25.96	36245
2017	20530	53.25	9555	24.78	38555
2018	20830	57.83	6175	17.14	36020
2019	20610	58.12	5135	14.48	35460
2020	14130	65.77	1810	8.42	21485

说明：此人数包括高等教育与非高等教育阶段的中国在新西兰自费留学生总人数。

资料来源：New Zealand Ministry of Education. Export Education Levy：Full-year statistics 2020.〔EB/OL〕.（2021-09-01）〔2021-12-08〕. https：//www. educationcounts. govt. nz/statistics/international-students-in-new-zealand。

（三）新西兰留学新政策与趋势

1. 在疫情期间实施较为严格的入境政策，对留学事业造成影响

自疫情以来，新西兰一直实行较严格的边境限制政策，所有来自境外的游客，除了新西兰公民、永久居民及亲属，几乎都受到了旅行限制。仅有少部分国际学生可以分批次地入境，如在2021年1月14日，新西兰政府宣布，将允许1000名在新西兰接受高等教育且攻读学士及以上学位的国际学生从2021年4月起分阶段返回新西兰。① 在2021年11月，又豁免了1000名国际学生的入境限制。② 但总体来说，大部分国际学生仍无法返回新西兰进行学习，严格的入境措施对新西兰留学事业的发展有着较大影响，造成了新西兰在疫情暴发后国际学生人数大幅下降，也对新西兰的经济造成影响。

---

① 《新西兰将允许1000名留学生入境》，〔EB/OL〕. 新华网，（2021-01-14）〔2022-01-28〕. http：//www. xinhuanet. com/asia/2021-01/14/c_ 1126982894. htm。

② New Zealand Ministry of Education. Border class exception for 1000 international tertiary students.〔EB/OL〕.（2021-11-29）〔2021-12-09〕. https：//www. education. govt. nz/news/border-class-exception-for-1000-international-students/.

　　针对这一情况，新西兰正逐步放宽入境限制。2021 年末，新西兰对于入境人员有着以下三点要求：大多数非新西兰公民在前往新西兰之前必须完全接种疫苗；大多数前往新西兰的旅行者需要核酸检测结果为阴性；除新西兰、澳大利亚、汤加等少数国家公民外，大部分旅客都需要在抵达新西兰后进行约 14 天的隔离，此即新西兰实行的入境集中隔离和检疫制度（Managed Isolation and Quarantine，MIQ），并需要在登机前提供集中隔离分配系统（Managed Isolation Allocation System）的凭证，以确认在隔离设施中的位置。[①]

　　新西兰政府也规划于 2022 年分阶段简化减少入境隔离措施，以期能最终实现重新开放边境。新西兰新冠肺炎疫情应对部长克里斯·普希金斯于 2021 年 11 月 24 日宣布，新西兰预计于 2022 年分三个阶段开放边境：在第一阶段，完全接种疫苗的合格旅行者可以从澳大利亚前往新西兰，并进行自我隔离，而无须进行 MIQ，符合条件的旅客将被要求在澳大利亚停留至少 14 天，并在旅行前达到健康要求。第二阶段，完全接种疫苗的合格旅行者可以从除高风险国家（Very High-Risk Countries）以外的任何地方前往新西兰，并进行自我隔离，而无须经过 MIQ；旅行人员在旅行前必须达到健康要求。第三阶段，所有拥有签证的人员在完全接种疫苗并符合健康要求后，能够分批次返回新西兰，并进行自我隔离。这个三阶段计划本预定于 2022 年初实行，但由于疫情形势的变化有所推迟。[②]

　　2. 新西兰签证发放受限，但政府正推行积极措施

　　2018 年 8 月，新西兰政府改革了利好国际学生的留学后工作签证（post-study work）政策，只要在新西兰就读符合要求的高等教育学历，在毕业后均可获得最长三年在新西兰求职、就业的机会，并且不受雇主与行业的限制。如此便利的工作机会是国际学生选择留学新西兰的重要理由之一。

---

① Immigration New Zealand. COVID-19.［EB/OL］.（2022-1）［2022-01-28］. https：//www. immigration. govt. nz/about-us/covid-19.

② Immigration New Zealand. New Zealand Border Entry Requirements.［EB/OL］.（2022-1）［2022-01-28］. https：//www. immigration. govt. nz/about-us/covid-19/border-closures-and-exceptions/entry-to-new-zealand/border-entry-requirements.

在新西兰的教育体系中，依据新西兰资质框架（New Zealand Qualifications Framework，NZQF），所有学历共分为 10 个等级（Level），第 10 等级最高，第 1 等级最低。① 攻读第 4~6 等级的学生毕业后可获得相关证书（Certificate）与文凭（Diploma），大致相当于国内的大专文凭。这些等级的学生可以凭借学习超过 60 周的资质证明，或两项超过 30 周的资质证明来申请 1~2 年的工作签证。攻读第 7 等级学位及以上的国际学生，包括拥有学士学位（Bachelor Degree）、学士后文凭（Postgraduate Diploma）、硕士学位（Master Degree）、博士学位（Doctoral Degree）的毕业生，可以凭借超过 30 周的学习证明来申请 3 年的工作签证。② 拥有多学历的毕业生可以申请更长的工作签证。但是，仅获得修读 ESOL 课程的学生无法申请工签。

与入境政策相似，新西兰政府在疫情期间对于签证也有着严格的限制。2020 年 7 月 31 日，新西兰移民局官方发布：自 2020 年 8 月 10 日起，新西兰移民局将暂停海外签证申请。海外旅客可以尝试提交边境豁免意向书（Border Exception Expression of Interest）以获得入境的机会，但需要缴纳45~380 新西兰元的申请费用。③ 在海外想要申请学生签证以及留学后工作签证的国际学生都会受到影响。截至 2021 年底，新西兰移民局仍暂停对新西兰以外的大多数个人的签证处理，除非他们符合严格的边境豁免标准，或目前在澳大利亚等免隔离区域。新西兰移民局将继续为那些不受边境限制的人以及那些获得边境豁免的人办理签证。④ 2022 年 7 月 31 日，新西兰政府

---

① New Zealand Ministry of Education. Understanding the New Zealand Education System. ［EB/OL］．（2020-1）［2022-01-28］．https：//www. studyinnewzealand. govt. nz/blog/category/studying/understanding-the-new-zealand-education-system#NZQF.

② Immigration New Zealand. Acceptable Qualifications for a Post-study Work Visa. ［EB/OL］．（2022-1）［2022-01-28］．https：//www. immigration. govt. nz/new-zealand-visas/apply-for-a-visa/tools-and-information/work-and-employment/acceptable-qualifications-for-a-post-study-work-visa.

③ 李慧钰：《各国政策系列：新西兰留学生工签问题官方回复》，［EB/OL］．（2021-02-03）［2022-01-28］．https：//www. sohu. com/a/448417587_ 107743。

④ Immigration New Zealand. Restrictions on Visa Processing Outside New Zealand. ［EB/OL］．（2022-1）［2022-01-28］．https：//www. immigration. govt. nz/about-us/covid-19/border-closures-and-exceptions/entry-to-new-zealand/restrictions-on-visa-processing-outside-new-zealand.

宣布对已接种疫苗或受豁免的未接种疫苗人员全面开放边境。①

新西兰政府也正推动积极的政策以减少疫情的不利影响。在 2022 年 1 月末，新西兰移民局正在进行对签证系统的升级，采用了新的无纸化处理技术，使得签证申请的材料准备更为便利、处理时间也有所缩短。② 新西兰政府推荐目前尚未申请到签证、无法入境的国际学生进行网上学习。在境外线上学习的国际学生现在尚且不能申请学生签证与留学后工作签证，但可以提供在线学习的相关证据，在边境限制取消后进行签证申请，继续回到新西兰学习。③

---

① New Zealand Government. Who Can Enter New Zealand. ［EB/OL］. （2022-8-12）［2022-8-26］. https：//covid19. govt. n2/international-travel/who-can-enter-new-zealand/.

② Immigration New Zealand. Enhancements to Immigration Online. ［EB/OL］. （2022-1）［2022-01-28］. https：//www. immigration. govt. nz/about-us/our-online-systems/enhancements-to-immigration-online.

③ Immigration New Zealand. You Want to Study in New Zealand. ［EB/OL］. （2022-1）［2022-01-28］. https：//www. immigration. govt. nz/about-us/covid-19/border-closures-and-exceptions/covid-19-information-for-student-visa-holders.

海归发展篇

Reports on Chinese Returnees

B.6
留学人员毕业三年后发展情况分析

曹 晨　韩媛媛*

摘　要： 海外留学人员一直以来都是我国人才资源库的重要组成部分。为了进一步了解留学人员的发展情况，麦可思研究院通过分析2015届、2016届和2017届国外读研毕业生三年后的调查数据，并与同届国内研究生数据进行对比（包括留学人员回国趋势、留学人员去向以及国内就业质量等内容），展现留学人员回国就业现状。研究显示，留学人员近年来的回流率有较大幅度回升，回国后流向直辖市和副省级城市的趋势明显，民营及三资企业仍是吸纳留学生的主体。此外，留学回国人员在信息传输/软件和信息技术服务业、教育业等行业就业的比重有所上升，在金融业就业的比重有一定程度的下降，自主创业的比例明显高于国内读研毕业生。2015～2017届留学人员毕业三年后薪资水平、就业现状满意度均持续上升。

---

* 曹晨，麦可思研究院研究总监，主要研究方向为高等教育及高等教育数据挖掘；韩媛媛，麦可思研究院研究员，主要研究方向为高等教育。

关键词： 留学人员　国内读研毕业生　三年后就业现状　就业质量

随着我国经济的飞速发展及国民物质生活的极大提高，国民对优质教育资源的消费需求进一步提升，出国留学逐渐"大众化"，同时，"出国潮"伴随着"归国潮"。本文通过对麦可思 2015~2017 届的国外读研毕业生调查数据及同届国内读研毕业生相关数据进行对比分析，展示国外读研毕业生毕业三年后的人才回流情况及就业现状。①

一　中国留学人员回国趋势

（一）我国留学人员回流率回升幅度较大

留学人员回国服务工作部际联席会议的数据显示，我国留学回国人员总数至 2019 年底已达到 423.2 万人，其中 2019 年占 58.0 万人，再创历史新高。② 随着中国经济的腾飞，自进入 21 世纪以来，中国已逐步成为最主要的"人才回流"和"人才环流"③ 的接纳国之一④。从整体上看，我国留学人员回流率呈上升趋势，并在 2013 年达到近 10 年的峰点（85.4%）（见图 1），2019 年我国留学人员回流率上升幅度较大，与 2018 年相比提高了 4.1

---

① 为更好了解本科毕业生毕业三年后职业发展情况，麦可思分别向毕业三年后的 2015 届、2016 届、2017 届大学毕业生以电子邮件方式发放答题邀请函、问卷客户端链接邀请毕业生回答问卷，答题时间为 10~30 分钟。分析数据基于 2015~2017 届本科毕业生三年后职业发展跟踪评价，分别回收样本 3.6 万、2.4 万、2.5 万，历届均覆盖全国 30 个省、自治区、直辖市的本科院校。

② 《中国统计年鉴 2021》，国家统计局网站，http：//www.stats.gov.cn/tjsj/ndsj/2021/indexch.htm，最后检索时间：2022 年 6 月 24 日。

③ 人才环流指熟练劳动力在各国之间的循环流动。刘宏：《当代华人新移民的跨国实践与人才环流——英国与新加坡的比较研究》，《中山大学学报》（社会科学版）2009 年第 6 期，第 165~176 页。

④ 杨权、陈露：《留学归国人员促进经济发展的调查及相关政策建议》，《厦门科技》2016 年第 3 期，第 18~21 页。

个百分点，接近 2013 年的峰值。目前，国内经济高速发展，高新技术领域人才缺口加大以及国家为吸引高层次人才归国而相继出台的一系列利好政策，有利于海外留学人员回流率的增加；同时，经济全球化格局的扩张、复杂的国际局势及我国国际竞争人才体系的进一步构建，也使越来越多的留学人员回国就业创业。此外，受新冠肺炎疫情、国外移民及签证政策调整和国际关系等因素的影响，预计未来归国留学人员数量将持续上涨。

图 1　2008~2019 年我国留学人员回流率

注：回流率 = 回国人数/出国人数×100%。

资料来源：国家统计局（2020 年数据未发布）。

（二）留学人员回国后定居地仍以直辖市、副省级城市为主

数据显示，近三年，选择在直辖市定居的留学人员比例稳定在较高水平，在副省级城市定居的比例呈下降趋势，在地级及以下城市定居的比例持续上升（见图 2）。直辖市和副省级城市（占比分别为 45% 和 34%）仍是 2017 届留学毕业生选择居住的主要城市，留学人员选择直辖市、副省级城市与地级及以下城市定居的比例与 2016 届持平或基本持平。留学人员持续向直辖市和副省级城市流动。

留学人员选择定居在直辖市及副省级城市的比例稳定较高，与这些城市拥有更多的就业机会、更大发展空间、对人才更好的包容性及重视程度、国际化程度更高等多种优势有关。同时，近年来一些副省级城市相继出台人才政策，例如，杭州、成都、武汉、郑州、西安、南京等多个城市都纷纷推出

"先落户后就业""落户零门槛，还有租房补贴""创业补贴"等政策，也吸引了毕业生人才流入本地。[①] 此外，归国留学人员选择地级及以下城市居住的比例持续上升，一方面，由于直辖市及副省级城市人口和环境容量逐渐饱和，竞争压力增大，生活成本远高于其他城市，越来越多的毕业生更倾向于选择"幸福指数"高的城市定居；另一方面，一些地级城市受利好政策支持，经济发展迅猛，同时，气候宜人、城市建筑和生活环境优美，越来越多的归国留学人员趋向选择去这些城市发展。[②]

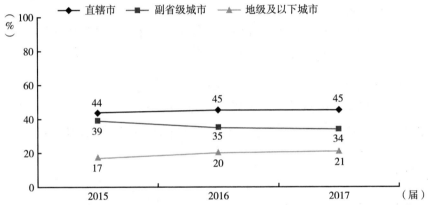

图 2　2015～2017 届留学人员毕业三年后居住在中国境内的具体城市类型及比例

资料来源：麦可思－中国 2015～2017 届大学毕业生三年后职业发展调查。

二　国外读研毕业生就业去向分析

（一）留学人员就业单位逐渐多元化，民企和三资企业[③]仍为主要选择

民营企业/个体仍是留学人员的主要选择，其次则是三资企业、国有企

① 江德斌：《"抢人大战"折射城市步入高维竞争》，《北京青年报》2017 年 7 月 4 日，第 A02 版。
② 王琦崴：《超七成留学生倾向回国发展 新一线城市渐受青睐》，齐鲁网，2019 年 5 月 26 日，http://m.iqilu.com/pcarticle/4277566，最后检索时间：2022 年 6 月 24 日。
③ 三资企业即在中国境内设立的中外合资经营企业、中外合作经营企业、外商独资经营企业三类外商投资企业。

业。2017 届留学人员在民营企业/个体（38%）、三资企业（27%）、国有企业（22%）就业的比重较 2016 届（分别为 40%、28%、23%）均略有下降（见图 3）。同时，2017 届留学生选择政府机构/科研或其他事业单位就业比重较 2016 届（9%）上升了 3 个百分点，留学人员回国选择政府及事业单位就业的意愿增强。一方面可能与疫情背景下国家在教育系统增加了政策性岗位促进毕业生就业有一定关系;[①] 另一方面，一些地级及以下城市为引进高素质人才，相继出台了事业单位免除笔试等优惠政策以吸引达到相应学历或条件要求的人员。

与国内研究生相比，2017 届留学人员在民营企业/个体单位就业的比重高出 5 个百分点，在三资企业就业比重高出 22 个百分点，这一差异的产生可能与不同类型用人单位的人才需求倾向及企业文化差异有关。留学生在语言、跨文化协作及国际视野等方面的优势更受国际化企业的青睐，同时相对自由开放的企业文化环境也是民企和三资企业吸引留学人员的原因。

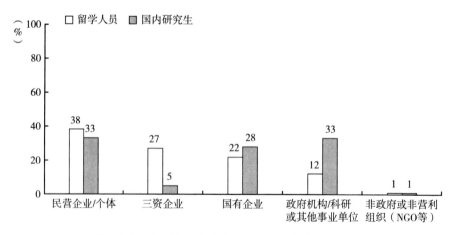

图 3 2017 届留学人员与国内研究生毕业三年后在各类型用人单位就业分布

资料来源：麦可思-中国 2017 届大学毕业生社会需求与培养质量调查。

---

① 麦可思研究院主编《2021 年中国本科生就业报告》，社会科学文献出版社，2021。

（二）留学人员主要就业于信息传输/软件和信息技术服务业、金融业、教育业

信息传输/软件和信息技术服务业、金融业、教育业是留学人员毕业三年后主要服务的行业。2015～2017届留学人员毕业三年后就业的行业前三位为信息传输/软件和信息技术服务业（15.8%）、金融业（15.7%）、教育业（15.2%）（见图4）；主要职业包括计算机与数据处理（11.7%）、金融（银行/基金/证券/期货/理财）（10.3%）、互联网开发及应用（9.7%）等（见图5）。

2015～2017届留学人员毕业三年后就业于信息传输/软件和信息技术服务业的比例最高，较2014～2016届上升了1.8个百分点，当前，我国迎来数字经济的全面发展，在推动产业转型升级的同时，带动了对相关专业人才需求的增长；同时该行业具有有潜力的薪酬待遇及发展前景，也是吸引留学人员从事该行业的原因。留学人员在金融业就业的比例较2014～2016届（18.5%）下降2.8个百分点，疫情下，我国服务性产业受冲击较大，其中金融等行业近三年对人才的吸纳力下降①，在一定程度上影响了留学生的就

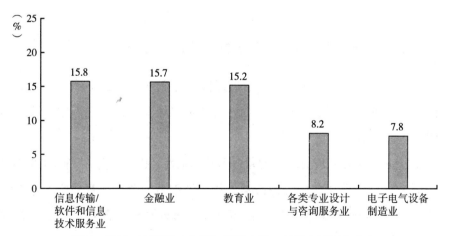

图4 2015～2017届（合并）留学人员三年后主要行业分布

资料来源：麦可思-中国2015～2017届大学毕业生三年后职业发展调查。

———————

① 麦可思研究院主编《2021年中国本科生就业报告》，社会科学文献出版社，2021。

业选择。在教育业就业的留学归国人员比例持续增长,疫情下,我国在线教育行业逆势发展,对高素质人才的需求进一步扩大,留学人员因其在语言能力、跨文化沟通与国际视野等方面的优势受到该行业的青睐。[①]

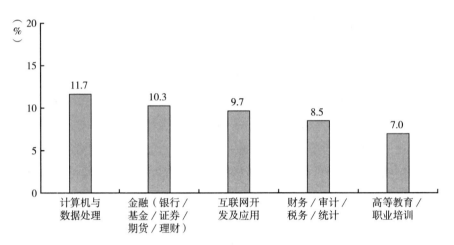

图5　2015~2017届(合并)留学人员三年后主要职业分布

资料来源:麦可思–中国 2015~2017 届大学毕业生三年后职业发展调查。

(三)留学人员创业比重高于国内读研人员

2017届国外读研毕业生三年后进行自主创业的比例是 1.4%,明显高于国内读研毕业生三年后进行自主创业的比例(0.2%),为同届国内读研毕业生的 7 倍(见图6)。

政府政策对良好创业环境的营造具有基础性和引领性作用。[②] 2018 年以来,国家明确提出"鼓励海外留学人员回国创新创业,拓宽外国人才来华绿色通道",破解留学人员回国创新创业办理永居难、落户难、子女入学

---

① 鲸媒体:《2020 在线教育领域人才有何画像?》,搜狐网,2020 年 9 月 17 日,https://www.sohu.com/a/419009474_120753902,最后检索时间:2022 年 6 月 24 日。
② 范巍、蔡学军、行娜娜、赵宁:《留学人员回国创业政策现状及其效用分析》,《政策分析》2015 年第 7 期,第 76~83 页。

难、开户融资难、优惠政策享受难、知识产权应用和商标注册难等问题。①
2020 年教育部召开新闻发布会强调"支持留学人员回国创业就业",并指出
为鼓励留学人员回国创新创业,教育部将进一步为留学人员提高服务质量和
效率,创造良好的创业环境;通过举办好留学人员回国创新创业大赛、加强
对创业过程的培训与指导等措施,为留学人员回国创业搭建良好的平台。

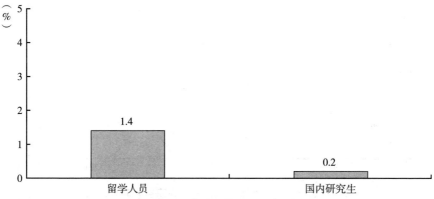

图 6　2017 届国外、国内读研毕业生三年后自主创业比重

资料来源：麦可思-中国 2017 届大学毕业生三年后职业发展调查。

三　国外读研毕业生就业质量分析

（一）留学人员薪资持续上涨，上涨幅度放缓

2015~2017 届留学人员毕业三年后月收入整体水平明显高于国内研究
生,且呈持续上涨趋势,涨幅有所放缓。2017 届留学生毕业三年后平均月
收入（11319 元）较 2016 届（11099 元）上涨了 1.98%,上涨幅度低于
2016 届（6.77%）；其涨幅也明显低于国内研究生（2017 届涨幅为
10.45%,2016 届为 11.84%）（见图 7）。近年来,我国经济社会迅速发展,

---

① 童彤：《高层次人才回流助力高质量发展》,《中国经济时报》2018 年 4 月 3 日,第 A02 版。

全球互联互通，一体化趋势增强，留学经历所产生的国际视野、跨文化适应能力、外语能力等边际效应下降。此外，随着留学门槛的降低，留学正逐渐"从精英化走向大众化"，留学生的稀缺性降低，与国内研究生相比在就业市场上的求职优势有所削弱。①

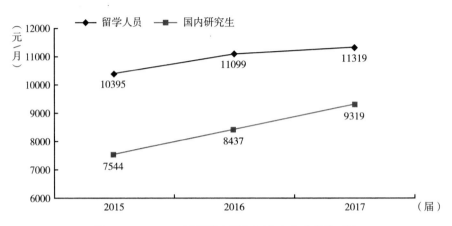

图 7 2015～2017 届留学人员与国内研究生薪资对比

资料来源：麦可思-中国 2015～2017 届大学毕业生三年后职业发展调查。

（二）留学人员就业现状满意度持续上升

2015～2017 届留学回国人员就业现状满意度呈上升趋势。2017 届就业现状满意度（83%）比 2016 届（80%）上升 3 个百分点，并保持在较高水平。但 2017 届国外留学毕业生就业现状满意度被国内研究生追平（见图 8）。

（三）留学人员三年后工作与专业相关度低于国内研究生

2015～2017 届留学人员的工作与专业相关度持续下降，2017 届留学人员专业相关度（63%）与 2016 届（65%）相比下降了 2 个百分点。近三届留学人员工作与专业相关度均低于国内研究生（见图 9）。

① 羊隽芳、文景焕、卢歌：《回国留学生与国内毕业生求职比较研究》，《中国大学生就业》2021 年第 21 期，第 44～47 页。

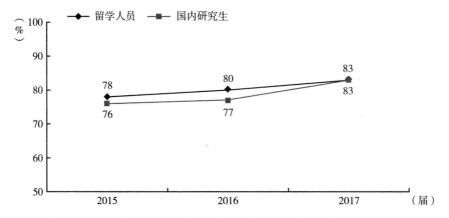

图 8　2015～2017 届留学人员与国内研究生毕业三年后就业现状满意度对比

资料来源：麦可思-中国 2015～2017 届大学毕业生三年后职业发展调查。

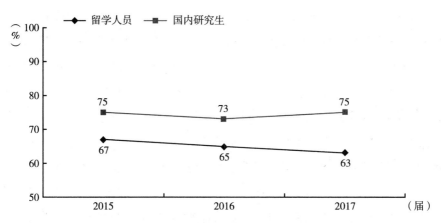

图 9　2015～2017 届留学人员与国内研究生毕业三年后专业相关度对比

资料来源：麦可思-中国 2015～2017 届大学毕业生三年后职业发展调查。

四　留学人员现状小结

本文主要以麦可思对 2015～2017 届大学毕业生三年后的职业发展调查数据为基础，重点聚焦于 2017 届国外留学生毕业三年后的职业发展情况。

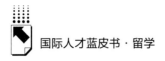

分析结果显示，2017届国外留学生毕业三年后就业现状主要有以下特点。

第一，国外留学毕业生在直辖市和副省级城市定居的比例稳定，向地级及以下城市流动比例持续增长。2017届国外留学毕业生选择在直辖市和副省级城市定居比例分别为45%、34%，从趋势来看，留学人员向直辖市和副省级城市流动的比例稳定；选择定居在地级及以下城市的比例为21%，从趋势上看留学人员向地级及以下城市流动的比例持续上升。

第二，留学人员毕业三年后就业单位逐渐多元化，民企和三资企业仍为留学人员的主要选择。留学人员毕业三年后仍以受雇全职工作为主，民营企业/个体及三资类单位仍是吸纳留学人员的主体；此外，进入政府机构/科研或其他事业单位工作比例有所上升。

第三，留学人员毕业三年后就业于信息传输/软件和信息技术服务业和教育业的比例有所上升，就业于金融行业的比例下降。2015~2017届留学人员三年后就业于信息传输/软件和信息技术服务业的比例最高，且较2014~2016届上升了1.8个百分点。就业于教育行业的比例较2014~2016届（13.7%）上升了1.5个百分点。就业于金融行业的比例（15.7%）较2014~2016届（18.5%）有所下降。

第四，留学人员的月收入和就业满意度方面持续提升，就业质量进一步提高。2015~2017届国外留学毕业生薪资水平持续上涨，2017届平均月收入为11319元，相比同届国内研究生平均月收入高出2000元。留学人员就业现状满意度近三届持续上升。2017届留学人员毕业三年后工作与专业相关度为63%，略有下降。

B.7
新一代海归群体发展特点分析

李庆　何航宇*

摘　要： 本报告结合全球化智库（CCG）相关调查研究成果，对新一代海归群体进行分析，研究发现，新一代海归群体全球化视野增强，集聚数字产业，积极发挥社会价值。研究提出了促进新一代海归群体更好发展的建议，包括发挥留学人员国际交往能力、建立海归群体服务对接平台、发展中国留学人员智库联盟、建立留学人员表彰机制，以及创造条件推动留学人员在国际组织发展。

关键词： 留学回国人员　海归就业　全球化　双循环

近年来，我国留学人员归国发展的意愿愈加强烈。教育部数据显示，2019 年我国留学回国人员（以下简称"海归"）数量达 58.03 万人，较 2018 年增加了 6.09 万人，同比增长 11.73%，首次高于出国留学人数增长率 6.25%。① 全球化智库（CCG）于 2019 年发布的《2019 中国海归就业创业调查报告》指出，"'海归潮'的形成是海外'推力'和国内'拉力'共

---

* 李庆，全球化智库（CCG）人才研究组总监，副研究员，主要研究方向为国际人才、国际教育、留学与海归发展、移民与出入境政策等；何航宇，全球化智库（CCG）助理研究员，主要研究方向为国际人才、智库研究。

① 中国国家统计局主编《中国统计年鉴 2010》，中国统计出版社，2010；教育部 2010~2019 年度《我国出国留学人员情况统计》，中华人民共和国教育部网。

同作用的结果"。① 随着中国迈入工业化新时期，经济增长模式寻求转型，就业市场对于人才的需求偏好也在发生转变，但海归人才始终能凭借其扎实的专业背景以及开阔的国际视野而受到许多公司的青睐。尤其是对于近年来许多谋求"出海"的公司，同时拥有国内与国外背景的海归人才能够成为这些公司打开国际市场、了解国际规范的重要助力。值得注意的是，报告中关于受访海归年龄的数据显示，受访海归多集中在 1990~1995 年（不含1995 年）出生的年龄区间（以下简称"90 后"），其次是 1980~1990 年（不含 1990 年，以下简称"80 后"），但其所占比重 2019 年与 2018 年调查数据相比分别下降 3 个百分点和 8 个百分点；2019 年"95 后"受访海归占比为 17%，同比上升了 10 个百分点（见图 1）。可以看到，随着时间的推移，新一代海归群体的主要年龄结构已经进入"90 后"时代，"90 后""95后"已经成为海归就业创业的主要力量。新一代海归发展拥有哪些新的特

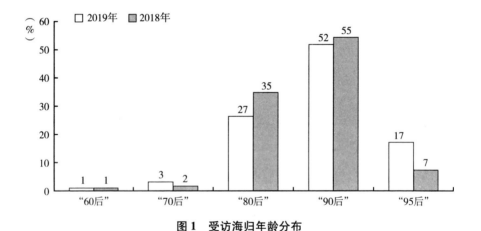

图 1　受访海归年龄分布

资料来源：全球化智库（CCG）、智联招聘《2019 中国海归就业创业调查报告》，http://www.ccg.org.cn/wp-content/uploads/2021/02/CCG 报告——2019 中国海归就业创业调查报告（2019.11）.pdf2019，最后检索日期：2022 年 4 月 8 日。

---

① 全球化智库（CCG）、智联招聘：《2019 中国海归就业创业调查报告》，2019 年 12 月 19 日，http://www.ccg.org.cn/wp-content/uploads/2021/02/CCG 报告——2019 中国海归就业创业调查报告（2019.11）.pdf2019，最后检索时间：2022 年 4 月 8 日。

点和新的趋势，如何更好地促进新一代海归群体发展，本报告将结合 CCG
相关研究开展初步探讨。

一　新一代海归群体的新特点

（一）国际视野优势增强，全球化发展为海归提供新的舞台

全球化智库（CCG）发布的《2019 中国海归就业创业调查报告》显示，
"具有国际视野"已经超越"语言沟通能力强"，成为海归群体自我认知中
在国内就业创业的最主要优势，且后者的占比有明显的下降，两者在 2019
年占比分别为 68% 和 59%，在 2018 年占比分别为 59% 和 73%（见图 2）。这
一变化较好地反映了新一代海归群体对留学所培养的能力有了更进一步的理
解，出国留学虽然在课程体系和授课方式上存在不同，但更大的区别在于社

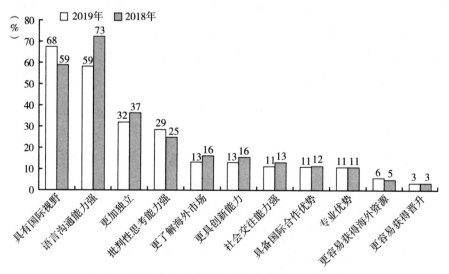

图 2　受访海归认为在国内创业就业需要具备的优势

资料来源：全球化智库（CCG）、智联招聘《2019 中国海归就业创业调查报告》，http：//
www.ccg.org.cn/wp-content/uploads/2021/02/CCG 报告——2019 中国海归就业创业调查报告
（2019.11）.pdf2019，最后检索时间：2022 年 4 月 8 日。

会体制的不同、文化的差异和群体的多样性，这些带来的冲击，更有助于个人视野的开阔，增进对世界文明发展和命运共同体的理解。

国际化的视野使海归更习惯于从全球视角出发，更注重从世界各国借鉴经验，更注重面向国际市场。随着中国参与全球化发展的程度日益加深，海归群体的国际化属性不断被激活并释放，使海归群体的获得感不断提升。事实上，全球化发展已经不再像以前一样只是商业贸易的需求，全球化发展的成果已经体现在生活的方方面面。目前，除了一线城市和部分二线城市以外，更多的城市也开始并加快了对接国际化的发展步伐，吸引海归不再只是一线城市和部分二线城市的人才政策抓手，海归发展也有了更多新的选择。

（二）从"仰视"到"平视"，出国留学与回国发展更趋理性

改革开放初期，面对欧美发达国家的跨越式的技术发展和城市化建设，显著的差距使得出国留学人员不得不投去"仰视"的目光。改革开放以来，我国经济发展与社会建设取得了举世瞩目的成就，基建水平位居全球领先地位，科技创新能力不断增强，与欧美发达国家的差距不断缩小，在部分领域已经达到甚至超越欧美发达国家，正如习近平总书记所说，"中国已经可以平视这个世界了"。这种平视世界的变化，为我们的学生无论是选择出国留学，还是在完成留学后选择回国发展，都提供了强有力的心理支撑。

"平视世界"对于新一代海归群体来说，还意味着可以更加客观地看待中国与世界，既帮助他们理解中国自身的发展情况和制度优势，比如我国在网络、数字经济、高铁、高速公路、地铁等基础设施建设方面的优势；也可以不卑不亢地认识到中国发展中存在的客观不足和正在面临的挑战，比如我国在基础科学研究、重要技术研发与产业化上存在的差距，以及中国作为一个大国的国际责任，如在世界发展中如何持续不断地推动人类命运共同体建设。留学人员的优势在于可以促进国际交往，如何更好地引导留学人员发挥这方面的作用、让他们为中国和世界的互相理解和交流做出贡献，是未来可以考虑的一个工作方向。

（三）集聚数字产业发展，推动技术创新与产业数字化转型

在我国经济转型升级的总体趋势下，数字化发展已经成为行业转型发展和创新升级的主要路径。海归群体在就业行业选择方面，也充分体现了数字化发展的总体趋势。根据全球化智库（CCG）发布的《2019 中国海归就业创业调查报告》，海归群体选择就业的主要产业方向更趋向于 IT/通信/电子/互联网行业（见图 3）。

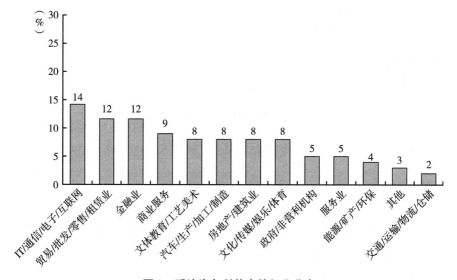

图 3　受访海归所从事的行业分布

资料来源：全球化智库（CCG）、智联招聘《2019 中国海归就业创业调查报告》，http://www.ccg.org.cn/wp-content/uploads/2021/02/CCG 报告——2019 中国海归就业创业调查报告（2019.11）.pdf2019，最后检索时间：2022 年 4 月 8 日。

（四）积极发挥社会价值，在公益组织与非政府部门发挥作用

《中国留学发展报告（2020~2021）》[①] 显示，在政治面貌方面，受访海归除超半数为"群众"外，"中共党员"占比为 25.94%；其次是"共青团员"，占比为 16.74%。其他民主爱国人士也都有海归群体的身影，如有

---

① 王辉耀、苗绿主编《中国留学发展报告（2020~2021）》，社会科学文献出版社，2021。

2. 72%的受访海归是"无党派人士",另外在受访海归中"九三学社"和"中国民主促进会"的占比均为1.05%,而其他民主党派人士在受访者中的占比均在1%以下(见图4)。虽然占比数据较小,但相比于其他群体或者党派成员数量来看,海归在党派参与方面表现积极,具有相对明显的参政议政意识。

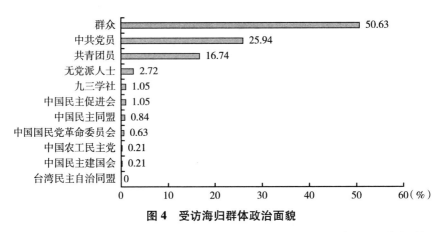

图 4　受访海归群体政治面貌

资料来源:王辉耀、苗绿主编《中国留学发展报告(2020~2021)》,社会科学文献出版社,2021。

海归群体始终顺应祖国和时代的需要,走在报效祖国的时代前列,在不同年代为国家发展最急需的方面做出贡献。特别是进入百年未有之大变局时代,国际关系纷繁复杂,制裁、遏制甚至脱钩成为欧美部分发达国家的主要手段,"多元全球化"发展趋势面临"美式全球化"的极力打压,海归群体开始更多地投身到非政府组织(NGO)、非营利机构、智库、融媒体等与中国软实力相关的行业,为加强国际交流、促进国际理解贡献力量,助力国家"软实力"的提升。

二　针对新一代海归更好发挥作用的建议

(一)充分发挥留学人员国际交往能力,讲好中国故事

在实现第一个百年奋斗目标后,我国已昂首步入全面建设社会主义现代

化国家的新阶段，并朝着第二个百年奋斗目标前进。然而在新时期新阶段，国家除了需要持续推进经济建设和创新发展，还应注意到中国作为世界第二大经济体所面临的日趋复杂的国际环境，如何更好地讲好中国故事，增加理解、增强互信，真实展现中国形象，需要有更加深入的思考和更加多样化的表现形式。海归群体作为拥有国际视野、通晓国际语言、明悉国际规则、熟练使用国际社交网络的国际化人才群体，可以进一步发挥其作为中外民间沟通桥梁纽带的作用。政府部门、民间组织可以为海归搭建更加广泛的国际交流平台，可为官方外交做一补充。

（二）有效建立海归群体服务对接平台，凝聚海归力量

截至目前，能被相关服务覆盖的留学人员数量仍然非常有限。对于众多处于体制外、尚未与相关海归社团组织开展联系的留学人员，政府及相关协会组织可以开展更有针对性的研究和活动，调动海归群体的积极性，凝聚海归力量。一是加强对当前留学人员及海归人员现状、特点的研究分析，了解新一代海归群体的新需求，提供专业服务，增加关怀和交流。二是举办海归有关的品牌活动，丰富海归群体交流互动的场景，并在活动的基础上延伸出可以使海归群体发挥作用的相应机制。如 CCG 曾多年协助欧美同学会举办欧美同学会北京论坛，举办海外留学人员回国建言献策研讨会等，形成机制和品牌，取得了很好的效果。

（三）集中发展中国留学人员智库联盟，发挥海归智囊作用

留学人员对国家的建设与发展有着强烈的使命感和责任感，是中国在全球化发展中建言献策的重要力量。目前，我国各留学生相关组织会员已经聚集了一大批不同领域、不同学科、不同专业的专家学者和专业人士，并与有关政府部门就经济、科技、文化、教育等诸多领域开展交流、提出建议。因此，可以倡导建立中国留学人员智库联盟，将留学人员的智慧进一步汇集起来，更好地为国家公共政策和公共制度创新建言献策。作为智力密集度最高的国际知识分子群体，政府部门和相关组织也可以定期举办

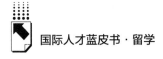

高层次留学人才建言献策研讨会，邀请不同领域的海归高层次人才提供思想建议。

（四）建立留学人员表彰机制，树立海归正面形象

近年来，受中美关系、国际政治形势日渐紧张的影响，国内外舆论环境也有所变化，对国际交流与合作产生一定的不利影响，我们应加强舆论引导，还原留学生对祖国的贡献，引导塑造留学人员在国内的正面形象，为他们创造更加客观的舆论环境。

北京、上海等一线城市对归国留学人员的吸引力较高，除了与经济发展水平有关，还受到它们对留学人员的认可程度的影响。这些城市定期对贡献较大的留学人员进行表彰，让留学人员认识到自己在祖国建设中的价值，从而提升了城市对于留学人员的吸引力。建议在全国推广，由政府部门主导、由各留学生相关部门和组织及其各地分会协助，对各城市贡献较大的留学人员每年进行统一表彰，通过推动各地对留学人员社会价值的认可，增进其凝聚力，从而鼓励更多留学人员到更多城市地区发展，使其更加全面地参与到国家经济社会建设中来。

（五）为留学人员在国际组织发展创造条件

目前，中国的国际地位与国际影响力日益强大，但在对国际组织相关人才的培养与输送方面仍有较大的发展进步空间，可以积极考虑搭建留学人员进入国际组织人才培养的机制，尤其是针对在海外已经取得优秀学历、熟悉国际规则和交往方式，或有跨国管理经验的人才。

海归群体已经进入"90后""95后"时代，很快"Z世代"海归大军即将到来，不同时代的海归群体都拥有时代的独特性，需要根据其新特点进行谋划，充分调动海归群体的积极性，发挥海归群体的优势作用。

B.8
国内促进海外（留学）
人才集聚的经验[*]

蓝　斌[**]

摘　要： 近年来，我国海外留学人员加速回流态势明显，具有高学历的留学回国人数稳步提升，海外高层次人才回流规模明显提升，而加快集聚海外留学人员来本地创新创业是各地人才工作部门面临的新任务。在此背景下，本报告梳理了国内先进城市针对海外人才和留学回国人员出台的政策和实践举措，从人才交流、第三方引才、专项资助、激励评价、服务保障、政策宣传等方面深入分析，并总结经验，以期为各地集聚海外人才和留学人员，支持留学归国人才创业创新，进一步为提升城市人才结构提供参考。

关键词： 留学回国人员　海外人才　创新创业

做好留学人员归国工作，是实施科教兴国战略和人才强国战略的重要任务，也是国家"十四五"时期经济社会发展的指导方针和主要目标之一。随着国际形势变化，2016~2019年，我国出国留学人员学成回国占比近八成（79.9%），留学回国人员年均增幅达11.7%。数据显示，2020年以来，活

---

　* 本项研究的开展得到了广东省东莞市委人才办的大力支持，以及东莞人才发展研究院陈亮院长的悉心指导，在此一并致谢。

** 蓝斌，东莞人才发展研究院副研究员，主要研究方向为人才政策。

跃求职的归国海外留学生较 2019 年同期增加了 58.19%[1]，海外留学人员回流呈明显加速趋势。在此背景下，如何利用海外人才及留学回国人员加速回归带来的机遇是各地人才工作部门面临的新任务。本报告梳理和总结各地出台的关于海外人才和留学回国人员的政策和实践举措，分析先进城市的海外留学人才服务体系，以期为各地大力吸引集聚海外留学人才，进一步提升城市人才结构提供参考。

一 搭建海外人才信息与交流平台

（一）建设海外人才信息库

部分城市探索建立海外人才信息库和海外引才平台，聚焦全球高端专家的引进，创新"人才+项目"的数字化引才方式，精准服务各类海外优秀人才。上海建设全球高层次科技专家信息平台（现名为上海科技创新资源数据中心），通过和国际知名机构的合作，筛选出全球 269 个领域的 10 万名专家并建立每位专家的科研信息档案，同时平台设有专家库、基地库、仪器库、科研选题、文献库等多个板块，为政府、高校、企业提供人才挖掘、专家评审、科研信息订阅、技术咨询等服务[2]。深圳龙华区搭建"龙华人才大数据"平台，构建了一个超过 4000 万全球学者的人才库，根据龙华四大支柱产业和其他产业发展的需要，精准标注出最佳"人才寻聘地"，为龙华各类用人单位引才提供指引[3]。苏州打造"苏州高端网络引才平台"，平台与海内外多家猎才机构合作，截至 2020 年 4 月，平台已累计导入 479 个创新

---

[1] 田丰：《把握好海外人才"回流"机遇》，《光明日报》2020 年 9 月 15 日，第 2 版，https：//m.gmw.cn/baijia/2020-09/15/34185945.html，最后检索时间：2022 年 6 月 24 日。

[2] 上海市科学技术委员会：《集聚顶尖人才 上海建 10 万全球高层次专家数据库》，上海科技创新资源数据中心，2017 年 9 月 14 日，https：//www.sh-italent.com/Article/201709/201709140011.shtml，最后检索时间：2022 年 6 月 24 日。

[3] 深圳特区报：《"智龙华"人才大数据平台发布》，深圳"智龙华"人才大数据平台，2019 年 4 月 17 日，http：//sztqb.sznews.com/PC/content/201904/17/content_635488.html，最后检索时间：2022 年 6 月 24 日。

创业项目，其中海外项目 360 个，并实现与 186 个苏州科创载体"云上牵手"①。

（二）搭建海外人才工作站

1. 依托多样化主体设立工作站

比如宁波明确海外人才工作站主要依托企业驻外机构、海外离岸孵化器、海外侨团组织、留学生社团、知名学校同学会等，先后在海外建设 12 个海外人才工作站②；东莞在美国硅谷、英国伦敦、法国巴黎、德国杜塞尔多夫等地建立 8 个海外人才工作站，并成功创建 25 个海智工作站，构建覆盖世界主要发达国家（地区）的招才引智网络③；温州依托海外高校、国际公司、国外协会及国际猎头公司，先后在海外建设 30 多个人才工作站④；成都依托有关高校、企业和海外机构，已在英国、德国、日本、韩国等国布局 31 个海外基地（海外人才工作站），通过工作站组织企业开展海外人才创新创业活动，入驻海外人才项目达 15 个⑤。

2. 创新海外人才工作站服务机制

一是建立海外人才工作站与国内人力资源机构对接机制。比如温州瑞安配合成立中意人力资源产业园，并联合 6 家意大利海外人才工作站及国内42 家猎头中介公司成立瑞安人力资源协会，全面对接意大利特色产业和高

① 中共江苏省委新闻网：《面向全球端出 4.6 万个高端岗位　苏州招才引智云平台上线》，苏州高端网络引才平台，2020 年 4 月 9 日，http：//www.zgjssw.gov.cn/shixianchuanzhen/suzhou/202004/t20200409_ 6594336.shtml，最后检索时间：2022 年 6 月 24 日。

② 王晓峰：《宁波与 12 家海外人才工作站签约》，中国宁波网，2019 年 9 月 19 日，http：//news.eastday.com/eastday/13news/auto/news/csj/n13594/u7ai8822673.html，最后检索时间：2022 年 6 月 24 日。

③ 东莞市委人才办：东莞市海外人才工作站情况，由东莞市委人才办提供相关数据和资料。

④ 王亮：《我市设立 30 多个海外人才工作联络站》，温州晚报，2019 年 11 月 28 日，http：//www.wenzhou.gov.cn/art/2019/11/28/art_ 1217832_ 40590783.html，最后检索时间：2022 年 6 月 24 日。

⑤ 成都市府：《成都市已布局 31 个海外人才离岸双创基地（工作站）》，四川省人民政府网，2019 年 7 月，https：//www.sc.gov.cn/10462/10464/10465/10595/2019/7/2/f5b07b55ffc949b9a8e7597f0abd2495.shtml，最后检索时间：2022 年 6 月 24 日。

端研发设计人才①；上海市静安区支持重点人才机构设立海外人才工作站或基地，加强海外人才创新创业服务，对经认定的工作站或基地给予一定奖励②。二是探索"以才引才"机制，建立招才大使、引才特使等制度。比如西安举办中国西安留学回国人才招聘节，设立首批西安海归人才驿站3家，聘请西安市首批留学回国人员职业发展指导师10名，首批留学回国人员引才特使15名，发挥引才大使的人才交流作用③；宁波聘用拥有丰富海外资源与背景的知名人士担任海外引才大使，作为海外人才工作站负责人，每年给予其5万元经费，并根据引才成效给予相应奖励④。三是优化海外人才工作站的考核机制。比如合肥对评估合格的海外人才工作站给予20万元日常经费，对连续2年评估不合格的工作站，停止有关经费拨付并终止合作关系⑤；潍坊对海外人才工作站按工作成绩分"A-D"四类评分，连续2年获D类评分即作退站处理⑥。

（三）定期举办海外人才招引活动

1. 举办"以赛引才"活动

部分城市通过策划大型创新创业活动，提高引进海外人才成效。比

① 应忠彭：《中意人才交流 助推温州制造迎接世界市场》，浙江日报，2019年3月29日，https：//baijiahao. baidu. com/s？id=1629308529334384011&wfr=spider&for=pc，最后检索时间：2022年6月24日。
② 唐烨：《"上海产业园20条"发布，鼓励人力资源服务产业进一步做大做强》，上观新闻，2020年12月4日，https：//export. shobserver. com/baijiahao/html/318220. html，最后检索时间：2022年6月24日。
③ 魏建军：《西安在全国设立24个"招才引智工作站"》，西北信息报网，2020年9月15日，http：//www. xbxxb. com/2020/0915/573106. shtml，最后检索时间：2022年6月24日。
④ 《中共宁波市委 宁波市人民政府关于实施人才发展新政策的意见》（甬党发〔2015〕29号），2015年8月12日印发，http：//www. msd. gov. cn/art/2017/12/25/art_ 1229055788_ 46549224. html，最后检索时间：2022年6月24日。
⑤ 《合肥市海外人才工作站建设管理实施细则》（合人才〔2019〕9号），2019年4月23日印发，http：//www. hfuu. edu. cn/rczx/12/0e/c6719a70158/page. htm，最后检索时间：2022年6月24日。
⑥ 潍坊市人社局：《中国·潍坊海内外人才工作站管理办法》，2019年12月3日，http：//rsj. weifang. gov. cn/zcfg/zcwj/201912/t20191203_ 5503177. html，最后检索时间：2022年6月24日。

如上海举办"留 Chuang 上海"全球留学人员创新创业大赛，通过海外人才工作站共推荐近 300 个留学人员创业项目参赛，优胜者将获得 30 万元创业资助[1]；青岛连续多年举办中国青岛留学人员创新创业大赛，采用"线上路演+线下评审"模式，累计吸引 2300 余位海外留学人员报名参赛，并依托"蓝创微云"双创服务开展系列赛后跟踪服务[2]；杭州已成功举办七届杭州市海外高层次人才创新创业大赛，共征集到来自全球 20 余个国家和地区的近 8000 个项目参赛，前六届大赛共有 164 个项目正式在杭注册企业[3]。

2. 举办海外人才"云招聘"活动

部分城市通过"云招聘"等方式开展海外留学人员线上招聘会，打造线上人才交流平台。比如深圳举办"归·家"海外人才云招聘会，通过线上"云招聘"方式，专门搭建海外人才与深圳用人单位互动交流平台，在海外的留学人员可通过线上视频高效面试[4]；南京举办 2021"宁聚海智湾"海外留学人员专场云聘会，云聘会开展政策解读、现场互动、线上直播、云端面试等多种活动，共吸引 100 多位海外优秀人才参加[5]。

3. 赴海外地区开展人才专场招聘活动

比如成都高新区定期带领高新区企业负责人组团前往欧洲和日本，通过

---

[1] 上海市人社局：《"留 Chuang 上海"，全球留学人员创新创业大赛成功举办》，上观新闻，2020 年 12 月 5 日，https://sghexport.shobserver.com/html/baijiahao/2020/12/05/309206.html，最后检索时间：2022 年 6 月 24 日。

[2] 肖玲玲：《"2021 中国青岛留学人员创新创业大赛"完美收官》，半岛新闻，2021 年 8 月 5 日，http://news.bandao.cn/a/531667.html，最后检索时间：2022 年 6 月 24 日。

[3] 新华网：《2021 杭州市海外高层次人才创新创业大赛总决赛落下帷幕》，2021 年 11 月 9 日，http://zj.news.cn/2021-11/09/c_1128044970.htm，最后检索时间：2022 年 6 月 24 日。

[4] 刘梦婷：《深圳企业线上揽才 海外人才云招聘 10 月 18 日开启》，2021 年 10 月 18 日，http://www.sznews.com/news/content/2021-10/18/content_24656105.htm，最后检索时间：2022 年 6 月 24 日。

[5] 黄红芳：《南京：2000 余高层次海归"进湾"》，江苏先锋网，2021 年 10 月 20 日，http://www.jsxf.gov.cn/jsxf/jcdj/zgsx/202110/t20211020_477346.html，最后检索时间：2022 年 6 月 24 日。

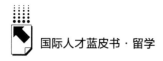
海外人才工作站，组织开展"天府人才行动·海外行"海外高层次人才专场招聘活动①。

二 利用第三方组织引进海外人才

（一）利用高校和留联会搭建引才网络

部分城市通过动员高校校友会、留学生联合会等资源，在海外人才组织中建立引才网络。比如南京整合高校资源，市投资促进中心与南京各高校校友会签署协议，组建"南京高校海外校友会创新联盟"，为海内外南京高校校友搭建国际性的创新创业合作与服务平台②；上海动员上海市归国华侨联合会、海归高校校友会联盟等组织，为海外留学人才量身定制海内外高端人才招聘会，组织海内外知名企业 64 家，包括世界 500 强企业、央企及知名上市公司，提供优质岗位 400 多个③；苏州通过在英、法、意、比、葡、匈等国的中国留学生联合会，举办"校园苏州日"线上对接会（海外专场），参与活动的欧洲院校达百余所，近千名留学生在线应聘④。

（二）利用猎头机构引进海外人才

1. 建立"政府+猎头"合作模式引进海外人才

比如深圳市政府设立市属国有猎头机构——深圳千里马国际猎头有限公

① 张想玲：《成都高新区携企业奔赴欧美三国"登门引才"》，封面新闻，2018 年 7 月 13 日，https：//baijiahao.baidu.com/s？id=1605844717345662723&wfr=spider&for=pc，最后检索时间：2022 年 6 月 24 日。
② 扬子晚报：《T20 南京高校海外校友会创新联盟成立》，扬子晚报网，2019 年 5 月 9 日，https：//www.yangtse.com/content/704541.html，最后检索时间：2022 年 6 月 24 日。
③ 上海人社局：《三举措提升海外留学人才就业创业服务》，上海人社局官网，2019 年 1 月 8 日，http：//rsj.sh.gov.cn/tddyal_17170/20200617/t0035_1371478.html，最后检索时间：2022 年 6 月 24 日。
④ 王孝茹：《2020 年"校园苏州日"线上对接会（海外专场）举行》，新华网江苏频道，2020 年 10 月 21 日，http：//sz.xinhuanet.com/2020-10/21/c_1126638028.htm，最后检索时间：2022 年 6 月 24 日。

司，采用"自营+平台"相结合的商业模式市场化运作，聚焦深圳政府、各类企事业单位和机构对高端人才的需求，开展高端人才的招聘服务①；西安市政府引进国外猎头机构和世界 500 强人力资源企业并达成战略性合作关系，为当地政府部门及市属企业提供海外人才引进服务②。

2. 利用社会猎头机构，以市场化手段引进海外人才

比如北京向猎头机构发布紧缺型人才清单，为用人单位选聘人才，给予其猎头服务费 50%，单笔不超过 50 万元人民币的奖励③；苏州鼓励国际高端猎头机构、技术转移专业服务机构在苏依法设立总部或运营机构，对企业通过人才中介机构猎聘人才，最高可获 100 万元引才补贴④。

（三）利用侨联组织牵线吸引海外人才

1. 发挥侨联优势，举办海外人才创新创业服务活动

比如杭州市侨联连续 10 年举办"创业中华——侨界精英创新创业峰会"品牌活动，举办长三角城市侨联交流活动、长三角城市侨创论坛、海外英才杭州行等活动⑤；无锡市侨联开展"创业中华——服务海外留学生面对面"系列活动，邀请回锡留学生和留学生家长参加，进行人才政策宣讲、

---

① 深圳特区报：《深圳市人才集团千里马国际猎头有限公司正式挂牌成立》，深圳特区报网，2017 年 11 月 2 日，http：//sztqb. sznews. com/MB/content/201711/02/c215498. html，最后检索时间：2022 年 6 月 24 日。
② 吴超：《西安再添世界 500 强企业　将为大西安人才发展战略提供新动能》，搜狐网，2018 年 5 月 12 日，https：//www. sohu. com/a/231332746_ 114731，最后检索时间：2022 年 6 月 24 日。
③ 代丽丽：《北京出台多项举措鼓励猎头引进紧缺人才　最高奖励 50 万元》，北京晚报网，2019 年 1 月 23 日，https：//www. takefoto. cn/viewnews-1689162. html，最后检索时间：2022 年 6 月 24 日。
④ 苏州日报：《苏州人才新政 4.0 版重磅发布》，苏州人民政府网，2020 年 7 月 11 日，https：//www. suzhou. gov. cn/szsrmzf/szyw/202007/a44f468b20d24ce1bb5c2acae7d8ecb9. shtml，最后检索时间：2022 年 6 月 24 日。
⑤ 浙江省华侨联合会：《"创业中华——2020 侨界精英创新创业（中国·杭州）峰会"在杭举行》，2020 年 10 月 21 日，http：//www. zjsql. com. cn/index. php？m=content&c=index&a=show&catid=15&id=45274，最后检索时间：2022 年 6 月 24 日。

留学生招聘求职辅导等服务①；上海市侨联主办 2020 年"海归职通车"海归人才招聘会，把"涉侨信息指引平台"前移到了活动现场，为咨询者解答上海关于留学生人才落户政策，并准备了《涉侨服务手册》及侨务政策漫画 Q&A 等资料②。

2. 鼓励侨联成立侨创会，营造"侨企、海外人才、政府"多方协作的良好局面

比如宁波市侨联引导成立"宁波市侨联青年创业联合会"，已集聚全市侨、留企业 30 余家，组织 300 余名新侨、留学人员参加"宁波市留学人员专场交友沙龙"③；上海、南京等 8 个城市共同成立长三角城市侨创联盟，由各城市的优秀侨企、创投机构、创业服务机构等联合组成，整合发挥侨界资源优势，建立创新创业交流合作体系④。

3. 加强侨联对海外人才的服务工作

比如上海开展地区侨联、高校侨联、校友会三级联动举办创新创业分享会，并开展为侨服务品牌活动"海归职场训练营"，提供更具针对性的就业服务⑤；深圳市侨办等组织联合开办"同深共圳·2020 深圳创新体验营活动"，为在深海外留学生们开启了解深圳、了解特区的创新体验之旅⑥。

---

① 无锡市侨联：《无锡市侨联多措并举吸引无锡籍海外学子回锡创业就业》，江苏省侨联官网，2020 年 6 月 2 日，http：//www.jsql.cn/gdql/wxql/hdly/202006/t20200602_6671163. shtml，最后检索时间：2022 年 6 月 24 日。

② 许婧：《上海举办"留·在上海"系列活动吸引集聚全球优秀留学人才》，中国新闻网，2019 年 8 月 14 日，https：//baijiahao.baidu.com/s？id=1641840033514608026&wfr=spider& for=pc，最后检索时间：2022 年 6 月 24 日。

③ 陈飞：《宁波市侨联凝聚侨力招贤聚才　助推高质量发展》，中国侨网，2018 年 6 月 6 日，https：//www.chinaqw.com/jjkj/2018/06-06/192079.shtml，最后检索时间：2022 年 6 月 24 日。

④ 张煜欢：《长三角城市侨创联盟成立　完善创业创新侨界生态》，新浪网，2020 年 10 月 18 日，https：//news.sina.cn/2020-10-18/detail-iiznezxr6696039.d.html，最后检索时间：2022 年 6 月 24 日。

⑤ 徐文欣：《上海市华侨事务中心如何获得侨胞点赞》，中国侨网，2021 年 4 月 20 日，http：// www.chinaqw.com/qx/2021/04-20/293336.shtml，最后检索时间：2022 年 6 月 24 日。

⑥ 张光岩：《2020 深圳创新体验营开营，在深海外留学生开启"同深共圳"之旅》，南方plus，2020 年 8 月 28 日，https：//new.qq.com/omn/20200828/20200828A0NMUD00.html，最后检索时间：2022 年 6 月 24 日。

三 出台专项政策吸引海外人才回归

（一）出台留学人员专项扶持政策

近年来，各地纷纷设立留学回国人员专项政策，加大政策引才的扶持力度。比如北京设立了"北京市留学人员创新创业特别贡献奖"评选活动，对在就业、创业表现优秀的留学人员颁奖并给予10万元奖励。上海出台了支持留学人员来沪发展的专项政策，对留创企业给予不低于5万元的创业扶持、最高300万元担保的留创贷；实施留学回国人员落户新政，符合条件的留学人员可不受社保及个税纳税的基数和时间要求直接落户。广州设立了留学人员专项资助办法，并为符合条件的海外留学人员给予10万元的安家费补助，对入选"红棉计划"的创业项目给予200万元创业资助。深圳针对出国留学人员来深创业给予创业前期费用补贴资金，创业项目最高资助100万元，特别优秀的可获500万元资助。厦门设立市级扶持办法，对留创企业最高资助50万元。重庆设立市级留学人员回国创业创新支持计划，支持留学人员创新创业，对创业项目最高资助50万元。天津由市财政对重点类支持企业一次性给予启动资金最高50万元。苏州出台留学人员支持专项政策，来苏创新创业的留学人员最高可获50万元项目资助、10万元创业补助以及15万元薪酬补贴（见表1）。

表1 部分城市留学回国人员创新创业专项政策

城市	政策名称	资金资助	出台时间
北京	《关于进一步加强我市留学人员就业创业服务有关工作的通知》	最高20万元初创资助；对留学人员科技项目最高给予15万元资助	2014年
	"北京市留学人员创新创业特别贡献奖"评选活动	就业、创业表现优秀的留学人员给予颁奖及10万元奖励	每三年开展一次
上海	《关于进一步支持留学人员来沪创业的实施办法》	支持留创优秀项目申报相关市区资助；对留创企业给予不低于5万元创业扶持；留创贷最高300万元担保；留创企业可获科技创新券额度不超30万元	2020年

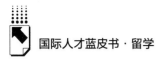

续表

城市	政策名称	资金资助	出台时间
上海	《上海市浦江人才计划管理办法》	入选的创业项目最高资助 30 万元/人;团队最高 50 万元	2021 年
	《留学回国人员申办上海常住户口实施细则》	符合条件的留学人员可不受社保及个税纳税的基数和时间要求直接落户	2021 年
广州	《广州市留学人员来穗工作资助管理办法》	符合条件,资助安家费 10 万元	2017 年
	《广州市人民政府办公厅关于实施鼓励海外人才来穗创业"红棉计划"的意见》	对入选"红棉计划"的创业项目,分别给予 200 万元创业启动资金资助和一定额度的场租补贴	2017 年
深圳	《深圳市出国留学人员创业前期费用补贴资金管理办法》	创业项目最高资助 100 万元,特别优秀的可获 500 万元资助	2016 年
	《深圳市留学回国人员引进实施办法》	留学人员的人才引进、人才入户等相关管理	2017 年
重庆	《重庆市留学人员回国创业创新支持计划实施办法》	创业类最高资助 50 万元;创新类最高资助 12 万元	2017 年
天津	《天津市留学人员回国创业启动支持计划实施办法》	最高资助 50 万元创业扶持	2015 年
珠海	《珠海市留学人员创业项目扶持办法》	创业初期补贴最高 100 万元(特别优秀项目 500 万元)和贷款贴息补贴最高 30 万元,最长 3 年	2018 年
青岛	《留学回国人员来青创业启动支持计划实施细则》	创业项目最高资助 50 万元	2016 年
厦门	《厦门市留学人员创业扶持办法》	创业项目最高资助 50 万元	2019 年
苏州	《关于加快推进"海鸥计划"柔性引进海外智力的实施细则》	对用人单位引进符合条件的海外人才,给予用人单位最高资助额不超过 50 万元补贴	2015 年
	《苏州市人才制度改革十五条》	对留学人员来苏创新创业,人才可享受最高 50 万元项目资助、10 万元创业补助、15 万元薪酬补贴	2021 年

资料来源:课题组根据各地政府官网公开资料整理。

（二）鼓励用人单位引进海外留学人员

部分城市支持用人单位招引高学历、高素质的海外留学人员，不仅按人才层次给予单位一定的引才补贴，而且鼓励单位通过见习实习形式吸纳留学人员。比如东莞出台研发人才专项政策支持用人单位引进高水平人才，对用人单位新引进的研发人才，在境外知名大学取得博士或硕士学位的，按照博士 20000 元/人、硕士 10000 元/人的标准给予单位引才补贴[①]；南京面向国内外硕博研究生和优秀本科生，开放 10 万个以上见习岗位，世界排名前 200 名的高校应届本科毕业生在见习期间可享受 3000 元/（人·月）的见习生活补贴，支持留用见习学员并给予用人单位最高 2000 元/人的就业留用奖励[②]；厦门鼓励本市企事业单位积极开展留学人员引才引智活动，厦门市企业或经费自给、企业化管理的事业单位邀请留学人员来厦交流对接，对单位按每邀请一位留学人员最高不超过 2000 元标准予以资助[③]。

（三）加强对留创园的政策扶持

部分城市出台留创园专项扶持政策，加大留学人员创业园的资助力度。一是给予建园补贴。比如南京鼓励全市工作载体申报市级留创园，对符合条件的对象给予最高 50 万元的建园扶持，对业绩突出的给予 20 万元奖励[④]；安徽出台省级留学人员创业园支持政策，对于新建的留学人员创业园由省财

---

① 东莞市人社局：《东莞市加强研发人才引进培养暂行办法》（东府办〔2020〕58 号），东莞市人社局官网，2020 年 9 月 7 日，http：//dghrss. dg. gov. cn/xwzx/gsgg/tzgg/content/post_3319429. html，最后检索时间：2022 年 6 月 24 日。

② 南京市政府办公厅：《南京：10 亿资金补贴 10 万研究生就业见习》，江苏省人民政府网，2020 年 7 月 22 日，http：//www. jiangsu. gov. cn/art/2020/7/22/art_ 33718_ 9321382. html，最后检索时间：2022 年 6 月 24 日。

③ 钱玲玲：《每人最高 2000 元！邀请留学人员来厦对接交流可申请补贴》，台海网，2021 年10 月 22 日，http：//www. taihainet. com/news/xmnews/ldjj/2021-10-22/2563833. html，最后检索时间：2022 年 6 月 24 日。

④ 南京市人社局：《关于开展 2019 年市级留学人员创业园认定工作的通知》，南京市人社局官网，2019 年 7 月 19 日，http：//rsj. nanjing. gov. cn/njsrlzyhshbzj/201907/t20190719_ 1600152. html，最后检索时间：2022 年 6 月 24 日。

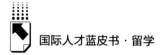

政一次性给予 200 万元资助①。二是对留创园孵化器提供经费扶持。比如重庆两江新区对留创园内通过验收的科技孵化器，给予最高 200 万元一次性补贴②；深圳光明区对留创园的在孵企业，给予最高 20 万元启动资助③。三是给予运营经费资助。比如中山每年给予留创园区最高 100 万元经费，主要用于园区管理队伍建设、配套服务设施建设、项目引进等工作④。四是为留创项目提供创业资助。比如宁波市高新区留创园对入驻企业给予最高 50 万元启动资助；中山留创园给予入园企业最高 200 万元的启动经费补贴。

（四）探索建立海外人才离岸创新创业基地

自深圳、上海、武汉等地建立国家级离岸创新创业基地后，许多城市积极争创海外人才离岸创新创业基地⑤，如北京、苏州、南京、海口、珠海、天津、重庆、沈阳、长沙、合肥等城市。与此同时，中科协于 2020 年印发了《中国科协国家海外人才离岸创新创业基地管理办法（试行）》，提出了离岸基地的任务与申报条件。

1. 在离岸基地载体建设方面

苏州以工业园区为基地试点，以国际科技园、生物纳米园、苏州纳米城、纳米大学科技园的孵化载体，推动离岸产业创新中心建设⑥。深圳以南

---

① 安徽省人社厅：《安徽省促进留学人员创业园建设实施办法》（皖人社发〔2020〕8 号），2020 年 6 月 1 日印发，http://hrss.ah.gov.cn/public/6595721/8450265.html，最后检索时间：2022 年 6 月 24 日。
② 重庆市两江新区：《重庆两江新区促进科技创新发展办法》（渝两江管发〔2017〕86 号），2017 年 8 月 21 日印发，http://ljxq.cq.gov.cn/zwgk_199/zfxxgkml/xqgw/xzgfxwj/202011/t20201126_8500216.html，最后检索时间：2022 年 6 月 24 日。
③ 李军涛：《深圳光明区留学人员创业园：符合条件企业可申请最高 20 万元资助》，留学人才网，2019 年 12 月 27 日，http://www.liuxuehr.com/a/chuangyeyuanqu/2019/1227/38636.html，最后检索时间：2022 年 6 月 24 日。
④ 中山市人民政府：《中国中山留学人员创业园管理办法》，2021 年 4 月 19 日，http://www.zs.gov.cn/gkmlpt/content/1/1935/post_1935298.html#645，最后检索时间：2022 年 6 月 24 日。
⑤ 以下政策内容由课题组根据各地政府、留创园等公开资料整理。
⑥ 苏州工业园区科创委：《高质量建设新兴产业载体，园区为企业打造成长"摇篮"》，苏州市科技局官网，2021 年 11 月 16 日，http://kjj.suzhou.gov.cn/szkj/sxdt/202111/c3a812d561bb49a2a50da12f26bcd093.shtml，最后检索时间：2022 年 6 月 24 日。

山软件产业基地为国内中心点，梧桐山创新创业基地为载体，并在美国波士顿建设创新中心，打通国内外双向孵化通道①。

2. 在离岸基地的运作模式方面

上海采用多元发展模式，张江片区基地由社会组织运作，侧重离岸研发创新；保税区片区基地由国有企业运作，侧重离岸贸易服务；陆家嘴片区基地由民营企业运作，侧重金融与科技对接②。深圳通过设立第三方民办非营利机构，以完全市场化机制运作离岸基地，通过科创委对基地效果评估给予相应补贴，推动海内外产业合作③。武汉东湖高新区采用政府行为和市场行为结合的方式，一是由政府发起设立产业基金，建设离岸载体，打造综合服务平台，建立招商渠道，扶持专业科技服务机构开展引智活动；二是采用市场化模式，通过市场竞争整合资源，根据项目进展和效果给予补助④。

四　创新海外人才激励与评价机制

（一）创新海外人才的激励机制

1. 设立海外人才评选奖励

比如北京设立"北京市留学人员创新创业特别贡献奖评选活动"，每三年评选一次，对优秀的就业或创业留学人员，市政府给予10万元奖励⑤；合肥

---

① 王慧琼：《深圳南山：全域"大孵化"，释放创新力》，澎湃网，2020年1月2日，https：//m. thepaper. cn/baijiahao_ 5409405，最后检索时间：2022年6月24日。
② 程子彦：《上海张江正全力打造国际离岸创新创业基地》，经济网，2016年3月21日，http：//www. ceweekly. cn/2016/0321/145085. shtml，最后检索时间：2022年6月24日。
③ 《中国科协（深圳）海外人才离岸创新创业基地源创力中心开业》，凤凰网，2017年9月29日，https：//tech. ifeng. com/a/20170929/44703720_ 0. shtml，最后检索时间：2022年6月24日。
④ 《东湖高新区发布"金谷"规划　成立500亿产业发展基金》，中国日报网，2017年12月27日，https：//hb. chinadaily. com. cn/2017-12/27/content_ 35388719. htm，最后检索时间：2022年6月24日。
⑤ 首都人才：《关于开展第七届"北京市留学人员创新创业特别贡献奖"评选活动的通知》，北京海外学人中心，2021年6月28日，https：//www. 8610hr. cn/docs/tbgz/zytz/20210628/pc_ 1409385998181203968. html，最后检索时间：2022年6月24日。

开展留学归国创新创业代表人物评选活动，表彰在经济建设、社会发展、科技进步、创新创业等方面做出突出贡献的留学人员，给予"合肥市留学归国创新创业代表人物"荣誉称号[1]；山东开展"山东省留学人员回国创业奖表彰"活动，对表现优秀的留学人员通报表彰并给予5万元奖金奖励[2]。

2.设立青年海外人才培育激励

比如中山率先建立"市政府奖学金"制度，对国家"双一流"高校、世界大学排名前100名境外高校的中山生源高校毕业生回中山就业，给予最高30万元的奖金和补贴[3]；广州实施"菁英计划"留学项目，选派一批广东生源优秀学生到世界知名大学攻读博士学位或进行博士联合培养，并资助选派留学人员留学期间的生活费和提供往返1次的国际旅费[4]。

（二）优化海外人才的评价机制

1. 开通海外人才评价绿色通道

比如上海对企事业单位引进的海外高层次留学人才，经行业主管部门、专业学会（协会）或两名以上正高级职称同行专家推荐，对满足学历、学术、专业技术等条件的，可比照国内同类人员直接申报副高级职称评审[5]；武汉对入选市级以上人才计划的高层次人才，其职称评审不受户籍、身份、

---

① 合肥统战部：《安徽合肥市开展留学归国创新创业代表人物评选活动》，中央统战部官网，2021年1月12日，http：//www.zytzb.gov.cn/lxtd/350038.jhtml，最后检索时间：2022年6月24日。

② 高亚南：《山东省留学人员回国创业奖表彰开始》，齐鲁网，2018年6月13日，http：//news.iqilu.com/shandong/yuanchuang/2018/0613/3948471.shtml，最后检索时间：2022年6月24日。

③ 吴森林：《中山借鉴发达国家经验 设立"市政府奖学金"》，人民网，2020年4月18日，http：//gd.people.com.cn/n2/2020/0418/c123932-33958098.html，最后检索时间：2022年6月24日。

④ 广州"菁英计划"办公室：《关于申报2021年广州市"菁英计划"留学项目的通知》，广州大学研究生院网站，2021年3月29日，http：//yjsy.gzhu.edu.cn/info/1092/3861.htm，最后检索时间：2022年6月24日。

⑤ 上海市人社局：《关于开展2021年度上海市工程系列轻工专业高级职称评审工作的通知》，上海人社局官网，2021年5月17日，https：//rsj.sh.gov.cn/tgjjszwpstz_17412/20210520/t0035_1399658.html，最后检索时间：2022年6月24日。

档案、人事关系、岗位职数等相关申报条件限制，除必经程序和必要材料外，简化相关申报流程，免缴纳相关费用[①]；苏州对取得国际职业资格证书，且在苏从事相关工作的海外人才，在符合申报条件情况下，直接认定相应的职称，免参加逐级评审[②]。

2. 接轨国际人才评价标准

比如上海将国际职业资格纳入职称体系，推动海外人才职称评价，强化用人单位主体作用并支持用人单位自行探索评价要素和评价标准，其中，在对海外金融人才评价上，创新使用国际专业证书以及同行评价作为认定标准，采用特许金融分析师（CFA）、金融风险管理师（FRM）、特许公认会计师（ACCA）等国际金融资格证书作为金融人才的认定标准[③]。

五　加强海外人才服务与保障工作

（一）做好海外人才公共服务

1. 做好归国人才的统计工作

比如南京深挖街道留学回国人员储备，对户籍在街道范围内的所有留学回国人员（包括在用人组织或创业人员）进行统计，以便对入库人员及企业不定期推送各项人才政策和项目扶持政策[④]；洛阳要求乡（镇）人民政府、街道办事处、区属各单位做好留学人员统计工作，对海外高校毕业的和

---

① 李佳：《武汉为高层次人才评职称开绿灯　不再受户籍档案人事关系限制》，荆楚网，2018年1月10日，http://news.cnhubei.com/xw/wuhan/201801/t4058430.shtml，最后检索时间：2022年6月24日。

② 刘巍巍：《江苏苏州：海外人才可直接认定职称资格》，搜狐网，2017年12月6日，https://www.sohu.com/a/208785099_267106，最后检索时间：2022年6月24日。

③ 张骏：《上海分类推进人才评价机制改革实施方案出台》，上观新闻，2019年6月14日，https://www.jfdaily.com/news/detail?id=157408，最后检索时间：2022年6月24日。

④ 南京市江宁区：《关于建立东山街道留学回国人员信息库的通知》，南京市江宁区人民政府网，2020年11月24日，http://www.jiangning.gov.cn/sjb/xwzx/tzgg/202011/t20201124_2724331_ext.html，最后检索时间：2022年6月24日。

在海外深造学习的人员进行统计，以此建立归国留学人员信息库①。

2. 构建海外人才服务一体化体系

比如深圳设立国际人才驿站，内设政务服务厅、智慧交流区、人才加油站、人才办公区、人才会客厅、党建室等八大功能区，全方位为海外人才提供优质高效的综合服务②；南京设立市直属单位"国际人才服务中心"，通过窗口整合、流程再造，做到申请材料内部流转，提供"一站式"服务③；北京朝阳区把19个政府职能部门的涉外服务事项，全部下沉到市直属单位"国际人才一站式服务平台"，共涉及120项业务④。

（二）加强海外人才与企业的交流服务

1. 促进留学人员与企业的人才交流

比如上海举办"留·在上海"全球留学人才职业见面会，吸引来自100多所海外高校的留学人员与用人单位进行深入接触与沟通⑤；深圳连续十二届举办"深圳海归人才招聘会"，广泛邀请500强企业及名企到场招揽英才，提供超过1800个岗位，建立企业HR和海归求职者之间的互通桥梁⑥；

① 洛阳市人社局：《关于填报洛阳市留学人员基本情况统计表的通知》，洛阳市人社局官网，2017年5月24日，http：//www.haly.lss.gov.cn/BusinessPage/RlzySbj/BasePage/ShowContent.aspx？id=11256，最后检索时间：2022年6月24日。
② 宝安日报：《深圳北国际人才驿站今日启用》，龙华政府在线网，2020年11月2日，http：//www.szlhq.gov.cn/bmxxgk/lhqwzzbbb/dtxx_124139/gzdt_124140/content/post_8234733.html，最后检索时间：2022年6月24日。
③ 南京市编委办：《市科技局积极推进外国人来华工作许可和居留许可一站式办理》，南京机构编制网，2021年8月20日，http：//njbb.nanjing.gov.cn/cxgl/202108/t20210825_3111849.html，最后检索时间：2022年6月24日。
④ 北京日报：《120个国际人才服务事项"一窗"办理》，北京人民政府网，2020年7月13日，http：//banshi.beijing.gov.cn/tzgg/202007/t20200713_426170.html，最后检索时间：2022年6月24日。
⑤ 许婧：《上海举办"留·在上海"系列活动吸引集聚全球优秀留学人才》，新浪网，2019年8月16日，http：//edu.sina.com.cn/a/2019-08-16/doc-ihytcitm9444148.shtml，最后检索时间：2022年6月24日。
⑥ 《深圳站海归招聘会即将重磅开启》，中宏网，2021年10月11日，https：//baijiahao.baidu.com/s？id=1713325850332680113&wfr=spider&for=pc，最后检索时间：2022年6月24日。

厦门连续十年举办"厦门市海外留学人才项目对接洽谈会"，让海外留学人才与厦门市企事业单位代表开展"面对面、一对一"的对接洽谈[①]；西安搭建海外留学回国人才交流平台，联合西安欧美同学会、海创号等西安本地海归人才机构，举办职业发展沙龙、创业指导等各类活动，提升海归人才归属感[②]。

2. 促进海外高层次人才与企业的对接交流

比如东莞连续举办 9 期海内外高层次人才东莞行活动，邀请海内外知名高层次人才来莞参加推介会、市情考察、项目路演、项目对接等系列活动，吸引 243 名海内外高层次人才参会，达成项目合作意向 99 个[③]；宁波定期举办"宁波海外留学人才创业行"活动，促进海外高层次人才与宁波重点企业、高校科研院所、各留创园和各大创业创新平台开展现场洽谈对接，并邀请人才实地考察宁波创业创新环境[④]。

（三）推动海外人才融资对接服务

1. 搭建融资对接平台

比如珠海举办"珠海市留学人员创业项目与金融资本对接洽谈会"，组织留学人员创业项目与金融投资机构、上市公司、风险投资公司对接，为留学生创业企业和投资机构搭建融资交流平台[⑤]；南京举办留学人员创业企业融资对接"双双会"，邀请投融资机构、科技银行、海归企业参加，为留学

---

① 陈庚：《聚能信息产业 厦门举办留学人才项目路演对接洽谈会》，央广网，2020 年 9 月 9 日，http：//news. cnr. cn/native/city/20200909/t20200909_ 525248166. shtml，最后检索时间：2022 年 6 月 24 日。

② 魏建军：《西安在全国设立 24 个"招才引智工作站"》，西北信息报网，2020 年 9 月 15 日，http：//www. xbxxb. com/2020/0915/573106. shtml，最后检索时间：2022 年 6 月 24 日。

③ 海内外高层次人才东莞行资料，由东莞市委人才办提供。

④ 宁波市人社局：《2020 中国·宁波海外留学人才创业行活动即将启动》，宁波市人社局官网，2020 年 9 月 15 日，http：//rsj. ningbo. gov. cn/art/2020/9/15/art_ 1229114053_ 5765 3925. html，最后检索时间：2022 年 6 月 24 日。

⑤ 郭翔宇：《珠海将举行留学人员创新创业洽谈会》，央广网，2018 年 6 月 5 日，http：// news. cnr. cn/native/city/20180605/t20180605_ 524258582. shtml，最后检索时间：2022 年 6 月 24 日。

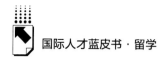

生创业企业和银行之间搭建融资交流平台①。

2. 推行"人才贷"

比如广州为海外人才来穗创办科技企业提供"广聚英才贷",企业以信用方式办理最高 3000 万元的贷款,并提供最优惠的利率②;威海为省级以上人才工程、重点人才工程入选者或其长期所在的市行政区域内注册的企业,开展科技成果转化和创新创业活动提供无抵押、无担保的"人才贷"产品③。

3. 设立海外人才专项基金

比如天津滨海新区设立科技型企业初创引导基金并由财政投入 5000 万元作为海外人才专项资助;设立海外人才成果转化支持专项并每年提供 200 万元资助总额,支持海外人才企业推广创新创业成果④。

4. 加大海外人才知识产权的运用

比如中山采用"政府+银行+保险+评估"共担风险的融资模式,联合银行、政府、保险公司、知识产权服务公司等多方单位,使用按比例承担、风险分担的机制,多方合力共同推动海外人才项目发展⑤;上海浦东新区采用"银行+政府基金担保+专利权反担保"的间接质押模式,由浦东生产力促进中心作为政府担保单位为企业提供贷款担保,企业凭借自有知识产权作为反担保质押给浦东生产力促进中心,支持银行使用创新方式向企业提供

① 南京人社局:《第十三届南京留交会投融资对接会圆满收官》,凤凰网,2021 年 6 月 17 日,https://finance.ifeng.com/c/879Jk02XhmI,最后检索时间:2022 年 6 月 24 日。
② 何道岚:《个人三千万企业五千万!"广聚英才贷"助创新创业》,广州日报,2020 年 4 月 23 日,https://baijiahao.baidu.com/s?id=1664712029768673181&wfr=spider&for=pc,最后检索时间:2022 年 6 月 24 日。
③ 李森:《最高贷 1000 万元!我市为高层次人才提供"人才贷"》,威海人民政府网,2019 年 8 月 7 日,http://www.weihai.gov.cn/art/2019/8/7/art_60663_2107247.html,最后检索时间:2022 年 6 月 24 日。
④ 《天津(滨海)海外人才离岸"双创"基地揭牌》,搜狐网,2017 年 12 月 21 日,https://tj.focus.cn/zixun/7db09a09a6a58a74.html,最后检索时间:2022 年 6 月 24 日。
⑤ 张翔宇:《知识产权融资"中山模式"四省推广》,中国青年网,2017 年 4 月 20 日,http://news.youth.cn/gn/201704/t20170420_9528435.htm,最后检索时间:2022 年 6 月 24 日。

贷款，充分发挥"担保主体+评估主体+贴息支持"等多方主体的联动作用①。

（四）优化海外人才创业指导服务

比如深圳出台《"归·家"——深圳市归国留学人员服务计划》，公布服务深圳市归国留学人员政策包及工作指南，聘请首批服务归国留学人员的创新创业导师，支持归国留学人员入驻创客空间、孵化器、留创园等创业平台②；天津实行留学人员企业升级培育计划，实施"一企双师三员"培育机制，构建多方联动、多方合作的企业服务链③；苏州由资深投资专家、天使投资人、优秀科技型企业家组成创业导师，对入选姑苏科技创业天使计划的海内外企业进行1~2年的创业培育④。

（五）加强海外人才安居服务与保障

1.推动国际人才社区建设，营造海外人才宜居宜业环境

比如北京全面开展首都国际人才社区建设，先后在朝阳望京、中关村科学城等地建设包括海外院士专家工作站、未来论坛、海高大厦、国际人才公寓、国际学校、国际医院等项目⑤；上海建立张江科学城国际人才社区，结合商品住宅设置国际社区、人才公寓等多种形式的租赁住宅，满足科学家、

① 吴振东：《上海科创企业可凭专利获银行贷款》，人民网，2019年12月3日，http://ip.people.com.cn/n1/2019/1203/c179663-31487314.html，最后检索时间：2022年6月24日。
② 轩慧：《"归·家"——深圳市归国留学人员服务计划启动》，光明网，2021年11月8日，https://tech.gmw.cn/2021-11/08/content_35295213.htm，最后检索时间：2022年6月24日。
③ 扎西：《天津建立培育机制助力留学人员企业创新发展》，新华网，2020年12月30日，http://education.news.cn/2020-12/30/c_1210953525.htm，最后检索时间：2022年6月24日。
④ 苏州市科技局：《关于组织申报2021年度苏州市姑苏科技创业天使计划的通知》，姑苏人才网，2021年3月17日，http://www.rcsz.gov.cn/Front/FrontPc/v2/details/Ntsjhdetails.html，最后检索时间：2022年6月24日。
⑤ 北京市政府新闻发布会：《北京：全面展开首都国际人才社区建设，吸引更多国际人才来京创新创业》，澎湃网，2020年9月27日，https://www.thepaper.cn/newsDetail_forward_9376260，最后检索时间：2022年6月24日。

外籍人士、青年创新人才、高级管理人才等居住需求①；青岛建设国际人才社区暨青年大学生公寓，是主要面向海内外青年人才建设的租赁型住宅②。

2.提供海外人才安家补贴或就业补助

比如宁波对新来宁波就业的世界 100 强大学毕业的本科及以上海外留学人才，在甬连续缴纳社保满 6 个月的，给予一次性 5 万元的就业补助③；无锡给予在市企事业单位就业的全球高校排名前 100 名或所学学科排名前 20 强的海外优秀留学生，按本科到博士学历层次，给予 3 年房租补贴（本科每年 1 万元、硕士每年 1.5 万元、博士每年 2 万元），购买首套住房，按学历给予最高 30 万元一次性购房补贴支持④；长沙给予留学归国人员住房补贴，其中，博士 5 万元/（人·年）、硕士 1 万元/（人·年）、本科 6000 元/（人·年），最长可申请两年⑤。

（六）加强海外留学人才子女教育保障

比如广州由当地教育部门和有关部门协助安排留学回国人员子女入学相关事项，由居住地所在教育行政部门免试就近安排人才子女义务教育需求⑥；西安对于海外高层次人才子女，在义务教育阶段以免试就近原则就

---

① 浦东国际人才：《展望科学城丨张江国际社区人才公寓（一期）即将来袭，还不到碗里来？》，上海国际人才网，2017 年 8 月 24 日，https：//www. sh-italent. com/Article/201708/201708260012. shtml，最后检索时间：2022 年 6 月 24 日。
② 刘佳旎：《青岛首个国际人才社区启用》，青岛新闻网，2020 年 11 月 21 日，https：//house. qingdaonews. com/content/2020-11/21/content_ 22451343. htm，最后检索时间：2022 年 6 月 24 日。
③ 《关于推进开放揽才产业聚智相关政策的实施细则》，宁波政策网，2019 年 3 月 19 日，https：//nbxinxi. com/a/ningboshirenlishebaoju/20200610/27778. html，最后检索时间：2022 年 6 月 24 日。
④ 无锡市人社局：《"锡引"工程下月起施行》，无锡市人社局官网，2019 年 6 月 28 日，https：//hrss. wuxi. gov. cn/doc/2019/06/28/2561871. shtml，最后检索时间：2022 年 6 月 24 日。
⑤ 肖潇雨：《长沙人才新政吸引海归回流 447 人申请补贴》，湖南民生网，2017 年 11 月 17 日，https：//www. hnmsw. com/show_ article_ 77292. html，最后检索时间：2022 年 6 月 24 日。
⑥ 《广州市鼓励留学人员来穗工作规定》（广州市人民政府令第 76 号），广东省人民政府网，2012 年 7 月 8 日，http：//www. gd. gov. cn/zwgk/wjk/zcfgk/content/post_ 2530 594. html，最后检索时间：2022 年 6 月 24 日。

读，其中，A 类人才子女入学可在全市范围内一次性选择任一公办义务教育学校就读①；深圳对海外高层次人才子女提供义务教育优先服务，人才子女入读高中教育阶段可享受减免学杂费、借读费和择校费等费用的待遇②。

六 优化海外人才引进的宣传推广工作

（一）拓宽人才需求目录发布渠道

1. 拓宽线上发布渠道

比如上海通过"上海留学生人才网""上海学生就业创业服务网"发布人才需求信息③；苏州在自身打造的高端网络引才平台上发布《苏州市 2020 重点产业紧缺人才需求目录》④；青岛西海岸新区通过中国国际人才市场（青岛）智慧市场、"梧桐树"聚才港等新区四大线上招聘平台，广泛发布《2020 年青岛西海岸新区重点人才需求目录》⑤。

2. 拓宽线下推广渠道

比如上海通过举办"2020 海聚英才创新创业峰会"，发布高层次人才需

① 西安市：《西安市高层次人才子女就学实施办法》，本地宝网站，2019 年 7 月 15 日，http：//wenda. bendibao. com/live/2019715/36952. shtm，最后检索时间：2022 年 6 月 24 日。
② 深圳人社局：《深圳市海外高层次人才享受特定待遇的若干规定（试行）》，深圳政府网，2012 年 9 月 19 日，http：//www. sz. gov. cn/cn/xxgk/zfxxgj/zcfg/szsfg/content/post_ 6581996. html，最后检索时间：2022 年 6 月 24 日。
③ 上海：《海聚英才｜"千里马"与"伯乐"云端相会》，搜狐网，2020 年 3 月 17 日，https：//www. sohu. com/a/380780371_ 719687，最后检索时间：2022 年 6 月 24 日。
④ 苏州市人社局：《苏州市 2021 年度重点产业紧缺专业人才需求目录正式发布》，苏州市人社局官网，2021 年 6 月 7 日，https：//hrss. suzhou. gov. cn/jsszhrss/zxdt/202106/1fe1fce8d4bd4389a48c9c0b13f865ca. shtml，最后检索时间：2022 年 6 月 24 日。
⑤ 青岛西海岸新区：《青岛西海岸新区发布 2020 年重点人才需求目录!》，中国山东网，2020 年 11 月 9 日，http：//3g. sdchina. com/sinarss/show/4569329. html，最后检索时间：2022 年 6 月 24 日。

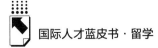

求岗位目录及关键核心技术攻关项目①；成都采取线上推广与线下落地同步宣传，举办"蓉漂·高峰荟"，现场发布《成都人才白皮书》，列出重点产业人才开发目录②。

（二）加大人才引进政策宣传力度

比如上海举办留学人才工作展、留学人才项目交流洽谈会、留学人员创业大赛优秀项目路演及留学人员职业见面会等系列活动，并开展上海留学人员政策线上直播宣讲活动，扩大海外人才引进政策的影响力③；深圳发布归国留学人员政策包及工作指南，制作《深圳市归国留学人员政策汇编》《深圳市归国留学人员服务指南》等宣传资料，根据归国留学人员所需，开展辅导讲座、培训等政策解读交流工作④；南京举办"江宁青年展望——海外留学人才就业创业政策及环境交流会"，帮助留学人员深入了解江宁区就业创业支持政策、高新园区发展情况⑤；石家庄举办海外留学生就业创业座谈会，宣传留学生回国就业创业政策，参会企业同步发布面向海外归国人才的岗位需求⑥；东莞连续多年高规格举办"东莞高层次人才活动周"和海内外高层次人才项目路演活动，并在现场推介东莞引才政策、宣传发展商机，成

① 陈晓颖：《2020 海聚英才创新创业峰会来啦》，澎湃网，2020 年 12 月 24 日，https：//www.thepaper.cn/newsDetail_forward_10522539，最后检索时间：2022 年 6 月 24 日。
② 罗向明：《"蓉漂·高峰荟"拉开 2019 "蓉漂人才日"系列活动帷幕》，四川在线网，2019 年 4 月 27 日，https：//news.scol.com.cn/gdxw/201904/56861157.html，最后检索时间：2022 年 6 月 24 日。
③ 上海市人社局：《引才育才聚才，"留·在上海"全球留学人才项目交流会成功举办》，上海市人社局官网，2020 年 12 月 24 日，https：//rsj.sh.gov.cn/tsj_17090/20201225/t0035_1397073.html，最后检索时间：2022 年 6 月 24 日。
④ 轩慧：《"归·家"——深圳市归国留学人员服务计划启动》，光明网，2021 年 11 月 8 日，https：//tech.gmw.cn/2021-11/08/content_35295213.htm，最后检索时间：2022 年 6 月 24 日。
⑤ 《南京市江宁区创新海外引才方式》，江宁人社服务平台网，2022 年 1 月 9 日，http：//www.jnhrss.net/art/2022/1/9/art_12_3330.html，最后检索时间：2022 年 6 月 24 日。
⑥ 刘娴：《召开海外留学生石家庄就业创业座谈会》，中国就业网，2020 年 7 月 24 日，http：//chinajob.mohrss.gov.cn/c/2020-07-24/225490.shtml，最后检索时间：2022 年 6 月 24 日。

功促成多个海外高层次科技人才项目与本地企业、风投机构达成初步合作意向①。

（三）在全球范围内进行城市推介

1. 借助媒介加强城市人文信息对外输出

比如海南开展海外传播官队伍培育工程，计划在全球范围内组建一支以爱国侨领为主，包括华裔青少年、海外优秀留学生等在内的多群体海外传播队伍，借助海外传播官的影响力，积极传播海南好声音、讲述海南好故事，向全球展现海南自贸港的风貌②；天津借助海内外有影响的知名媒体，以及"天天问津"等权威专门网站，面向海内外定期发布全市及滨海新区的城市宣传形象、城市发展成果以及支持政策和保障措施，扩大新区的影响力与吸引力③。

2. 积极组织（参与）海外主题活动，加强城市人文信息对外输出

比如广州定期举办与参加各种国际化主题活动，开拓新的国际空间，例如金融投资方面，定期举办广州投资年会、国际金融交易博览会（金交会）；文娱体方面，积极开展如亚洲美食节推介会、广州国际灯光节、广州国际艺术博览会、"广州约定你"国际友城青少年足球赛、"友城大联欢"等主题活动④。深圳打造海归人才创新创业馆，海归人才专馆包括留学人员科技成果展示区、海归人才招聘区及外籍人士招聘区三大板块，组织海外留学生组织、海外高等院校以及留学生个人、国内各归国留学人员主管部门、

① 吴擒虎：《东莞举行海内外高层次人才项目路演，近20个高端项目在莞落地》，南方网，2020年12月11日，https://static.nfapp.southcn.com/content/202012/11/c4425727.html，最后检索时间：2022年6月24日。
② 王子遥：《将持续向全球推介海南》，腾讯网，2020年9月23日，https://new.qq.com/omn/20200923/20200923A04VS700.html，最后检索时间：2022年6月24日。
③ 天津市人社局：《天津（滨海）海外人才离岸创新创业基地建设实施方案》（津人社局发〔2017〕45号），2017年4月25日印发，http://hrss.tj.gov.cn/jsdw/yjrczhfwzx/zcjd5/202009/t20200907_3636122.html，最后检索时间：2022年6月24日。
④ 广州人才相关活动，根据广州人才工作网公开资料整理，http://www.gzrcwork.com/index.php/index/index.html，最后检索时间：2022年6月24日。

留学生创业园及企业等设展推介，宣传各地引进留学人员、海外高层次人才计划及创业扶持等政策①。苏州以文旅品牌为重点宣传方向，实施"苏州文化走出去"工作，向海外展示城市软实力，如赴境外展演、展览、展销等②。

---

① 王婵：《第十九届中国国际人才交流大会明开幕》，深圳特区报网，2021 年 4 月 23 日，http：//sztqb. sznews. com/PC/content/202104/23/content＿ 1021868. html，最后检索时间：2022 年 6 月 24 日。
② 苏轩：《苏州鼓励文旅单位走出国门展示苏州文化魅力》，东海资讯网，2020 年 8 月 20 日，http：//jiangsu. china. com. cn/html/Travel/tour/10764469＿ 1. html，最后检索时间：2022 年 6 月 24 日。

专 题 篇
Reports on Special Research

B.9
中国出境留学金融服务需求分析*

中国银行

摘　要： 我国相关部门对出境留学一直持鼓励态度。本报告分析指出，自2015年以来，我国出境留学市场规模逐渐扩大，尽管2020年出境留学人数受新冠肺炎疫情影响有所下降，但出境留学稳定增长的长期态势并未改变。基于中国银行海量数据，本报告还从客户角度，呈现了出境留学生在资金规划、汇率信息、外币兑换、跨境汇款和办卡时的行为特征。结合上述不同侧面的需求分析，本文提出要围绕留学全生命周期，打造场景化、重社交、立体化的金融服务体验。

关键词： 留学金融　金融行为　出境留学　场景化

---

* 本研究所界定的"中国出境留学"指中国大陆学生到海外（含港澳台）接受各类教育。

在留学服务领域，存在广泛的需求痛点，尤其是在跨境金融方面。专业而高效的金融服务不仅可以帮助留学生顺利完成学业，还能帮助留学生家庭找到性价比最高的资金使用方案，提升资源使用率，为留学之路赋能。

本文将从出境留学金融服务的宏观背景、出境留学生金融行为和商业银行主要留学金融业务几个方面，对出境留学金融服务需求情况进行分析，为完善留学相关跨境金融体系建设提供依据。

一 背景：出境留学金融服务的宏观背景

（一）国家政策鼓励出境留学

2013 年 10 月，习近平主席在欧美同学会成立 100 周年大会上提出"支持留学、鼓励回国、来去自由、发挥作用"的 16 字留学工作新方针，做好留学人员工作成为实施科教兴国战略和人才强国战略的重要任务。[①] 2019 年 2 月发布的《中国教育现代化 2035》提出要开创教育对外开放新格局，全面提升国际交流合作水平，推动我国同其他国家学历学位互认、标准互通、经验互鉴。[②] 我国已与 46 个国家和地区签订了学历学位互认协议，在国家政策的支持下，越来越多的学子选择留学之路。2020 年受新冠肺炎疫情影响，出境留学人数有所下降。同年 6 月，《教育部等八部门关于加快和扩大新时代教育对外开放的意见》正式印发，明确将继续通过出境留学渠道培养我国现代化建设需要的各类人才。2021 年 10 月，教育部部长怀进鹏在第 22 届中国国际教育年会全体大会上公开表示，将继续推进高水平教育对外

---

① 王辉耀：《让留学人员成为发展"战略资源库"》，人民网，2015 年 7 月 1 日，http：// opinion. people. com. cn/n/2015/0701/c1003-27233625. html，最后检索时间：2022 年 5 月 3 日。

② 《中共中央、国务院印发〈中国教育现代化 2035〉》，新华网，2019 年 2 月 23 日，https：// baijiahao. baidu. com/s？id=1626257525004913077&wfr=spider&for=pc，最后检索时间：2022 年 5 月 3 日。

开放，继续支持出境留学。[①] 上述一系列政策说明，中国开放的大门不会关上，只会越开越大。

（二）出境留学和留学回国人数稳定增长

据教育部统计，新冠肺炎疫情前我国出境留学人数持续增长（见图1），2019年出境留学人数70.35万，较2018年增长6%，总数约是2000年的18.04倍。2019年，我国留学回国人员达58.03万人，较2018年增加6.09万人，留学人才回流比高达82%，比2018年提高了4个百分点。

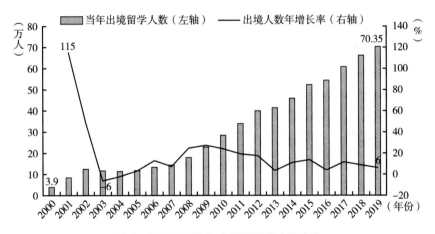

图1 2000~2019年来出境留学人数变化

注：教育部公布数据更新至2019年。
资料来源：依据教育部网站历年公布的数据整理。

（三）疫情期间留学整体方向未改

近年来，受疫情影响，全球人才流动的规模和频率有所下降，以跨境流动为主要特点的留学发展面临严峻挑战。但也无须过于悲观，相关调查显

---

① 《教育部部长：鼓励中国学生出国留学！英美等多国政策利好！》，网易新闻，2021年11月1日，https：//www.163.com/dy/article/GNNDK6NP0552KDYH.html，最后检索时间：2022年5月3日。

示，大部分学生在疫情初期表示更愿意在线下教学恢复后再落实留学计划，但随着疫情逐步被控制，越来越多的学生表示不会因为疫情而放弃留学的选择，而是会通过其他方式进行相应的调整。① 可见，虽然新冠肺炎疫情给出境留学带来了一定的消极影响，但我国学生对于国外优质高等教育的需求并未发生根本性改变，出境留学仍是重要的发展方向之一。据 UCAS 发布的《2021 年英国本科申请数据》显示，2021 年中国内地学生的申请量为 28490份，比 2020 年同期增长了 16.6%。②

（四）留学生结构以自费留学生为主

从结构上看，2018 年，我国自费出国留学人数 59.63 万人，占当年出国总人数的 90.06%。近 10 年该比率一直保持在 90% 左右（见表 1）。

表 1　2008～2018 年公派、自费留学人数表

单位：万人，%

年份	国家公派	单位公派	自费	总人数	自费留学占比
2008	1.29	0.53	16.16	17.98	89.88
2009	1.20	0.72	21.01	22.93	91.63
2010	1.25	1.00	26.22	28.47	92.10
2011	1.28	1.21	31.48	33.97	92.67
2012	1.35	1.16	37.45	39.96	93.72
2013	1.63	1.33	38.43	41.39	92.85
2014	2.13	1.55	42.30	45.98	92.00
2015	2.59	1.60	48.18	52.37	92.00

---

① J. ROSS. Pandemic to redistribute international student flows：report［EB/OL］.（2020-05-04）［2022 - 05 - 25］https：//www.timeshighereducation.com/news/pandemic - redistribute - international-student-flows-report.

② UCAS. UCAS undergraduate applicant releases for 2021 cycle.［EB/OL］.（2021-06-30）［2022-05-25］https：//www.ucas.com/data - and - analysis/undergraduate - statistics - and - reports/ucas-undergraduate-releases/ucas-undergraduate-applicant-releases-2021-cycle.

续表

年份	国家公派	单位公派	自费	总人数	自费留学占比
2016	3.00	1.63	49.82	54.45	91.50
2017	3.12	3.59	54.13	60.84	88.97
2018	3.02	3.56	59.63	66.21	90.06

注：教育部公布数据更新至 2018 年。
资料来源：依据教育部网站历年公布的数据整理。

公派留学规模稳定、层次尖端、导向性强。国家公派留学要重点培养国家现代化建设急需、紧缺、薄弱、空白、关键领域的拔尖创新人才和行业领军人才。我国已与 180 多个国家签订了政府间教育交流协议，支持双方互派学生。教育部数据显示，国家公派人数在 2012~2016 年增长较快，2016 年以后基本保持在每年 3 万人次水平（见图 2）。另据国家留学基金管理委员会公布，2021 年计划选派各类国家公派留学人员 2.7 万人。① 值得注意的

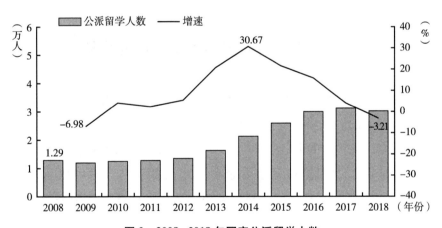

图 2　2008~2018 年国家公派留学人数

注：教育部公布数据更新至 2018 年。
资料来源：依据教育部网站历年公布的数据整理。

---

① 国家留学网：《2021 年国家留学基金资助出国留学人员选派简章》，神州学人，2021 年 12 月 29 日，http://www.chisa.edu.cn/v2/rmtserve/syxx/202101/t20210118_ 390832.html。

是，国家留学基金管理委员会 2018 年 12 月宣布 2019 年不再实施国家公派硕士研究生项目，选派类别中高级研究学者、访问学者、博士后和公派博士留学生等高端人才数量占公派留学人员总数超 2/3。

据估算，2016~2019 年我国出境留学消费市场规模逐渐增加，2019 年达到 4296 亿元，其中，出境留学后消费市场在 2019 年时约为 3000 亿元。2020 年受新冠肺炎疫情影响，留学消费市场规模下降至 2553 亿元左右。随着境外逐步恢复常态，2021 年出现小幅回升。

随着全球新冠肺炎疫苗接种人数攀升，境外许多国家正在逐步恢复常态，出境留学消费市场有望逐步扩大。据业界预测，中国出境留学消费市场将在未来几年缓和发展，但 2024 年后将开始高速增长并且 2024 年的市场规模将超过 2019 年全年达到 4679 亿元，随后以 13% 左右的增速上升。2026 年中国出境留学消费市场规模将接近 6000 亿元。其中，出境留学后消费市场规模将在 2024 年接近 2019 年全年的市场规模达到 2854 亿元，随后以 13% 左右的增速上升至 2026 年的 3611 亿元左右①。

二 客户：出境留学生金融行为分析

作为中国全球化和综合化程度最高的银行，中国银行秉承"服务全球学子"的理念，凭借跨境金融的传统专业优势和全球 60 余个国家和地区的机构布局优势，每年为至少上百万留学家庭提供专业、全面的出境留学金融产品。中国银行基于海量留学生数据优势，对中国留学家庭2021 年的金融行为进行调研分析，期望能为广大留学家庭带来有价值的参考。

---

① 前瞻产业研究院：《行业深度！一文了解 2021 年中国留学服务行业市场规模、细分市场及发展前景》，2021 年 8 月 31 日，https://bg.qianzhan.com/trends/detail/506/210831-293aa02b.html，最后检索时间：2022 年 5 月 3 日。

（一）留学生资金规划

充分、合理的留学资金规划对于留学家庭非常重要。从调研情况来看，帮助制订相应的理财计划、对理财情况的分析建议、产品推荐位列留学生资金规划所需帮助前三位。其中，由于出境留学生交学费、住宿费等有严格时点要求，制订合理的理财计划是留学生所需的首要帮助，选择此项服务的占比为43.9%（见图3）。

考虑到留学生的留学时间、资金准备、风险偏好以及当时的汇率走势不同，建议留学家庭通过银行跨境服务渠道进行精准的留学资金规划，并定制资产配置方案与购汇计划，做好资金收益、安全与流动性的统筹，同时也可通过银行留学分期服务满足资金需求。

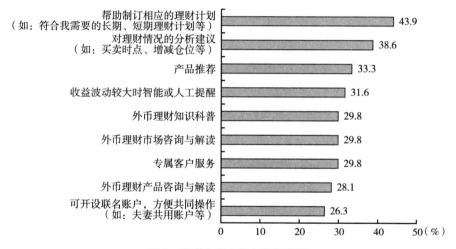

图3　留学生资金规划所需帮助

资料来源：中国银行对中国留学家庭2021年金融行为的调研数据。

（二）汇率信息关注情况

调研结果显示，六成留学生会在出境前关注汇率信息，且绝大部分会在出境前的3个月及以内开始关注。

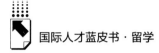

人民币汇率呈现双向波动局面，面对未来汇率可能的变动，合适的购汇时点成为留学生关注的重要信息之一。留学生及其家长可通过**中银跨境GO App** 开启汇率播报及到价提醒功能，及时掌握汇市变动情况。

（三）主要外币汇兑渠道

在实际兑换外汇时，约80%的留学生会选择在商业银行进行，主要原因在于银行兑换币种齐全、汇率价格公允、渠道安全且流程便捷。

此外，由于境外移动支付普及度和成熟度不及境内，约90%以上的留学生在购汇同时会换取一定数额的外币现钞，外币现钞及零钞业务的全面性和丰富性成为留学生选择外币汇兑渠道的一个重要考量因素。

（四）跨境汇款时的考虑因素

跨境汇款输入要素多、流程复杂、汇款进度查询难，还可能因海外中转行收费导致学杂费不足额到账，成为很多留学生特别是新留学生的心中之痛。调研显示，41.7%的留学生希望获得汇款到账提醒帮助，希望获得汇款单填写、快速汇款方面帮助的留学生均为37.5%（见图4）。而留学生在选

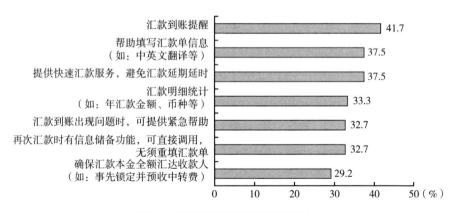

图4　留学客群跨境汇款所需帮助

资料来源：中国银行对中国留学家庭2021年金融行为的调研数据。

择银行进行跨境汇款时，汇款流程是否简单便捷是最重要的考虑因素（36.8%），且相较于其他出境需求客群，留学生更关心汇款手续费（31.6%）和汇款覆盖国家和地区（30.1%）（见图5）。

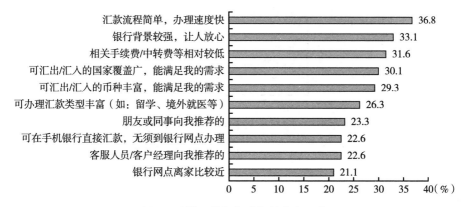

图5 跨境汇款银行选择的考虑因素

资料来源：中国银行对中国留学家庭2021年金融行为的调研数据。

（五）留学生办卡时的考虑因素

留学生在办理具有海外支付功能的国际信用卡或借记卡时，更加关注银行背景、银行卡可涵盖的币种是否齐全和外币兑换汇率是否合适。

境外线上扫码支付的环境与国内相比普及度相对较低，刷卡支付与现金支付占比还相对较高，因此在出境前，大部分留学生会办理具有海外支付功能的国际信用卡或借记卡。国际信用卡可解决留学生的海外消费问题，国际借记卡则主要解决海外取现及零钞的问题。

留学生在办理信用卡和借记卡时，主要考虑银行背景（27.5%）、兑换汇率（26.9%）、涵盖币种（26.3%）、适用范围（24.0%）、增值服务（22.2%）等诸多因素（见图6）。而新留学生更看重留学目的地是否有卡片发行银行的海外机构，以及卡片是否含有机票、接送机、海淘等丰富且实用的权益。

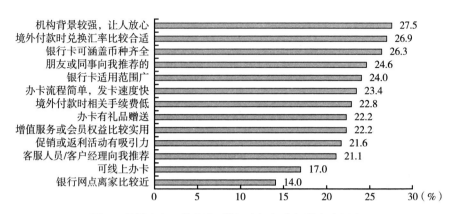

图 6　留学生办理信用卡/借记卡银行选择的考虑因素

资料来源：中国银行对中国留学家庭 2021 年金融行为的调研数据。

三　应对：打造全生命周期服务体验

面对出境留学金融服务的宏观背景及客户的核心诉求，中国银行以人民为中心，聚焦留学全生命周期，打造了场景化、重社交、立体化的服务体验。

（一）场景：打造场景化服务平台

国内的留学金融普遍呈现碎片化、效率不够高的特征，影响到了留学生及其家长的体验。在数字化全面席卷的当下，场景化无疑是破解上述痛点的抓手。所谓"场景建设"，就是将产品和服务整合到人们日常生活环境中，使人们未身处银行网点，却可以享受到银行服务。①

金融服务市场中，商业银行提供的外汇理财、购汇、信用卡、存款证明、见证开户、国际汇款等金融产品可以嵌入留学前、留学中和留学后全流程（见表 2）。其他异业金融服务以外币兑换为主，如易兑、联合货币等汇兑机构。此外还有以支付宝为代表的线上金融服务整合平台通过使用银行、汇兑机构渠道为消费者提供金融服务。

---

① 刘桐汐：《金融场景建设概念界定及流程解析》，《2019 年财金观察论坛》，第 68 页。

表2　留学全周期需求结构

留学前		留学中	留学后
培训阶段	申请阶段	学习阶段	毕业阶段
外汇理财	存款证明	跨境汇款	资金汇回
购汇	留学贷款	银行卡消费	结汇
银行卡申请	留学缴费	学杂费缴纳	
	见证开户	境外取现	
	外币携带证		

资料来源：中国银行根据留学全过程的主要需求整理。

　　中国银行充分利用自身全球化基因，依托长年积累的跨境金融优势，为留学家庭量身打造了覆盖留学前、中、后的金融及非金融服务生态（见图7）。

图7　中国银行留学生态建设视图

资料来源：中国银行整理。

（二）内容：打造"权威、专业、有温度"的留学资讯平台

　　内容运营是平台可否持续产生流量的关键，只有为客户提供有营养、感兴趣的资讯内容，搭建留学生圈层交流平台，形成用户黏性，才能带动平台

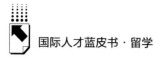

活跃用户数增长。中国银行基于留学客群需求打造权威、专业、有温度的留学资讯平台，为用户推送"有营养"的留学金融+非金融资讯，同时通过内容与用户的关联行为，如资讯浏览、收藏、点赞转发等行为轨迹，对用户的非金融+金融需求进行精准定位，对用户进行精准画像，不断优化内容投放形式及资讯类型，为用户提供实用、高质量留学干货，助力留学生活更简单。

（三）中台：建立多维度立体化的用户服务体系

深度运营留学服务、建设多维度立体化用户服务体系，关键在于留学场景中台能力建设，核心是深度挖掘用户产生的数据，精准捕捉用户留学金融需求，全面提升用户服务体验。而中台的使命就是高效、精准地完成从识别用户、输出内容、采集数据、打标用户、筛选客群、配置活动、触达用户，到最终为客户精准提供所需服务全过程的处理。中国银行基于留学服务需求打造健全、协同与智能的留学场景中台，从数据、内容、营销、客服、风险多维度建设细分中台能力，并且积极探索传统金融机构运营模式与留学场景运营中台之间的协同、复用，长期不断地探索与完善如何在互联网的开放性与金融机构的严谨性相互平衡下创新建设多维度立体化用户服务体系。

B.10
国际化人才培养视角下 ETS 中国
四十年的实践经验

王梦妍*

摘　要： 培养具有全球竞争力的国际化人才，既是世界各国教育发展的趋势，也是中国教育国际化转型发展的基本要求。贯彻党的教育方针、创新国际化人才培养机制，推动中国全球治理，是中国参与全球教育竞争的关键。本报告从 ETS 测评统计数据出发，从语言能力、学术能力两个维度分析中国国际化人才培养情况，研究发现中国国际化人才阅读能力和数字推理能力较好。本报告以 ETS 在中国 40 年的实践为基础，总结了其在支持中国建设国际化人才培养体系方面的主要措施，并提出打造中国的国际化人才培养生态圈的设想。

关键词： 国际化人才培养　教育对外开放　外语能力　教育创新
　　　　　人才测评

　　国际化人才培养是中国实施新时代人才强国战略的必然举措，是推进中国教育国际化转型发展的基本要求，也将为建设更高水平的开放型经济新体制提供重要支撑。本报告从 ETS 测评统计数据出发，多维度分析中国国际化人才培养情况，以 ETS 在中国 40 年的实践为基础，总结了其在支持中国建设国际化人才培养体系方面的主要措施。

---

* 王梦妍，ETS 中国区总裁，负责 ETS 的众多测评产品在中国的运营管理工作，拥有近十年的国际教育行业管理经验和教学经验，主要研究方向为第二语言教育。

一 从 ETS 数据看中国国际化人才培养情况

随着全球高等教育的国际化发展和国际学生人数的增加，越来越多的院校需要采用可靠的标准化测试对申请人进行评估。据调查，高中学业成绩、大学先修课程、标准化考试成绩和考生的多样性都是高等院校招生官在评估申请人时所考虑的重要因素。① 托福和 GRE 考试的公平、有效和可靠性得到了招生官的青睐。认可托福和 GRE 考试院校的数量也反映了这一趋势。截至 2021 年全球 160 多个国家和地区的 11500 多所院校认可托福考试。GRE 考试除了被全球数千所研究生院认可外，接受 GRE 考试成绩的商学院 MBA 项目也在迅速增长，从 2011 年的 600 多个增加到 2021 年的 1300 多个。随着中国对来华留学生吸引力的增强和中外合作办学项目的增加，越来越多的中国院校也开始认可托福考试和 GRE 考试。截至 2021 年中国大陆共有近 300 所院校认可托福考试成绩，近 100 个研究生院和商学院项目接受 GRE 考试成绩。因此，考生的托福和 GRE 成绩成为洞察一国国际化人才培养情况的重要依据之一。

（一）中国国际化人才的语言能力

1981 年 12 月 11 日，托福考试首次在北京、上海、广州举行，共有 661 名考生参加考试，成为引进到中国大陆的第一个国际化标准语言测试。此后，伴随中国改革开放的进程，中国的出国留学人数快速增长，中国托福考生人数也逐年递增。2008 年，中国托福考生人数首次超过 10 万，到 2009 年，中国已成为全球托福考生人数最多的国家。

进入 21 世纪后，随着中国加入世界贸易组织和北京成功申办 2008 年奥运会，英语成为中国与世界对话不可或缺的交流工具。中国建立了基础

---

① The National Association of College Admission Counselling. 2019 State of College Admission［EB/OL］. ［2022 - 05 - 25］https：//www.nacacnet.org/globalassets/documents/publications/research/2018_ soca/soca2019_ all.pdf.

教育和高等教育阶段的英语课程标准，并提出了"英语学科核心素养标准"。在教学方法上，在"交际法"的基础上加强了"任务型教学"的推广，更强调学生实际语言应用能力的培养。在"中小学教师国家级培训计划"的带动下，外语教师队伍的数量和质量均有显著提升。从托福考试的成绩来看，中国考生的平均成绩逐年上升，总分从2010年的77分提高到2020年的87分（见图1）。2020年，中国大陆托福考生的写作、口语、听力、阅读成绩分别为22分、20分、22分和23分（各项满分为30分）。和全球其他国家或地区相比，中国考生阅读平均分较高，听力和口语相对较弱（见图2）。

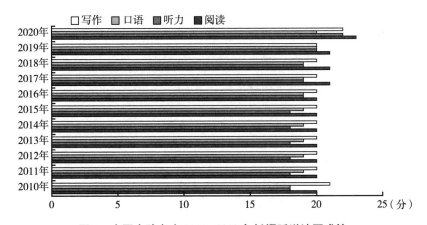

图1 中国大陆考生2010~2020年托福听说读写成绩

资料来源：基于2010~2020年《全球托福成绩报告》整理。

（二）中国国际化人才的学术能力

1981年12月12日，446名考生参加了GRE在中国的首次考试，GRE也成为引进到中国大陆的第一个国际研究生入学考试。此后，中国GRE考生的数量也长期保持稳定增长趋势。在2017~2018考试年度，中国GRE考生人数达到68702人，首次超过印度考生人数，排名全球第二，仅次于美国考生人数。

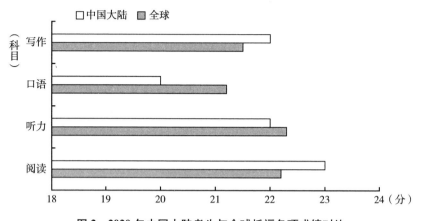

图2 2020年中国大陆考生与全球托福各项成绩对比

资料来源：基于2020年《全球托福成绩报告》整理。

2019～2020考试年度，受新冠肺炎疫情影响，全球GRE考生人数出现下降，中国大陆考生人数也出现下降（见图3）。但美国国际教育学会发布的

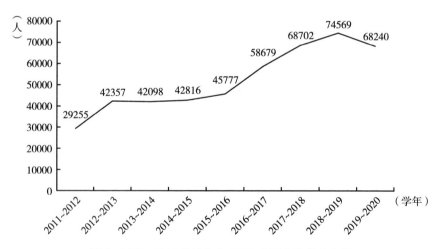

图3 2012～2020考试年度GRE中国大陆考生人数

资料来源：基于2010～2020考试年度《GRE普通考试全球考生概况》整理（因2011年7月为纸笔考，2011年8月引入机考，故7月考量未计入2011～2012考试年度数据统计）。

《美国门户开放报告》① 显示，2021 年，中国赴美留学生总数达到 31.7 万人，该数据虽然较 2020 年下降 14.8%，但考虑到 2021 年赴美国际学生总量的减少，中国留学生人数在美国国际生总数中的占比不降反升，达到了 34.7%，仍然是美国最大的留学生源国。

对 GRE 考试成绩的分析显示（见图 4、图 5），从 2011 年到 2020 年，中国考生在文字推理、数字推理和分析性写作三部分的平均分数均呈上升趋势。结合全球 GRE 平均分数来看，中国考生在数字推理部分优势明显。以 2019～2020 考试年度的 GRE 成绩为例，全球考生的数字推理平均分数为 154.1 分，而中国考生在该部分的平均成绩达到 164.7 分，高出全球平均分 10.6 分。但在文字推理和分析性写作两部分，中国大陆考生仍处于弱势，分数低于全球平均水平。在 2019～2020 考试年度，中国大陆考生的文字推理与分析性写作平均分分别为 149.2 分和 3.2 分，低于全球平均分 150.4 分和 3.6 分。

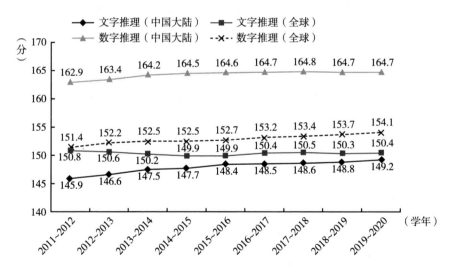

图 4 全球与中国大陆考生 GRE 文字推理与数字推理部分平均分数

资料来源：基于 2011～2020 考试年度《GRE 普通考试全球考生概况》整理。

---

① IIE. 2021 fact sheet on China［EB/OL］. (2021-10-10)［2022-05-25］https：// opendoorsdata. org/ fact_ sheets/china/.

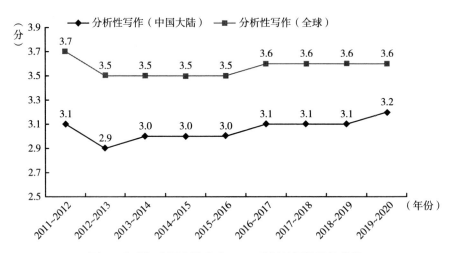

图 5　全球与中国大陆考生 GRE 分析性写作平均分数

资料来源：基于 2011~2020 考试年度《GRE 普通考试全球考生概况》数据整理。

　　从考生计划就读的专业可以看出其学科倾向，如图 6 所示，从 2015 年到 2020 年的 5 个考试年度间，从增长情况来看，全球范围内研究生阶段计划攻读商科和法学的 GRE 考生人数略有增加，计划攻读生命科学、工程、

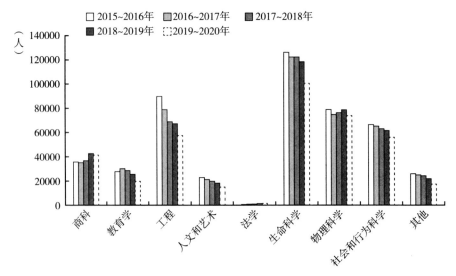

图 6　2015~2020 考试年度全球 GRE 考生计划修读专业分布

资料来源：基于 2015~2020 考试年度《GRE 普通考试全球考生概况》数据整理。

社会和行为科学、人文和艺术、教育学专业的考生数量则有所下降，计划攻读物理科学专业的考生人数则总体保持稳定。从人数总体情况来看，生命科学、工程和物理科学是最受欢迎的前三类研究生专业。

与全球情况略有不同，如图 7 所示，就人数增长情况而言，商科、物理科学、社会和行为科学都呈现明显的先升后降趋势，其中，物理科学下降幅度最大。工程专业考生人数自 2015～2016 学年来保持下降趋势，尤其是在 2019～2020 学年，下降幅度明显。而就人数总体情况而言，物理科学、工程和商科是最受中国 GRE 考生欢迎的研究生专业。在 2019～2020 考试年度，计划攻读物理科学的考生占中国 GRE 考生总人数的 25%，而计划攻读工程专业的考生占比为 18%。

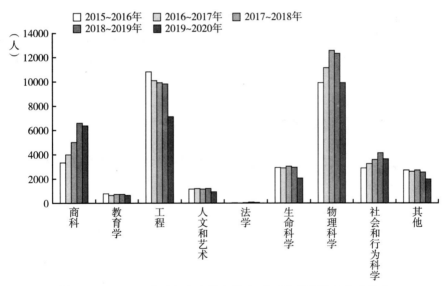

图 7　2015～2020 考试年度中国大陆 GRE 考生计划修读专业分布

资料来源：基于 2015～2020 考试年度《GRE 普通考试全球考生概况》数据整理。

二　ETS 支持中国国际化人才培养的主要措施

作为全球最大的非营利性测评、研究和学习机构，ETS 进入中国 40 年来，一直致力于开展国际人才培养的探索与实践，以培养兼具国际视野和跨文化沟通能力的人才为核心，携手多方合作伙伴推动中国教育创新和国际化，支持中国建设具有全球竞争力的人才培养体系。

（一）完善国际化人才能力测评体系

ETS 各类测评不仅考察国际化人才的语言能力，也考察其综合学习能力。以托福家族系列测试为代表的 ETS 测评产品针对特定的英语水平和学术水平设计，对从 5 岁到大学的各个年龄段学生的语言技能进行综合评估。从语言能力评估角度而言，托福考试的设计与研发语境均基于日常生活或学术场景，贴近学生的认知能力和知识范围，涵盖了英语语言的听、说、读、写多个方面，有利于学生了解和熟悉国外生活及学术环境。从综合学习能力角度而言，托福考试和 GRE 考试从长期化、能力化及数据化的维度，全面评估、培养、开发学生的各项思维能力，助力于学生更好地应对未来可能面临的挑战。

（二）为考生提供便捷的测评服务

ETS 始终关注中国考生的需求，主动改革考试形式并创新考试产品，更好地服务中国考生。

2011 年 8 月，ETS 推出新 GRE 普通考试，考生能够在一天之内在计算机上完成语文、数学和写作部分的考试。另外，ETS 决定每次 GRE 考试将在不同时区的不同时间进行，避免考生利用时差影响考试公平性，这项新举措很大程度上确保了考题的保密性，从而为考生提供更加公平公正的考试服务。此外，ETS 还增加了考试场次。目前，GRE 每月固定举行 2~4 次考试，全年有将近 40 场考试，为考生提供了更多考试机会。近年来，GRE 考试的改革还包括推出"选择送分"（ScoreSelect）服务、新增"标记与回顾"功能、增加在线计算器功能等，进一步提升考生的考试体验。

托福考试也同样经历了多项改革。仅 2019 年，托福就推出了十大变革，包括提供"个人最佳成绩"（MyBest Scores）服务、缩短考试时间、缩短两场考试间隔时间、推出下午场考试、缩短出分时间等。① 2022 年，ETS 开放了66 个托福 iBT 考试日期，ETS 还将及时监测报名情况和考位数量，并在必要时增加新的考试场次与考点安排，包括增加指定日期的下午场考试等。②

在改革托福和 GRE 考试的同时，ETS 也推出了更多的英语测评考试产品，满足更多中国英语学习者在不同年龄阶段的英语学习和测评需求。2020 年，ETS 向中国大陆考生推出托福青少测试——托福 Primary 和托福 Junior 的机考版本，为快速发展的中国青少年英语市场提供值得信赖的测评选择。受新冠肺炎疫情影响，考生面临亟须向学校递交语言申请但无法参加线下考试的困难，为此 ETS 在 2020 年 5 月推出了托福 ITP 中国版。该考试包括已有的托福iTP 纸笔考试，以及由 ETS 旗下的面试服务机构"维立克"（Vericant）提供的非判分口语面试。由于新冠肺炎疫情对线下考试的持续影响，ETS 还推出了家庭版托福 iBT 考试和 GRE 普通考试在家考，其考试内容、形式和体验与在考试中心参加的考试完全一致。同时，为了保证考试的安全性和公正性，ETS安排真人监考员通过在线监考软件平台 ProctorU 在线监考，还引入了 AI 监考手段辅助监考人员。2021 年，ETS 发布了新考试 TOFEL Essentials，为考生提供了新选择。该考试的任务轻量简短、节奏更快，考试内容包含个人陈述视频，考生可以借此分享个人见解，展示独特个性，整个考试体验更加自在轻松，同时考生可以在家完成英语语言能力测试。

2020 年 9 月，ETS 还推出了官方备考产品"英语学习中心"（English Learning Center，ELC），该在线学习平台通过交互式教学活动和现实活动情境，加速学生语言能力提升并支持英语交际语言的教学。

（三）支持国家外语能力测评体系建设

2014 年国务院下发《关于深化考试招生制度改革的实施意见》，提出要加强

① 《托福考试时间将缩短至 3 小时》，环球网，2019 年 5 月 22 日，https：//baijiahao. baidu. com/s？id=1634240261287578396&wfr=spider&for=pc，最后检索时间：2022 年 3 月 8 日。
② 《2022 年托福、GRE 考位正式开放，今日起可报名》，环球网，2021 年 9 月 29 日，https：//baijiahao. baidu. com/s？id=1712210268994516420&wfr=spider&for=pc，最后检索时间：2022年 3 月 10 日。

外语能力测评体系建设，第一次从国家层面对外语考试综合改革提出明确要求，明确提出了中国外语能力测评体系建设的目标，即在建立国家外语测评标准的基础上，实现国家英语能力等级考试与现有外语考试的衔接或整合。①

为了支持中国建设外语能力测评体系，ETS 在 2017 年与教育部考试中心签署了合作备忘录，共同开展托福 iBT 考试成绩对接《中国英语能力等级量表》的研究②（见表1）。研究团队成员包括来自教育部教育考试院、ETS和中国高校的专家学者。该项目在 13 个代表性城市的大学、中学、培训机构开展托福考生实考数据收集，并对考生的任课教师开展培训，收集教师依据量表对考生的评价数据，历时两年顺利完成。

表 1　托福 iBT 考试成绩对接《中国英语能力等级量表》研究结果

单位：分

托福成绩	量表四级	量表五级	量表六级	量表七级	量表八级
阅读（0~30）	7	13	17	21	25
听力（0~30）	4	10	16	20	23
口语（0~30）	13	17	20	23	26
写作（0~30）	13	17	21	23	27
总分（0~120）	37	57	74	87	101

资料来源：基于托福 iBT 考试成绩与《中国英语能力等级量表》整理。

托福 iBT 考试成绩对接《中国英语能力等级量表》研究工作的顺利完成，体现了《中国英语能力等级量表》的应用价值，对提升中国语言能力标准的国际影响力，推动教育技术标准的国际对接具有重要意义。③ 该研究

---

① 《国务院关于深化考试招生制度改革的实施意见》，中国政府网，2014 年 9 月 3 日，http：//www.gov.cn/gongbao/content/2014/content_ 2750413.htm，最后检索时间：2022 年 3 月 10 日。

② 《托福考试成绩对接中国英语能力等级量表研究成果发布》，中国日报网，2019 年 12 月 11 日，https：//baijiahao.baidu.com/s？id=1652593028135857400&wfr=spider&for=pc，最后检索时间：2022 年 3 月 10 日。

③ 《托福成绩与中国英语能力等级量表正式"接轨"》，中国青年报，2019 年 12 月 11 日，https：//baijiahao.baidu.com/s？id=1652612735793353917&wfr=spider&for=pc，最后检索时间：2022 年 3 月 10 日。

结果也有助于中国学生、学校及考试使用者更好地了解国际考试的要求及成绩含义，理性选择考试，推动以评促学，有利于推动中国外语教育的国际化发展。

（四）培育本地专业教师队伍

2018 年发布的《关于全面深化新时代教师队伍建设改革的意见》从战略高度明确提出需大幅提升教师综合素质、专业化水平和创新能力。在此背景下，ETS 就促进和推动我国教师队伍建设开展了多种形式的培训。ETS 长期举办教师研讨会、托福官方教师培训课程、托福青少测试教师研讨会以及美国 ETS 总部国际学院培训（Global Institute Training），帮助英语教师充分了解托福考试的设计原理以及评分标准，掌握托福考试的备考学习目标及与之对应的教学方法和课堂活动设计，全面提升教师的教学理念与实践的应用能力。其中，托福官方教师培训课程由 ETS 与本土合作伙伴外研社 Unipus 联合推出，是专门为中国英语教师打造的官方培训项目。该课程秉承"以学术英语教学为本"的设计理念，通过系统讲解托福学术英语教学理念与原则、托福教学实例与教学方法、语言测评及应用等内容，全面提升教师的教学水平与综合能力，从而更好地帮助学生提升学术英语素养，助力培养更多与国际接轨的复合型人才。

（五）促进高等教育学术交流和创新型人才培养

近年来，ETS 与中国教育交流协会、欧美同学会等众多机构和组织开展密切合作，举办了一系列内容丰富、影响深远的交流活动。为加强国际经验共享，促进中国教育的国际化发展，ETS 与中国教育交流协会在 2020 年正式签署合作谅解备忘录，并在 2021 年进一步升级为战略合作伙伴关系，在英语教学及测评能力提升、培训项目、举办活动、国际教育发展的信息共享和访问交流等领域深化合作，共同助力我国教育对外开放和国际化人才培养。此外，ETS 也积极参与中国国际教育年会，并作为荣誉合作伙伴，在年会期间与教育领域的政府、社会组织、企业等各界代表共商教育全球化和语

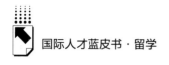

言能力培养发展之路等重要议题。

同时，培养创新型人才是我国高等教育改革的一项重要任务，培养学生的思辨能力对于提升高校学生创新能力具有重要的意义。因此，ETS 聚焦通识学习能力的评估，为高等教育提供针对"批判性思维"和"多元文化素养"的 HEIghten® 系列测试。该测试从研究测评的角度，使批判性思维能更好地应用于不同需求的人或场景，助力创新型人才的培养。目前，ETS 已与清华大学、北京大学等数十所国内高校进行了深入合作。

（六）创新与本地国际学校合作模式

通过近 6 年的合作实践，ETS 与本土国际学校开辟了高质量的创新教学新模式。2016 年起，ETS 面向全日制学校推出托福英语学习合作项目（TOEFL English Learning Associate Program，TELA），在英语语言能力培养、教师培训、内容研发、大数据共享和中外交流合作等方面，通过整合国内外高端教育资源，为中国学校和学生提供"中外结合"的教育解决方案。截至 2021 年全国共有近 40 所本土国际学校或公立学校国际部加入该项目。这些学校通过引进 ETS 系列教学产品和服务，使学生获得更科学规范的英语学习资源，从而引领国际学校标准化的改革与发展。同时，ETS 每年多次举办国际教育行业会议及教育展，邀请示范学校的老师出席活动，与国内外教育领域的行业领袖和专家分享交流经验，加强中外国际教育的合作交流。此外，为解决托福考试考位不足的实际问题，ETS 还为示范学校特别增设了托福移动考点送考上门服务，为学生们提供灵活的考评服务。

（七）推动职业英语能力评估

20 世纪 80 年代以来，不断深化的中外经贸往来和人文交流推动成批的外国企业和国际组织进入中国落地扎根，这些机构对于雇员的语言能力多有要求。实际上，我国已经针对职业发展阶段的人才能力评估出台了相应政策，并提出了明确的发展意见。2018 年 2 月，国务院印发的《关于分类推进人才评价机制改革的指导意见》要求完善面向企业、基层一线和青年人才的评价机制，建立与产业发展需求、经济结构相适应的企业人才评价机制。2020 年 6 月，《教育部等八部门关于加快和扩大新时代教育对外开放的意见》指明了新形势之下教育对外开放的发展方向，提出需加快培养具有全球视野的高层次国际化人才，使其能够在国际社会中担当更重要的角色，还强调了职业教育国际化的重要性，指出中国的职业教育将走向世界舞台，成为未来国际化人才发展的另一焦点。

ETS 早在 1979 年就设计并举办了用于测评考生在全球商务与职场环境中的英语交流能力的托业考试。经过超过 40 年的发展，托业考试已经成为国际工作环境中衡量英语交流能力的全球通用标准。托业考试系列产品包括托业听力和阅读考试、托业口语和写作考试、托业桥考试，其测评结果被超过 160 个国家和地区的 14000 多家企业、机构和政府部门认可。作为一个重要的管理工具，托业考试测试结果也成为工作人员岗位配置的依据之一。2010 年的上海世博会以及 2014 年亚太经济合作组织（APEC）会议主办方皆选定托业考试为评估和筛选内部工作人员及志愿者英语能力的测试工具。

ETS 在 2006 年及 2018 年分两次对托业考试进行考题改革，以顺应人们在日常社交和职场环境中英语用法和英语交流方式的改变。托业考试在中国本土企业中的广泛应用反映了各企业对于完善职业资格评价、职业技能等级认定、专项职业能力考核等多元化评价方式有机衔接的需求。目前，包括中国银行、中国移动、华为、国家电网等在内的大型跨国企业都将托业考试视为甄选人才、内部晋升、海外派遣及培训效果量化评估的重要手段。托业考试也通过深度参与中国企业人才管理体系的构建，不断升级更新契合中国市场发展的产品，助力中国企业国际化发展。

三 结语：打造中国的国际化人才培养生态圈，持续培养国际化人才的外语能力

国际化人才培养生态圈是指顺应时代的发展，通过"政府—学校—企业"三大主体密切配合共同培育人才。打造国际化人才培养生态圈，一方

面为信息和资源的共享奠定了基础，另一方面也为全方位培养人才创造了条件，从而建立多层次、多领域、多地区的国际化人才培养路径，形成高质量的国际化人才培养机制。

在构建人类命运共同体的新时期，习近平总书记多次强调，要加强我国国际传播能力建设，讲好中国故事，传播好中国声音。培养国际化人才是适应这一新时期的必然要求。"联接中外、沟通世界"是我国国际化人才的职责。要在当前国际社会构建中国话语和中国叙事体系，涉外语言能力是国际化人才培养的前提和基础。涉外语言能力，尤其是英语能力，仍是我国推动经济全球化、提升外交软实力、实现国家现代化的重要依托。只有掌握外语，才能熟悉国际规则、了解他国国情，以对方能理解和接受的方式，表达自我诉求，在全球竞争与合作中把握机遇、争取主动。

中国企业从本土走向世界的过程，也是中国和世界的商业领袖及科技精英彼此了解、寻求共识、共同推动世界经济发展和科技进步的过程。面对日益复杂的国际环境，中国企业需要培养具备国际视野、多元文化素养、跨文化沟通能力的国际化人才，而这离不开外语能力人才的培养。

外语能力还是各类专业人才综合素质的一个重要组成部分。目前，我国在一些关键的"卡脖子"领域仍需向欧美国家学习。外语能力一方面帮助专业人才学习全球前沿知识和技术，促进本国发展；另一方面也能推动他们分享科研创新成果，造福世界。

因此，外语能力不仅是国际化人才的成长之"路"，也是中国发展之"桥"。作为全球最大的非营利性测评、研究和学习机构，ETS 积极与中国政府机构、高等院校、国际学校以及培训机构展开合作，携手共育国际化人才，积极提升中国外语能力测评水平和教学水平。在中国，ETS 已有 40 余年的发展历程，ETS 以外语能力建设为核心，以培养兼具国际视野和跨文化沟通能力的人才为目标，发挥服务中国教育对外开放和国际化人才培养方面的优势，助力构建中国国际化人才培养生态圈。

B.11

2021年中外高校毕业生职业发展
及国际迁移路径选择

——基于领英（LinkedIn）平台数据的分析和洞察

高校校友观察（2021）课题组*

摘　要： 高校毕业生是青年职业发展的重要群体，也是促进全球创新发展
的重要力量。新冠肺炎疫情带来的复杂多变的外部环境和未来市
场的不确定性导致当前中国以及全球的劳动力市场面临严峻挑
战，也影响着高校毕业生的个人职业发展规划和与之相关的国际
迁移选择。本文基于领英（LinkedIn）平台大数据，选取来自中
国的 10 所"双一流"高校（U10）[①] 以及全球 QS 排名前 100 的
高校（G100）[②] 的超过 250 万[③]毕业生的深造和就业发展路径进
行深入分析，洞察中外高校毕业生的选择倾向、变化与趋势，并
展示了各地区对国际人才的吸引力差异及形成因素，为高校毕业

---

* 本报告基于全球化智库（CCG）与领英中国（LinkedIn）开展的联合研究《高校校友观察：
中外高校毕业生职业发展研究与展望 2021》。全球化智库课题组成员：苗绿、郑金连、李
庆、陈肖肖、陈慧怡、吕家瑜、黄大正；领英中国经济图谱团队成员：率鹏、任玥、刘雨
菡、王娟、蔡佩颖、黄垚、谭都韵。

① U10 高校分别为清华大学、北京大学、中国人民大学、复旦大学、上海交通大学、浙江大
学、武汉大学、华中科技大学、南京大学、中山大学，排名不分先后。高校选择统筹考虑
了高校领英平台注册用户数量、高校毕业生用户选择深造与就业的数量、学校声望，以及
QS、US News 世界大学综合排名等多个因素。

② G100 高校按照 2021 年 QS 世界大学排名选取，参考链接：https://www. topuniver
sities. com/student-info/choosing-university/worlds-top-100-universities，最后检索时间：
2021 年 8 月 6 日。G100 样本中包括 5 所 U10 学校，分别是清华大学、北京大学、复旦大
学、浙江大学和上海交通大学。

③ 样本包括了所有在领英填写 U10 及 G100 教育经历，并且在 2016 年至 2020 年毕业的用户。
其中，U10 样本量约为 19 万，G100 样本量约为 250 万。

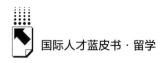

生的职业发展规划以及高等教育、人才培养和就业引导等方面的政策制定提供了前瞻性参考。

关键词： 高校毕业生　国际人才职业发展　国际迁移

一　概况：中外高校毕业生发展路径选择

中国10所"双一流"高校的毕业生（以下简称"U10毕业生"）选择继续深造的比例在2016～2020年均超出同期全球QS排名前100高校的毕业生（以下简称"G100毕业生"）约1倍（见图1）。例如，2019年，U10毕业生中选择深造的占比已超过四成，达到41.27%，而同年G100毕业生选择深造的占比仅为18.35%。中外高校毕业生在深造与就业规划上的不同与当地的文化和社会发展有着密切的关系，中国文化自古以来注重教育，"知识改变命运"也深入人心，因此无论是家庭或是个人，普遍认为更高的学历水平可以更大概率地带来好的发展前景；同时，由于中国人口众多，名校出身和高学历水平是就业市场对人才进行初步筛选的重要标准。相比之下，欧美文化更

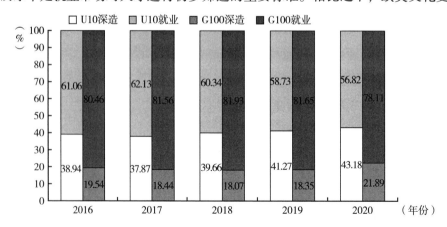

图1　2016～2020年U10及G100毕业生去向比较

资料来源：LinkedIn数据。

注重个人经济独立性，在接受高等教育方面需要更多地考虑个人实际需求、经济承受能力以及性价比等多方面因素。另外，由于欧美国家人口相对较少，就业市场发展相对成熟，可以不仅依赖学历水平这一指标筛选人才，雇主更普遍地依照对个人经验和技能的深入了解和多元评价体系来决定聘雇。

从深造和就业选择的比例在 2016~2020 年的变化趋势来看，受新冠肺炎疫情影响，2020 年全球顶尖高校毕业生选择深造的比例呈现大幅上升趋势。图 2 数据显示，2016~2019 年 G100 毕业生选择深造的比例变化相对平稳，均在 1.2 个百分点以内。但是在 2020 年选择深造的毕业生占比为 21.89%，同比 2019 年增加 3.54 个百分点，相比往年有明显的提高。在新冠肺炎疫情严重冲击全球经济与产业发展的背景下，继续深造一方面可以提升个人专业能力，另一方面可以暂时避免激烈的职场竞争与失业风险。图 3 数据显示，U10 毕业生选择继续深造的占比于 2018 年开始正增长，早于 G100 毕业生深造数据表现。值得注意的是，选择深造的 U10 毕业生数量每年都达到新的峰值，但在新冠肺炎疫情期间上涨比例并未出现与 G100 同样的明显变化，这与中国更早地控制了新冠肺炎疫情、实现复工复产有一定联系。

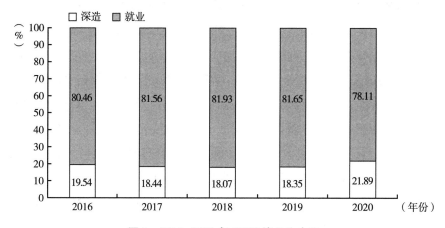

图 2 2016~2020 年 G100 毕业生去向

资料来源：LinkedIn 数据。

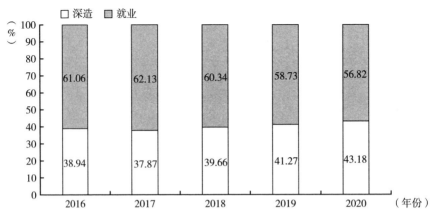

图 3 2016~2020 年 U10 毕业生去向

资料来源：LinkedIn 数据。

二 职业发展路径1：继续深造

（一）中国及全球高校毕业生继续深造目的地和高校分布情况

从深造国家和地区分布来看（见图4），U10 毕业生深造所在国家和地区中，美国为首要目的地国，占比为 37.50%。欧洲和中国大陆之外的亚洲国家和地区，也是 U10 毕业生留学的主要目的地，占比分别为 19.70% 和 10.27%。美国仍然是集聚全球优秀高等教育资源的国家，根据 QS 世界大学排名的数据，全球前 100 高校中，美国占 28 所。欧洲虽然也集聚了大量优秀高校，但由于很多国家英语普及程度不高，在一定程度上影响了中国学生的选择。亚洲（不含中国大陆）国家和地区的高校排名不断上升，因为距离较短、成本较低和文化相近，成为更多中国学生的留学目的地。

同时，有相当比例的 U10 毕业生留在中国大陆地区高校继续深造，占比达到 28.91%，除了对于本土学制和教育环境较为熟悉、优秀学生可获得保送推荐资格的便利性以及花费相对低廉这些原因之外，值得注意的是中国高校的教学和科研质量正在逐步获得世界认可。例如 2022 年 QS 排名中，共有 58 所中国大陆高校上榜，其中清华大学、北京大学、复旦大学、浙江大学、上海交通大学、中国科学技术大学 6 所大学跻身世界前 100 名。

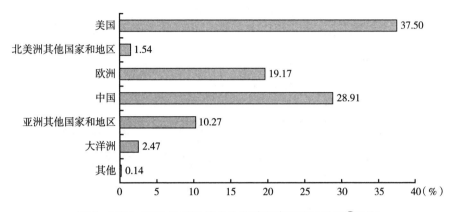

图 4　2016~2020 年 U10 毕业生深造所在国家和地区①分布

资料来源：LinkedIn 数据。

选择在欧洲和美国深造的 G100 毕业生占比达到七成以上，图 5 显示，欧洲占比超过四成，美国占比近三成。在大洋洲、亚洲（不包括中国）和北美洲（不包括美国）深造的 G100 毕业生占比则相对较低，分别仅占 10.09%、5.63% 和 4.59%。全球优质高等教育资源的分布及语言文化环境是影响 G100 毕业生深造国家和地区分布的主要因素。

结合以上分布情况对比来看（见表 1），G100 毕业生在欧洲地区高校深造占比（46.5%）明显高于美国（29.22%）、大洋洲（10.09%）、中国及亚洲其他国家（7.83%）。一方面，欧洲地区的优质教育资源集中以及语言文化环境相近的特点，对 G100 毕业生群体具有较强的吸引力，而中国和亚洲其他国家和地区对全球顶尖高校毕业生的吸引力还有待提升；另一方面，数据在一定程度上反映了中国以及亚洲其他国家和地区的毕业生在追求高等教育质量的同时也更希望积累国际化经验的特点。

----

① 领英关于国家和地区的划分数据中，"中国"指中国大陆地区，因此数据中"不包括中国"指不包括中国大陆地区，以下同。

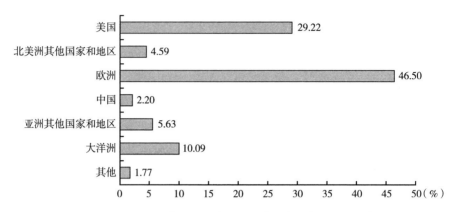

图 5　2016~2020 年 G100 毕业生深造所在国家和地区分布

资料来源：LinkedIn 数据。

表 1　2022 年 G100 高校国家和地区分布与 G100 及 U10 毕业生深造所在国家和地区分布情况对比

单位：%

国家/地区	G100 高校所在地分布	G100 毕业生深造所在地分布	U10 毕业生深造所在地分布
欧洲	34.00	46.50	19.17
美国	27.00	29.22	37.5
亚洲其他国家和地区	20.00	5.63	10.27
大洋洲	8.00	10.09	2.4
中国	6.00	2.20	28.91
北美洲其他国家和地区	3.00	4.59	1.54
其他	2.00	1.77	0.14

资料来源：根据 2022 年 QS 世界大学排名及 LinkedIn 数据整理。

　　相比 G100 毕业生的选择，U10 毕业生在深造时更愿意进行国际迁移。U10 毕业生选择去国（境）外深造的占比超过七成，充分体现了中国留学生对体验不同文化环境、生活方式和积累国际化经验的强烈意愿；而 G100 毕业生除在欧洲、美国和大洋洲等语言、文化和民族历史相似的国家和地区之间迁移外，前往包括中国在内的亚洲及其他国家和地区深造的人员相对较少，占比仅为一成左右。但需要注意的是，G100毕业生在欧洲、美国和大洋洲外深造的数据不能完全代表全球高校学生进行国际迁移的整体意愿。很多外国学生出于对不同语言、文化及社会的好奇心，通过交换、假期项目到中国或亚洲其他国家和地区进行学习，但以获得学位为目的进行深造的人数相对更少。

（二）中国及全球高校毕业生深造选择中的国际迁移趋势变化

2016~2019年，选择赴美国和欧洲深造的U10毕业生占比基本呈增加趋势，在国内深造的毕业生占比持续减少；然而到2020年，U10毕业生赴美深造占比大幅降低，比2019年下降14.23个百分点，而在中国深造的比例则呈现上升趋势，同时赴欧洲和亚洲（中国除外）的占比也有所增加（见表2），体现出U10毕业生留学目的地分布呈现多元化发展趋势。另外，新冠肺炎疫情的流行及中外疫情防控的差异对中国高校毕业生全球流动带来重要影响，不同国家及社会舆论环境的变化也使中国学生及其家庭对国际教育的认知发生了改变。2020年5月特朗普政府签署了封锁中国高级人才在关键技术领域赴美学习的通告①，并出台了其他诸多限制及阻断"人才环流"②的政策，对有意愿赴美的毕业生的求学信心以及入学进程产生较大影响。相对而言，前往相关政策较为缓和的欧洲，以及地理位置及文化更相近的亚洲其他国家和地区留学，成为中国高校毕业生更加稳妥的深造替代方案。与此同时，在中国高等教育不断加大国际化发展强度的

---

① 《独家：美拒签中国500余名理工科研究生延续打压政策》，https://world.china daily.com.cn/a/202107/06/WS60e3b35ea3101e7ce9758446.html，最后检索时间：2021年7月10日。

② "人才环流"是全球化时代后，全球人力流动中一种新现象。冷战后，经济全球化加速，世界联系越发紧密。发达国家和发展中国家之间的人才流动方式发生变化，从单向的"人才外流"或者"人才回流"演变为在各国间循环的"环流"现象。其中，高科技领域是"人才环流"最为突出的领域。李峥、郑仪：《特朗普政府阻断中美"人才环流"的做法与影响》，《美国问题研究》2020年第2期，http://www.cicir.ac.cn/NEW/opinion.html?id=6a7c1acf-b21b-4068-aa3f-b1f36619ab32，最后检索时间：2021年7月10日。

背景下，兼具国际化特征的中国高校也逐渐成为国内毕业生深造的热门选项。

表2　2016~2020年U10毕业生深造所在国家和地区分布占比

单位：%

国家/地区	2016年	2017年	2018年	2019年	2020年
欧洲	17.15	18.55	18.48	19.82	24.97
美国	36.61	38.81	40.38	40.48	26.25
亚洲其他国家和地区	7.91	8.72	10.31	11.94	15.65
大洋洲	1.64	3.06	2.95	2.43	2.14
中国	34.99	29.09	26.35	23.63	29.28
北美洲其他国家和地区	1.53	1.69	1.40	1.57	1.49
其他	0.18	0.08	0.12	0.13	0.22

资料来源：LinkedIn数据。

相比之下，2020年新冠肺炎疫情及国际局势变化并未对G100毕业生深造的国家和地区分布产生重大影响。表3显示，2016~2020年，G100毕业生在欧洲深造占比有小幅下降，在大洋洲深造的占比增长幅度相对较大，而赴亚洲（包括中国在内）深造的毕业生占比持续下降。与U10毕业生不同，G100毕业生深造国家和地区分布在2020年并未出现显著变化，一方面源于高等教育资源主要集中在欧洲和美国，且欧美国家相似的语言文化为高校毕业生在两个区域间迁移深造提供了便利，因此前往欧美地区深造的G100毕业生占比相对稳定；另一方面，新冠肺炎疫情最早在亚洲流行，该区域一些国家和地区采取严格的疫情防控政策，国际学生前往这些国家和地区留学受阻，G100毕业生赴这些国家和地区深造的人数占比进一步延续了下降趋势。澳大利亚近年来由于加强了与欧美国家的经贸往来且2020年疫情防控形势良好，成为越来越多G100毕业生的深造目的地。

表3　2016~2020年G100毕业生深造所在国家和地区分布占比

单位：%

国家/地区	2016年	2017年	2018年	2019年	2020年
欧洲	48.41	47.24	46.29	45.39	45.61
美国	29.72	27.99	28.87	29.82	29.79
亚洲其他国家和地区	6.68	5.86	5.48	5.18	5.20
大洋洲	5.66	10.24	10.89	11.23	11.47
北美洲其他国家和地区	4.38	4.40	4.53	4.77	4.82
中国	3.77	2.64	2.07	1.61	1.24
其他	1.40	1.62	1.86	2.00	1.88

资料来源：LinkedIn数据。

三　职业发展路径2：中国及全球高校毕业生就业目的地和高校分布情况

（一）就业国家和地区分布

1. 中国及全球高校毕业生首次就业目的地和高校分布情况

超过七成U10毕业生的首次就业目的地在中国。图6显示2016~2020年，首次就业地在中国的U10毕业生占比75.34%，其他主要就业目的地包括欧洲（7.62%）、美国（6.12%）和亚洲其他国家和地区（6.87%）。国内良好的经济发展状况，特别是疫情后经济和就业市场积极复苏的总体形势为U10毕业生在国内就业提供了稳定的大环境保障。[1] 而在中国深度融入全球化的背景下，中国市场对在华外企重要性的进一步增强及本土企业国际化进程的快速推进等因素也为毕业后选择出国深造的人才在归国后提供了更多匹配的就业机会。

---

[1] 《如何确保2022届高校毕业生就业局势稳定？专家建议转变观念》，光明网，2022年1月7日，https：//m.gmw.cn/baijia/2022-01/07/35432048.html，最后检索时间：2022年6月16日。

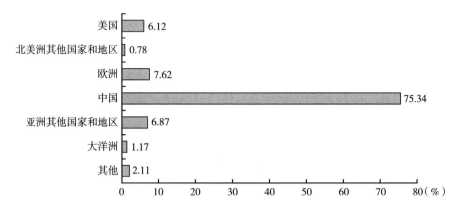

图6　2016~2020年U10毕业生首次就业所在国家和地区分布

资料来源：LinkedIn数据。

　　G100毕业生的首次就业所在地则主要集中在欧洲和美国，呈现出与G100大学分布的高度相关性。2022年QS世界大学排名前100的高校分布情况与G100毕业生首次就业所在国家和地区分布的对比显示（见表4），排名前100的大学中34.00%在欧洲、27.00%在美国、8.00%在大洋洲、6.00%在中国大陆、20.00%在除中国大陆外的亚洲其他国家和地区，基本与首次就业地分布情况相匹配。究其原因，主要在于毕业生更了解就读学校所在国家或地区的就业市场情况和招聘信息，参加位于同一地域的招聘流程也更加便捷。除在欧洲和美国外，另有三成以上G100毕业生的首次就业地在除中国大陆外的亚洲其他国家和地区（14.34%）、中国（10.72%）和大洋洲（10.64%），一定程度上体现了G100毕业生在就业选择上的国际化和多元化特征。

**表4　2022年G100高校国家和地区分布与G100毕业生首次就业
所在国家和地区分布情况对比**

单位：%

国家/地区	G100高校分布	G100毕业生首次就业所在国家和地区分布
欧洲	34.00	38.33
美国	27.00	17.65
亚洲其他国家/地区	20.00	14.34

续表

国家/地区	G100 高校分布	G100 毕业生首次就业所在国家和地区分布
大洋洲	8.00	10.64
中国	6.00	10.72
北美洲其他国家/地区	3.00	3.59
其他	2.00	4.72

资料来源：根据 2022 年 QS 世界大学排名及 LinkedIn 数据整理。

在吸引全球顶尖高校毕业生人才方面，中国与欧美发达国家之间仍存在较大差距。U10 与 G100 毕业生首次就业所在国家和地区分布对比（见图 6 和图 7）显示，欧洲和美国不仅是近六成 G100 毕业生的首次就业国家和地区，也是 U10 毕业生国（境）外就业的主要目的地。需要注意的是，由于 G100 类别中包括了在 QS 排名中前 100 位的大学获得学士学位的中国籍留学生，并且中国是多个主要留学目的国的首要国际学生来源国①，因此 10.72% 首次就业在中国的 G100 毕业生中可能大部分为中国的留学归国人员②，中国对外籍人才的吸引力仍然有待提高。

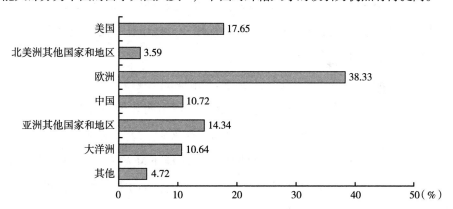

图 7 2016~2020 年 G100 毕业生首次就业所在国家和地区分布

资料来源：LinkedIn 数据。

---

① 根据国际教育协会（IIE）2019 年的统计数据，中国留学生占该国国际学生的比例高于 20% 的国家包括日本（41.38%）、澳大利亚（36.58%）、美国（33.74%）、加拿大（22.09%）、英国（21.99%）。在美国就读的中国学生（包括本科生、研究生和非学位项目）中，2014~2020 年本科生平均占比为 49.12%。

② 同时，亚洲有多个国家均为主要国际学生输出国，回流就业的留学生也占据了较大的比例。

欧美发达国家在吸引全球顶尖高校毕业生方面占据优势地位，发展中国家面临人才外流的挑战，全球人才分布呈现出不均衡的特征。经济合作与发展组织（OECD）在2015~2016年统计数据显示，约有1.2亿移民生活在其成员国（大部分为发达国家）中，其中30%~35%接受过高等教育，除OECD成员国（尤其是西欧各国内部）之间的人才流动往来外，印度（312万）、中国（225万）和菲律宾（189万）是接受过高等教育的移民的三大来源国①，长期人才外流也为这些国家带来了重大挑战。作为全球顶尖高校毕业生，G100及U10毕业生是国际化人才的重要组成部分，其首次就业所在国家和地区的分布也体现了不同国家和地区对于全球人才的吸引力。因此，图6和图7的对比既显示出欧美发达国家和地区在吸引顶尖高校毕业生方面的优势，也侧面反映了在全球人才流动中欧美发达国家占据优势地位，而发展中国家面临人才流失的情况。欧美发达国家具有吸引力的因素除了当地良好的生活和工作条件以外，还包括优质的高等教育资源及在此基础上形成的相对成熟的工作、移民制度和社会融入等服务体系等。例如，向留学毕业生发放工作签证或居留许可作为缓冲期用于寻找工作，为毕业生在当地就业和定居提供了通道②。

2. 中国及全球高校毕业生就业选择中的国际迁移趋势变化

首次就业地在中国的U10毕业生比例呈现出明显的下降趋势，越来越多的高校毕业生到海外就业以获得国际工作经验。表5显示，2016~2020年，U10毕业生在中国首次就业的比例呈逐渐下降趋势，而这一趋势在2020年因受疫情影响表现尤其明显，或与出国深造的中国留学生回国受阻

---

① Niall McCarthy. This chart shows where the world's highly educated migrants come from [EB/OL]. (2020-12-02) [2021-07-06] https://www.weforum.org/agenda/2020/12/where-do-highly-educated-migrants-come-from/.

② 例如：持美国F1签证的国际学生可在毕业后获得为期一年的OPT实习许可，作为缓冲期合法留在美国积累工作经验，加拿大对于学制满8个月以上的毕业生发放为期3年的工作签证，澳大利亚对于学制满4个学期（2年）及以上的毕业生会发放为期2年的485类工作签证；德国则为期6个月找工作签证（Job Seeker Visa），即使是非德国学历的学生也可以通过申请该签证前往德国求职，在德国留学的毕业生则可自动获得18个月的找工作签证。

相关。同时，出于对国内就业压力日渐增长、海归优势不再明显的忧虑，先积累海外工作经验成为越来越多留学生增加个人竞争力、以在未来回国就业时获得更多选择权的选择之一。领英发布的《中国留学生归国求职洞察报告》显示，48%的中国留学生有意向先留在海外开始自己的职业生涯，反映了国内就业形势和个人职业发展规划对首次就业地选择有重要影响[1]。

欧洲和亚洲其他国家和地区逐渐取代美国成为 U10 毕业生更倾向前往的海外就业地，中国高校毕业生就业地选择日趋多元化。由于中美关系日趋紧张，加之美国的留学、就业与移民政策收紧，在美国就业的 U10 毕业生占比从 2016 年的 7.49% 持续下降至 2020 年的 4.02%。同期在除中国大陆外亚洲其他国家和地区首次就业的 U10 毕业生占比从 5.05% 增长至 9.30%，在欧洲的占比则从 4.17% 升至 14.14%，尤其是 2019～2020 年，该比例从 7.91% 增长近 1 倍至 14.14%。[2] 这种变化也与 U10 毕业生留学深造目的地选择更加多元化有关。

表 5　2016～2020 年 U10 毕业生首次就业所在国家和地区分布变化

单位：%

国家/地区	2016 年	2017 年	2018 年	2019 年	2020 年
中国	81.18	77.46	76.27	72.96	66.07
欧洲	4.17	6.70	6.99	7.91	14.14
亚洲其他国家和地区	5.05	6.20	6.46	8.12	9.30
美国	7.49	6.50	6.25	5.73	4.02
其他	1.05	1.65	2.19	2.18	3.97
大洋洲	0.55	0.81	1.13	2.14	1.31
北美洲其他国家和地区	0.51	0.67	0.71	0.95	1.20

资料来源：LinkedIn 数据。

---

[1] 领英人才解决方案：《中国留学生归国求职洞察报告》，https://business.linkedin.com/zh-cn/talent-solutions/s/sem-report-resources/overseas-student-jobseeking#formone，最后检索时间：2022 年 6 月 16 日。

[2] 《中国就业市场对全球高校毕业生吸引力显著提升》，中国对外贸易杂志，2021 年 12 月 31 日，https://baijiahao.baidu.com/s？id=1720661228049737585&wfr=spider&for=pc，最后检索时间：2022 年 6 月 16 日。

欧洲持续保持 G100 毕业生就业首选地的地位，美国次之，在这两个国家和地区就业的 G100 毕业生占比在 2020 年疫情影响下不降反升。根据表 6 数据，2016~2019 年，首次就业地在欧洲和美国的 G100 毕业生占比呈现下降趋势，同时也有一定比例的毕业生流向亚洲其他国家和地区（中国大陆除外）、大洋洲和中国就业，但是构成占比较为稳定，未出现对欧洲和美国的取代之势。在欧美就业的 G100 毕业生比例略有下降，主要原因是近年来欧洲债务危机和美国经济增长缓慢导致两地的就业市场疲软。然而，由于欧盟国家之间的流动较为自由和便利，欧洲依然维持着作为 G100 毕业生首选就业地的地位。2020 年，由于毕业生离开求学所在地赴境外其他国家和地区就业较为困难，留在欧洲和美国就业的毕业生占比从往年的下降态势转为上升，体现出疫情影响下各国签证及出入境政策收紧对全球高校毕业生就业地分布的影响。

表 6　2016~2020 年 G100 毕业生首次就业所在国家和地区分布变化

单位：%

国家/地区	2016 年	2017 年	2018 年	2019 年	2020 年
欧洲	40.18	37.31	37.64	37.76	39.62
美国	18.19	17.22	16.71	17.12	19.29
亚洲其他国家和地区	16.42	15.27	14.56	14.02	12.35
大洋洲	7.68	11.38	11.40	11.36	10.01
中国	11.04	10.81	11.62	10.82	9.44
其他	3.20	4.49	4.54	5.23	5.48
北美洲其他国家和地区	3.29	3.51	3.52	3.70	3.81

资料来源：LinkedIn 数据。

（二）中国及全球高校毕业生就业热门行业分布情况

以现代服务业为代表的第三产业作为未来经济增长的重要引擎对 U10 和 G100 毕业生具有较强的吸引力。表 7 显示，高等教育行业在 U10 和 G100

表7　U10 及 G100 毕业生首次就业 Top15 热门行业

排名	U10 毕业生首次就业行业	G100 毕业生首次就业行业
1	高等教育	高等教育
2	互联网	医院和医疗保健
3	信息技术与服务	信息技术与服务
4	金融服务	研究
5	计算机软件	金融服务
6	管理咨询	管理咨询
7	电信	教育管理
8	研究	互联网
9	半导体	政府管理
10	银行业	会计
11	电气和电子制造	计算机软件
12	房地产	法律实践
13	汽车	银行业
14	医院和医疗保健	非营利组织管理
15	制药	零售

资料来源：LinkedIn 数据。

毕业生的首次就业热门行业中均列第一位。作为与教育系统联系密切且学生群体较为熟悉的行业，教育系统内部的机会（如教学助理、研究助理等职位）在毕业生从学校走向职场时发挥了重要的过渡作用。信息技术与服务行业和金融服务行业在 U10 和 G100 毕业生首次就业热门行业中均列前 5 名。信息技术与服务行业随着近年来大数据、人工智能和 5G 等新技术的突破和广泛应用在全球范围内快速发展，为高校毕业生提供了大量就业岗位。金融服务行业作为高端服务业的代表，近年来同样发展迅猛，在行业薪酬及薪资涨幅等指标中的表现都较为可观，对毕业生的吸纳能力和吸引力也较强。尤其是在中国金融业进一步开放的背景下，更多外资银行的进入和国内金融机构的改革使金融业对国际化专业人才的需求将进一步增加。其他共同热门行业还包括同属于现代服务业的互联网、计算机软件、管理咨询、研究、银行业、医院和医疗保健等，这些行业对于专业性知识和技能储备要求较高，是吸纳高端人才就业的主体。整体而言，U10 和 G100 毕业生择业偏好既是有关行业在当前经济社会下的总体运行态势和发展前景的体现，也反映了顶尖高校毕业生个人职业发展与行业发展的融合。

就业所在地宏观经济形势、重点发展领域和行业运行模式等因素差异导致一些热门行业在 U10 和 G100 毕业生就业热门行业排名中出现显著差距。例如，互联网和计算机软件行业在 U10 毕业生就业热门行业中的排名高于G100 毕业生，主要得益于近年来中国互联网内容和服务市场较为活跃。同时，在软件技术与产品不断创新升级、巨大消费市场和基础设施建设提供便利等因素的带动下，这些行业在中国展现出赶超发达国家的态势。相对而言，互联网和计算机软件行业在欧美国家属于相对成熟的行业，行业红利较低，因此在 G100 毕业生就业热门行业排名中相对靠后。值得注意的是，2020 年在线学习和远程办公等模式的广泛应用使互联网和信息技术与服务行业更加深入地渗透到经济和社会活动的各种场景中，相关行业的发展前景也被毕业生所看好。

U10 和 G100 两类毕业生就业热门行业排名中还出现一些差异，反映了不同国家或地区的产业结构和发展趋势有所不同。

1. U10毕业生就业的热门行业集中在实体经济领域，体现了中国产业布局以实体经济作为国民经济根基的特点

例如，电气和电子制造、汽车和制药是制造业的代表。制造业在就业市场中对高校毕业生的强大吸纳能力不仅来源于中国作为制造业大国的坚实工业基础，还由于 2020 年在境外疫情反复与国内防控良好的情况下，全球制造业订单纷纷转移至中国，将制造业用工需求推向高潮。与此同时，中国正在加速提升制造业的现代化水平，这种趋势将进一步扩大制造业对知识型和技能型劳动力的需求。

2. 电信行业和半导体行业作为国家重点培育和发展的战略性新兴产业代表，也成为U10毕业生特有的就业热门行业

其中，电信行业正处于升级换代的关键机遇期，中国在 5G 技术研发及相关应用的铺开方面均走在世界前列，对基于 5G 技术的大数据、云计算、物联网和人工智能等高科技业务的支持力度也更大，因此该类行业对高校毕业生来说具有广阔的发展和创新空间。半导体作为技术和资金密集型产业，在中国实施产业推动政策的过去十年间出现了本土半导体材料企业大幅增长的现象，带动了对相关技术人才的需求。近年来，在以美国为首的部分国家对我国半导体行业实施严格的专利技术封锁下，加速技术攻关、打破海外垄断、引领技术变革成为行业发展的首要目标，这一行业也得到政策、资金和市场的多维度支持，因此吸引了大量顶尖高校人才的加入。

3. 伴随着消费模式的转型升级，中外零售业在运营模式和对高校毕业生的就业吸引力方面呈现不同的特征

欧美国家发达的消费市场使零售业成为其传统优势领域，相比之下，中国居民的储蓄和购房支出占比较高，零售业的消费潜力仍有待释放。值得注意的是，欧美国家知名的零售行业巨头如沃尔玛、宜家、Costco 等为高校毕业生提供了广阔的发展空间，但主要以线下实体经营为主。相较而言，新型零售服务商近年来在中国发展迅速，它们依托互联网电商平台，以线上与线下渠道相结合的方式运营，以技术为支撑的大数据云计算、移动支付和智能化物流运输等为其发展提供了新的动力。因此，此类零售新业态与互联网行业高度重合，从事相关工作的人员在行业类别上也被归入了互联网或信息技术与服务行业，导致零售业并未出现在 U10 毕业生的就业热门行业中。

整体而言，U10 及 G100 毕业生就业热门行业的对比显示出国际政治经济格局变化下中外产业发展方向的差异，在中国促进经济发展方式变革和产业结构升级的背景下，高科技新兴产业已成为新的经济"增长极"，释放出巨大的就业吸纳潜力。

四　中外高校毕业生的国际迁移路径对比

（一）概况

中国 U10 高校毕业生相较全球其他国家和地区 G100 高校毕业生更注重积累海外学习工作经历。图 8 数据显示，2016~2020 年 U10 毕业生每

年因深造和工作原因从毕业学校所在国家或地区发生国际迁移的占比均
明显高于 G100 毕业生，且差值相对稳定。其中，除 2020 年外，U10 毕
业生发生国际迁移的占比近三成，G100 毕业生的国际迁移占比则在两成
左右。究其原因，一方面是中国加入世贸组织（WTO）、与国际社会接轨
后，经济迅猛发展并更加频繁地参与全球文化交流，中国人民有了更强
的经济实力及前往海外发达国家或地区学习和工作、培养全球化视野的
意识；另一方面是当前国际教育与部分行业资源集中于欧美发达国家。

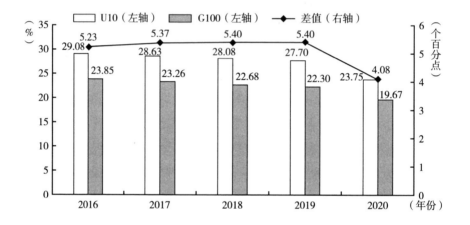

图 8 2016~2020 年 U10 及 G100 毕业生国际迁移情况对比

资料来源：LinkedIn 数据。

2020 年新冠肺炎疫情加速了全球高校毕业生国际迁移比重的下降。
2017 年以来，随着特朗普就任美国总统，世界范围内反全球化及民粹主义
呈上升趋势，国际间学习、工作及移民政策收紧，U10 及 G100 毕业生在
2016~2019 年国际迁移的比重逐年下降。2020 年新冠肺炎疫情在全球的暴
发和蔓延、全球贸易以及航运的停滞，对中外高校毕业生的跨国迁移产生了
巨大冲击。但值得注意的是，由于线上教学、在家办公等一系列互联网技术

的支持，以及国内外高校针对国际学生开展的类似"Go-Local"① 等跨国交流互助项目，更多高校毕业生得以跨国（境）继续学习或工作，因此这一比重的下降幅度低于预期。数据显示，2020 年，U10 毕业生跨国迁移下降比例为 3.95%，G100 毕业生为 2.63%，并没有出现断崖式下降。

（二）国际迁移中深造与就业的关系

U10 毕业生在国际迁移中呈现"出国深造—回国就业"的国际人才环流模式。图 9 显示，U10 继续深造的毕业生中，选择在中国高校继续深造的比例近三成，赴国（境）外留学的比例超过七成，留学目的地以美国（37.5%）和欧洲（19.71%）这两个优质高等教育资源集中地区为主。然而，绝大多数 U10 毕业生愿意在中国进行首次就业，这一比例高达75.34%。因此总体来看，虽然七成以上 U10 高校毕业生选择出国（境）深造，但在国内首次就业的比例也超过七成，整体呈现出"出国深造—回国就业"的国际人才环流模式，反映中国留学人员对国内良好的经济发展态势和就业形势的认可与信心。

图 10 显示，G100 毕业生深造与首次就业所在国家和地区分布与 U10 毕业生大致相同，高度集中于欧洲和美国。然而，在欧美首次就业的 G100 毕业生比重均低于在这两个地区深造的比重②，这或与欧美经济处于深度调整期、就业市场较为饱和相关。反之，选择前往亚洲（包括中国大陆在内）国家和地区进行首次就业的毕业生占比远高于深造占比；其中，到中国深造的 G100 毕业生比重仅为 2.2%，而在中国就业的比重高达 10.72%。尽管这

---

① "Go-Local"是许多美国大学为学生提供的个性化教学安排，让中国学生先在中国的大学中就读，在疫情和签证状况好转后，再回到录取自己的美国学校学习。这是 2020 年新冠肺炎疫情暴发之后在特朗普政府下达了一系列限制中国留学生入境政策的大背景下，以及在超过 20 所美国大学已经联名起诉但美国移民及海关执法局（ICE）的签证新规（国际学生必须在线下修一门课不然会失去学生身份）暂无修改之意的现况下，除了线上-线下教学的混合模式，美国大学率先摸索创造出的国际教育产物，https://www.bjnews.com.cn/detail/159454962115527.html。

② 在欧洲深造的 G100 毕业生比例为 46.50%，而就业比例则只有 38.33%。在美国的深造和工作比例则为 29.22% 和 17.65%，比起欧洲，这一差值更为明显。

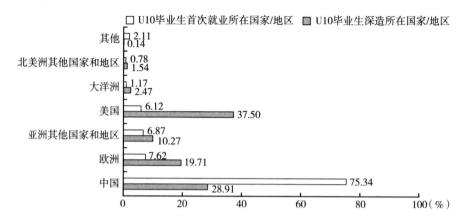

图9　2016~2020年U10毕业生深造与首次就业所在国家和地区分布对比

资料来源：LinkedIn数据。

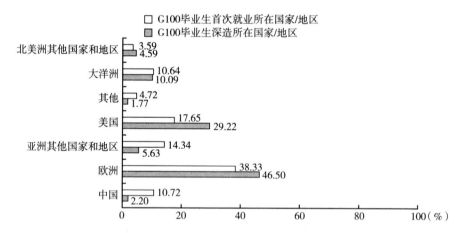

图10　2016~2020年G100毕业生深造与首次就业所在国家和地区分布对比

资料来源：LinkedIn数据。

在一定程度上反映出中国高等教育质量和声誉仍需进一步提高，但考虑到中国现行较为严格的工作居留与签证限制，这也说明中国经济社会的高速发展得到国际社会的高度认可，中国就业市场对全球高校毕业生存在一定的吸引力。

（三）U10毕业生国际迁移路径分析

中国高校毕业生赴海外深造集中于硕士阶段，且更倾向于获得目标学历后回国。U10 毕业生中以硕士研究生学位为目标深造的占绝大多数（72.93%），这主要是由于海外高校硕士研究生录取较为宽松且教学严谨，学位得到国际社会的广泛认可，同时采用外语教学，能有效增进国际视野、提升国际化交流能力。从回国情况来看，第一次发生国际迁移的 U10 毕业生回国的比重为 13.10%，而在因深造进行第一次迁移的 U10 毕业生中，发生二次迁移并回到中国的比重为 23.81%，人数远高于前者。主要原因是多数毕业生，尤其是 STEM 专业学生倾向于在科技高度发达的国家或地区持续深造并得到目标学位（多为硕士或博士研究生学位）后再回到国内就职或继续研究。另外，由于回国比重中就业部分仅包括首次就业，现实中许多留学国家或地区又出台了针对留学生的短期就业政策，同时有一部分毕业生在得到目标学位后会获得与深造类似的研究性职位（如博士后），这些情况并未归到此类数据，因此实际上二次迁徙的毕业生回国比重远高于此。①

随着国家"双循环"战略的进一步落实，出国（境）留学与工作的中国学生人数将持续增加，具有海外背景的国际化人才将在国内、国际双循环中发挥更加重要作用。改革开放以来，我国在国际分工链和价值链中的地位

---

① 值得注意的是，在数据统计方面，由于领英与教育部信息收集渠道相异，两个群体呈现的回国比例不同。教育部出国留学人员数据显示中国留学生的回国比例近 80%，与上文提及的领英数据有较大差异。这一结果可能是受到多重因素的影响。第一，教育部的出国留学人员情况统计没有时间跨度限制，回国比例统计的是在国（境）外完成学业后回国的留学生占比，因此数据较为完整；而领英数据统计的是 2016~2020 年获得本科学位的 U10 高校毕业生 [7.9% 为本科转学到国（境）外高校的学生]，大部分毕业生在领英数据收集期间尚未回国，导致 U10 毕业生的回国比例较低。第二，教育部与领英数据统计的对象不同，领英仅针对 10 所"双一流"大学毕业生的回国数据，而教育部统计的是各类出国留学人员完成学业后选择回国发展的比例。通常情况下，U10 毕业生的专业表现更为突出，且"双一流"大学拥有更多与国际教育机构进行合作或交流的机会，因此 U10 毕业生相较各类留学人员选择在国外发展的途径更多。总体而言，双方统计对象及时间跨度的不同，如出国（境）就读学位的学历层次或就业的比例不同导致了回国比例的差异，因此领英数据与教育部数据可分别用于了解不同留学生群体的特征。

不断攀升，传统的低要素成本优势已不可持续，亟须通过科技上的创新与进步推动产业结构转型升级，培育国际竞争新优势，打造发展新格局。因此，双循环战略的成功施行离不开具有先进知识、掌握先进技术、了解国内外市场的国际人才，他们不仅可以为科技创新提供知识和技术支持，还可以成为中外联系与沟通的桥梁，保证国内外经济循环的畅通性。从国际循环的角度来看，出国（境）留学或工作的 U10 或中国高校毕业生作为中外学术及人文交流的重要组成部分，一方面是国外民众了解中国文化与发展情况的窗口，增进了国际社会对中国的理解，另一方面由于其既熟悉国内市场又与留学所在地经济社会建立了广泛的联系，也成为推动中国企业"走出去"、促进中外经济融合、培育国际合作和竞争新优势的重要力量。从国内循环的角度来看，掌握核心技术、具备国际素质、了解全球经济发展情况的海归人才回国发展，不仅推动了传统制造业的优化升级、构建起具有国际竞争力的高新技术产业，还在跨国公司本土化、国家现代化治理体系建设中发挥着积极的作用，为国内市场创新驱动发展和国内大循环的畅通提供了动力。鉴于国家未来经济发展在人才方面的长期需求，可以预期中国学生，尤其是 STEM 领域（科学、技术、工程、数学）学生出国（境）留学与工作的人数将持续增加，这些学生也将在新发展格局中发挥更加重要的作用。而当今地缘政治紧张与国际竞争激烈背景下，一些国家或地区对我国学生实行的限制性政策虽然在短期内会对我国出国（境）深造学生人数产生一定的负面影响，但长期而言，中国高校毕业生对高质量国际化教育的追求以及国内企业对国际化人才的需求一直都在，甚至会持续增加，包括 U10 在内的高校毕业生将持续在国内、国际双循环中发挥重要作用。

B.12
从国际友人到国际人才：来华留学
七十年的发展与变迁

王昕生*

摘　要： 来华留学七十年的发展历程可以分为三个阶段，即新中国成立初期的起步阶段（1950~1978 年）、改革开放时期的稳步发展阶段（1979~1999 年）和 2000 年以来的快速发展阶段（2000年至今）。三个阶段来华留学生分别作为社会主义的建设人才、两国之间的友谊使者、融通中外的国际人才参与到社会主义建设和教育对外开放事业中。2018 年，我国来华留学生规模近50 万人，成为亚洲最大留学生目的国和继美、英之后世界第三大留学生目的国。与此同时，来华留学也面临着学生教育层次较低、社会融入程度不足、高校管理模式落后等挑战。应逐步建立"标准化"的留学准入机制、积极探索"社会化"的生活管理模式和持续完善"市场化"的就业居留政策，全方位培养、引进、用好人才，进一步推动来华留学事业向着更高质量发展。

关键词： 来华留学　外籍学生　国际人才

---

* 王昕生，中国社会科学院研究生院社会学博士，教育部中外语言交流合作中心助理研究员，主要研究方向为来华留学、汉学与中国研究、社会治理。

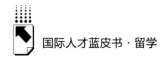

一 新中国成立初期来华留学生：社会主义的建设人才

1950年末至1951年初，罗马尼亚、保加利亚、匈牙利、波兰、捷克斯洛伐克等国家派出33名留学生陆续来到中国，开启了来华留学的历史。新中国成立初期来华留学人才的发展目标和结构特征如下。

（一）为国际主义尽义务

新中国成立初期，百废待兴，党中央将来华留学作为"尽国际主义义务，为社会主义国家的建设培养人才"[1] 和"培养革命火种"[2] 的重要国家战略。新中国首批来华留学生受到毛泽东、刘少奇、朱德、周恩来、陈云等党和国家领导人的关注[3]。

培养来华留学生是中国外交的一部分，1963年，第一次全国外国留学生工作会议上提出"接收外国留学生工作要为中国政治与外交工作大局服务"[4]。党和国家领导人常在重要的节日接见来华留学生，以示重视，"那些年，每当元旦等重大节日来临，国家领导人（周总理、陈毅、彭真等）会盛情招待在华工作的外国专家和留学生。届时，人民大会堂宴会厅内，灯火辉煌，欢声笑语，一派热情友好的气氛"[5]。来华留学生受教育部、外交部等政府部门直线指导，中国大学仅承担具体教育工作[6]。

① 魏礼庆、胡燕华：《改革开放40年出国留学与来华留学事业回顾与展望》，《河北师范大学学报》（教育科学版）2018年第3期，第20~27页。
② 赵宝煦：《红楼飞雪·序》，载林建华主编《红楼飞雪：海外校友情忆北大（1947—2008）》，北京大学出版社，2008，第3页。
③ 骆亦粟：《在风起云涌的年代里（1949-1989）》，新华出版社，2011，第5页。
④ 赵忠秀：《迈向亚洲最大留学目的地国——新中国来华留学综述》，《神州学人》2015年第7期，第4页。
⑤ 段柄仁、禹克坤主编《长忆未名湖——北京大学中文系1957级同学回忆录》，北京大学出版社，2015，第82页。
⑥ 1954年，高等教育部《各人民民主国家来华留学生暂行管理办法（草案）》提出"关于分配学习的学校，确定统一管理制度，以及审查教学计划与工作报告等，均由中央人民政府负责办理"；1962年《外国留学生工作试行条例（草案）》进一步指出"在国务院外事办公室外国留学生、实习生工作指导小组的指导下，由教育部归口管理"。

（二）来源结构相对单一

1950 年末至 1951 年初，首批 33 名留学生陆续来到中国，至 1966 年，我国共接收 60 个国家的 7000 多名留学生①，"文化大革命"期间被迫中断，恢复招生后，1973~1978 年共接收了 80 个国家 2498 名留学生，增长较为缓慢，年均增幅仅为 2.09%②。1950~1978 年的 28 年间，中国累积招收了 9803 名来华留学生，整体规模偏小。这一时期大多数留学生均享受国家资助，以学习语言和进修专业为目的，能获得学位的学生占极少数，且获得的最高学历仅为本科。

这一时期来华留学生主要可以分成两类，一部分是来自非洲、东南亚部分战后实现民族独立的第三世界国家，如老挝、柬埔寨、尼日利亚和赞比亚的学生；另一部分是来自东欧和东北亚的社会主义阵营的国家，包括来自阿尔巴尼亚、罗马尼亚、蒙古、朝鲜等国的学生。③ 1973 年后，部分西欧国家的留学生踏上来华学习的旅途。德国汉学家罗梅君（Mechthild Leutner）在回忆录中提及，1974 年，当她作为第一批德国留学生来到中国时，北京语言大学就已聚集着近百名可以使用英文交流的西方留学生。"语言学院中从西方来的学生有一百多人，其中从德国来的有 10 个人。如果一百多个人一起参加旅行，是很热闹的。我自己第一次跟那么多不同国家的留学生在一起生活，一起学习，一起谈问题，一起交换意见，这对我来说，也是一个比较重要的经验。因为开始的时候我们的汉语都不怎么好，所以我们用英语来交谈。"④ 但总体而言，这一时期来华留学生主要来自社会主义国家，占总体比重的 90% 以上⑤。

---

① 《中国教育年鉴》编辑部编《中国教育年鉴（1949-1981）》，中国大百科全书出版社，1984，第 666 页。
② 程家福、黄美旭：《略论来华留学生教育历史分期问题》，《中国高教研究》2008 年第 12 期，第 19~22 页。
③ 北京大学国际合作部编《燕园流云——世界舞台上的北大外国留学生》，北京大学出版社，2010，第 4 页。
④ 臧健访谈、整理《回首四十年：一个女汉学家的逐梦之旅（德国校友罗梅君教授口述）》，北京大学出版社，2018，第 62 页。
⑤ 蒙梓：《新中国来华留学教育历程》，《神州学人》2019 年第 9 期，第 4 页。

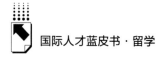

二　改革开放时期来华留学生：两国之间的友谊使者

改革开放以来，邓小平提出"教育要面向现代化、面向世界、面向未来"，来华留学事业进入稳步发展阶段，改革开放时期来华留学人才的发展目标、结构特征和培养模式如下。

（一）为现代化建设服务

1979 年 1 月，第二次全国外国留学生工作会议上提出"接受外国留学生，不仅为友好国家培养人才，而且也为我国人民同各国人民之间的了解和友谊"[1]，来华留学人才被视为联通中外的友谊使者。1979 年 5 月，教育部联合外交部、文化部、公安部发布了《外国留学生工作试行条例》的修订稿，将来华留学事业进一步锚定为"为加速实现我国的社会主义现代化建设服务"[2]。引入、培养各国留学生，有助于内促"改革"，外促"开放"。

（二）来源结构更趋多元

"改革开放一声号角，江河大地更新。在这转折性的历史关头，高校全面开放招收留学生。"[3] 一方面，随着 1979 年中美建交，第一批美国学生来华求学，中国高校逐渐对各国留学生全面开放，招收留学生的来源地区由最初的 37 个国家迅速增至 164 个国家。另一方面，教育部与外交部共同发布《关于一九七九年接受外国留学生的通知》，提出"坚持标准、择优录取、创造条件、逐步增加"的方针[4]，对于来华留学生的入学资质提出更高的标

---

[1] 《中国教育年鉴》编辑部编《中国教育年鉴（1949－1981）》，中国大百科全书出版社，1984，第 668 页。

[2] 李滔主编《中华留学教育史录（1949 年以后）》，高等教育出版社，2000，第 892 页。

[3] 北京大学国际合作部编《燕园流云——世界舞台上的北大外国留学生》，北京大学出版社，2010，第 133 页。

[4] 中央教育科学研究所编《中华人民共和国教育大事记（1949－1982）》，中国大百科全书出版社，1983，第 545 页。

准和要求。外国留学生须按照中国当时高等学校招生要求进行考试，只有合格者才予录取。来华留学规模迅速增长，1979~1999 年累计接收留学生 31 万人，年均增长率近 30%。

　　相对于前 30 年以国家公派为主的留学模式，这一时期"出于文化交流和自主学习动力来华的留学生明显增多"[①]。随着《关于接受自费外国留学生收费标准问题的请示》《关于招收自费外国来华留学生的有关规定》《中国教育改革和发展纲要》等政策的相继出台，自费留学生从无到有，并于 1981 年实现规模赶超奖学金生，逐步成为来华留学生的主体[②]。留学生的平均教育水平有所提高，1985 年出台的《外国留学生管理办法》首次增设研究生门类，1986 年《关于外国留学生来华学习的有关规定》细化了招收研究生的条件，正式招收 26 名外籍研究生来华学习，至 2000 年累计引进培养的外籍研究生近 2 万人，打破了改革开放前以本科生和语言生为主的来华留学的格局。

（三）中外学生互动密切

　　随着社会主义市场经济体制机制改革的深入，高等院校逐渐成为来华留学工作的培养和管理主体，政府从早期的直接管理者转型为来华留学事业的宏观规划者，"由教育部归口管理、中央和地方政府有关部门配合，事业单位和学术机构协同、有关高校自主招生培养的完整的教育、管理和服务体系"最终确立[③]。与此同时，《外国留学生工作试行条例（修订稿）》（1979 年）、《外国留学生管理办法》（1985 年）、《中国汉语水平考试（HSK）办法》（1992 年）、《中华人民共和国境内外国人宗教活动管理规

① 北京大学国际合作部编《燕园流云——世界舞台上的北大外国留学生》，北京大学出版社，2010，第 133 页。
② 刘扬、王怡伟：《我国的来华留学教育政策与实践》，《高教发展与评估》2011 年第 6 期，第 73~80 页。
③ 袁贵仁：《努力开创来华留学工作新局面（代序）》，载教育部国际合作与交流司、外国留学生教育管理学会编《播种友谊 桃李五洲——新中国来华留学教育 60 年纪念文集》，内部资料，2010，第 5 页。

定》（1994年）、《中华人民共和国出境入境边防检查条例》（1995年）等文件的出台，为我国来华留学生培养和管理规范化提供了法律基础。

随着来华留学生规模的增长和培养管理主体的下沉，中外学生互相交流、彼此了解的需求越来越旺盛，"北京语言学院玛丽雅等六十三名外国学生给邓副主席来信说，他们认为学院应当保证中、外学生之间有最大限度的接触，外国学生和中国社会有最大限度的接触。这样可以提供互相学习对方语言的机会，对双方都是有利的"①。留学生的来信受到邓小平同志的高度重视，在他的大力支持和推动下，中外交流更为开放，留学生可以深入中国社会，与中国学生和人民"打成一片"，留学生从被动接受书本知识、集体参加社会考察转变为主动思考文化差异、积极体验中国生活。英国伦敦大学金史密斯学院教授、澳大利亚籍学者马太（Michael Dutton）回忆他在北京大学留学经历时提到，"我在一个价值体系迥异、理解方式不同、思考方式和办事方式各不相同的地方学习、工作和生活，这使我在北京大学的生活不断受到启发，有趣而难以捉摸。这种生活既兴奋又不舒适，这种情况一直持续到平时的日常生活消磨掉各种文化差异的锐角。慢慢地，我学着适应这个完全不同的国度——中国，学着作为一个外国人生活在这片异国的土地上，让自己充分享受这种差异与不同"②。

三 21世纪来华留学生：融通中外的国际人才

进入2000年后，教育对外开放的力度进一步加大，来华留学事业发展势头更加强劲。来华留学人才的发展目标、结构特征和培养模式如下。

---

① 《邓小平在教育部关于〈一些外国留学生要求与中国学生加强接触〉人民来信摘报上的批示》，中国共产党新闻网，1978年5月9日，http：//dangshi. people. com. cn/n/2014/0811/c85037-25445185. html，最后检索时间：2022年2月3日。
② 北京大学国际合作部编《燕园流云——世界舞台上的北大外国留学生》，北京大学出版社，2010，第169页。

（一）聚天下英才而用之

2000 年 1 月颁布实施的《高等学校接受外国留学生管理规定》将来华留学培养目标定位为"增进我国与世界各国人民之间的了解和友谊，促进高等学校的国际交流与合作"，标志着来华留学政策目的逐步由政治外交本位向教育本位转变①。与此同时，来华留学生国际人才的战略定位也更加清晰，《国家中长期教育改革和发展规划纲要（2010-2020 年）》提出应培养大批具有国际视野、通晓国际规则，能够参与国际事务和国际竞争的国际化人才。2013 年，习近平总书记在欧美同学会成立 100 周年庆祝大会上强调"充分开发利用国内国际人才资源，积极引进和用好海外人才"。2014 年，在全国留学工作会议上，习总书记进一步指出，"统筹谋划出国留学和来华留学，综合运用国际国内两种资源"。2016 年，中共中央印发的《关于深化人才发展体制机制改革的意见》指出，"完善海外人才引进方式的目标，明确要实行更积极、更开放、更有效的人才引进政策，更大力度实施海外高层次人才引进计划"。同年，习总书记做出重要指示强调，"加快构建具有全球竞争力的人才制度体系，聚天下英才而用之。激励广大人才为实现'两个一百年'奋斗目标、实现中华民族伟大复兴中国梦贡献聪明才智"。2021 年，习总书记在中央人才工作会议上强调，深入实施新时代人才强国战略，全方位培养、引进、用好人才，加快建设世界重要人才中心和创新高地，为 2035 年基本实现社会主义现代化提供人才支撑，为 2050 年全面建成社会主义现代化强国打好人才基础。来华留学生逐渐成为推动教育国际化、促进国际学术交流、参与全球治理的"国际化人才"。

（二）来源结构不断优化

2003 年，教育部将来华留学工作原则确定为"扩大规模、提高层次、

① 刘宝存、张继桥：《改革开放四十年来华留学教育政策的演进与走向》，《西北师大学报》（社会科学版）2018 年第 6 期，第 7 页。

保证质量、规范管理",在《留学中国计划》(2010 年)中进一步延伸成"扩大规模,优化结构,规范管理,保证质量"。21 世纪以来,来华留学规模不断增长,2018 年共有 196 个国家 492185 名留学生来华学习,中国成为亚洲最大的留学目的国。来华接受学历教育的留学生占比逐年增加,2018 年来华学历生 258122 人,相较 2000 年增长 18 倍,规模首次超过非学历生,反映了外国学生来华接受学历教育的需求越来越强烈。从学历生的教育层次变化来看,本科留学生规模平稳扩大,硕士留学生增速放缓,博士留学生人数高速增长。这一阶段来华留学生以自费为主,比例始终维持在九成上下。

2000 年至今,来华留学的区域合作稳中有变,"一带一路"成果凸显。教育部官方数据显示,近 20 年以来,各洲留学生数量均有不同增长,其中亚洲始终是来华留学生最大的输入地,非洲留学生增幅最大,2014 年超过美洲成为第三大来源地,2018 年超过欧洲成为第二大来源地。随着"一带一路"合作倡议的推进,韩国、泰国、越南等国家学生数量长期位居前列,中亚国家学生人数大幅增加,2018 年,来自"一带一路"沿线国家的留学生规模高达 26 万人,占当年留学生总数的一半。不同地区留学生对于学科专业偏好各不相同,欧、美等发达国家和日、韩等亚洲地区发达国家留学生来华主要目的是学习汉语,多为非学历生;亚、非地区欠发达国家留学生来华主要目的是攻读学位,多为学历生。[①]

(三)中外学生一视同仁

随着《高等学校接受外国留学生管理规定》(2000 年)、《中国政府奖学金年度评审办法》(2000 年)、《关于中国政府奖学金的管理规定》(2001 年)、《中华人民共和国中外合作办学条例》(2003 年)、《来华留学生高等教育质量规范(试行)》(2018 年)等 10 余项相关政策的出台,以及教育部、外交部等多部委组建的来华留学工作部际协调机制的成立(2011 年),我国对来华留学生的培养和管理稳步走向法制化、科学化、规范化和社会化。

---

① 《2014 年度来华留学调查报告》,来华留学网,https://www.eol.cn/html/lhlx/content.html,最后检索时间:2022 年 2 月 3 日。

对于留学生培养和管理模式的创新探索层见叠出，20 世纪 90 年代末，"趋同化"的培养和管理模式作为一种创新思路被提出，并在部分高校践行①，近年来，这一模式作为改革方向多次出现在正式文件中，如 2010 年教育部《留学中国计划》提出"积极推动来华人员与我国学生的管理和服务趋同化"，2018 年教育部《来华留学生高等教育质量规范（试行）》再次强调"要推进中外学生教学、管理和服务的趋同化"。"趋同化"指的是"高校将来华留学生教育纳入全校的教育质量保障体系中，实现统一标准的教学管理与考试考核制度，提供平等一致的教学资源与管理服务，保障中外学生的文化交流与合法权益"②，在这一模式下，中外学生被纳入相同的培养和管理体系中，由各个学院承担留学生培养和管理的主体责任，其他行政部门依照功能分工协同参与，中外学生的培养和管理一视同仁。

四　来华留学七十年的成就

来华留学七十年，从筚路蓝缕到硕果累累，1950~2018 年，来华留学生规模以平均 50%的增长率高速发展（见图 1），成为继美、英之后世界第三大留学生目的国和亚洲最大留学生目的国。七十年来，来华留学生的发展目标与时俱进，从社会主义的建设人才到两国之间的友谊使者，再到融通中外的国际人才。生源结构持续优化，整体规模快速增长，来源地区不断丰富，教育层次稳步提升，从以公费生为主到以自费生为主，从以非学历生为主到两类学生规模平分秋色。培养模式从差异化向趋同化转型，办学主体从政府向学校过渡，管理方式从粗放向精细转变。来华留学生的迅速发展也为中国带来了巨大的经济、社会、文化和政治效益③，并在国际竞争的舞台上取得举世瞩目的成就。

---

① 高英学：《关于来华留学生教育管理对策的思考》，《中国高教研究》1998 年第 6 期，第 64~65 页。
② 《质量为先　实现来华留学内涵式发展——教育部国际司负责人就来华留学相关问题答记者问》，中华人民教育部官网，2019 年 7 月 19 日，http：//www.moe.gov.cn/jyb_ xwfb/s271/201907/t20190719_ 391532.html，最后检索时间：2022 年 2 月 3 日。
③ 吕吉：《国际留学生流动趋向及中国 2020 年展望》，《高教探索》2011 年第 4 期，第 85~88 页。

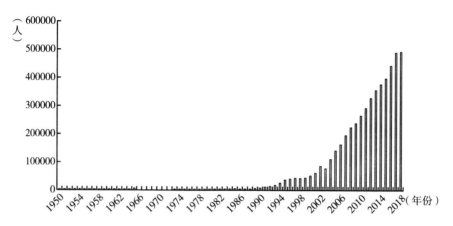

图 1　1950~2018 年来华留学生规模变化图

资料来源：依据中华人民共和国教育部来华留学相关统计数据整理。

（一）经济、社会方面成效显著

留学生带来的经济效益主要包括学费收入和消费收入，美、英、德、法、澳等国家占据国际留学生市场的主要贸易份额[1]，以美国为例，根据NAFSA 的统计，2008~2018 年以来，国际学生的经济效益随其规模增长，累计带来 3088 亿美元的收入（年均 280 亿美元，年均增长率 8.7%）[2]。2018 年在美留学生共计 1095299 人，占所有美国高等教育学生的 5.5%，直接或间接创造了 458290 个工作岗位，带来 447 亿美元收入[3]，其中学费收入占 55%，消费收入占 45%[4]。来华留学生同样为中国经济发展做出积极贡

---

[1] 王蕾：《从留学生往来看我国教育服务贸易的发展——1996 年以来出国与来华留学生数据的统计分析》，《文教资料》2007 年第 24 期，第 15~19 页。

[2] "Trends & Reports"，https：//www. nafsa. org/policy－and－advocacy/policy－resources/nafsa－international－student－economic－value－tool-v2#trends_ reports，最后检索时间：2022 年 2 月 4 日。

[3] IIE，"the Bureau of Educational and Cultural Affairs U. S. Department of State"，in Open Doors 2019：Report on International Educational Exchange（Washington，DC. U. S.：Institute of Peace，2019），p. 20.

[4] "Percentage of the united states direct jobs created as a result of spending in various industry sectors"，https：//www. nafsa. org/policy－and－advocacy/policy－resources/nafsa－international－student－economic－value－tool-v2#trends_ reports，最后检索时间：2022 年 1 月 10 日。

献，2001 年来华留学生的学费收入为 24 亿元人民币[①]，2011 年已达 49.8 亿元人民币[②]，根据教育部公布的 2018 年来华留学生规模与结构分布及中国政府奖学金公开的学费资助标准推算，2018 年留学生学费约 112 亿元人民币[③]。作为国际服务贸易的重要部分，留学生的境外消费（consumption abroad）和作为自然人存在（presence of natural persons）带来的经济收益也极为可观，据学者推算，来华留学生的人均支出是中国人均消费的 2.7~3.7 倍[④]，带来的总体经济收益是中国学生的 2~3 倍[⑤]。

在知识经济时代，人力资本在全球资本中的估值逐渐上升，占比不断提高[⑥]，世界各国逐步达成共识，将留学生作为一种潜在的人力资本进行培养、吸收、发掘和利用[⑦]，这一群体的社会效益日益凸显。美国是国际人才竞争大战中的赢家，作为全球最大的人才流入国，吸引了全球 50% 以上的技术移民，在美国获得博士学位的学生中，有 37% 为外籍人士[⑧]。中国学者早在 2009 年就已提出"中国已经是目前世界上数量最大、损失最多的人才

---

① 董泽宇：《来华留学教育研究》，国家行政学院出版社，2012，第 150 页。

② 王辉耀、苗绿、郑金连：《从留学"赤字"反思中国国际化人才培养》，《中国人才》2014 年第 3 期，第 28~30 页。

③ 财政部、教育部《中国政府奖学金资助标准》（2015 年）中的学费标准，将各教育层次学费取三类的平均值（即本科 2333 万元/年，硕士与普通进修生 29333 万元/年，博士与高级进修生 38666 万元/年），由于标准中未给出专科学生及短期生学费标准，此两项均参考本科生一类标准即专科生 20000 元/年，短期生 10000 元/学期（短期生一般指来华留学时间不超过 6 个月的外籍学生）。七类留学生人数按照教育部《2018 年来华留学简明统计》公布数据计算（第 4 页）。

④ 凌德祥：《中国高等教育国际化及经济贡献度比较研究》，第十届中国跨文化交际国际学术研讨会，2013。

⑤ 赵婀娜、高莹：《来华留学，呈现哪些新特点》，《人民日报》2015 年 4 月 30 日，第 18 版。

⑥ 据世界银行调查，全球人力、土地和货币资本的比例是 64∶20∶16。人力资本潜在价值达到 1215 万亿美元，是实物资本的 2.33 倍，在全球资本存量中，人力资本占到 64%，货币和土地占到 36%，在经济增长的贡献中，人力资本贡献率达到 70%，投资及其他要素贡献率仅占 30%。详见费英秋、张杰军《如何走向引智大国》，《中国国情国力》2007 年第 5 期，第 23~25 页。

⑦ 魏礼庆：《来华留学大有作为》，《世界教育信息》2017 年第 17 期，第 59~60 页。

⑧ 王辉耀：《全球人才争夺的新趋势与中国的对策》，《国际人才交流》2010 年第 7 期，第 12~14 页。

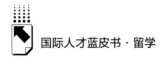

流失国之一"①，在人才竞争方面，来华留学生在一定程度上弥补了中国人才外流的损失，带来较好的社会效益。

（二）文化方面成果初现

相较经济效益和社会效益，留学生的文化效益圭角不露、润物无声。改革开放前中国将招收留学生作为扩大国际影响力的重要渠道②。改革开放以来，留学生在文化传播和交流方面的积极影响逐步彰显，培养的留学生人才部分成为促进中外交流的文化使者，如北京语言大学的日本毕业生矢野浩二（YANO KOJI），常年活跃于中、日影视界，他将自己称作"两国的滤网"，并说道"我成为了观察中国、思考中国的滤网。人们通过这层滤网，能从新的视角去看中国，而且还是从正面视角去看"③；部分则成为从事中国研究的知名学者，如美国历史学教授舒衡哲（Vera Schwarcz）、法国汉语言法学家贝罗贝（Alain Peyraube）、美国堪萨斯大学东亚系前系主任马克梦（Keith McMahon）、比利时鲁汶大学汉学教授钟鸣旦（Nicolas Standaert）、法国科学院院士巴斯蒂（Marianne Bastid）等。

五　来华留学事业面临的挑战

与此同时，当前我国来华留学事业仍面临不少现实的挑战。

（一）教育层次相对较低

留学生分为2大类7小类，2大类指的是学历留学生和非学历留学生。前者包括博士研究生、硕士研究生、本科生和专科生4小类；后者包括短期留学生、普通进修生和高级进修生3小类。国际社会通常将前4

---

① 王辉耀：《人才战争》，中信出版社，2009，第117页。
② 黄鹏：《发展来华留学生教育对我国政治的积极影响》，《安徽工业大学学报》（社会科学版）2010年第4期，第162~163页。
③ 矢野浩二：《两国的滤网》，微博，2017年2月20日，https://weibo.com/shiyehaoer。

小类中的博士研究生和硕士研究生视作留学生中的高层次人才。从国际比较来看，发达国家留学生教育已达到以研究生为主、本科生为辅（研究生占学历生 40% 以上）[1]，以学历生为主、进修生为辅（学历生占留学生 80% 以上）的阶段[2]。近年来，来华留学研究生的人数虽然保持年均近 30% 左右的增幅，但整体水平仍然较低，与欧美等发达国家相比还有一定差距（见图 2）。

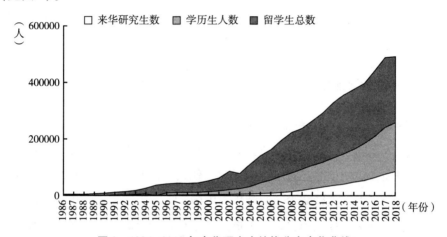

图 2　1986~2018 年来华研究生结构分布变化曲线

资料来源：依据中华人民共和国教育部来华留学相关统计数据整理。

（二）趋同管理推动乏力

"趋同化"是我国高校留学生培养和管理工作改革的方向，但在实施落地的过程中仍面临较多困难[3]。学者研究显示，在 289 所中国政府奖学金院校中，只有 48 所高校采取趋同化管理，占 16.61%[4]。一方面，受"外事无

---

① 王军：《来华留学研究生教育现状分析》，《中国高教研究》2006 年第 6 期，第 21~23 页。
② 程家福、陈松林、赵金坡：《新中国来华研究生教育历史研究》，《学位与研究生教育》2012 年第 10 期，第 64~71 页。
③ 张端鸿：《来华留学生教育为何难以实现管理趋同化》，《中国科学报》2019 年 7 月 17 日，第 4 版。
④ 邱洋海：《来华留学生趋同化管理的困境与突破》，《神州学人》2020 年第 1 期，第 4 页。

小事"思想的影响，许多中国大学仍然习惯性地将外国学生看作一个特别群体。另一方面，出于"集中力量办大事"的考量，大部分高校通过设立国际教育学院、国际合作交流处或留学生办公室对留学生进行集中培养和管理，并协调校内其他相关机构，把学生入学、学籍管理、法制教育、身心健康、校园文化生活等工作统一起来。在特定的历史阶段，这一做法有助于将学校优秀的资源聚集起来，推动中国来华留学事业的发展①，但是，随着留学生数量的增加，以及对留学生培养质量的强调，其缺点也越来越明显②。

（三）社会融入程度不足

2019年7月以来，一些来华留学生的负面新闻，引起了学界对这一群体社会融入问题的讨论。前人研究显示，留学生来华不仅追求知识的积累和语言的提高，更期望深入了解中国文化、融入中国社会③。中外趋同的管理模式的推动乏力，无疑减少了留学生与中国学生互动、交流的机会，使他们很难真正了解中国社会和文化，无形延长了他们跨文化适应时间④。欧美等发达国家普遍通过与奖学金政策配套的工作和移民政策吸引国际人才，使之最终成为本国的"智力"。当前，我国的来华留学生奖学金制度比较健全，但缺乏长期留住人才的相关政策，难以满足留学生在华实习、工作、长期居留和永久居留等需求，导致他们能"来"而不能"留"，能"融"而不能"入"，造成了物质和教育资源的浪费。

① 倪雯：《可持续发展视角下中美高校留学生管理模式浅析》，《现代企业教育》2014年第14期，第351~354页。
② 张铎、雷斌：《来华留学生文化建设的系统思考》，《四川理工学院学报》（社会科学版）2016年第6期，第66~73页。
③ 黄天娥、王永颜、徐莉：《全球化背景下中外留学现状与趋势的研究综述》，《教育学术月刊》2013年第12期，第36~41页。
④ 严宏伟、王泽阳、赵星：《来华留学生跨文化自治管理研究与探索》，《太原城市职业技术学院学报》2015年第3期，第105~107页。

六　进一步促进来华留学事业发展的建议

针对上述问题，笔者分别从引才、聚才、用才三个角度提出如下建议。

（一）逐步建立"标准化"的留学准入机制

"水积而鱼聚，木茂而鸟集"，中国学者的研究说明，部分高校为了扩大留学生规模，降低留学生入学门槛，而忽略了对其质量的评估[①]。这样的做法不仅不利于高校的发展，同样会让留学生感到中国教育的"廉价"，有损中国高校在国际教育市场上的名誉。与此相反，严格的考核制度和培养方案不仅有利于人才筛选，而且有助于提升留学生对中国教育质量的期待和信心。为了提高高校国际化水平，应建立统一的招生标准和准入机制，避免留学生招生"各自为政""宽进宽出"。目前我国已有较为完善的《国际中文教育中文水平等级标准》（GF0025-2021），可以参考美国 GRE 和 GMAT 考试形式，在语言考试的基础上增加专业考试，并将考试成绩作为录取的重要标准之一[②]。

（二）积极探索"社会化"的生活管理模式

"社会化"的生活管理模式，即在政府机构的引导下，通过学校与周边社区、企业及社会结构合作的方式，盘活社会资源，满足留学生住宿的多样化需求。"社会化"的生活管理模式被世界各大留学生目的地国广泛采纳，但形式各有不同。如美国以校内宿舍（dorm）、校外租住（house apartment）和家庭寄宿（homestay）三种形式的住宿模式满足留学生的需求；澳大利亚、加拿大、新西兰等新兴留学生目的国主要推行寄宿家庭模式；法国、英

---

① 高雪梅、孙祥山、于旭蓉、迟道才：《地方高等院校外籍研究生教育分析》，《沈阳农业大学学报》（社会科学版）2016年第5期，第580~584页。
② 夏青：《来华留学生入学考试制度改革探析》，《高等理科教育》2011年第3期，第53~56页。

国、荷兰等欧洲国家则通过住房补贴引导留学生在校外租住；以日本为代表的部分国家通过动员社会力量对留学生留学生活提供帮助[1]。面对来华留学生日益增长的深入中国社会的需求和中国高校留学生公寓日益供不应求之间的矛盾，可以参考国外经验，通过开放中外学生合住、推行寄宿家庭制度、引入社会机构力量、提供少量住房补贴等形式缓解高校留学生住宿供给的压力，降低学校的管理成本，帮助外籍学生更好地了解中国社会和中国人的生活方式，全面、深入地融入中国社会。

（三）持续完善"市场化"的就业居留政策

长期以来，我国来华留学工作都是以"扩大规模"为主要目标，各大学争先恐后地扩大留学生"入口"，而忽视了留学生的就业和创业问题。实际上，"出口"才是检验留学生人才培养质量的关键要素之一。应进一步完善外籍人才就业和居留政策，推行"市场化"的就业、签证、居留政策，建立便利、合理的人才竞争和引进渠道，鼓励优秀的外籍留学生毕业后继续在华工作、生活，将其纳入国家和地方政府的引智工程中。完善外来移民治理的制度，推进《外国人永久居留管理条例》出台，加快"聚天下英才而用之，加快建设人才强国"战略布局，实现中华民族伟大复兴。

---

① 丁笑炯：《基于市场营销理论的留学生教育服务——来自上海高校的实证调查》，北京大学出版社，2012，第220页。

B.13
美国学生来华留学趋势
及政府资助项目概览

曲梅 苗绿 方婧懿*

摘　要： 在过去 20 年间，赴中国留学的美国学生数量整体上呈波动性增长趋势，与中美关系的变化同频共振，且中美间学生流动存在失衡。受中美关系影响，美方三个来华留学旗舰项目均被中止，而现有项目又不足以弥补缺口。中方支持美国学生来华留学的项目也存在很多不足，比如美国获奖者比例较低、项目形式不够多元、项目宣传不够充分等。基于以上分析，本报告建议中美两国政府改进当前项目，加强对美国学生来华留学的支持。同时，建议中美大学、企业、非政府组织等民间力量积极参与，增强美国学生来华留学的稳定性，保持人文交流渠道的畅通。

关键词： 美国学生　来华留学　资助项目　留学生奖学金

中美关系是世界上最重要的双边关系之一，促进民心相通是加强中美关系的有效手段，而国际学生交流是民心相通中最富有活力的部分。自 20 世纪初算起，中美学生交流已有百余年历史，尽管随着双边关系的波动，存在一些曲折和颠簸，但通过学生交流来保持两国友谊仍是大势所

---

* 曲梅，全球化智库（CCG）副研究员，主要研究方向为来华留学、国际学校、留学发展；苗绿，博士，研究员，全球化智库（CCG）联合创始人兼秘书长，主要研究方向为人才国际化、教育国际化、国际合作等；方婧懿，中国人民大学国际关系学院。

趋。然而，有研究指出，2013 年以来，到中国留学的美国学生越来越少，[1] 其阻碍因素是多方面的，而经济负担是首要制约因素。[2][3] 事实上，中美两国政府在资助美国学生来华留学方面一直发挥着关键作用，推出了富布赖特中国项目、"十万强"中国计划、中美人文交流专项奖学金等广受赞誉的资助项目。遗憾的是，在两国关系紧张化的背景下，部分政府资助项目受到了影响。

本报告将首先结合中美关系的发展变化，简要回顾美国学生来华留学的趋势，以说明两国政府及双边关系对于美国学生来华留学的深刻影响。以此为背景，报告主体部分对美国学生来华留学主要政府资助项目进行了梳理和分析。报告结语部分除了总结美国学生来华留学政府资助项目的情况，还为改善当前项目、鼓励美国学生来华留学提出了一些建议，以促使这一重要的中美人文交流渠道保持畅通。

一 美国学生来华留学的趋势

中国不仅是国际学生的主要输出国，同时也正成为重要的留学目的地。截至 2018 年，中国已成为继英美之后世界第三大、亚洲第一大留学目的国。21 世纪以来，中国接收的国际学生数量急速增长。2000 年，来华留学生总数仅为 5.22 万人；而截至 2018 年，这一数字已高达 49.22 万人，是 2000 年的近 10 倍。[4] 与总体情况类似，21 世纪以来，美国学生来华留学人数也经

① Asia Society. Why Are Fewer American Students Going to China？［EB/OL］. （2017-10-13）［2022-05-25］. https：//asiasociety. org/new-york/why-are-fewer-american-students-going-china.

② IIE. U. S. Students in China：Meeting the Goals of the 100000 Strong Initiative. ［R/OL］. （2013-1-10）［2022-05-25］. https：//www.iie. org/Research-and-Insights/Publications/US-Students-in-China.

③ 郭玉贵：《从国家利益角度更有效吸引美国学子来华留学》，光明日报出版社，2012，第 12~16 页。

④ 中华人民共和国教育部：《2018 年来华留学统计》，2019 年 4 月 12 日，http：//www. moe. gov. cn/jyb_ xwfb/gzdt_ gzdt/s5987/201904/t20190412_ 377692. html，最后检索时间：2021 年 6 月 28 日。

历了大幅增长，但这一趋势又呈现两个特点：一是这种增长是波动性的，与两国外交关系同频共振；二是虽然总人数在增长，但中美之间学生流动严重失衡。

（一）波动性增长折射中美关系变化

国际教育协会（IIE）2021年发布的门户开放数据显示（见图1），在2000~2020年这20年间，如果不考虑新冠肺炎疫情（2019~2020学年）的影响，美国赴华留学的学生总数呈波动性增长趋势。其中，2011~2012学年人数最多，达14887人，2002~2003学年人数最少，为2493人，这两个时间节点恰好与中美关系关键事件的发生时间相契合。下文将结合具体背景进行分析。

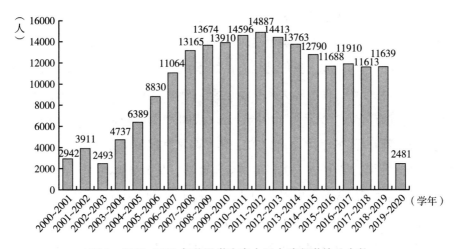

图1　2000~2020年美国学生来中国大陆留学的总人数

资料来源：IIE. Destinations of U. S. Study Abroad Students 1999/00－2019/2［R］. Open Doors Report on International Educational Exchange. 2021。

21世纪初，来华留学的美国学生尚不足3000人。2001年4月，受"撞机"事件影响，中美关系跌入低谷。2001年"9·11"恐怖袭击事件发生后，美国将国家战略重心转移到公共外交和反对恐怖主义上，试图缓和中美关系，寻求与中国在反恐方面达成合作。同年11月，中国正式加入世界贸易组织，加速了对外开放的进程。两国经贸关系迅速发展，据统计，美国自 2002 年起成为中国的第二大贸易伙伴，中国是美国第四大贸易伙伴。2003 年，中国取代日本成为美国第三大贸易伙伴。[①] 在两国关系回暖的背景下，2003~2008 学年，美国来华留学生人数迅速增长，增长率一直保持较高水平，尤其是在 2003～2004 学年，年增长率高达 90.01%。2007 年以后，中国更是成为除西欧以外最受美国学生欢迎的留学目的地，也是美国学生为在美国大学获得学分而出国交换的五大目的地之一。[②]

2008~2012 年，即贝拉克·奥巴马（Barack Obama）总统的第一任期，中美关系的总基调是稳中有进，在国际学生交流方面呈进一步巩固和深化合作态势。2008 年，世界主要经济体面临金融危机的冲击。为重振世界经济，美国作为世界上最先进的国家，必须加强与中国这个世界最大新兴经济体的合作。此外，当权力移交给奥巴马时，美国正处于内外交困的境地。为了消除前任政府的遗留问题，奥巴马政府在处理中美关系时，需要搁置争议、避免冲突、深化合作，使中美关系平稳过渡。2009 年 11 月，奥巴马总统在访问中国时宣布启动"十万强"中国计划（100000 Strong China Initiative），进一步推动了两国间的学生交流。2011 年，两国高层的一系列互访都增进了战略互信，加强了美中两国人民的理解与联系，其中受到两国民众广泛关注的互访活动包括胡锦涛主席对美国的国事访问、一年一度的中美人文交流高层磋商、习近平副主席（时任）对美国的访问以及乔·拜登（Joe Biden）副总统（时任）对中国的访问等。在两国政治领导人的互访中，"建立新型大国关系"的概念被提出，并获得了两国积极正面的回应，其中深化中美民间交流被认为是一个不可或缺的工具。随着双边关系的稳定发展，如图 1

---

① 严波：《2001-2005 年中美关系回顾与展望——兼评布什第一任期的对华政策》，《思想理论教育导刊》2005 年第 2 期，第 41~43 页。

② IIE. U. S. Students in China: Meeting the Goals of the 100000 Strong Initiative. [EB/OL]. (2013-1-10) [2022-05-25]. https://www.iie.org/Research-and-Insights/Publications/US-Students-in-China.

所示，2008~2012 学年，美国来华留学生人数保持适度但持续的增长，并在 2011~2012 学年达到高峰。

2013 年是中美关系的一个转折点。奥巴马在第一任期接近尾声时推出了所谓的"亚太再平衡战略"，象征着美国"重返亚太"，其潜在野心是在亚太地区制衡中国。这一行为表明中美关系开始发生战略转变，从友好伙伴关系逐渐转变为"负责任的竞争"关系。奥巴马第二任期内，美国与中国在亚太地区争端不断。例如，美国与中国周边国家举行了几次不定期军事演习，对中国安全构成了较大威胁，加剧了中美伙伴关系的不信任感。由于外交气候的变化，奥巴马第一任期内提出的为期 4 年的"十万强"计划没能维持下去；尽管拜登总统过去曾深入参与和推动这一计划，但目前仍没有表露出任何恢复该项目的意愿。在这一背景下，2013 年以后美国学生来华人数一直呈现缓慢下降的趋势。

虽然新冠肺炎疫情之前美国来华学生体量是 20 年前的 4 倍左右，但如果考虑到其他国家来华留学的增长势头，美国来华学生缓慢下降的趋势十分值得关注。长期以来，美国一直是来华国际学生的十大来源国之一，或者更准确地说，是前五大来源国之一；但在过去的 5~10 年，美国学生来华留学总人数的排名一直在下滑。到 2018 年，中国已跃升为全球第三大国际学生接收国和亚洲第一大国际学生目的地国，其中，亚洲发展中国家成为来华留学生的主要来源国。据官方统计（见表 1），美国来华学生人数在 2015 年和 2016 年还处于第二位，而在 2017 年和 2018 年，其地位被泰国取代，并在 2018 年滑落到第五位。

表 1　2015~2018 年来华国际学生十大来源国及其人数

单位：人

排序	2018 年		2017 年		2016 年		2015 年	
	国家	人数	国家	人数	国家	人数	国家	人数
1	韩国	50600	韩国	63827	韩国	70540	韩国	66672
2	泰国	28608	泰国	27884	美国	23838	美国	21975
3	巴基斯坦	28023	巴基斯坦	24878	泰国	23044	泰国	19976

续表

排序	2018 年		2017 年		2016 年		2015 年	
	国家	人数	国家	人数	国家	人数	国家	人数
4	印度	23198	美国	23911	巴基斯坦	18626	印度	16694
5	美国	20996	印度	20911	印度	18717	俄罗斯	16197
6	俄罗斯	19239	俄罗斯	19751	俄罗斯	17971	巴基斯坦	15654
7	印度尼西亚	15050	日本	14717	印度尼西亚	14714	日本	14085
8	老挝	14645	印度尼西亚	14573	哈萨克斯坦	13996	哈萨克斯坦	13198
9	日本	14230	哈萨克斯坦	14224	日本	13595	印度尼西亚	12694
10	哈萨克斯坦	11784	老挝	14222	越南	10639	法国	10436

资料来源：依据中华人民共和国教育部国际合作与交流司《来华留学生简明统计》（2015～2018）整理。

（二）中美学生流动失衡及其影响

尽管美国来华学生人数较 20 年前显著增长，但无论从总数还是从增长速度来看，中美学生流动都存在明显失衡。2018 年，中国的总人口数约是美国总人口的 4.23 倍，而如图 2 所示，在美国的中国学生却是在中国的美国学生的 30 倍。

除了总体规模上的失衡，美国学生到中国的交流形式与中国学生到美国的交流形式有着明显不同。与大多数中国学生到美国攻读学术学位不同，美国学生来华以短期访问为主。美国留学生中本科生的比例在 88% 左右，其中大部分是在大二和大三学年到中国进行为期两个月或者一学期的短期访学；高中毕业生来中国攻读本科学位的仅占 2% 左右；留学生中研究生的比例约为 12%，主要是硕士研究生，其 2017 年占比超过 7%，而博士研究生仅为 0.7%。另以"1+2+1 中美人才培养计划"为例，该计划由中国教育国际交流协会、中国国际教育交流中心和美国州立大学协会共同管理，吸引了无数中国学生申请到美国学习；相比之下，美国学生来中国则主要是研学旅行，来华的美国学生一期大约 20 人，交流时间为两周左右，这种短期的考

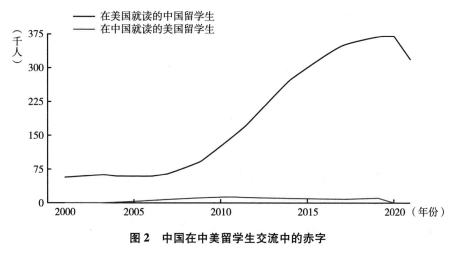

图 2　中国在中美留学生交流中的赤字

资料来源：IIE. 2021 fact sheet on China ［EB/OL］．（2021-10-10）　［2022-05-25］
https：//opendoorsdata. org/fact_ sheets/china/。

察很难对中国有深入了解，而中国赴美学生往往比较深地接触了美国的高等教育体系和美国社会。并且，以游学和短期交流为主的交流形式在很大程度上确保了美国学生在学成后会返回美国，而中国学生毕业后留在美国就业的可能性更大。据统计，2004~2017 年，大约有 10 万名中国毕业生选择留在美国。①

中美间学生流动的失衡对两国都产生了一定的负面影响。从中国的角度看，面对西方国家的诸多质疑和误解，中国渴望在国际舞台上讲好中国故事，向世界展现真实、立体、全面的中国。而讲好中国故事不能只靠中国人，还应该依靠外国人。来华美国学生对于促进中美教育文化交流、改善世界对中国的刻板印象将有很大帮助。因此，扭转中美学生流动的失衡状态，或者缩小差距，对中国来说是有益的。

随着中美经贸关系的日益密切，美国也需要更多了解中国的本土人才，以便更好地与中国进行合作。不幸的是，诸如傅高义和费正清等老一代友华

---

① 杨晶、郝君超：《中美两国间人才流动的特点及启示》，《全球科技经济瞭望》2019 年第 8 期，第 42~49 页。

的"中国通"大多已经去世，而目前一些名气较大的中国研究专家对中国的态度又不够友善，在对华研究中可能会抱有个人偏见，因而很难对中国的法律法规、政治制度和传统习俗形成立体、全面的认识。①

二 美国学生来华留学的政府资助

为留学生提供资金支持是中美两国政府维持双边关系的重要手段。美国学生来华受到两国政府的官方支持。然而，近几年中美关系恶化，一些重要的资助项目随之中止，仅余部分项目继续运营。

（一）美方三大旗舰资助项目的兴衰

1. 富布赖特中国项目

富布赖特项目（Fulbright Program）是美国政府于 1946 年设立的，它为美国公民出国和非美国公民赴美学习、教学和研究提供资助。② 富布赖特中国项目的历史可以追溯到 1947 年，但在 1949 年 10 月中华人民共和国成立后，受当时中美关系影响，该项目被暂停；1979 年中美关系正常化后，该项目得以恢复；1983 年，该项目资助范围从科学和技术延伸到历史、文学、法律、新闻、商业、经济、政治学、社会学、哲学和国际关系等更广泛的学科，提供了更多的学术科研和教育机会。③ 表 2 列出了富布赖特中国项目中对美国学生开放的四个具体项目概况，这些项目的支持对象和支持措施各有侧重，但相同点是主要由美国国务院教育文化局（Bureau of Educational and Cultural Affairs，ECA）赞助（其中两个是 ECA

---

① 孙靓：《"十万赴华"：美国对外教育交流政策分析及反思》，《上海教育科研》2011 年第 7 期，第 9、24~26 页。

② Bureau of Educational and Cultural Affairs. The Fulbright Program. ［EB/OL］ （2021-12-30）［2022-05-25］https：//eca. state. gov/fulbright/about-fulbright.

③ ELEANOR ALBERT. The Cost of Ending Fulbright in China. ［EB/OL］ （2020-07-22）［2022-05-25］https：//thediplomat. com/2020/07/the-cost-of-ending-fulbright-in-china/.

与其他组织的联合项目），此外，它们均由美国非营利机构——国际教育协会（Institute of International Education，IIE）负责管理。

表2 富布赖特项目对美国赴华学生的专项资助

项目名称	出资机构	管理机构	概况
富布赖特美国学生项目（Fulbright U. S. Student Program）	ECA	IIE	该项目面向美国即将毕业的本科生、研究生以及青年学者和艺术家，为其提供奖学金，资助他们在国外学习、科研、教授英语
富布赖特英语助教项目（Fulbright English Teaching Assistant Program）	ECA	IIE	该项目面向刚毕业的本科毕业生和年轻的专业人士，将他们作为英语助教安排在国外的中小学或大学，以此提升外国学生的英语能力和对美国的了解，同时提高美国学生自己的语言能力以及对东道国的了解。项目参与者除了履行教学职责外，还可以进行个人深造或科研活动
富布赖特国家地理叙事奖学金（Fulbright-National Geographic Storytelling Fellowship）	ECA & 美国国家地理学会	IIE	该项目为被选中的美国学生提供机会，让他们在一学年内就一个具有全球意义的主题进行叙事，并可以获得培训和支持
富布赖特-海斯博士学位论文海外研究项目（Fulbright-Hays Doctoral Dissertation Research Abroad Program）	ECA & 美国教育部	IIE	该项目面向美国教学专业人员（K-14预科教师和教师）、管理人员、博士、博士后以及美国相关机构和组织，资助其在海外非西方国家外语和区域的研究及培训

资料来源：BUREAU OF EDUCATIONAL AND CULTURAL AFFAIRS. The Fulbright Program. [EB/OL]（2021-12-30）[2022-05-25] https：//eca. state. gov/fulbright/about-fulbright。

　　早期富布赖特中国项目主要面向学者，直至1999年，第一批刚毕业的大学生才通过此项目来到中国；2000年，有26名美国学生前往中国，而在2005~2020年，这个数字保持在每年50人左右。① 通过富布赖特项目来华的学生主要就读于中国一二线城市的28所重点高校，例如清华大学、北

---

① ELIZABETH LYNCH. Biden should bring back the China Fulbright program [EB/OL]. （2020-11-11）[2022-05-25] https：//supchina. com/2020/11/11/biden-should-bring-back-the-china-fulbright-program/.

京大学、上海外国语大学、四川大学等。① 因此，相对于其他项目，富布赖特提供的来华留学渠道具有明显的"精英性"，美国学生不仅能够获得中国一流的教育资源，也能够接触中国最现代化的一面。

然而，在 2020 年 7 月，时任美国总统唐纳德·特朗普签署了一项行政命令，即暂停在中国和中国香港的富布赖特项目，以抵制《香港特别行政区维护国家安全法》的颁布。美国的这项举措引起了民众的强烈不满，富布赖特项目的校友们甚至发起了反对该项目关闭的请愿活动，并在两天内就获得了 740 多个签名。② 但目前，该项目仍处于暂停状态。

2. 和平队中国项目

另一个与富布赖特项目命运相似的是和平队中国项目（Peace Corps）。和平队由约翰·肯尼迪总统于 1961 年创立，由美国政府管理，是一个针对美国公民（尤其是具有大学学历的美国公民）的志愿者项目。此项目的志愿者将与政府、学校、非政府组织、非营利组织以及企业家合作，从事教育、青年发展、社区健康、商业、信息技术、农业和环境方面的工作。

1988 年，中美双方就美国派遣和平队志愿者来华任教达成原则协议；1993 年，首批志愿者教师来华。当时，该项目被赋予了一个非常友好的名称——"美中友好志愿者"。1998 年，中国教育部和美国政府签署了一份正式协议，根据该协议，志愿教师主要在四川、重庆、贵州和甘肃等西部四省市从事高等师范专科院校基础英语和环保课程的教学。③ 由此可见，与富布赖特项目不同，和平队项目其实是为美国学生提供了一个了解中国作为发展中国家如何与贫穷落后抗争的重要渠道。

---

① 中华人民共和国驻美国大使馆教育处：《美国富布赖特项目》，2016 年 5 月 30 日，http：//usa. lxgz. org. cn/publish/portal131/tab6578/info126733. htm，最后检索时间：2021 年 6 月 28 日。

② ELEANOR ALBERT. The Cost of Ending Fulbright in China［EB/OL］.（2020-07-20）［2022-05-25］https：//thediplomat. com/2020/07/the-cost-of-ending-fulbright-in-china/.

③ 中华人民共和国驻美国大使馆教育处：《美中友好志愿者项目》，2016 年 5 月 30 日，http：//usa. lxgz. org. cn/publish/portal131/tab6578/info126732. htm，最后检索时间：2021 年 6 月 28 日。

和平队中国项目是一个政府资助项目，但据称"该项目一直在执行部门内独立运作，部分原因是为了防止其被操纵为外交政策的直接工具"①。在中国方面，该项目由中国教育国际交流协会负责实施，该协会是中国开展国际教育交流与合作的全国性非营利组织，受教育部监管。②

2020年1月，美国政府终止了派往中国的和平队，其原因并不在于新冠肺炎疫情大流行，而在于中美摩擦和反华情绪的加剧。在终止之前，和平队已经向中国派遣了1300余名志愿者，虽然其中有27名前中国志愿者目前就职于美国国务院③，但这并没有挽救和平队中国项目的中止。

3. "十万强"中国计划

"十万强"中国计划集合了富布赖特项目与和平队中国项目的优点，为美国学生来华提供了更丰富多元的渠道，也开启了"官方引领、民间发力"的新时代。"十万强"中国计划是由奥巴马总统在2009年11月访问中国期间首次宣布的。该计划提出，美国将在未来4年内派遣10万名美国青年到中国学习，包括高中生、大学生和研究生。

"十万强"中国计划最大的特点就是"多元性"。在项目形式方面，包括：（1）中美学校联合培养及双重学位证书的教育项目；（2）正式的中国大学学士、硕士或博士教育项目；（3）中国开设的中文学习课程；（4）为期一学年的访学或交换项目（如富布赖特奖学金项目）；（5）（由大学或专业机构组织的）游学；（6）赴中国实习或工作；（7）参与中国的志愿者工作或服务于某一学习项目；（8）在中国的教学项目；（9）由专业机构支持的或独立研究者开展的中国教育研究；（10）其他在中国的教育活动（如游

---

① PETER HESSLER. The Peace Corps Breaks Ties with China［EB/OL］.（2020-03-16）［2022-05-25］https：//www.newyorker.com/magazine/2020/03/16/the-peace-corps-breaks-ties-with-china.

② 中华人民共和国驻美国大使馆教育处：《美中友好志愿者项目》，2016年5月30日，http：//usa.lxgz.org.cn/publish/portal131/tab6578/info126732.htm，最后检索时间：2021年6月28日。

③ PETER HESSLER. The Peace Corps Breaks Ties with China［EB/OL］.（2020-03-16）［2022-05-25］https：//www.newyorker.com/magazine/2020/03/16/the-peace-corps-breaks-ties-with-china.

学、独立学习项目等）。在学科方面，以往美国学生赴华大多学习语言、历史等人文学科，"十万强"中国计划则鼓励更多学生赴华学习科学、技术、工程、医药等学科，同时兼顾教师等职业交流和培训。在地区方面，该计划推动美国学生涉足中国大城市以外的小城市和农村地区，例如，云南省曾一年接收了400个美国学生。①

"十万强"中国计划由美国政府发起和协调，但美国政府并没有为该计划专门拨款，也没有为此设立专门的办公室或部门，资金主要由美国的企业基金会提供。此外，中国政府承诺为在中国学习的美国学生开设2万个奖学金名额。为确保该计划的顺利完成，在时任美国国务卿希拉里·克林顿（Hillary Clinton）的倡议和支持下，美国福特基金会提供了100万美元的启动资金。2013年1月，美国成立了一个独立于政府的非营利性基金会——"十万强"基金会，致力将"十万强"中国计划建设成为一个长期的人文交流项目，"十万强"基金会也逐渐成为"十万强"中国计划的实际推动者和资金来源。得益于政府的大力推动，特别是奥巴马、米歇尔和希拉里的呼吁，"十万强"基金会积极向企业和社会募集资金以支持美国学生赴华学习。"十万强"基金会的资金主要来自企业、私人机构和慈善家，捐助者包括微软、摩托罗拉、花旗银行等跨国公司，以及万向集团、完美世界等中国企业。

"十万强"中国计划在促进美国学生来华方面取得了显著成就。据IIE统计，在该计划的支持下，2011年至少有2.6万美国学生参加了在中国（包括中国大陆、香港和澳门）的教育活动；其中，有学分的交换项目成为赴华学生中最受欢迎的形式，其次是游学。此外，越来越多的美国学生愿意在中国参加更多的学术和语言课程。据统计，2011年在中国院校攻读学位的美国人中，有1028名本科生和1156名研究生（研究生主要是硕士学位）。②

---

① 李文星：《专访 | 白诗浪：为无边界中美交流贡献一份力量》，2018年1月16日，https：//www.sohu.com/a/216981048_107743，最后检索时间：2021年6月28日。

② IIE. U. S. Students in China: Meeting the Goals of the 100000 Strong Initiative. ［EB/OL］. (2013-1-10)［2022-05-25］. https：//www.iie.org/Research-and-Insights/Publications/US-Students-in-China.

"十万强"中国计划由奥巴马政府发起，仅有 4 年期限。随着"十万强"中国计划的结束，美国学生来华留学的热潮逐渐消退，2015 年以来，美国学生来华留学的人数一直处于下降态势。[①]

从项目设计的角度来看，美国学生可以通过富布赖特项目了解中国"先进"的一面，通过和平队中国项目能够了解中国"欠发达"一面，而通过"十万强"中国计划，则可以更全面地了解中国。遗憾的是，上述三大旗舰项目被全面暂停。

（二）美方现存资助项目

虽然美方政府叫停了三大旗舰项目，但还有一些项目得以保留，分别是国家安全教育项目、本杰明·吉尔曼国际奖学金项目和关键语言奖学金项目。

1. 国家安全教育项目

国家安全教育项目（National Security Education Program，NSEP）于 1991 年启动，是美国国防部（Department of Defense，DoD）国防语言和国家安全教育办公室（Defense Language and National Security Education Office，DLNSEO）的一个重要项目。NSEP 旨在培养一批"准备好服务于 21 世纪国家安全需求"的人才，或构建一个"更广泛优质的具有外语技能和国际知识的美国公民库"。[②] NSEP 将一些国家列为重点区域，中国是其中之一。[③]在 NSEP 发起的九项计划中，博伦奖学金（The David L. Boren Scholarship and Fellowship）、中文旗舰项目（The Language Flagship）、GO 项目（Project Global Officer）和语言培训中心（The Language Training Centers）为在中国

---

① ACCESS EDUCATION LLC. Number of American Students to China Decreasing［EB/OL］.［2022-05-25］. https：//accesseducationllc. com/american-students-to-china/.

② NATIONAL SECURITY EDUCATION PROGRAM. About NSEP.［EB/OL］［2022-05-25］. https：//nsep. gov/content/about-nsephttps：//nsep. gov/content/about-nsep.

③ NATIONAL SECURITY EDUCATION PROGRAM. 2018 Annual Report. 2018：7［R/OL］. https：//nsep. gov/sites/default/files/NSEP%202018%20Annual%20Report%20%28web%29_0. pdf.

学习的美国学生提供了资助机会（见表3）。这些项目的共同之处在于：第一，均由IIE（共同）管理；第二，均侧重人文学科，特别是语言和文化研究；第三，中国是该项目中最受学生欢迎的留学目的地之一，例如，2018年前往中国的博伦学者和研究员总数为46人，人数是最多的，[①] 在GO项目中中国也是最受欢迎的海外留学目的地。[②]

表3 NSEP为美国学生赴华留学提供的资助项目

项目名称	管理机构	概况
博伦学者奖学金	IIE	资助博伦学者和研究员（学者和研究员均可获最高25000美元资助）研究对美国国家安全最为关键的语言和文化。作为回馈，受资助者学成后需要在政府机构就职至少一年[①]
博伦研究奖学金	IIE	
中文旗舰项目	NSEP&IIE	该项目旨在帮助个人达到关键语言（包括中文）的卓越水平；主要资助语言教学方面领先的美国大学[②]
GO项目	DLNSEO&IIE	该项目旨在提高未来军官的语言技能、区域知识和跨文化交流能力。22个GO项目机构目前在国内或国外提供14种关键语言的全额资助课程[③]
语言培训中心	DLNSEO&IIE	该项目是国防部和高等教育机构的联合项目，旨在为国防部培养关键语言、文化和战略区域方面的专业人才[④]

资料来源：NSEP. Nine Critical Initiative, One Goal ［EB/OL］. ［2022-05-25］. https://nsep. gov/content/initiatives。

---

① NATIONAL SECURITY EDUCATION PROGRAM. 2018 Annual Report. 2018：72 ［R/OL］. https：//nsep. gov/sites/default/files/NSEP%202018%20Annual%20Report%20%28web%29_0. pdf.

② NATIONAL SECURITY EDUCATION PROGRAM. 2018 Annual Report. 2018：45 ［R/OL］. https：//nsep. gov/sites/default/files/NSEP%202018%20Annual%20Report%20%28web%29_0. pdf.

③ NATIONAL SECURITY EDUCATION PROGRAM. David L. Boren Fellowships ［EB/OL］. ［2022-05-25］. https：//nsep. gov/content/david-l-boren-fellowships.

④ NATIONAL SECURITY EDUCATION PROGRAM. The Language Flagship ［EB/OL］. ［2022-05-25］. https：//nsep. gov/content/language-flagship.

⑤ NATIONAL SECURITY EDUCATION PROGRAM. Project Global Officer ［EB/OL］. ［2022-05-25］. https：//nsep. gov/content/project-go.

⑥ NATIONAL SECURITY EDUCATION PROGRAM. Language Training Centers ［EB/OL］. ［2022-05-25］. https：//nsep. gov/content/language-training-centers.

2. 本杰明·吉尔曼国际奖学金项目

本杰明·吉尔曼国际奖学金项目（Benjamin A. Gilman International Scholarship Program）于 2001 年启动，已经资助了来自 1350 个美国教育机构的 3.4 万名学生到 155 个国家学习。[①]该项目使美国学生能够熟练掌握不同的语言和文化，这些技能对他们个人的学术和职业发展乃至美国国家安全和经济繁荣至关重要。

本杰明奖学金项目由美国国务院教育文化局赞助，但 IIE 从一开始就负责管理该项目。该项目与美国各地大学和学院合作，鼓励和支持来自公立、私立、两年制和四年制院校的申请人。

该项目的一个显著特点是支持经济能力有限的学生在国外学习或实习。获得本杰明奖学金的前提是申请人必须在申请时领取联邦佩尔助学金（Federal Pell Grant），或提供他们将在留学或实习期间领取佩尔助学金的证明。[②]该奖学金也支持退伍军人申请，并且在其他条件相当的情况下，退伍军人将得到优先考虑。

在该项目支持的学生中，赴中国留学的学生是继赴日本留学生之后的第二大群体。该项目支持了 2514 名赴中国留学的美国学生和 2736 名赴日本的留学生（见图 3）。值得注意的是，在 2015 年之前的大多数时间，获奖者中赴中国留学的学生都多于赴日本留学的学生，而这一趋势在 2015 年被扭转。目前，该项目支持的赴日本留学的美国学生明显多于中国。

3. 关键语言奖学金项目

关键语言奖学金（Critical Language Scholarship，CLS）项目旨在支持美国高校本科生、硕士生和博士生申请 15 种关键语言相关强化培训，并在海外接受系统性文化熏陶。CLS 由美国国务院教育文化局（ECA）赞助，由美国政府提供资金，但由美国国际教育理事会（American Councils for Internati-

---

① BENJAMIN A. Gilman International Scholarship. [EB/OL]. [2022-05-25]. https://www.gilmanscholarship.org/.

② 联邦佩尔助学金（Federal Pell Grant）是美国联邦政府为需要支付大学学费的学生提供的一项补贴。

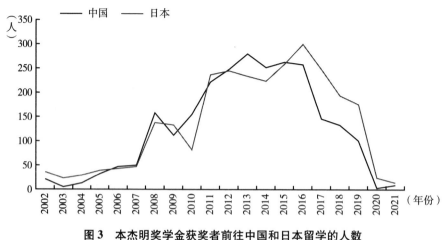

图3　本杰明奖学金获奖者前往中国和日本留学的人数

资料来源：BENJAMIN A. Gilman Scholarship Program：Scholar Directory［DB/OL］.［2022-05-25］. https：//gilmanapplication. iie. org/ScholarDirectory. aspx。

onal Education）管理和运营。该理事会是一个非营利组织，成立于1974年，面向语言和地区专家，并拥有9.4万余名校友，包括国家领导人、部长、议员、大使和首席执行官。①

在15种关键语言中，中文和日文是唯一要求申请人至少有两年学习经历的语言。2007~2021年，通常每年有2~5所来自中国大陆、香港和台湾的高等教育机构成为项目地点。②

根据以上分析，现存项目主要存在两方面不足。一是除了本杰明奖学金之外，另外两个项目规模较小，与"十万强"中国计划不可同日而语；二是这些项目多集中在语言文化领域，范围过于狭窄。

（三）中方资助项目

美国学生来华不仅受到美国政府支持，也受到来自中国政府的支持。

---

①　CRITICAL LANGUAGE SCHOLARSHIP. About Critical Language Scholarship［EB/OL］.［2022-05-25］. https：//clscholarship. org/about.

②　CRITICAL LANGUAGE SCHOLARSHIP. The Chinese Language［EB/OL］.［2022-05-25］. https：//clscholarship. org/languages/chinese.

虽然最近几年中美之间存在摩擦，但中国政府对于包括美国学生在内的来华留学生的资助政策并没有发生变化。受新冠肺炎疫情影响，近两年来华留学生数量大幅下降，但中国政府向来华留学生释放了积极开放的信号。国家主席习近平在 2020 年 5 月①和 2021 年 6 月②两封给来华留学生的回信中提到中国欢迎各国优秀青年来华深造，且中国将继续为所有在华外国留学生提供各种帮助。在 2021 年 9 月习近平主席与拜登总统的通话中，"合作"一词出现了 6 次，③ 这意味着中国政府对于美国学生来华将持欢迎态度。美国学生可以申请中国政府奖学金、地方政府奖学金、国际中文教师奖学金（The International Chinese Language Teachers Scholarship）三种面向所有国家国际学生的政府奖学金，也可以申请专门面向美国学生的中美人文交流专项奖学金（Sino-American Cultural Exchange Scholarship）。

1. 中国政府奖学金

中国政府奖学金源于 20 世纪 50 年代，是我国最早为来华留学生设立的奖学金，面向所有本科生、研究生、普通学者和高级学者。目前，中国国家留学基金委负责该奖学金的具体管理工作。中国政府奖学金覆盖全国 289 所高校，涵盖多个学科领域。④ 奖学金分为全额资助与部分资助两类。美国学生可以申请以下四类项目。

---

① 新华社：《习近平给北京科技大学全体巴基斯坦留学生的回信》，2020 年 5 月 18 日，http://www.gov.cn/xinwen/2020-05/18/content_5512603.htm，最后检索时间：2021 年 6 月 28 日。

② 新华社：《习近平给"国际青年领袖对话"项目外籍青年代表回信》，2021 年 8 月 11 日，http://www.gov.cn/xinwen/2021-08/11/content_5630680.htm，最后检索时间：2021 年 6 月 28 日。

③ 中国外交部：《习近平同美国总统拜登通电话》，2021 年 9 月 10 日，https://www.fmprc.gov.cn/mfa_eng/wjb_663304/zzjg_663340/bmdyzs_664814/xwlb_664816/202109/t20210910_10409675.html，最后检索时间：2021 年 6 月 28 日。

④ 刘鑫鑫、钱婷：《来华留学生奖学金制度设计的困境与突破》，《国家教育行政学院学报》2021 年第 4 期，第 75~80 页。

表 4 面向美国学生的中国政府奖学金项目

项目名称	管理机构	概况
国别项目	所在国有关派遣部门	该项目根据中国与有关国家政府和机构等签订的合作与交流协议或达成的共识提供奖学金,可招收本科生、硕士研究生、博士研究生、普通进修生和高级进修生
中国院校自主招生项目	承担此项目的中国院校	该项目向中国院校提供奖学金,用于资助院校直接遴选和推荐的优秀学生来华学习,招生类别根据具体项目通知要求
专项奖学金项目-世界气象组织项目	世界气象组织	该项目资助有志于气象学科方面研究的世界各国学生(包括本科生、硕士研究生和博士研究生)、学者
学分生项目	中国院校及其国外合作院校	该项目根据中国院校与国外院校交流合作协议提供奖学金,可招收普通进修生和高级进修生,学习期限不超过 12 个月

资料来源:中国国家留学基金委员会《中国政府奖学金招生简章(2021)》,2021 年 12 月 3日,https://www.campuschina.org/zh/content/details1003_122933.html。

2010~2018 年,美国学生获奖比例总体上稳步上升,从 2010 年的 2.63%上升至 2018 年的 6.90%,2017 年的比例最高,为 8.38%。尽管如此,美国学生获奖比例仍低于国际学生的总体获奖比例(见图 4)。

图 4 美国学生和国际学生获中国政府奖学金的比例

资料来源:依据中华人民共和国教育部国际合作与交流司《来华留学生简明统计》(2015~2018)整理。

2. 地方政府奖学金

地方政府奖学金是各个地方政府为吸引留学生到当地高等院校学习而设立的奖学金。目前，北京、上海、浙江、湖北、辽宁等多个省和直辖市设立了地方政府奖学金。还有一些地级市也设立了奖学金，比如南京市政府奖学金。有的地方政府还设立了专题奖学金，例如济南市政府设立了"济南市友好城市奖学金"以鼓励济南友好城市的留学生来济学习，而济南的友好城市之一就是美国加州的萨克拉门托市。地方政府奖学金的竞争也非常激烈，以比较富裕的省份浙江省为例，每年有300名来华留学生能够获得省政府来华留学奖学金（其中全额奖学金名额仅为40人），[①] 而2018年浙江省来华留学生人数为38190人，[②] 也就是说获奖比例仅约0.79%，远低于中国政府奖学金的平均获奖比例（见图4）。

3. 国际中文教师奖学金

国际中文教师奖学金前身为孔子学院奖学金，旨在满足国际社会对日益增长的中文教育类人才的需求，促进世界各国中文教育的发展，助力国际中文教育人才的成长。[③] 该项目由隶属于教育部的中外语言交流合作中心（前"国家汉办"）支持。美国学生可以通过"推荐机构"申请该奖学金，这些机构包括孔子学院、独立设置的孔子课堂、部分中文考试考点、外国相关教育机构、高校中文师范专业/中文院系、国外有关中文教学的行业组织、中国驻外使（领）馆等，这些机构负责推荐优秀学生和在职中文教师到196所[④] 中国大学和学院（即接收院校）学习和进修中文国际教育及相关专业。[⑤]

[①] 浙江理工大学：《浙江省政府来华留学生奖学金管理办法》，http：//guoji. zstu. edu. cn/lxs1/jxj1/zjszflhlxsjxj. htm，最后检索时间：2022年5月5日。

[②] 教育部国际交流与合作司：《2018年来华留学生简明统计》，第164页。

[③] 中外语言交流合作中心：《国际中文教师奖学金申请办法（2022年）》，2022年1月24日，https：//cis. chinese. cn/Account/Proceduresfor? lang=zh-cn，最后检索时间：2021年6月28日。

[④] 中外语言交流合作中心：《国际中文教师奖学金接收院校（2021年）》，2021年12月12日，https：//cis. chinese. cn/Account/AcceptShool，最后检索时间：2021年6月28日。

[⑤] 中外语言交流合作中心：《国际中文教师奖学金申请办法（2022年）》，2022年1月24日，https：//cis. chinese. cn/Account/Proceduresfor? lang=zh-cn，最后检索时间：2021年6月28日。

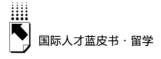

4. 中美人文交流专项奖学金

中美人文交流专项奖学金由教育部于 2011 年设立，是对奥巴马政府"十万强"中国计划的回应。虽然"十万强"中国计划已暂停，但中美人文交流专项奖学金项目仍在延续。该项目的资助对象包括学历生和学分生。学历生奖学金是为中国政府奖学金招生院校招收录取的美国籍全日制研究生（包括硕士和博士）提供的全额奖学金；学分生奖学金是为在中国政府奖学金院校学习 3 个月及以上、美方承认其在华所获学分的美国学生提供的，主要用于鼓励中国政府奖学金院校和美国院校新建学分互认校际交流项目，或扩大现有项目的交流规模。

总体而言，中国政府在支持美国学生来华留学方面具有一定的稳定性，但支持度有待提高。中方目前的项目以支持美国学生来华攻读学位或开展交流为主，尚未涉及实习、志愿者等项目。除了国家留学基金管理委员会的项目之外，其他类型奖学金项目网站建设较为滞后。此外，除了提供申请信息，中国相关项目缺少对于获奖者群体的长久支持和联络，导致一些项目知名度不高，影响力较弱，有待进一步提升。

三　结语

在过去的 20 年里，中美关系的变化极大地影响了双边学生的流动。尽管与 21 世纪初相比，在中国学习的美国学生人数明显增加，但由于中美之间摩擦不断，其人数波动不定，且日渐减少。国际学生交流是中美"人心相通"的重要途径，因此双方政府有必要尽快扭转这一下降趋势。

出国留学通常意味着更昂贵的生活和教育费用，对于很多学生来说，政府资助并非锦上添花，而是他们是否能在外国接受教育的必要条件。本报告回顾了美国和中国政府提供的来华留学资助项目，包括已暂停的项目和仍在运行的项目。美方的三大旗舰项目——富布赖特中国项目、和平队中国项目和"十万强"中国计划——各具特色，它们从不同角度为美国学生提供认识中国的渠道。不幸的是，这些项目已经暂停，而现有项目相对单一，难以达到三大旗舰项目的效果。中国政府资助项目虽然比较稳定，但受资助美国学生的比例较低，项目运作以及宣传方式有待改进。

值得注意的是，"十万强"中国计划虽然暂停，但它激起了巨大的民间热情并吸引了众多社会资源，拉开了民间力量参与国际助学的大幕。事实上，美国三大来华留学政府资助项目暂停后，美国民间对来华留学的赞助并没有结束。例如，IIE 最近发起了中美学者项目（China-U. S. Scholars Program，CUSP），这是一个为中美两国艺术、人文和社会科学领域的学者和学生提供的交流项目，两国相关领域学者和学生将在该项目资助下，前往中国大陆、中国香港特别行政区或美国进行海外教学、学习或研究。

最后，基于上文分析，本报告认为中美两国政府应该意识到鼓励美国学生到中国留学的重要性，改进已有项目，加强对美国学生来华留学的支持。同时，中美大学、企业、非政府组织等民间力量可加强合作，开发多样化的国际助学项目，以减少地缘政治局势对美国学生来华留学的影响，维持两国人文交流的稳定性。

B.14
清华大学苏世民书院国际化办学经验

潘庆中　陈潇函*

摘　要： 清华大学苏世民学者项目秉承"立足中国、面向世界"的原则，是为未来世界的领导者持续提升全球领导力而精心设计的硕士项目。作为清华大学新百年发展的重要举措，项目自创建伊始即得到全球各界的关注和支持。文章基于苏世民书院办学过程中的发现，总结了中国高等教育国际化的最新办学经验和思考，以及培养国际化人才的独特经验。

关键词： 中国高等教育国际化　苏世民书院　国际化办学　教育创新

一　办学理念：以我为主，博采众长，
融合提炼，自成一家

清华大学苏世民学者项目是清华大学为持续提升未来世界领导者的全球领导力而设计的硕士项目，该项目以"立足中国，面向世界"为办学宗旨，从全球范围选聘最好的师资，通过将知识、能力、思维与品格相交融的课程设置与训练作为整个项目的主体，并着力提供优质的课程与学习资源、多种类的实践活动、多主题的学术交流和文化体验类活动、与各行各业的精英的研讨和交流等，帮助学生以全球化的大背景为视角来观察中国，并以此探索世界发展所必然面临的共同问题。同时，项目将为学生提供全面了解和探索

---

* 潘庆中，清华大学苏世民书院常务副院长、教授，中国公共关系协会副会长；陈潇函，清华大学苏世民书院原对外事务副主任。

中国与世界的机会和终身学习的网络以及遍布全球的校友平台。该项目是全额奖学金项目，面向全球招生。全球各大区录取比例为：20%来自中国（大陆、香港、澳门和台湾），40%来自美国，40%来自世界其他国家或地区。

2013年4月21日，清华大学正式启动"清华大学苏世民学者项目"。中国国家主席习近平和美国时任总统奥巴马分别发来贺信，国务院时任副总理刘延东亲自出席启动仪式并发表致辞。

2015年10月，清华大学苏世民书院在清华大学苏世民学者项目的基础上成立，书院按照学校实体机构运行。

近年来，许多高校的国际化程度都在逐渐加深。中国高等教育国际化发展新的方向：不再盲从，而是主动开展以"我"为主的国际化；摒弃欧美中心，开启涵盖全球多极政治和多元文化的真正国际化；在学术流动之外，大力开展"在地国际化"。在国际化内容方面，突出人文社会科学领域，聚焦中国研究；由先前引进国外优质教育资源为主，转变为提供优质国际教育；在国际化目标方面，由提升高等教育实力，转变为培养全球公民、增进国际理解、发展领导力。苏世民书院的实践体现了中国高等教育界关于中国高等教育国际化发展的最新探索与思考。从"欧美中心主义"到关注全球多极政治与多元文化，反映了中国高等教育界对国际化的认识的转变：从边缘参与到"以我为主"。中国高等教育界参与国际化的主动性得到进一步的发挥，主体意识已经确立；从学习熟悉国际规则到"培养全球领导力"，中国高等教育界积极主动参与全球教育国际化规则的制定，成为全球教育国际化实践中的重要主体之一；从借鉴学习国外经验到创新国际教育形式、贡献中国独特经验，凸显了中国高等教育界在国际化发展方面的自信心和国际责任感。

二　项目沿革：求实创新，追求卓越

根据国家不同时期的人才总体战略，清华大学结合自身的历史传统和办学特点，百余年来的人才培养也经历了从"厚基础"到"重实践"再到

"求创新"的发展阶段。① 根据中国发展过程当中不同时期的整体人才战略，清华大学结合自身历史传统和办学特点，近年来也在一如既往地重视夯实学生学业基础的前提下开始重视教学的创新。教育部、清华大学始终把人才作为"第一资源"，致力于为未来世界培养具有全球领导力的领导者。旨在培养大批熟悉国际规则、适应国内外市场需求、具有创新精神和实践能力的各类复合型人才，为区域经济社会发展提供人才支撑。早在多年以前，清华大学的几任校领导包括王大中、顾秉林、陈吉宁等校长，以及贺美英、陈希、胡和平几位校党委书记，都在思考和讨论这个问题：过去 100 年清华为中国培养了各行各业的人才，今后 100 年清华的任务是什么？讨论的结论之一就是培养具有国际视野、国际战略观的人才，即为全人类培养人才。顺应这一定位，苏世民学者项目孕育而生。

国际化办学重点在于运用领先的教育理念和管理模式，推动我国高校学科建设以及现代大学的制度建设，促进我国高等教育的体制机制革新。因此，国际化办学应根据学校的办学传统和国际发展需要，对项目定位做出理性选择，从而使国际化办学在大体上具备清晰的层次，并在不同层次上发挥各自的重要作用。

在时任校长陈吉宁、时任党委书记胡和平等校领导的带领下，在清华大学各部门、各院系从上到下的通力合作下，美国黑石集团主席苏世民先生（Stephen Schwarzman）个人捐款 1 亿美元，用于清华大学苏世民书院的建设工作，并与清华大学共同发起筹款活动设立永久基金支持书院长期发展，对书院发展给予了极大的支持。苏世民书院从无到有，从机构设立和运行，到课程设置、师资聘任、招生等，历经 5 年多的精心筹备，于 2016 年 8 月迎来首届来自全球 31 个国家的 110 名学生。

首届开学典礼再次得到了社会各界的大力支持和广泛关注，中国国家主席习近平和美国总统奥巴马再次分别发来贺信，对书院迎来首届学生表达了

---

① 尹佳、杨帆：《清华大学本科人才选拔目标与选拔方式的探索研究——以"新百年计划"为例》，《中国高教研究》2015 年第 2 期，第 59~63 页。

各自的祝贺与期待。诸多知名大学校长和各个国家驻华大使出席了开学典礼。

习近平在贺信中指出，当今时代，世界各国人民的命运更加紧密地联系在一起，各国青年应该通过教育树立世界眼光、增强合作意识，共同开创人类社会美好未来。中美双方应该挖掘潜力、提高水平，使教育领域合作成为中美人文交流的先行者。习近平希望，苏世民书院秉持宗旨、锐意创新，努力成为培养世界优秀人才的国际平台，为各国青年提供学习机会，使各国青年更好地相互了解、开阔眼界、交流互鉴，携手为增进世界各国人民福祉做出积极努力。[1]

苏世民学者项目是清华大学"新百年"的重要建设项目，希望建立一个平台深入探索培养领军人才的新模式，让来自世界各地的最优秀学生学习、交流、沟通、成长。清华大学的多任校领导都亲自参与项目的设计与运行，希望对清华、对中国、对未来世界的发展做出更大贡献。

三　国际化培养体系：打造世界级学术环境

1998 年，在"世界高等教育大会"上发布了《21 世纪的高等教育：展望和行动》这一世界宣言，意味着国际教育的发展进入"国际化"新时代。在这个大背景下，全球高校越来越关注学生在海外的学习科研经历，希望借助国际化培养模式塑造具有国际意识、熟悉国际规则、具备跨文化交流能力、适应国际大环境、在国际合作中发挥领导作用的全球领袖。

高等教育的国际化要求高校的运营与发展和整体世界上的高等教育发展趋势相适应、相融合，这呼吁高等教育拥抱世界、拥抱未来，利用多模式的高等教育层面上的国际交流与合作，了解、参考、学习世界各国高等教育的办学理念和模式、价值观念及行为规律，以此培养更多的国际化人才，积极

---

[1]　习近平：《习近平致首届清华大学苏世民书院开学典礼的贺信》，《人民日报》2016 年 9 月 11 日。

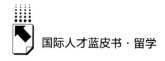

影响我国高等教育的现代化进程，推动全人类的相互理解和尊重，促进全世界的和平与繁荣。

自 2013 年启动之日起，项目学术顾问委员会定期举办会议，与清华大学各院系的教授们一起反复探讨项目的培养体系、教师聘任、招生推广、课程设计、学生生活等问题。书院的授课教师由来自清华大学有影响力的教授和来自世界各地的学术大师、兴业英才、治国栋梁担任。来自中国商界、学术界和政府机构的领军人物作为学生的导师，帮助他们实现个人目标、加速成才。

（一）课程设置

书院学生要进行高质量、高密度的硕士课程学习，主要包括针对苏世民书院项目培养目标设计的核心课程，以及公共政策、国际研究、经济管理三大方向的主修课程。这其中涉及四个课程模块，课程语言为英语。学生在完成各培养环节，审核合格后将被授予管理学硕士学位。

项目具有创造力地开发了涉及领导力的核心课程。核心课程由来自书院创始院长李稻葵、书院现任院长薛澜和来自清华大学各院系的教师与英美世界级名校的学术大师共同讨论设计决定。每一门核心课程都由中外知名教授共同开课，帮助学生从多方位学习和理解作为未来担任领袖所必需熟知的国际关系、经济管理、公共政策和中国文化等方面的关键问题和相应的研究方法。[①] 核心课程的主旨是培养学生的国际视野与多元思维。例如，前书院院长王有强和哈佛商学院助理教授高塔姆·穆昆达（Gautam Mukunda）共同讲授"中外领导力概论"。课程以哈佛商学院 30 多年的经典领导力课程为基础，加入大量的中国本土案例，通过案例研讨、师生互动等形式训练提升学生的管理能力和领导能力。为了帮助学生更好地了解中国文化，书院设有"中国文化、历史与政治"这门核心课程，清华大学人文学院教授汪晖和贝

---

① 韩亚菲：《中国高校国际化发展新动向——基于北京大学燕京学堂、清华大学苏世民书院案例的分析》，《教育学术月刊》2017 年第 5 期，第 14~19 页。

淡宁（Denial Bell）通过中西方对中国历史与哲学问题的不同认识，引导学生全面客观地理解中国的意识形态与价值观。

书院还基于学生专业背景、个人志趣和发展目标的差异，设置了经济管理、公共政策和国际研究三个领域的专业课程。每个领域都将开设三门以上的专业课程供学生选修，包括公共伦理、公共政策、世界文化、全球媒体与传播、战略管理、风险管理、创新与创业等。从上述课程的设置不难看出，苏世民书院将实用性摆在重要位置。在经济管理方向、国际研究方向和公共政策方向均邀请了该领域国内外最有发言权的教授结合实际案例授课，具有明显的从理论到现实的倾向。

在经济管理方向，"中国与世界重大经济议题分析"课程由书院创始院长李稻葵讲授，并请到了世界多位诺贝尔奖获得者和对经济领域非常熟悉的中国学者共同授课。国际研究方向的课程则是通过邀请国内外知名教授共同授课，复旦大学倪世雄、美利坚大学教授安明傅（Amitav Acharya）担任国际研修方向必修核心课程的主讲教授。公共政策方向的课程由清华大学公共管理学院教授王绍光老师担任主讲教师。各选修课的设计侧重面更广，书院与新闻学院、法学院等都有密切合作。比如清华大学社会科学学院前院长李强教授做了很多关于社会学的实验和理论研究，他与国际上几位著名的教师共同讲授这门课程。

此外，书院还专门为外国同学设置了不同等级的中文课程，为中国同学设置了英文课程。书院还安排系列同步学习活动（如各行业领导者的专题讲座、主题辩论、领导者成长之路研讨等）让学生有机会与各行业的杰出人士面对面交流，使学生通过与各界领导者的沟通交流，掌握最前沿的管理思想、理论和观点，提升其自身素养和领导力，优化自身的人生和事业规划。

（二）师资队伍建设

项目秉承"立足中国、面向世界"的原则，依托清华大学综合办学资源，积极探索国际人文交流和人才培养新模式，整合全球一流的教育资源，

在世界范围内选聘最优师资。按照清华的人事制度改革，苏世民书院实行双聘机制，打造动态流动的师资队伍，定期对教师进行考核。

在师资队伍建设方面，2021~2022学年度共聘请52位教授，有清华校内授课教师、校外兼职教师，更有很多来自海外名校的主讲教授，如诺贝尔经济学奖获得者迈克尔·斯宾塞（Michael Spence），哈佛大学教授"软实力"概念提出者约瑟夫·奈（Joseph Nye），哈佛大学前校长、美国前财长劳伦斯·萨默斯（Lawrence Summers），斯坦福大学教授尼尔·弗格森（Niall Ferguson），加州大学圣地亚哥分校全球冲突与合作研究所所长谢淑丽（Susan Shirk），哈佛大学讲席教授柯伟林（Bill Kirby）等10多位全球顶尖学者已参与教学工作。

（三）互动体验式教学

苏世民书院的设计完全是开放式的，设有很多的讨论室、会议室。书院的楼体由耶鲁大学建筑学院院长亲自主持设计，从施工到监管到整个管理流程都按照国际化标准进行。在苏世民书院，中国学生和国外学生住在一起，每4个学生就有一个讨论室，为中外学生随时随地共同交流提供了便利条件。此外，很多访问学者和教授也住在书院里，书院的生活空间也是课堂教学的延伸，有利于随时随地展开各类讨论，促进师生的交流互动。

书院每学期举办超过30余场研讨会、讲座等学术交流活动。这些活动作为书院交互式教学体系的重要一环，延伸了课堂学习和讨论，为苏世民学者们提供了一个与全球政治、商业、学术、科技、艺术等各界领导者们面对面交流的机会，帮助他们拓展视野。讲座嘉宾包括美国前总统小布什（George Walker Bush）、塞尔维亚前总统鲍里斯·塔迪奇（H. E. Boris Tadic）、保加利亚前总统罗森·普列夫内利耶夫（HE. Rosen Plevneliev）、诺贝尔经济学奖得主《非理性繁华》作者罗伯特·希勒等国际知名政客和学者，也包括故宫博物院前院长单霁翔、中国证监会副主席方星海、NBA联赛商业运营总裁拜伦·斯布鲁艾尔等众多海内外知名企业领袖。大部分讲座同时对清华大学的学生开放，增进了学者与清华大学学生之间的交流和理解。

此外，书院还成立了教育、历史、哲学、创新、传媒等专题学术俱乐部，采用教师组织、学者自主学习的形式，不定期开展专题研讨，进一步拓展学者们的视野。

四 体验中国、接轨社会，提升青年领导力

除了基本的课程设计，书院还为学生在课堂外配备了多项环节，帮助他们在书院的学习期间充分实践、将所学知识转化为社会生产力。

（一）导师制度——业界导师，领航人生

书院特别设立业界导师制，更好地对书院学者进行有针对性的导引。每位业界导师指导 1~3 名学生，导师和学生将共同开展小型调研、参加职场社交类活动、组织单位参访等。他们会关注学生们的成长与发展，匹配更多业界资源，鼓励其成为未来行业内的真正领导者。

导师项目邀请来自大学以外的各界领袖，为学者们提供指导，帮助学生进行职业规划，加深他们对中国的理解。导师来自不同领域，包括政府官员、外企高管、当地商业领袖、非政府组织领导人、国际组织的官员、企业家、艺术家、学者等。比如北京冬奥组委新闻宣传部部长常宇、北极光创投的创始人邓锋等都是学生的导师。

随着书院的逐渐发展，书院邀请了更多业界导师参与学生的指导工作。2021~2022 学年度已经有超过 100 名来自各行业的领军人物成为苏世民书院业界导师。书院 2022 年业界导师中，87%的导师有商业背景，40%有在非营利性质行业和国际组织的相关工作经验，25%有公共部门工作背景。导师背景横跨金融、科技、教育、创业、医疗、政府、NGO 和国际组织等多个行业。

（二）中国社会实践——走出课堂，亲历中国

社会实践是青年学生练就过硬本领的"大熔炉"。习近平总书记多次强

调，青年要成长为国家栋梁之材，要读万卷书、行万里路，既多读有字之书，也多读无字之书；要重视和加强第二课堂建设，重视实践育人，坚持"教育同生产劳动和社会实践相结合"的方针，广泛组织各类社会实践，学生在亲身参与中认识国情、了解社会，受教育、长才干。

为了面向世界宣讲中国发展道路，增进国际杰出青年与我国人民的相互理解，苏世民书院特别设计了"中国社会调查"课程（英文名 Deep Dive）。该课程教学方式是在国内选择有代表性的城市或地区，组织学生从经济商业、社会发展、科学技术、文化历史和环境保护等五个方面对该地的一些政府部门、事业单位、企业、学校和农村等进行为期一周的调研。学生在责任教授指导下，事先要对所赴地区的基本情况有所了解，与当地需求结合确定研究主题和行动计划。事后要整理和分析调研过程中获得的一手和二手资料，写出具有实践意义的调研报告。设计该课程的目的在于帮助学生从政府运作、经济管理和社会发展等多方面深入了解中国国情，充分体现"立足中国"的办学宗旨。

2016 年 11 月 13～19 日来自 31 个国家的 108 名书院学生组成经济、农村、教育、社会发展等 7 个支队，深入宝鸡、西安、苏州三地进行"中国社会调查"课程的调研实践学习。2017 年 11 月 12～18 日苏世民书院开展第二次"中国社会调查"课程，在第一年的基础上增加了深圳、杭州、石家庄和雄安新区。这一次，来自 26 个国家和地区的 126 名学者深入 6 个城市 1 个新区，了解当地历史、现状和发展前景，参观当地建设成就的展览，参加当地的活动。随后，成都、厦门也逐渐增加到了书院的备选名单当中。

（三）实践学习项目——踏足社会，学以致用

在学习的中后期，书院还设置"实践学习项目"（简称 PTP），此项目以小组为单位，以便学生们能够实际参与到金融、咨询、科技、制造、法律、公益和体育文娱等各个领域，为中国和国际领先企业、政府组织、非营利组织等提供咨询式服务，解决与经济发展、科技、能源、环境、妇女、儿童和教育有关的问题。苏世民书院与主办机构合作，确定符合商业或机构需

求的项目，同时让学生获得在中国的第一手经验。书院通过实践学习项目，帮助学生切实解决社会发展问题，通过实践更好地了解当今社会，将所学与实践结合起来。

（四）职业发展——构筑平台，铺平就业道路

职业发展涵盖学生毕业后广泛的发展目标——在各行业和各地区寻求工作，到申请研究生及发展专业技能，以进一步加强学生的长期职业生涯规划。书院配置了专门团队，注重学生毕业之后的发展。这也是苏世民学者项目只招收至多 100 多名学生的一方面原因，要保证招收到最优秀的学生，并且能为他们提供高质量的服务。书院职业发展团队以平均每周两场的频率，接待、举办大量国内外的公司参访和招聘会。

如果毕业生选择就业，书院会为他们提供良好的渠道和资源，比如国际组织、大型企业等；如果毕业生想要创业，清华大学也可以提供创业投资的资源，有些导师是来自创投公司的董事长或者其他高管，想创业的学生可以跟随他们学习；对于想投身政界的国外毕业生，书院的顾问委员会里有很多来自各国的前国家政要，可以提供相应的帮助；对于国内毕业生来说，清华在很多省市都有基地，可以为他们提供创业平台。

书院目前已经有 100 多位捐赠单位或个人，基本上都是企业，有的是个人代表企业，以企业为依托，国内的很多企业比如北极光，国外的企业像 BP 集团、波音等都给予了书院大量资金支持，这些机构都为学生提供实习的机会。去企业实习的学生今后有机会留在企业继续工作。有的企业已经开始提出定制要求，希望优先选择书院的学生。

书院通过个人辅导、工作坊等训练方式，并借助数据库等手段，为学生提供就业支持。首届苏世民学者已于 2017 年夏天毕业。书院首届毕业生的就业情况良好，学生来自不同的国家和地区，拥有不同的背景和经验，毕业后的走向呈多样化趋势。75% 的毕业生在毕业后进入了世界各地的公共部门、企事业单位和非营利性组织，比如贝恩咨询（Bain & Company）、脸书（Facebook）、高瓴资本（Hillhouse Group）、美中关系全国委员会（National

Committee on United States-China Relations）、哈佛大学贝尔福科学与国际事务研究中心（The Belfer Center）等。除此之外，19%的毕业生选择继续深造，攻读博士学位、法律学位或医学学位。深造院校包括剑桥大学、清华大学、哈佛医学院和哥伦比亚法学院等。约有3%的学生选择参军，另外3%的毕业生寻求多样的个人发展，比如成为职业作家或竞选职位。

五 招生工作:宣传清华、宣传中国教育事业

改革开放以来，我国高等教育在"三个面向"方针的指导下，大踏步地加快了国际化的进程。清华大学作为我国高等教育的排头兵，在建设世界一流大学的过程中，将国际化设定为学校发展的一条基本路径。在发展战略上，学校紧紧围绕"建设世界一流大学"的目标，全面增强教学和研究的国际竞争力；在战术上，坚持"开放式"办学，加强国际学术交流与合作，不断探索和完善国际化人才培养模式。①

清华大学苏世民书院面向全球选拔学业出众、具备领导潜质、眼界开阔、富有责任感与使命感青年人才，到清华大学进行研究生项目的深造，来培养具有国际视野、出众的综合素养和卓越的领导才能，并了解中国的社会与文化，立志推动人类文明进步与世界和平发展，为崛起中的中国与处于变局中的世界做出突出贡献。书院培养的学生80%来自海外，目的是要增加中国以及国外的"未来的领导人"对中国的了解。书院的设立是为了让世界上更多的国家了解中国、理解中国，能够进行更好的沟通和交流。

书院持续举办全球招生宣讲会，截至2022年，书院已拜访了全球超过300家高校和机构并举办招生宣讲，还将继续加强招生宣传力度，并重点推进周边国家和"一带一路"地区的推广。

---

① 袁本涛、潘一林:《高等教育国际化与世界一流大学建设：清华大学的案例》,《高等教育研究》2009年第9期，第30页。

　　每年，书院开放在线报名，申请人需要在线填写报名申请材料。书院每年在伦敦、曼谷、北京和纽约全球 4 个城市进行面试。面试团队主要由全球名校校长、国际前政要、世界 500 强企业高管等组成，有着严格的标准和流程，录取比例仅为 3.5%。书院希望由这些已经成为杰出人才的领导者来选出未来各行业的杰出人才。

六　不断改革创新，增强多文化融合

　　通过建立至今的 7 年教学实践，书院不断完善管理经验，主要体现在课程管理、师资管理和学生管理上。

　　在课程管理方面，书院不断调整课程方案，比如在考勤制度、毕业论文制度等方面做出了更加切实的调整。在课程管理中，书院突出交互式教学和体验式教学两个尝试。书院希望让学生们深入了解中国的现状，所以有不少的课堂会深入田野，或放到室外展开，这也无疑是苏世民书院的一大特色。

　　在师资管理方面，书院于 2022 年完成了增加引进国内校外兼职教师及长期国外访问学者的聘任工作。19 位访问教授已来访书院并承担至少一个课程模块的授课任务。通过这种形式，书院为中西方学术交流提供了一个良好的平台。

　　在学生管理方面，书院学生生活是书院的一大特色，学生管理模式借鉴国内和国外好的经验。对于国内的学生，借鉴了清华本身的学生体系，而对于国外学生的管理，书院一直在不断尝试创新。从北京的团队到项目的纽约办公室，书院拥有一个强大的团队在进行尝试和努力，希望给学生们宾至如归的感觉。

　　另外，为鼓励学生们更好地融入清华大学这个大家庭，书院内大力宣传大学活动，鼓励学生参与其中，学生们积极参与学生社团、研究生运动会、男生节、歌咏比赛等活动。学生们还积极参与了校园十大歌手竞赛、献血、周末支教等大学活动。

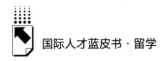

七 各界关怀，助力培养学生全球胜任力

苏世民书院的迅速发展，得益于校领导的关怀，清华大学上下一心的通力配合，苏世民学者项目创始理事苏世民先生的积极推动，以及海内外热心公益教育事业的机构与有识之士的支持。苏世民书院连续参加中美人文交流高层磋商以及一系列加强中美关系的对话交流活动，受到了国际高度认可和关注。《经济学家》杂志描述苏世民学者项目"是中国成为新引力中心的证明"。《金融时报》则称"这还是一项开创性的举措"，支持新一代领袖的成长。

书院全球顾问委员会委员包括英国前首相布莱尔，澳大利亚前总理陆克文，美国前国务卿基辛格和鲍威尔、赖斯等多位政要，以及世界银行前行长詹姆斯·沃尔芬森爵士，布鲁金斯学会主席约翰·桑顿等知名国际组织和智库的首脑。他们对书院的发展也给予了长期的关注和支持。

项目创始理事苏世民表示："我衷心感谢我们的捐赠方。有了他们的慷慨解囊，'苏世民学者'项目方得以实现。他们的赠款让我们得以打造世界级的项目，确保我们每年都能支持一批才华横溢的学者，并将此做成永续的事业。尽管我们还有路要走，但是没有来自世界各地慷慨的捐赠者，我们今天就无法迎来我们的首届学者。"

书院将弘扬清华"行胜于言"的校风，努力为中国高等教育走向世界、培养优秀国际人才做出贡献。未来，书院将培育更多来自世界各地的苏世民学者，他们将成为政治、商业、技术、社科等领域的杰出人才，他们理解并重视中国，将共同致力于推动建设一个更加繁荣和稳定的世界。

B.15
国际化、跨学科、实践性的
中国学人才培养

——以北京大学燕京学堂为例

左　婧　范美文　杜　涛　党　珂　杜岩松*

摘　要： 北京大学燕京学堂成立 8 年以来，围绕国际化、跨学科、实践性进行中国学人才培养，将多层次、跨文化的人文交流贯穿于培养的全过程。本文以北京大学燕京学堂为案例，介绍高等学校院系层面进行中国学人才培养的路径。国际化是燕京学堂的重要特点，学堂将国际化融入师资建设、课堂教学、管理机制等各个方面；通过跨专业设置课程、建立转专业机制等为跨学科人才培养创造条件，让学生能够从多学科角度研究中国问题；以中国大地为课堂，创新实践性教学模式，促使学生更深入地了解中华文明、中国文化和当代中国社会。燕京学堂还是一个各国青年人文交流的重要平台，学生通过各类活动建立了深厚的友谊，跨文化的交流促进了人与人之间的心灵相通、文明互鉴。

关键词： 中国学人才培养　人文交流　燕京学堂

---

* 左婧，博士，北京大学燕京学堂办公室副主任、院长助理；范美文，北京大学燕京学堂课程与奖学金办公室主任；杜涛，北京大学燕京学堂课程与奖学金办公室副主任；党珂，北京大学燕京学堂学生工作办公室主任；杜岩松，北京大学燕京学堂学生工作办公室，校友关系主管。北京大学燕京学堂副院长范士明教授对本文的写作提供了思路，提出了重要的指导性建议。

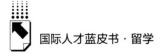

发展和变化的中国正在寻找和确认自己在世界中的定位，也引起了全世界的舆论关注和研究兴趣。作为中国历史最悠久的国立综合性大学，北京大学始终在思考中国最深层的价值和精神，始终关注中国最迫切的当代问题，始终致力于在学术上沟通中国与世界。北京大学燕京学堂成立于 2014 年，是一个以英文授课为主、研究中国问题的两年制硕士项目。燕京学堂依托北大深厚的人文、社科历史积淀，立足中国知识、围绕中国问题，探索性地培养"了解中国，贡献世界"的人才。8 年来，燕京学堂共培养 748 位来自世界 82 个国家和地区的优秀学子，逐渐形成具有自身特色的中国学人才培养路径。这一路径借鉴了现有国内外国际化高等教育项目的经验，更多的是依托北大的学术、教育资源，通过自身探索、不断总结形成的独有做法。本文将对燕京学堂国际化、跨学科和实践性的中国学人才培养路径进行介绍，提供一个新时代国际化高等教育项目、青年人文交流项目的案例，与各界一道共同促进中国的高层次国际化办学。

一　国际化的人才培养路径

燕京学堂作为北大国际化人才培养的重要平台，推动北大教育更高水平、更高质量地对外开放，促进北大全球卓越人才培养内涵的发展。燕京学堂每年招收约 100 名来自全球各地的优秀学生，其中 38% 来自亚洲，27% 来自北美，25% 来自欧洲，5% 来自非洲，3% 来自南美，2% 来自大洋洲。学生构成的国际化决定了燕京学堂必须在师资建设、教学科研、交流交换、管理机制等各个方面推进项目的国际化建设，满足学生多样性的学习和生活需求，提升学生在北大的学习体验。

（一）学生构成国际化

燕京学堂的七届学生共来自全球 82 个不同的国家和地区，毕业于世界范围内 318 所高校，其中国际学生占 77%，中国学生占 23%。学堂在招生过程中非常注重学生来源国的广泛性，与 30 个国家的 113 所高校建立了合作伙伴关系，通过申请-审核制招收全世界范围内优秀的、适合学堂中国学项目的国际学生前来学习（见表1）。燕京学堂为申请成功者提供全额奖学金，吸引了一大批来自哈佛大学、剑桥大学、牛津大学、芝加哥大学等世界名校的学生，他们与经过研究生推荐免试进入学堂的中国学生一起，共同探索和研究中国议题。燕京学堂学生群体表现出以下的特点。第一，他们都是现代知识体系培养出来的学生。在全世界共享的知识体系中，很多学生具备多学科交叉学习和自主科研的出众能力。第二，他们都具有国际化视野。多数学生具有国际活动经验，在全球各地学习和生活过，思考和讨论问题时具有较好的全球视野。第三，他们普遍关注全球性的公共议题，例如环境保护、公共政策、性别平等、健康和教育等。第四，语言能力强，英语熟练。很多学生都熟练地掌握2~3门语言，有的甚至会讲10多个国家的语言。第五，对中国和中国文化有浓厚的兴趣。①

表1　燕京学堂录取人数较多的国外高校情况

单位：人

高校名称	人数	高校名称	人数
哈佛大学	26	开普敦大学	13
剑桥大学	24	莱顿大学	12
牛津大学	23	鲁汶大学	11
芝加哥大学	18	哥伦比亚大学	10
伦敦政治经济学院	17	伦敦大学亚非学院	10
普林斯顿大学	15	巴黎政治学院	9
斯坦福大学	14	达特茅斯学院	9
耶鲁大学	14	伦敦大学学院	8

资料来源：作者根据燕京学堂内部资料整理。

（二）师资力量国际化

燕京学堂140位授课老师和导师来自北大24个院系、全球一流高校和

---

① 徐蓓：《走进中国，读懂中国——专访北京大学燕京学堂院长袁明》，《解放日报》2021年7月9日，第13版。

学术机构，国际化的师资队伍促进了教学相长，带动了教学的纵深发展。学堂的师资包括来自中国、美国、英国、韩国、加拿大等国家和地区的学者，他们很多都毕业于诸如哈佛大学、斯坦福大学、普林斯顿大学、哥伦比亚大学等世界一流学府，并在全球范围内担任社会与学术职务，如美国国家科学院院士谢宇、世界经济论坛全球新增长模型议程委员会副主席傅军等。

学堂必修课"中国专题系列讲座"每年邀请海内外知名学者深入探讨以"中国"为核心的见解和观点，从中国的历史、文化、经济、国际关系和社会发展等相关议题出发，在全球视野下进行国际化交流与前沿学术探讨。2015~2022年共邀请海内外知名学者90余人，其中包括曾获得2021年度中国政府友谊奖的美国夏威夷大学教授、北京大学人文讲席教授安乐哲（Roger T. Ames），曾获第六届世界中国学贡献奖的美国加州大学圣迭戈分校教授周锡瑞（Joseph W. E sherick），牛津大学社会人类学教授项飙等。

（三）课堂教学国际化

学堂大部分课程为英文授课，同时与北大国际关系学院、政府管理学院、光华管理学院、法学院、环境科学与工程学院、教育学院等建立合作关系，实现院系间英文项目课程共享。学堂以问题为导向设计课程，课程内容围绕国际前沿问题，授课模式采用启发性和引导式为主的国际化教学方法，既鼓励学生主动思考和分享，也在更大范围内满足多元学术背景的学生需求。学堂选修课课程容量为10~15人，课前，授课老师会提供完整的课程大纲，以及丰富的阅读材料，课堂上引导学生充分讨论和互动展示，课后设置Office Hour，通过各种方式激发学生的学习兴趣，逐步培养学生批判性的思考能力和学术习惯。

燕京学堂的国际化课堂是希望能够培养拥有全球视野和国际交往能力的人才，并希望能够把国际化融入教学理念、教学内容、教学方法等各个环节，通过基于学生兴趣的引导式课堂，全面培育学生的科学人文素养、实践创新精神，以及跨学科的学习能力。以选修课"中国社会"为例，这门课由普林斯顿大学社会学系教授谢宇和北京大学社会研究中心助理教授於嘉联合授课，是最受学堂学生欢迎的课程之一。在这门课程中，授课老师引导不同国家的学生深入探讨全球关注的重要议题，包括人口、教育、健康、社会公平等，采用前沿的社会学研究方法分析中国社会不同面向的内在联系和相互依存的关系。讨论阅读文献时，一名来自美国的学生提到中国教育中重点高中的重要性使她联想到美国教育体制中的"特许学校（charter schools）""磁校（magnet schools）"，她对比了中美选拔政策，指出基于教育公平适当采用配额政策来增加弱势群体学生入学机会的优越性；而一名在欧洲成长的亚裔学生则更关注高等教育和社会分层的关系，他对比了包括中国在内的亚洲国家与欧洲国家政府机关等选择人才机制的不同，指出相比欧洲国家，亚洲国家政府机关更倾向于选拔精英高校学生，不同的机制背后有深层的历史及文化渊源。不同国家的学生在课堂上从自己国家的制度、文化入手，通过比较的方法，分析和探讨中国社会的深层次话题，在交流中加深了对中国社会、彼此国家文化和整个世界的理解。

（四）学术交流国际化

燕京学堂鼓励学生参与不同国家和院校的交流交换，拓宽国际视野，促进学术沟通和文化交流。学堂通过北大国际合作部交流交换项目每年派出学生赴欧洲、美洲、大洋洲、亚洲等地进行学期交换学习，主要交换学校包括牛津大学、罗马大学、多伦多大学、澳大利亚国立大学、京都大学、耶鲁大学等；同时，学堂连续四年向剑桥大学三一学院派出学生进行为期一年的交流学习；2017年、2022年两次入选国家留学基金委创新型人才国际合作培养项目，派出学生赴康奈尔大学交流交换。此外，学堂也积极与首尔大学、早稻田大学等建立院系交流交换项目，双向遴选学生实现交流学习和国际化联合培养。

燕京学堂开设大使讲座系列，邀请欧盟、美国、英国、爱尔兰、印度、新加坡等20多个国家的时任驻华大使来访学堂，与学生就国际关系、经济、文化、艺术等话题展开小范围、近距离交流。学堂还鼓励学生发挥主动性，自发组织学术交流活动。例如，日本学生佐藤爱华（Aika Satos）在校期间发起东亚文化外交论坛，邀请东亚国家文化外交领域的学者，讨论文化外交如何有效促进区域和平与和解；新加坡学生杨月恒（Steven Yue Heng Yang）和越南学生范慧扬（Thi Thuy Duong Pham）发起"亚洲各国团结战疫"主题论坛，邀请越南、中国学者作为嘉宾，探讨在新冠肺炎疫情面前，亚洲各国如何团结合作应对疫情、构建亚洲命运共同体，以及疫情防控常态化背景下亚洲的未来发展。

（五）项目管理国际化

面对背景多元的学生群体，燕京学堂转换管理思路，将国家政策、北大传统、院系特色培养融会贯通，探索国际化的研究生教学管理和学生管理模式。学堂自主开发英文选课、教学管理和学生管理系统，方便学生进行选课、选导师等操作，为学生提供全英文学习指南；设立国际化的课程协调人、课程助教管理体系，为全球师生沟通交流搭建桥梁；疫情期间，为全球师生创新整合 Zoom 和 Canvas 线上线下教学平台，搭建起"世界云课堂"；协助北大研究生院发布《北京大学研究生手册》英文版本，为燕京学堂和整个北大的专业化教学管理建设提供可行性方案；编写课程、奖学金、学生管理、学生生活等英文手册，建立中外学生都能够认可的管理沟通机制和规章制度；组建国际化的行政管理队伍，学堂前副院长何立强（John L. Holden）荣获 2017 年中国政府友谊奖，来自美国的温佳萍（Chiaping Wen）获北京大学优秀班主任。

二 跨学科培养中国学人才

近年来，中国的国家综合实力和全球影响力不断增强，一些关系着中华文明地位、特色、文化精神，以及社会可持续发展的整体性和系统性问题逐渐显现，需要我们在多学科和跨文明的视野中，以"他者"与"自我"的双重角度进行全面思考。燕京学堂的中国学项目中有六个具体的研究方向，分别是：哲学与宗教、文学与文化、历史与考古、经济与管理、政治与国际关系、法律与社会。人文与社科领域六个方向的设置决定了学堂人才培养路径本身就具有跨学科的属性。燕京学堂从课程设置、专业选择、论文写作等多方面为跨学科人才的培养创造条件，促使学生从多学科角度研究中国问题。

（一）提供跨学科专业课程

燕京学堂培养方案匹配学生多元的学术背景，开设中国学项目必修课和选修课，建立了包括"新时期的中国外交与全球治理""中国的金融体系""中国的商业与社会：法律视角""中国近代史""中国古代文学经典研读"等48门中英文课程在内的跨学科课程体系。学堂必修课包括"转型中的中国""中国专题系列讲座""实地调研"等，除了必修课以外，学生可选择不同专业方向的课程，不受本专业方向的限制。同时，学生还可以选择其他院系的中英文课程作为补充（见图1）。

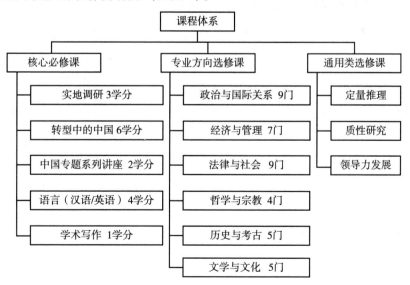

图1　燕京学堂课程体系

资料来源：作者根据燕京学堂课程体系设计情况整理。

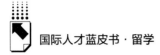

学堂鼓励学生根据自身的学科背景，包容其他学科的知识和方法，在跨学科学习中开启对中国的深入研究。例如，来自美国的学生宋晓莉（Sarah Elizabeth Brooker）本科毕业于上海纽约大学，主修全球中国学。在燕京学堂，她的专业方向是历史与考古，在研究丝绸之路史的过程中，她惊叹于中国印章的精巧设计和印章在政治、区域、社会交往中的重要性，基于自己跨学科的研究兴趣，她不仅选修了本专业方向的课程，还自主选择了学堂哲学与宗教方向的课程，在自己此前的研究基础上，运用跨学科的研究方法进一步检视印章在中国的运用。

（二）打造跨学科核心课程

"转型中的中国"是燕京学堂围绕现代性和可持续发展的主线重点打造的一门具备跨学科代表性的必修课。课程贯穿整个学年，从经济、社会、文化、政治、法律和环境等不同学科角度出发，在全球化的背景下研讨中国自改革开放以来所发生的变革、面临的挑战，以及中国未来的走向。这门多学科结合的、面向中国现实问题研究的课程汇聚了来自不同领域的授课老师，以老师讲授与学生小组讨论相结合、课题研究与田野调查相结合、团队协作与独立研究相结合的多元形式进行。在授课老师的指导下，学生在第二学期将自主设计调研内容，以团队协作方式赴中国各地开展研究，撰写成果报告，并在课程期末展示跨学科的学习成果。例如，环境领域研究小组探讨了国际性金融机构对"一带一路"相关问题的态度，并以新开发银行和亚洲基础设施投资银行为例，以赤道原则为标准，分析了2家国际金融机构发布的环境相关政策内容；经济小组则采用主成分分析法，对中国各地进行绿色经济体系评价，比较各地区绿色经济的发展，旨在帮助实现更有针对性的监督和指导。环境小组以政策实用性为突破口，经济小组则以数据分析为手段，两组皆对环境治理提出了针对性建议。

（三）建立学生转专业机制

燕京学堂建立学业导师与论文导师"双导师"制度。学生在入学时已确定专业方向，学生根据专业方向选择学业导师。学业导师给予学生入校初期的学习和学术指导，定期与学生沟通，了解学生在学术上的疑问，及时回应学生。学业导师与学生共同讨论研究方向，提供论文指导并制定学习计划。

通过一年跨学科学习，当进入论文选题以及论文撰写阶段时，学生要确定论文导师。部分学生在选择论文导师的同时选择转换专业方向。学堂建立了允许学生转专业的机制，学生在第一学年末可以根据自己新的研究兴趣提出转专业，但是必须满足 GPA 达到一定标准、有相关专业的课程和研究经历、提供该专业导师推荐信等条件才能获得批准。2015~2020 级共有 160 人选择入学后转换专业方向，占学生人数的 24%。比如德国学生郭雨昂（Sebastian Yuang Guo），进入学堂时选择的是经济与管理专业。他在本科的时候就对哲学很感兴趣，进入学堂后选修了安乐哲老师和程乐松老师的哲学课程，研究兴趣由经济转向哲学基础研究和庄子学说，毕业论文题目是《从"自然"概念之辩看中西哲学对人与世界关系的想象与创造》。

（四）跨学科撰写学位论文

中国学是交叉学科，根据学生不同的专业方向，燕京学堂设立各个学科的答辩委员会，以确保学生高质量完成中国学硕士研究生项目毕业论文。学生在导师的指导下，以跨学科的视角、以问题为导向撰写学位论文（见表 2）。例如，中国学生从经济、历史和考古等角度研究农业文化遗产保护开发、农业转型与乡村治理；日本学生用历史和法律相结合的视角对北京历史文化保护区进行研究，探究历史风貌保护中应用开发权转让制度的可能性；美国学生的研究以《万隆会议后的中国与第三世界关系：跨国文学的政治想象》为题目，从政治、国际关系的角度研究不同国家的文学作品。

表2　燕京学堂部分学生毕业论文题目

专业	国籍	学位论文题目
中国学(哲学与宗教)	芬兰	人性究竟是否为善——孟子与实验心理学的交汇
中国学(文学与文化)	俄罗斯	中国、俄罗斯帝国与荷兰共和国艺术文化交流——17世纪末到18世纪上半期"中国风"比较分析
中国学(历史与考古)	荷兰	魔法和玄学:华严宗佛教中韩重要阐释文献的比较研究
中国学(经济与管理)	德国	自动化技术对中国就业影响的定量研究
中国学(经济与管理)	中国	农业文化遗产保护开发、农业转型与乡村治理:理论与实践
中国学(政治与国际关系)	美国	变化中的中国国家形象:从2008到2022奥运间的国家品牌和国家形象建立的比较研究
中国学(法律与社会)	日本	北京历史文化保护区有机更新的绩效研究——在历史风貌保护中应用开发权转让制度的可能性
中国学(法律与社会)	美国	冠状病毒大流行背景下中国环境社会组织的案例研究

资料来源：作者根据燕京学堂学生毕业论文情况整理。

三　把课堂设在中国大地上

燕京学堂坚持"以中国大地为课堂"的理念，创新多层次、多样态的实践性教学模式，结合现场教学、实地参访、小组实践、独立研究等不同方式，使各国学生对中华文明、中国文化以及当代中国社会有全方位认知。自燕京学堂成立以来，学堂师生的足迹已遍布中国沿海与内陆28个省、自治区、市，同学们用实际行动在中国各地进行跨学科、跨文化、跨国界的合作，在实践中探索中国。

（一）开设"实地调研"核心必修课

燕京学堂开设必修课"实地调研"，全体学生在西安或四川、重庆进行为期一周的课程，授课形式包括移动课堂、讲座、实地参观、小组讨论和展示等。学生通过全方位地了解当地的自然、人文和城市发展，将历史、宗教、经济、文化等元素相结合，在多元文明的沉浸体验中，以全球视角思考中国的历史和发展。

以西安实地调研为例，燕京学堂带领学生前往西安进行实地教学。在历史文化方面，课程根据历史发展脉络设计参观周原遗址、中国青铜器博物院、秦始皇陵博物馆、西安碑林博物馆等地点的学习；在宗教方面，蓝田水陆庵和宝鸡法门寺的参访为学生带来思考和启迪；在当代经济方面，国家开发银行陕西分行以及西安地铁指挥部参访活动让学生们对中国的发展有更多元的了解。"实地调研"课程要求学生在当日参访后，结合学习主题，在实地开展小组讨论、完成小组报告，促使学生在感受古代中国文化以及现代中国创新发展的多元调研学习中保持研究问题的敏锐性，加深对中国学更全面、更立体的理解和认识。

（二）支持选修课实地调研活动

燕京学堂各专业方向下的部分选修课程设置实地调研环节，并纳入课程大纲及课程评分标准中。例如"中国的改革与发展"课程中，学堂特聘教授、国家开发银行前首席经济学家王沅以中国经济改革与发展为线索，梳理改革开放以来国家农业、企业、所有制、财政、金融等各个方面的重大改革事件及影响。实地调研选址山西大同，学生们在工作人员的带领下，对该城市在发展中的扶贫机制、城市规划、传统保护、金融作用等方面有了更深刻的解读。学习"中国农村"课程的学生参访了京郊冷水鱼养殖专业合作社的养殖基地。同学们在授课老师王曙光教授的带领下参观了基地，了解到在带动本地农民增收创富的同时，合作社还带动外省农民30余人进行冷水鱼养殖。"中华文明的发展"的授课老师、学堂学业主任陆扬带领学生赴承德进行清代历史的考察，老师在避暑山庄、普宁寺、须弥福寿之庙和普陀宗乘之庙进行现场教学，使学生对帝制中国的统治理念、空间结构和多元的文化构成有了更直观的学习。

（三）鼓励学生开展自主调研

燕京学堂鼓励学生开展自主调研，提升实践能力。必修课"转型中的

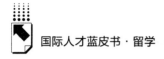

中国"要求学生按照研究专题分组，赴全国各地开展调研。例如，一组政治与法律方向下的学生赴重庆市关坝镇调研，实地观察村民在当地政府以及非政府机构的支持下，如何学习生产蜂蜜的技能。通过与当地村民深入交流，学堂学生们看到了村民通过自身努力提高生活质量的同时，也看到了农村可持续发展的前景，激发了学生们进一步探索中国农村基层治理的动力。

燕京学堂设立"院长研究基金"，支持学生自发进行以中国学为主题的跨文化、跨专业研究。2015 年至今，学堂共资助了 101 个研究项目，每年资助约 17~19 个项目。例如，由 4 名中美学生组成的团队对中国返乡流动人口现象进行研究，他们以云南省喜洲镇某村为例，通过文献研究、问卷调查、访谈等方式，了解移民为什么会返回家乡，返回对他们生活工作的影响等，从一个细微的角度探究中国城镇与乡村的人口流动及相关问题。

四 加强各国青年人文交流

国际化、跨学科、实践性是燕京学堂项目的重要特点，融入学堂人才培养的方方面面，人文交流同样也深入学堂学生培养的全过程。燕京学堂的学生来自不同国家，有促进青年人开展人文交流、进行跨文化沟通的天然土壤。学堂创造各种条件，鼓励和支持学生开展丰富多彩的活动，用有温度、有深度的人文交流让同学们看到更广阔的世界，更了解脚下的中国。

（一）构建课外培养体系

燕京学堂围绕提升领导力、跨文化交流、了解中国社会、融入北大校园四个方面设计了完善的课外培养体系，涵盖书院活动、实地参访、大使系列、文化沙龙、教授午餐、学生自发活动等多个层次，通过组织各类活动，为同学们进行深度交流提供平台。

书院是燕京学堂学生生活的重要载体，很多同学都自觉成为了文化交流大使：印度同学发起排灯节活动，介绍印度排灯节的来历，与其他同学一起制作排灯，许下美好的愿望；墨西哥同学组织亡灵节活动，通过电影《寻梦环游记》向各国同学介绍亡灵节的意义，邀请同学们一起布置活动室，用具有墨西哥亡灵节特色的装饰去表达自己对故去亲友的思念；艾美尼亚学生创立了"贪吃蛇（Greedy Tongues）"俱乐部，邀请不同国家的同学介绍自己国家的母语，面向北大同学讲授不同国家的日常习惯用语，分享燕京学堂的多元文化……

同学们积极融入校园生活，参加北大的运动会、十佳歌手比赛，学堂"三文鱼"篮球队荣获"北大杯""新生杯"双料冠军，女子足球队获得北大女子五人制足球冠军，学堂 2017 级硕士生一班作为北大推选的唯一班级，荣获 2018 年"北京市十佳示范班集体"。学堂组织同学们到北京的农村、企业、法院、寺庙等地方参观访问；举办青年行业领袖沙龙，让同学们了解中国青年从事的有趣事业；设立业界导师项目，了解行业前沿动态；组织书法、太极等活动，让同学们更多地了解中国传统文化；支持同学们参加社区志愿服务活动，与当地居民互动。多彩的校园生活给同学们留下了美好的回忆，彼此之间也结下了深厚的友谊。

（二）举办全球青年中国论坛

全球青年中国论坛（Yenching Global Symposium）是燕京学堂学生自发组织的旗舰活动，是学堂课外培养体系中的重要组成部分。论坛每年邀请 100 余名海内外青年学生和行业精英作为代表来到中国，与燕京学堂在校生一起讨论与中国相关的议题（见表 3）。

论坛的组委会经学生自主选拔，由燕京学堂不同国家的 10～15 名在校学生组成。组委会同学的背景多元，论坛为他们提供了围绕中国议题深度交流的机会。从论坛主题的确定到会议流程的设计，从业界嘉宾的联络到全球青年代表的筛选，筹备工作的每一步既需要独到的创意，又需要组委会内部的相互理解和细致配合。他们共同讨论论坛主题、流程设计、嘉宾邀请、代表筛选；他们在筹备论坛的过程中互相学习、共同成长。比如，第三届论坛的主题就是组委会中外成员之间深入讨论的成果，主题的灵感来自一位美国同学。在学堂学习期间，他切身感受到中国在实现复兴之路中的崭新面貌，想以"复兴"（Renaissance）为切入点设计论坛主题。为此，他和论坛筹备组中的两位中国同学进行了多次深入的交流，从不同的方面去探讨这一思路的可行性。两位中国同学也被这个灵感所触动，而且能够有机会去了解国际同学如何看待中国的复兴之路，也让他们感到十分振奋。"Renaissance"的前三个字母正是中文"仁"（Ren）的拼音，中文与英文、东方与西方文化的碰撞激起了中外同学思维的火花，最终他们一起确定了那一年所创办的论坛的主题——复兴：中国在全球未来中的旅程（Renaissance：China's Journey in a Global Future）。论坛围绕中国议题，搭建中外人文交流的广阔平台，无论是燕京学堂的同学还是参会代表，都能感受到人与人之间、文化与文化之间的联结，他们的交流是跨越国界、跨越文化的。

表3 全球青年中国论坛主题

单位：人，个

年份	论坛主题	参会人数	代表来源国
2016	聚焦中国,连接世界 China Meets the World,The World Comes to China	192	50
2017	创"新":中国创新的身份 Xinnovation:Identity of Innovation in China	200	52
2018	复兴:中国在全球未来中的旅程 Renaissance:China's Journey in a Global Future	200	62
2019	我们:重述中国故事 Wǒmen:Retelling the China Stories	186	60
2020	探索可持续性:中国和全球新方案 Sino-sustainability:Reimagining Global Solutions	因疫情未能举办	
2021	同舟共济·再创未来 Shared Renewal:Recoupling East with West	307	61
2022	家国天下:风云变幻中的国际主义 Globalisation or Guóbalisation? Internationalism in Flux	246	56

资料来源：作者根据燕京学堂内部资料整理。

五 结语

北京大学燕京学堂以"跨文化交流：聚焦中国，关怀世界"为基本定位，围绕国际化、跨学科、实践性三个维度进行中国学人才培养，同时打造一个各国青年人文交流的平台，建立起全方位、多层次的人才培养模式。成立8年以来，燕京学堂培养了一大批了解中国的高层次国际化人才，学生毕业后奔赴世界各地，前往本国政府部门、重要国际组织、顶尖跨国企业、知名高等教育学府等各类机构任职，成为构建人类命运共同体的青春力量。

燕京学堂以中国学为基础，通过在师资建设、课堂教学、学术交流和项目管理等方面的不断探索，搭建中外青年国际交流的桥梁，打造国际化人才培养项目。学堂在世界范围内邀请顶尖师资力量，将前沿学术动态带进课堂；在教学过程中融入对全球化的思考和实践，打通北京大学内部英文课程资源；提供国际交流交换项目平台，促进青年学术交流、丰富学生研究经历；通过国际化的课程体系、管理制度、信息平台、沟通机制等推进项目管理的国际化进程。

燕京学堂以多学科的理论和方法系统地发掘中华文明的思想内涵，鼓励授课教师、学业导师、论文导师以多种方式激发学生从不同学科的角度进行互动讨论，开展各专业领域的合作研究，带动学生以交叉学科的思维进行思考，培育学生以交叉学科的意识解决问题。在课程设置上，注重不同学科的相互交叉、融合、渗透，使得学生能全面、科学地掌握中国经济、社会、历史、法律、政治等各方面的知识与技能，同时全力打造"转型中的中国""中国专题系列讲座"核心课程；设计灵活申请和严格审批相结合的转专业机制，让学生在学习过程中能够不断探索自己的学术兴趣，深化和拓展自己的研究；论文导师带领学生参与各院系的学术活动，鼓励和指导学生以跨学科的思维撰写学位论文，从前沿的、交叉的角度探讨学习中国学。

燕京学堂鼓励学生走出象牙塔，把中国大地作为课堂，以当代中国的广阔空间和丰富资源，开展书本以外的中国学研究。2021年，燕京学堂5位留学生与北大其他 40 位留学生一起，将他们在中国学习生活的体会感悟给习近平总书记写信进行汇报，这些同学也收到了习总书记的回信，总书记希望他们能够到中国各地走走看看，并更加深入地了解最真实的中国，同时把自己的想法和体会介绍给更多的人，通过这种方式为促进各国人民民心相通发挥积极作用。燕京学堂组织各类主题突出、形式多样、规模不同的实地调研，同时鼓励学生自发地开展实践性研究，让学生能够全方位接触中国、了解中国，用实际行动践行习总书记的要求，向世界讲好中国故事。

燕京学堂有深度、跨文化的人文交流让年轻人拓宽了对于真实中国的了解，收获了一生难忘的友谊，更让他们对自己、对世界、对未来产生了新的认识。正如习近平总书记在亚洲文明对话大会开幕式上所指出的"人是文明交流互鉴最好的载体"，燕京学堂注重青年人的成长和发展，以尊重、开放、包容为原则鼓励学生学习知识、进行实践，消除隔阂和误解。一位美国学生说，"我们这些人不会永远在中国，但是我们的心里永远会有中国"。一位非洲同学在毕业典礼的发言中表示："通过在燕京学堂的学习，我对于中国的了解更立体，特别让我没想到的是，我对于非洲的了解也更加深入。"

"国际化、跨学科、实践性"是燕京学堂中国学人才培养的重要路径，有深度、有温度、多层次的人文交流贯穿于人才培养的始终。燕京学堂在人才培养的过程中始终坚持中国文化和价值的主体性，无论课内还是课外，通过各种方式将中国价值、中国观点、中国精神传递给中外学生，让他们能够更加全面、深刻地理解中国国情。通过 8 年的探索，燕京学堂走出了一条适合自身发展的中国学人才培养道路，面对复杂多变的国内外形势和多元的学生主体，学堂仍需要不断迎接挑战，继续打造高起点、高质量的中国学项目，让更多的优秀青年能够了解中国，成为沟通中国和世界的人才。

附　　录

Appendix

B.16
中行跨境留学全旅程产品及服务

专业而高效的金融服务不但可以帮助留学生顺利完成学业，同样也能助力留学生家庭找到最具性价比的资金使用方案，提升资源使用率为留学之路赋能。

中国银行围绕客户及其子女打造"留学场景"金融及非金融服务，帮助留学家庭在出国之前做好如下准备。

（一）签证金融准备

签证申请是留学准备阶段非常重要的一个环节，如果准备不足可能会影响留学计划。存款证明可以用于证明留学家庭在某个时点前在银行存有一笔不可动用的存款，在办理留学签证时可能会使用到。

为了顺利获取签证，在办理留学签证前，需要提前了解好留学目的地的签证要求。建议预先将资金存入银行，同时安排好存款证明等业务办理时间。以下两点需要注意。

一是要合理安排时间。在办理签证前，提前将相应资金存入银行，并按

照签证政策合理安排好开立存款证明的时间（如英国签证要求办理签证时，存款证明上的资金必须存满至少28天）。

二是可以选择将纸质存款证明直接邮寄到家。目前纸质版存款证明可由中国银行指定营业网点打印并邮寄至线上渠道填写的邮寄地址，足不出户方便省心。

（二）配置"两卡一户"

留学生在整个留学全周期中面临着支付考试报名费、缴纳学费、在外生活消费等多重金融需求，银行卡承载着最广泛的金融服务需求，建议留学生配置"两卡一户"，一张外币信用卡+一张外币借记卡+见证开户，保障境外学习生活中的学费缴纳、日常线上线下消费等。

1. 为什么要办信用卡？

外币信用卡主要用于境外日常刷卡/在线消费。支持主附卡，父母可以设置附属卡限额，通过附属卡账单了解子女消费情况。支持外币消费后人民币直接还款，不占用每年5万美元的便利化购汇额度。

中国银行卓隽留学信用卡，专为计划留学人群准备，支持英镑、美元、欧元、澳元等主要留学国家币种支付。境外消费使用还可享受各类优惠活动，多倍积分、境外消费返现等。

2. 为什么要办外币借记卡？

按照监管要求，携带外币现钞出境，金额在等值5000美元以上至1万美元（含）的，需向存款或购汇银行申领《携带外汇出境许可证》。出境人员携出金额在等值1万美元以上的，应当向存款或购汇银行所在地国家外汇管理局各分支局申领《携带证》，海关凭加盖外汇局印章的《携带证》验放。携带大额现金不安全，将资金存入外币借记卡中，方便便捷。外币借记卡主要用于存取外币现金业务以及投资理财等业务，也可用于消费。具体包括：买卖外币、外币投资理财、境外ATM取外币现钞等，同时也支持在境外刷卡/在线消费。

中国银行外币借记卡-长城跨境通国际借记卡支持19种主流外币直接

支付，还可享受卡组织及商业银行提供的各类权益和优惠活动。

3.境内代理海外开户见证

留学生初到境外时对当地业务办理流程不熟悉，开立当地账户存在一定困难。境外账户开立与境内流程不同，整体较为复杂。由于各个国家金融监管政策以及反洗钱要求不同，业务办理流程也不同，开户周期时长差异较大，甚至部分国家开户时间长达数月。且境外支付环境相对复杂，支付失败等情况时有发生。通过中行外币信用卡+中行外币借记卡+见证开立海外账户的组合，可以更顺畅地在海外学习生活。

选择中国银行境内代理海外开户见证服务，客户可在离境前在中行境内网点预先申请开立中行海外分行的当地账户，与中行境内发放的外币借记卡、外币信用卡互为补充，还可享受中国银行各地分支机构的中文服务以及丰富的优惠活动。目前可受理英国、美国、澳大利亚、新加坡等国家和地区的开户申请。各国监管要求不一，所需要的材料也不尽相同，客户可至中国银行网点获取专业指导。

（三）兑换外币

外币购汇为留学最基本的金融需求，建议留学家庭在明确留学目的地以及大体费用后，可根据外币行情每年分批购买目标国家及地区的外币，达到规避汇率波动风险的目标。同时，中国银行还可提供多种外币存款以及理财产品，帮客户实现外币资产保值增值。

（1）市场大幅波动、行情琢磨不透，如何才能及时捕捉市场机会？如何在外币兑换的过程中，既节约成本又提高性价比？选择合适的购汇时机（分批）进行购汇。通过"中银跨境GO"App，一键设置汇率播报，进入"到价提醒"功能，输入外币币种，选择目标汇率，帮助客户实时追踪锁定汇率牌价，查看近期汇率走势，助力客户选择合适的时机购汇。

（2）如还有闲置储备金，可选择配置合适的外币存款及投资产品。若离留学还有段时间，外币资金处于闲置状态，可以选择投资结构性存款或外币理财产品（见表1）。中行专属客户经理为客户提供市场金融信息和投资资讯,并提供外币存款及理财产品。客户可根据个人投资需求,筛选外币产品。

表1 外币结构性存款和外币理财产品的特点

产品	特点
外币结构性存款	为固定期限的保本浮动收益产品,期限一般为3个月、6个月和1年。最低2000美元起存,不定期发售英镑产品。 本金安全且有机会博取较高收益。保证本金安全,在获得保底收益基础上,有机会根据产品挂钩的标的(外汇汇率或贵金属)波动情况,博取高于外币存款的收益。 手机银行购买渠道为:财富—结构性存款—登录后可通过币种、期限等条件筛选产品。结构性存款为中国银行自营产品,具体产品信息详见产品说明书
外币理财	多款产品,可选择每个工作日可申赎的现金管理类产品或3个月、1年等中长期限产品。 申赎灵活:"中银理财-美元乐享天天"支持美元币种,1美元起购,T日赎回,T+1日到账,兼顾流动性与收益性。 中长期限:3个月、1年期等不同期限选择

(四)携带外币现钞出境

初到陌生城市,留学生对周边的生活环境不熟悉,且境外线上支付环境不如国内便捷,还是需要携带一定外币现钞,以备不时之需。

银行网点会配置一定量的外币现钞及小面额钞票,如不提前预约,有可能出现无客户需要的外币现钞或者小面额货币等情况。为方便客户业务办理,可在"中银跨境GO"App线上预约现钞,然后至中国银行网点取钞,方便快捷。最多支持24个币种预约,基本覆盖热门留学、旅游目的地,通过"中银跨境GO"App在线预约,支持当日及两周内预约日期选项。部分网点提供外币零钱包服务,提供分币种包装收纳、多面额组合搭配的外币现钞定制服务,满足客户境外小额货币支付需求。

(五)留学缴费

办理好银行账户及外币兑换后,留学生紧接着要面对的就是留学所需各种费用的缴纳环节。学费、生活费等各种留学所需费用该如何缴纳？在如今的市场环境下，支付方式纷繁多样，在选择支付渠道时通常需关注服务的安全性、便捷性、时效性，同时在汇款时也要关注到账时间、是否全额到账、收费标准、是否占用外汇额度等因素。

（1）高校信息太烦琐？线上填写很简便。"中银留学汇款"整理入库了近 500 所高校收款信息，简化填写、方便快捷。选定学校后，系统会自动显示收款学校名称、账号及银行信息等内容供留学生核对。

（2）担心额度不够怎么办？不占额度更省心。"中银留学汇款"支持手机银行上传留学相关证明材料，购汇不占用等值 5 万美元便利化额度，不用先单独购汇、后发起汇款，购汇、汇出一步完成。购汇、汇款金额以证明材料实际金额为准。

（3）哪种支付渠道更安全、便捷？GPI 汇款全程追踪，最快当天可到账。中国银行对于汇往特定银行（GPI 银行）的国际汇款，将为汇款人提供优先处理、追踪反馈、费用透明、信息完整传递等智能服务。

（4）还有优惠福利？多项活动更划算。汇款手续费按汇款金额的 1‰ 收取，最低人民币 50 元/笔，最高人民币 260 元/笔；电讯费为港澳台地区人民币 80 元/笔，非港澳台地区人民币 150 元/笔。不同渠道汇款还有手续费优惠。

（六）跨境出行权益服务

中国银行尊享积分服务为客户提供覆盖全球 51 个国家、107 个城市 900 余个机场贵宾厅服务，并提供覆盖全球百余重点城市机场礼宾车接送服务，（服务兑换路径：中国银行 App—我的—我的权益—查看更多权益—留学跨境）。

留学之路，不止金融，还有全程陪护。中国银行拥有全球化服务网络，覆盖英、美、澳、加等 60 多个国家和地区；全球达 30 万余员工，全面提供专业优质服务；境内服务机构设立 500 多个覆盖全国的跨境金融中心，并配备跨境业务专家提供更为专业的服务。除了多样的金融服务，中国银行充分发挥全球化、综合化优势，携手众多行业头部机构，打造"金融+非金融"

融合服务体系，为留学家庭提供人格特质测评、留学规划、留学咨询、境外院校库、国际高中库、语言培训、背景提升计划、签证服务、境内外实习、留学资讯等覆盖留学前、留学中、留学后等全阶段的一站式服务体验，将贴心跨境金融服务与优选出境留学资源无界呈现。

更多留学精彩内容、产品及服务信息，可下载中银跨境 GO App 浏览。

B.17
后　记

　　《中国留学发展报告（2022）》的编写和推出，得到多方的支持与帮助。感谢人社部留学人员和专家服务中心、欧美同学会建言献策委员会、中组部、统战部、中国人才研究会和中国人才研究会国际人才专业委员会对本报告的关心和支持，感谢中国银行对本报告编撰、出版的支持，感谢西南财经大学党委书记赵德武、校长卓志、副校长史代敏对发展研究院工作的支持。

　　本书稿得以高质完成，离不开众多专业学者与研究机构的参与和支持。感谢全球化智库（CCG）、中国银行、西南财经大学发展研究院、北京东宇全球化智库基金会、南方国际人才研究院、北方国际人才研究院在本书编写工作中的具体参与和帮助。感谢ETS（中国）、领英（中国）、清华大学苏世民书院、北京大学燕京学堂、教育部中外语言交流合作中心、麦可斯研究院、东莞人才发展研究院的特别供稿和合作研究，特别感谢中国银行跨境场景项目组、ETS中国区总裁王梦妍、领英中国经济图谱团队（领英中国公共事务总经理率鹏，公共事务顾问、经济图谱项目负责人任玥等）在合作研究中予以的支持。感谢全球化智库（CCG）的郑金连、李庆、曲梅、何航宇、张伟、杨雅涵、陈慧怡、吕家瑜、桂静怡、胡音格、方靖懿、高洁瑾、杨凡、张元世男、李镇尧、张乐词和南方国际人才研究院江旖旎、东莞人才发展研究院的蓝志勇等研究人员对本书编写做出的贡献。

　　借此机会，我们还要感谢社会科学文献出版社的社长王利民，皮书出版分社社长邓泳红、副社长陈颖、编辑侯曦轩对本书顺利出版所提供的支持与帮助。感谢海内外中国留学生、留学回国人员、海外专家、高校教师及有关机构对我们的调研、座谈活动的积极参与；感谢国内外相关教育主管部门、

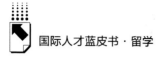
服务机构、研究机构对我们工作的支持。

我们希望本书能帮助政府有关部门、专家学者、相关行业人士和广大公众更详细地了解中国留学发展状况，对政府建言献策有所参考，以促进相关研究进一步深入，并最终推动中国留学事业健康发展，为建设现代化国家培养出更多高素质、国际化人才。由于本报告撰写和编辑时间匆促，书中难免出现纰漏。欢迎社会各界批评指正，以便我们在未来的研究工作中获得进益。

王辉耀　苗　绿
2022 年 8 月于北京

Abstract

Globalization has come to a new crossroads. On the one hand, the COVID-19 pandemic has a considerable impact on the flow of talent between countries; on the other hand, geopolitical issues such as the outbreak of the Russia-Ukraine conflict have made the current world full of uncertainty, which has also changed the pattern of international study as the choice of destination countries increasingly diversified. The number of international students flowing into traditional destination countries such as the United States has dropped significantly for unilateralist policies and negative responses when handling the COVID - 19 crisis. While other destination countries such as the UK, France and Germany have attracted international students with more welcoming policies, and many prospective students reconsidered their choices. Despite the setbacks, the overall international education sector across the globe still maintains its growth momentum and studying abroad is still an important pathway to achieving human-based globalization.

The general report analyzes the overall trend that the global international education sector will maintain growth and further promote human-centered globalization. It suggests that the origin and destination countries will further diversify, and the number of international students studying at higher levels and practical fields is expected to increase. The report focus on the trend of Chinese students studying abroad, and in the new era their mentality will transform from "looking up" to "looking straight", and more returnees will participate in national governance. In addition, it provides a multi-level analysis of international students studying and working in China, examining the forms of funding, countries of origin, and future challenges. Finally, in view of the new problems encountered under the great transformation, relevant suggestions are made to

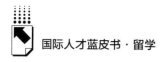

further promote the development of China's international education sector.

According to the report, the willingness for Chinese students to study abroad remain high, and the number keeps growing. The growth rate of Chinese students studying in the U. S. and Australia has slowed down significantly due to the pandemic and changes in immigration or border control policies, while the number of Chinese students in European and Asian countries has been growing vigorously, indicating that the choices for destination has diversified. At the same time, the preferences for their fields of study mainly prioritizes practical subjects such as engineering and business administration. These trends can provide reference for prospective students to choose the corresponding destinations.

Based on the analysis of the data of the survey on the career development of the students from the class of 2015, 2016 and 2017 three years after obtaining a post-graduate degree from abroad, the report suggest that the return rate of China's overseas students has increased significantly. The places they choose to settle after returning to China are still mainly Direct-administered municipalities and sub-provincial cities. The industries are mainly in information transmission/software and information technology services, finance and education, and their employment satisfaction continues to improve. According to the analysis and research of the new generation of returnees, the new generation of returnees focus on new technology industries and are actively generating social value, and their potentials in facilitating exchanges, gathering strengths, pooling in wisdom need to be further explored.

The report proposes to create a scenario-based, socially-oriented and multi-dimensional service experience around the full cycle of overseas study. It also summarizes the international talent cultivation in China and proposes construction of the international talent ecosystem. Based on the big data from LinkedIn platform, the report analyzed the further study and employment paths of more than 2. 5 million graduates from ten "double first-class" universities in China and the Top 100 universities on the global QS ranking. It reviews the preferences, changes and trends in career development for the two groups and dictating that the domestic graduates prefer to pursue further studies abroad while the global counterparts prefer employment. It also shows the differences between different regions in attracting international talents and analyzes the contributing factors to such disparities.

According to the development and changes of inbound overseas students in China in the past 70 years the report divided the 70 years into three stages, it made relevant policy suggestions for the high-quality development of international education for overseas students in China from the perspectives of talent attraction, talent agglomeration and talent utilization. Responding to some existing shortfalls, it made several suggestions for improving the programs and further facilitating American students pursuing studies in China.

Keywords: Studying Abroad; Returnees; Studying in China; International Talent Cultivation

Contents

I General Report

Abstract: The overall trend of study abroad and overseas education across the globe is characterized by steady expansion and diversification. The sector is orienting towards a high-level and pragmatic direction, and has brought economic impetus and innovation potentials to various countries. To cope with the impact of the COVID − 19 pandemic and the uncertain global political and economic outlook, major countries of origins for international students represented by China and India have been actively encouraging studying abroad and promoting human-centered globalization; while the major destinations such as the United States and the United Kingdom have introduced a number of policies to facilitate international education as measures to boost the confidence in the sector. At the current stage, China encounters new opportunities and challenges in this new era as both a major origin and a destination country of international education. While the scale of studying abroad maintained vigorous growth, some fields of studies might be restricted for Chinese students and the choices will be more diversified. Such context also necessitates a speedy recovery in terms of receiving overseas students who study in China. Based on the analysis on the pattern and future trajectories of studying abroad, this report proposes suggestions for post-COVID development of the study abroad and overseas education sector.

Keywords: International Students; Global Studying; Studying Abroad; Studying in China; Internationalization of Talent Cultivation

II Reports on Studying Abroad

B.2 Studying Abroad in North America: Current Status and Future Prospect in Popular Destinations.

Zheng Jinlian, Chen Huiyi and Yang Yahan / 034

Abstract: The rich high education resources in North America have attracted a large number of international students around the world. Both the United States and Canada have experienced a significant drop in international student number Pollowing the COVID −19 outbreak. The Chinese students in the United States were also profoundly impacted, especially when their safety abroad was threatened in the context of uncertain China-US relations and rising unilateralism. In the mean time, the number of Chinese students in Canada has also decreased dramatically, while India has taken over as the largest country of origin there after years of phenomenal growth. Since international students remain a major income source for the higher education sector in the long term, the United states and Canada have started to implement more open and convenient policies for international students to regain attractiveness as top destirations.

Keywords: Studying Abroad in the United States; Studying Abroad in Canada; Chinese International Students; Studying Abroad Safety

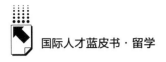

B.3 Studying Abroad in Europe: Current Status and Future Prospects in Popular Destinations

He Hangyu, Qu Mei and Hu Yinge / 080

Abstract: In recent years, Europe has become a popular choice for Chinese students studying abroad for high-quality education with relatively lower tuition. The number of international students in European countries has experienced rapid growth. Among them, the United Kingdom, France and Germany receive the largest share of this massive student inflow. Despite the considerable shock on the international education sector caused by the pandemic, the governments of European countries actively adopted support and visa policies and managed to maintain their attractiveness as study abroad destinations. The number of overseas students also keeps increasing, indicating a continucusly growing trend in international education sector.

Keywords: Studying Abroad in the United Kingdom; Studying Abroad in France; Studying Abroad in Germany; Studying Abroad in Europe

B.4 Studying Abroad in Asia: Current Status and Future Prospects in Popular Destinations

Zheng Jinlian, Chen Huiyi / 118

Abstract: The major study abroad destinations in Asia, which include Japan, Korea and Singapore has gradually become popular choices among Chinese students in recent years, given the increasing internationalization of their higher education sector, the geographic proximity to China, the similar cultural environment and relatively lower cost. China is now the largest country of origin of international students in these countries, and the most popular fields of study are social sciences and business administration. In general, Japan, Korea and Singapore have a well-developed education system. They are on the move to open up the door for international students to study and work there in order to boost the local economy and to acquire human resources for socio-economic development. This report introduces the recent development and trend of Chinese students studying in Japan, Korea and Singapore. Combined with the current policies, the report also provides an analysis on the prospect and challenges for students studying in these countries.

Keywords: Studying in Japan; Studying in Korea; Studying in Singapore; Studying in Asia

B.5 Studying Abroad in Oceania: Current Status and Future Prospects in Popular Destinations   *Chen Huiyi*, *He Hangyu* / 142

Abstract: Australia and New Zealand pose strong attractions to Chinese students in terms of the excellent quality and highly-internationalized education system, the good living environment, open residence and immigration policies, well-maintained social security constitute etc. For the Chinese students in Australia and New Zealand, their fields of study are mainly business administration, science and technology. Their geographic distribution within the countries is also highly skewed. Both Australia and New Zealand imposed strict border control to prevent the spread of the COVID−19. The situation that a large proportion of students were being locked out and unable to return to their campuses has considerably impacted not only the study experiences and results for the students, but also the international education sector in the host destinations. As a part of their post-COVID recovery strategies, both countries attached great importance to international education and aim to improve the study experience with more flexible visa policies and digital transformation of education.

Keywords: Studying in Australia; Studying in New Zealand; Studying in Oceania

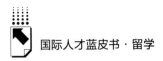

国际人才蓝皮书·留学

Ⅲ　Reports on Chinese Returnees

B.6　Analysis of Overseas Students' Development Three

Years after Graduation　　　*Cao Chen*, *Han Yuanyuan* / 180

Abstract: Students who pursue their studies overseas has been a valuable talent resources for China. In order to better understand their post-graduation career development, Mycos Research Institute has conducted a analysis based on the survey of post-graduate students studying abroad from the class of 2015, 2016 and 2017 three years after graduation (including the trend in the number of returnees, types of employees and the quality of domestic employment); and to demonstrate the development status of the employment of returned overseas students, the research also include the comparison with the data of domestic post-graduate students from the same graduating year. The study found that the return rate of oversea students has rebounded considerably in recent years, and the preference for returning to direct-administered municipalities and sub-provincial division is particularly strong. The private enterprises and three types of foreign-invested enterprises (joint ventures, cooperative ventures, wholly-foreign owned) are the dominant sectors attracting overseas students. Besides, the proportion of those employed in information transmission/software and information technology service industry and education industry has increased, whereas the proportion of those employed in finance industry has to some extent decreased. The proportion of entrepreneurs who start their own business among the overseas graduates is substantially higher than their domestic counterparts. For overseas students who were in the class of 2015 – 2017, their salary level and degree of employment satisfaction both show an upward trend three years after graduation.

Keywords: Overseas Students; Domestic Graduate Students; Employment Status Three Years after Graduate; Employment Quality

B.7 Analysis on the New Characteristics of the Development

of the New Generation Returnees   *Li Qing, He Hangyu* / 191

Abstract: As China entering the journey of the second "century goal" of national development, the new generation returnees are also undergoing distinct transitions. A better understanding of the new characteristics, trends and needs of the new generation returnees will help to further develop the positive role of the returnees in promoting the "dual circulation" model of domestic and international development paradigm. This chapter analyzes the new generation returnees based on the research of the Center for China and Globalization (CCG), and proposes suggestions for their better development, which include mobilizirg to the international communication capabilities of overseas students, establishing a service platform for returnee groups, developing a think-tank alliance of Chinese overseas students, establishing a commendation mechanism for outstanding overseas students and creating conditions for overseas students to develop their careers in international organizations.

Keywords: Returned Oversea Students; Employment of Returnees; Globalization; Dual Cycle

B.8 Domestic Experience in Enhancing the Agglomeration of

Overseas (Studying Abroad) Talents   *Lan Bin* / 199

Abstract: In the past few years China has witnessed the accelerated inflow of students who studied overseas, the number of those with advanced degrees who chose to return has steadily increased and the scale of high-level returnees has significantly expanded. Therefore, attracting those overseas talents to relocate for employment or entrepreneurship has become an important new task for local authorities. In this context, this chapter summarizes cutting-edge policies and practices by the local governments in selected cities on attracting and serving overseas talents. The efficacy of these policies and practices is highlighted through an in-depth examination of multiples dimensions including talent communications and exchanges, third-party talent-attraction agencies, special fund, incentives & evaluation system, talent service and publicity work. Thereby it provides guidelines and advices for local authorities to attracting more overseas talents and supporting the entrepreneurship and innovation of those returned talent, which will ultimately further improve the local talent structure of cities.

Keywords: Returned Overseas Students; Overseas Talents; Innovation and Entrepreneurship

Ⅳ Reports on Special Research

B. 9 An Analysis of the Chinese Families' Demand for Financial Services When Studying Abroad *Bank of China / 223*

Abstract: Relevant government ministries have always been encouraging people study abroad. Even though the number of students studying abroad has dropped due to the Covid-19 pandemic, the long-term trend of stable growth in outbound study has not changed, and most international students study abroad in the form of self-financing, and these factors have put forward high requirements for outbound study financial services. Since 2015, the scale of China's outbound study market has gradually expanded. The scale dropped significantly in 2020 due to the impact of the epidemic. However with the international travel gradual returning normalcy, the scale of the outbound study market is expected to rebound. Based on the large quantity of data from the Bank of China, this paper also presents customers' behavioral characteristics in terms of their fund planning, exchange rate information, foreign currency exchange, cross-border remittance and card issuance. Combining these different aspects of demand analysis, this artiele proposes to create a scenario-based, socially-oriented and three-dimensional service experience around the whole lifecycle of studying abroad.

B. 10 Four Decades of ETS China's Practical Experience from
the Perspective of International Talent Development

Wang Mengyan / 235

Abstract: Cultivating internationalized talent is not only a trend, but in global education also a fundamental prerequisite for the internationalization of the Chinese education system. Therefore, innovating approaches for international talent development has become China's focus in order to its ensur global competitiveness in the education seetor. As the world's largest non-profit educational research and assessment organization, ETS has been committed to cultivating talent with international perspectives and cross-cultural communication skills. In the last four decades, ETS has worked with local partners to promote the innovation and internationalization of Chinese education. Based on statistics from ETS' test services, this report provides an analysis of China's internationalized talent development and summarizes ETS' efforts to support the growth of an international talent development system in China.

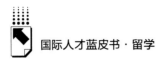
B . 11 The Career Development and International Mobility Pathway
Choices of Chinese and Global Graduate in 2021
—*Analysis and Insights Based on LinkedIn Data*

University Alumni Insights 2021 *Research Team /* 249

Abstract: University graduates are one of the most important groups in
facilitating youth career development and fostering global innovation. The
complexity of the external environment and the certainties surrounding the future
market poses severe challenges for the labour market in China and around the
globe. It also impacted the personal career development plan and the choices
regarding international mobilities. Based on LinkedIn's big data, this report
analysed the further studying and employment pathways of more than 2. 5 million
graduates from ten universities in China's "Double First Class University Plan"
(hereafter referred to as U10) and the top universities located around the globe in
QS World University Rankings (hereafter referred to as G100). It shed light on
the causes of preferences, changes and trends in choices of university graduates
from different regions around the world; it also showed the causes and the
differences among those regions in their capabilities to attract international
talents. The report, therefore, provides prospective information for the career
development plans for university graduates, as well as supports the policy-making
regarding higher education, talent cultivation, employment guidance etc.

Keywords: University Graduates; Career Development; International
Mobility

B . 12 From International Friends to International Talent: Seven
Decades of Development and Change of "Studying in
China"
Wang Xinsheng / 271

Abstract: The development of Studying in China programs in the past 70 years can be divided into three stages, namely, the initial stage in the early years of the People's Republic of China (1950 – 1978), the steady development stage during the period of reform and opening (1979 – 1999) and the rapid development stage since 2000 (2000 – present) . In the three stages, international students have been serving as intellectual talents and cultural ambassadors for socialist construction, international relations, and educational development. In 2018, the number of international students in China reached nearly 500000, making it the largest destination country in Asia and the third-largest in the world after the United States and the United Kingdom. At the same time, students studying in China also face challenges such as lower education levels, insufficient social integration, and poor university management. This article argues that we should gradually establish a "standardized" admission mechanism, actively explore a "socialized" life management mode and continuously improve "market-oriented" employment and residence policy. In this way, we can attract, train and develop the international talents, further developing the quality of studying in China programs.

Keywords: Studying in China; International Students; International Talent

B. 13　A Review of the Trends of and the Government Support for American Students to China

Qu Mei, Miao Lü and Fang Jingyi / 287

Abstract: In the past two decades, the number of U. S. students studying in China has withers an overall growth despite some fluctuations while there is a significant inbalance in the mobility between the two countries. Affected by the China-U. S. frictions, three flagship government programs for U. S. students to study in China have been suspended, and the existing programs are inadequate to fill in the gap for muthal exchanges. The Chinese programs also have many shortcomings, such as a low percentage of U. S. awardees, a lack of diversity in program formats, and insufficient publicity. Finally, based on the above analysis, the article recommends that the governments of China and the United States improve their current programs and strengthen their support for U. S. students to study in China, and that civil ard private actors such as Chinese and U. S. universities, businesses, and NGOs actively participate to enhance the stability of U. S. students studying in China.

Keywords: U. S. Students; Studying in China; Funding Programs; Scholarship

B . 14   A Review on the Tsinghua University Schwarzman Scholars Program's Experience of Running an International College　　*Pan Qingzhong*, *Chen Xiaohan* / 308

Abstract: The Schwarzman Scholars Program is a master program of Tsinghua University that adheres to the principle of "Based on China, Embracing the World". It is carefully designed for future world leaders to continuously improve their leadership and international Perspective. Schwarzman Scholars, as an important measure for the development of Tsinghua University in the new century, has received many attention and support from all walks of life around the world since its establishment. Based on the development and variations of the Schwarzman Scholars Program in the process of running a college, the article summarizes the latest experience and findings in terms of the internationalization of Chinese Higher Education; also, shares the experience of cultivating future world leader with Chinese characteristics.

Keywords: Internationalization of Higher Education in China; Schwarzman Scholars; Internationalized Education; Educational Innovation

B.15 Shaping Global Talents in Chinese Studies Through an
Internationalized, Interdisciplinary and Experiential Mode
—*A Case Study on the Yenching Academy of Peking University*
Zuo Jing, Fan Meiwen, Du Tao, Dang Ke and Du Yansong / 321

Abstract: Since its establishment 8 years ago, the Yenching Academy of Peking University has been cultivating scholars majoring in Chinese Studies with internationalized, interdisciplinary and experiential learning methods. It also integrates cross-cultural people-to-people exchange at every level of the student experience during the program. Taking the Yenching Academy of Peking University as an example, this paper introduces the path of training talents in Chinese Studies at the department level of colleges and universities. Internationalization is an important feature of Yenching Academy, the Academy integrates internationalized elements into faculty selection, academic pedagogy, and management mechanisms. It creates conditions for the cultivation of interdisciplinary talents through cross-major curriculum design and a standardized mechanism allowing students to switch majors. By doing so, students can study China related issues from a multidisciplinary perspective. This program pushes the learning experience outside of the classroom through an innovative teaching model focused on experiential field research, producing students with deeper understandings of Chinese civilization, Chinese culture and contemporary Chinese society. Yenching Academy is an essential platform of people-to-people exchange for youth from all over the world. Students establish profound friendships through extracurricular activities, and intercultural exchanges stimulate interpersonal communication and promote mutual understanding.

Keywords: Talent Development in Chinese Studies; People-to-people Exchange; Yenching Academy of Peking University

皮 书

智库成果出版与传播平台

❖ 皮书定义 ❖

皮书是对中国与世界发展状况和热点问题进行年度监测，以专业的角度、专家的视野和实证研究方法，针对某一领域或区域现状与发展态势展开分析和预测，具备前沿性、原创性、实证性、连续性、时效性等特点的公开出版物，由一系列权威研究报告组成。

❖ 皮书作者 ❖

皮书系列报告作者以国内外一流研究机构、知名高校等重点智库的研究人员为主，多为相关领域一流专家学者，他们的观点代表了当下学界对中国与世界的现实和未来最高水平的解读与分析。截至 2021 年底，皮书研创机构逾千家，报告作者累计超过 10 万人。

❖ 皮书荣誉 ❖

皮书作为中国社会科学院基础理论研究与应用对策研究融合发展的代表性成果，不仅是哲学社会科学工作者服务中国特色社会主义现代化建设的重要成果，更是助力中国特色新型智库建设、构建中国特色哲学社会科学"三大体系"的重要平台。皮书系列先后被列入"十二五""十三五""十四五"时期国家重点出版物出版专项规划项目；2013~2022 年，重点皮书列入中国社会科学院国家哲学社会科学创新工程项目。

权威报告·连续出版·独家资源

皮书数据库
ANNUAL REPORT(YEARBOOK) DATABASE

分析解读当下中国发展变迁的高端智库平台

所获荣誉

- 2020年，入选全国新闻出版深度融合发展创新案例
- 2019年，入选国家新闻出版署数字出版精品遴选推荐计划
- 2016年，入选"十三五"国家重点电子出版物出版规划骨干工程
- 2013年，荣获"中国出版政府奖·网络出版物奖"提名奖
- 连续多年荣获中国数字出版博览会"数字出版·优秀品牌"奖

皮书数据库

"社科数托邦"
微信公众号

成为会员

　　登录网址www.pishu.com.cn访问皮书数据库网站或下载皮书数据库APP，通过手机号码验证或邮箱验证即可成为皮书数据库会员。

会员福利

- 已注册用户购书后可免费获赠100元皮书数据库充值卡。刮开充值卡涂层获取充值密码，登录并进入"会员中心"—"在线充值"—"充值卡充值"，充值成功即可购买和查看数据库内容。
- 会员福利最终解释权归社会科学文献出版社所有。

数据库服务热线：400-008-6695
数据库服务QQ：2475522410
数据库服务邮箱：database@ssap.cn
图书销售热线：010-59367070/7028
图书服务QQ：1265056568
图书服务邮箱：duzhe@ssap.cn

社会科学文献出版社 皮书系列
SOCIAL SCIENCES ACADEMIC PRESS (CHINA)
卡号：628237245418
密码：

基本子库
SUB DATABASE

中国社会发展数据库（下设 12 个专题子库）

　　紧扣人口、政治、外交、法律、教育、医疗卫生、资源环境等 12 个社会发展领域的前沿和热点，全面整合专业著作、智库报告、学术资讯、调研数据等类型资源，帮助用户追踪中国社会发展动态、研究社会发展战略与政策、了解社会热点问题、分析社会发展趋势。

中国经济发展数据库（下设 12 专题子库）

　　内容涵盖宏观经济、产业经济、工业经济、农业经济、财政金融、房地产经济、城市经济、商业贸易等 12 个重点经济领域，为把握经济运行态势、洞察经济发展规律、研判经济发展趋势、进行经济调控决策提供参考和依据。

中国行业发展数据库（下设 17 个专题子库）

　　以中国国民经济行业分类为依据，覆盖金融业、旅游业、交通运输业、能源矿产业、制造业等 100 多个行业，跟踪分析国民经济相关行业市场运行状况和政策导向，汇集行业发展前沿资讯，为投资、从业及各种经济决策提供理论支撑和实践指导。

中国区域发展数据库（下设 4 个专题子库）

　　对中国特定区域内的经济、社会、文化等领域现状与发展情况进行深度分析和预测，涉及省级行政区、城市群、城市、农村等不同维度，研究层级至县及县以下行政区，为学者研究地方经济社会宏观态势、经验模式、发展案例提供支撑，为地方政府决策提供参考。

中国文化传媒数据库（下设 18 个专题子库）

　　内容覆盖文化产业、新闻传播、电影娱乐、文学艺术、群众文化、图书情报等 18 个重点研究领域，聚焦文化传媒领域发展前沿、热点话题、行业实践，服务用户的教学科研、文化投资、企业规划等需要。

世界经济与国际关系数据库（下设 6 个专题子库）

　　整合世界经济、国际政治、世界文化与科技、全球性问题、国际组织与国际法、区域研究 6 大领域研究成果，对世界经济形势、国际形势进行连续性深度分析，对年度热点问题进行专题解读，为研判全球发展趋势提供事实和数据支持。

法律声明

"皮书系列"（含蓝皮书、绿皮书、黄皮书）之品牌由社会科学文献出版社最早使用并持续至今，现已被中国图书行业所熟知。"皮书系列"的相关商标已在国家商标管理部门商标局注册，包括但不限于LOGO（▨）、皮书、Pishu、经济蓝皮书、社会蓝皮书等。"皮书系列"图书的注册商标专用权及封面设计、版式设计的著作权均为社会科学文献出版社所有。未经社会科学文献出版社书面授权许可，任何使用与"皮书系列"图书注册商标、封面设计、版式设计相同或者近似的文字、图形或其组合的行为均系侵权行为。

经作者授权，本书的专有出版权及信息网络传播权等为社会科学文献出版社享有。未经社会科学文献出版社书面授权许可，任何就本书内容的复制、发行或以数字形式进行网络传播的行为均系侵权行为。

社会科学文献出版社将通过法律途径追究上述侵权行为的法律责任，维护自身合法权益。

欢迎社会各界人士对侵犯社会科学文献出版社上述权利的侵权行为进行举报。电话：010-59367121，电子邮箱：fawubu@ssap.cn。

社会科学文献出版社